U0603702

华侨华人·中外关系书系

SERIES ON OVERSEAS CHINESE AND
CHINA'S FOREIGN RELATIONS

主编　何亚非

张禹东　庄国土　/ 主编
钟大荣　刘文正

中国—东盟与中泰关系研究

研究

第一辑

政治、文化卷

社会科学文献出版社
SOCIAL SCIENCES ACADEMIC PRESS (CHINA)

首届中泰战略研讨会期间诗琳通公主殿下亲笔挥毫：泰中一家亲（2012 年 8 月 泰国曼谷）

华侨大学校长贾益民、副校长张禹东陪同诗琳通公主殿下展示书法（2012 年 8 月 泰国曼谷）

时任泰国总理英拉接见率团参加首届中泰战略研讨会的贾益民校长（2012 年 8 月 泰国曼谷）

华侨大学校长贾益民、泰国国家研究院执委会枢密院主席 Kasem Watanachai 博士、泰中文化经济协会会长 Pinit Jarusombat 先生在第一届中泰战略研讨会上（2012 年 8 月 泰国曼谷）

时任泰国副总理兼外交部长素拉蓬和国务院侨办副主任马儒沛出席第二届中泰战略研讨会（2013 年 10 月 中国厦门）

第三届中泰战略研讨会现场（2014 年 8 月 泰国曼谷）

第三届中泰战略研讨会现场（2014 年 8 月 泰国曼谷）

第三届中泰战略研讨会部分与会专家、学者合影（2014 年 8 月 泰国曼谷）

华侨华人·中外关系书系
编委会

华侨华人·中外关系书系
总　序

　　中外关系研究是国际关系研究的重要组成部分，指以中国为主体，研究中国与其他国家之间关系的历史、现状和发展趋势，涵盖中外政治、经济、文化、科技、教育、移民等领域交流和发展的研究。华侨华人也是中外关系发展特别是国际移民的产物，国际格局的演变对华侨华人产生深刻的影响，华侨华人因其与中国和住在国的特殊联系，也对国际体系演变发生着作用。因此，研究华侨华人问题与中外关系发展相互关联、一脉相通。

　　中国是世界上疆域最广、人口最多、历史最久的文明古国之一。中华文明不仅是世界上延续迄今唯一没有中断的古老文明，而且长期处于世界领先地位，是世界文明发展的主要推动力之一。

　　"昔者有道守四夷，舟车所至及蛮貊。"自中国在东亚大陆形成后，即开始与周边的国家和民族进行各种交往。由于西有雪域高原，北有大漠，东南有浩瀚汪洋的阻隔，中外交往的重心在周边区域。近代以前，中原虽有陆上丝绸之路通往泰西，但这一通道大多时期因战乱、天灾或政策变化而阻断；唯有海上丝绸之路自汉代以来一直是中西交往的通道。

　　18 世纪以前，中国的经济与文化水平高于周边地区，中华文明向外广泛传播，是东亚区域文明的核心。周边国家官方和民间与中国保持密切的经济、政治和文化关系，与中国一起建构出独具特色的东亚区域秩序。华夏先民在与周边各族的交往中，形成"中国中心主义"的天下观，不但认为中国在地域上居天下之中，而且有文明中华与蛮夷周边之别，即中土之外的各国全归番夷之列。这种天下观一直持续到 19 世纪后期，表现在对外交往方面，中国朝廷将所有与中国官方打交道的外国人视为"朝贡者"，在对外国的记载中以"朝贡者"和"藩属"视之。

18世纪后期，欧洲工业革命开启了世界历史和国际关系的新时期。欧洲资本主义迅猛发展并向全世界扩张，将全球纳入欧洲人主导的殖民主义和帝国主义体系。中国的清朝统治者故步自封，闭关锁国，沉醉在"天朝上国，无所不有"的迷梦中。中国古老的农耕文明受到西方近代工业文明的极大冲击，力量对比发生逆转，中国全方位落后于西方。

1840年鸦片战争后，西方依其"船坚炮利"，多次武力打败腐朽的清朝政府。此后一百多年中外关系的主流，是中国不断遭受列强的侵略与欺凌，也是西力东渐后周边国家不断脱离与中国的特殊友好关系并沦为殖民地和半殖民地。中国被迫与列强签订一系列割地赔款、丧权辱国的不平等条约，一步步陷入半殖民地的深渊，面临三千年来未有之危局。

国家和民族面临生死存亡，激发了海内外中华民族的抗争与自强精神。鸦片战争后一个多世纪的中外关系的最显著特征，是中华民族在不断进行反侵略斗争，也一直在走学习西方、寻求现代化的道路。先是统治阶层的洋务派提出"师夷长技以制夷"的发展方向，谋求通过建设现代化军事力量和发展现代工业达到自强和富国之目的。由于清朝政府的腐败，自强目标尚未达到，却在甲午海战中被强邻日本击败。继而中国有识之士试图引入西方宪政理念，推动变法维新，也在保守派反对中失败。此后以孙中山为代表的革命党人领导、华侨积极参与的民主革命，推翻了腐朽的皇权统治，但民主的宪政制度和政府建设屡遭挫折，中国陷入军阀混战的乱世，仍然是积弱积贫。

近代中外关系的发展尤其是中国的落后导致大批国人移民海外。中国第一次海外移民潮始于西方大规模殖民扩张的17世纪，空前规模的海外移民则盛于鸦片战争后。列强以武力胁迫清政府准许华工出国，华工被贩运至世界各地，开启"有海水处皆有华人"的中国海外移民新时期。华侨华人源自中国，又熟悉住在国情势，成为推动中外关系发展的重要角色。

1949年，中华人民共和国建立，结束了近代中外关系以中国主权不断被侵蚀为特征的历史。在全球冷战的背景下，20世纪50年代，中苏结盟，中外关系发展呈中国向社会主义国家"一边倒"的态势，而美国及其追随者则不同程度地参与封锁中国。20 世纪 60 年代后，中苏逐渐交恶直至反目，中外关系的重点转为中国重视与发展中国家的关系。

1971 年，在广大发展中国家支持下，联合国大会通过 2758 号决议，恢复了中国在联合国的合法席位。随后，中国与美国重新打开交往大门，扭转四面受敌的处境。1972 年 2 月，中美签署相互承认的《上海公报》，互设联络处。同年，中国与日本建立大使级外交关系。接着，中国先后与马来西亚、菲律宾、泰国等国建立外交关系，周边关系得到根本性缓和。而实际上，即使在冷战期间，中国与其他国家尤其是周边国家的交往也未完全中断，经济、文化和人员交流仍在继续，香港和海外华侨华人是保持中外关系的重要渠道。

改革开放以来，中国全面加入全球化进程，中外关系发展突飞猛进。首先，1979 年，中国与美国建立外交关系，稳定并发展了与美国、苏联、欧洲各大国及亚洲大国——日本和印度的关系。

其次，中国积极主动推动与周边国家的密切合作关系，塑造了中国崛起的国际和平环境。1978 年《中日友好合作条约》签订，推动中日经济、政治和人文诸领域的密切合作。接着，中国先后与印度尼西亚、新加坡、文莱等国建交，并于 1991 年与东盟成为对话伙伴国。1996 年，中国、俄罗斯、哈萨克斯坦、吉尔吉斯斯坦、塔吉克斯坦等中亚国家成立上海合作组织，标志着中国与西面各国关系从和平共处进入合作共赢的新时期。1997 年亚洲金融危机爆发，中国坚持人民币不贬值，向东盟国家提供力所能及的援助，并积极参与东盟主导的多边机制。同年 12 月，中国参与第一次"东盟 + 3"（东盟加中、日、韩）领导人非正式会议和"东盟—中国"领导人会议，中国与东盟邻国睦邻合作关系得到加强。2002 年，中国与东盟共建中国东盟自贸区，开启中国与东盟国家的"黄金十年合作"。在此期间，中国与越南划定陆地边界，中国与周边国家（除印度、不丹外）全部解决陆地边境划界问题。

21 世纪以来，中外关系面临全面发展新机遇。大国关系总体稳定及与周边国家的友好合作为中国提供了和平崛起的外部环境。中国成为吸引外资最多的发展中国家，成为世界第一外贸大国、世界第一制造业大国，并成为世界第二大经济体。中国的快速发展为周边国家乃至世界提供了经济增长的重要机遇。搭乘中国高速发展的列车，成为周边国家和世界各国的普遍共识。

中外政治、文化、教育和科技交流的规模也呈飞速发展态势，而伴随中外密切交往的是大规模的中外人员交流。改革开放以来，成千上万中国人移民海外，为海外华社发展注入新的血液，"有阳光的地方就有华人"，他们在 21 世纪的中外关系尤其是中国走出去的进程中扮演着不可或缺的角色，发挥着越来越重要的作用。

由于各国各民族的差异与不同的利益诉求，交流和合作中也存在矛盾和冲突。霸权思维和极端民族主义的存在，使不断发展的中外关系常有不和谐杂音。随着中国日益成长为世界性大国，长期主导国际体系的西方大国对中国崛起的警惕提高，一些周边国家也生疑惑，中外关系不稳定事件时有发生，如南海争端和钓鱼岛冲突。

在中国共产党领导下，中国人民经过几十年的艰苦奋斗，彻底改变了中国的面貌。中国与世界的关系发生了历史性变化，已站在世界舞台的中心，在新的历史条件下，在新的历史起点上，为实现中华民族伟大复兴的中国梦而不懈努力。

2013 年以来，习近平总书记提出中国特色大国外交思想，倡导在中外关系中建立"命运共同体"和"利益共同体"理念，为中国的周边关系和大国关系提供了卓有远见的思维。只要秉持"共同体"理念，就能克服中外关系的波折，为中国和平发展创造并维护友好的国际环境。

把握中外关系发展的脉络，兼顾华侨华人研究的特色，需要把华侨华人的历史看作世界历史的一部分，用全球主义的眼光来分析和展望华侨华人的历史、现实与未来。毋庸置疑，中国的未来直接影响着世界格局的走向，中国的发展与海外华人有着密切关系。在审视中外关系历史经验和教训的同时，突出华侨华人研究的特色，从学理层面解析华侨华人与中外关系的现状和发展趋势，提出改善并推动华侨华人与中外关系发展的战略思维和政策建议，是编辑本书系的目的。

何亚非

2015 年春

前　言

中国与东盟国家地理相近，人文相亲，友好往来源远流长。中国视东盟为周边外交的优先方向。中泰两国是好邻居、好伙伴、好朋友、好亲戚。建交40年来，中泰两国始终相互信任，两国关系走在中国与东盟国家关系的前列，发挥着重要的示范和引领作用。中泰友好对于中国—东盟关系的发展具有特殊意义。

长期以来，华侨大学十分重视发展同泰国的交流与合作，与泰国皇室、政界高层及主流社会保持密切和良好的互动关系。华侨大学作为中国招收泰国留学生最多的大学，为泰国先后培养了千余名毕业生；华侨大学在泰国设有代表处，与泰国农业大学合办孔子学院，长期举办泰国华文教师培训，在泰华文教育工作成效卓然。泰国（东盟）政府官员中文学习班已连续举办10届，获中泰两国高层肯定。诗琳通公主、上议院议长尼空等皇室、政界高层曾多次莅校访问，而华侨大学代表团出访泰国，也多次受到泰国皇室成员、总理、国会议长等高规格接见。2011年，华侨大学为推动泰国研究的发展，还专门成立了校属研究机构——泰国研究所。

为深化中泰人文交流与合作，增进两国人民的了解与友谊，2011年华侨大学与泰国国家研究院、泰中文化经济协会决定共同发起举办中泰战略研讨会。2012年8月，首届中泰战略研讨会在泰国曼谷隆重召开，诗琳通公主、时任泰国政府总理英拉、泰国枢密院主席炳·廷素拉暖上将分别接见出席研讨会的中方代表，时任泰国副总理吉迪拉·纳拉农等出席研讨会。2013年10月，第二届中泰战略研讨会移师中国厦门，时任泰国副总理素拉蓬和国务院侨办副主任马儒沛出席研讨会并致辞。第三届中泰战略研讨会筹备期间虽遇泰国政局变动，但仍于2014年8月在曼谷如期成功举办，包括多位泰国前副总理、东盟前秘书长在内的重量级人物出席会议并发表演讲。三届研讨会的成功举办，引起了两国社会的高度关注，中泰两国知名媒体对研讨会进行了广泛、深入的报道。

中泰战略研讨会是一个开放的交流平台。除了华侨大学、泰国国家研究院、泰中文化经济协会三个主办单位之外，中国社科院亚太与全球战略研究院、中国国务院发展研究中心、中国驻泰国大使馆、中国东南亚学会、泰国盘谷银行、泰国开泰银行（泰华农民银行）都曾作为协办单位或支持单位参与各届研讨会的筹备工作。每届研讨会规模大，逾百名来自中泰两国学界、政界、企业界、非政府组织相关人士与会。学者来源多元，具有广泛的代表性，包括北京大学、中国社科院、朱拉隆功大学、法政大学在内数十家中泰著名院校、科研机构的相关学者受邀参会。大批重量级官员、资深学者出席研讨会，发表演讲，展开深度对话，凸显了研讨会的专业水准。研讨会气氛轻松、热烈，各种不同的观点相互碰撞，思想的火花竞相迸发，达到增进了解、深化友谊的预期目标。

经过三年的发展，中泰战略研讨会已成为两国学界、政界、智库、企业界交流的重要对话平台，在推进学术界对中泰关系、中国—东盟关系研究方面发挥了积极作用。在主办方和与会代表的共同努力下，三届研讨会共收到150篇左右的学术论文，集中展示了近年来中泰关系、中国—东盟关系研究的最新成果，是对两国学者相关研究的一次大检阅。参会论文视野广阔，涉及贸易、金融与投资，软实力、和平与安全，旅游与公共安全，文化艺术、教育，华侨、华人，农业、科技、海洋与环境等多个领域，几乎涵盖中泰关系、中国—东盟关系研究的各个方面。研讨会作为中泰两国智库交流的重要平台，产生的许多成果具有相当的前瞻性和重要的决策参考价值，为中泰、中国—东盟的战略合作注入了新的思维和动力。引人注目的是，一批30～45岁的学术新秀在研讨会中崭露头角，迅速成长起来，成为中泰关系、中国—东盟关系研究强大的后备力量。

为了让中泰战略研讨会的学术成果尽快面世，主办方决定先将参会论文中的中文论文结集两册出版，以飨读者，并以此纪念中泰建交40周年。随后，我们也会将英文、泰文的参会论文陆续编辑整理出版。

感谢国务院侨务办公室对中泰战略研讨会的重视和支持。感谢华侨大学相关职能部门、学院和研究机构对历届中泰战略研讨会举办的支持和配合。

感谢社会科学文献出版社对本次论文集编纂的大力支持。也要感谢华侨大学国际关系研究院黄日涵博士以及王超群、王楚楚、李丛宇同学，他们为论文集出版做了许多工作。最后，论文集的顺利付梓离不开单远举编辑的辛勤付出，在此深表谢意。

编者
2015 年 6 月

目 录
CONTENTS

政治、文化

文学、教育

政治、文化

文化相似性和中泰关系：历史的视角

庄国土[*]

摘　要："共同利益"和"地缘政治"等国际关系研究中流行的理论，远不足以解释中泰双边友好关系竟能持续千年的"奇迹"。中泰千年友好关系的基础，是两国人民相似的文化与价值观。这种文化和价值观塑造了两国人民和平、友好、宽容和仁慈的民族性，也是数百年来两国相互秉承善意和泰国社会善待华人移民的基本原因。这种文化的相似性也将最终决定今后中泰关系的基本走向。因此，增强对这种文化相似性的认识和促进相互理解，将是推动中泰双边友好关系的最有效动力。

关键词：文化　相似性　中国人　泰国人　中泰关系

在中国与诸多周边国家的关系中，几乎没有其他关系能与中泰友好关系相提并论。正如泰国拉玛五世时期的王子，著名的历史学家 Krompraya Dhamrong Rachanuphap 所指出的，历史上没有哪两个国家可以像中泰一样长期保持友好关系。这是因为两国之间没有敌对关系，两国人民像兄弟姐妹一样，保持交流沟通和互相帮助达千年之久。[1]5

美国著名的国际关系学者亨廷顿认为，文化决定人民彼此认同的差异。部落、种族集团、宗教群体和国家之间的冲突之所以盛行于各时代各文明中，是因为根植于人民认同的差异和认同受到威胁。他进一步说明，宗教信仰是区分文明的主要特征，因为人类的几千年历史证明，宗教可能是人与人之间存在的最根本区别。[2]283、285本文认为，中泰以信仰和价值观

---

　*　庄国土（1952～　），男，福建晋江人，历史学博士，教授，主要从事国际关系和海外华人研究。

为核心的文化的相似性，是中泰两国民间和官方彼此认同的基础，这种历史悠久的彼此认同，塑造了中泰千年的官方和民间的友好关系。

一　中泰千年友好关系回顾

1975 年，泰国总理克立·巴莫和中国总理周恩来签署协议，中泰建立正式外交关系。此后，政府首脑频繁的互访带动双方政治、经贸、军事、教育、科技、文化等领域的友好互惠关系迅速发展。

中泰双边贸易数据的变化证明了双方经济关系的迅速发展。1975 年，双边贸易额仅为 2500 万美元，而到了 2012 年，这个数字已经上升到 647.4 亿美元，是 1975 年的 2500 多倍。

两国政府高层之间的交流非常频繁。历届泰国政府首脑和中国领导人均经常互访。2012 年 4 月 17 ~ 19 日，泰国总理英拉访华，分别会见国家主席胡锦涛、全国人大常委会委员长吴邦国、国务院总理温家宝和国家副主席习近平。中泰双方宣布，将双边关系由此前的战略性合作关系提升至全面战略合作伙伴关系新水平。[3] 在所有双方高层互访活动中，诗琳通公主访华具有特别意义。公主殿下从 1981 年起，先后 30 多次访问中国，足迹几乎遍及中国所有的省份。她编纂的《踏访龙的国土》和《平沙万里行》等，帮助泰国人民更好地了解和认识中国，在泰国引起了巨大的反响，也得到了中国人民的广泛敬佩和尊重。这不仅是由于她对中国的善意，更因为她对中国文化的深入研究，加深了泰国人民对中国的了解。

比官方交流更重要的是两国民间友好互动。在泰国，中国人得到在海外最多的善意。泰国已经成为中国热门的境外游目的地之一。2012 年，中国人有 270 万人次访问泰国，占泰国游客总量的 12.1%。中国超过马来西亚，成为泰国最大的游客来源国。[4]

中泰民间和官方的友好交往由来已久，可追溯到中国汉代。根据《汉书·地理志》的记载，中国朝廷派出的官员和华商从广西的徐闻出发，沿着中南半岛（旧称印支半岛）的海岸线进入暹罗湾，再穿过克拉海峡到达最后的目的地——斯里兰卡。[5]37 ~ 38 途中经过都元国、邑卢没国和谌离国等古国，可能分别在当今泰国巴真府、摩诃梭古城、素攀府乌通古城和北碧府。[6]1 公元 3 ~ 14 世纪，大量的商人、官方使节、僧侣往返于印度与中国之间的洋面上，他们中可能会有一些人出生或留居在现在的泰国领土上。① 在这些旅行者中间，尤其值得一提的是来自印度或东南亚前往中国的僧侣，他们在 4 ~ 9 世纪佛教在中国的传播中扮演了重要的角色。②

两国间持续的官方关系似自泰国素可泰王朝和中国元朝时就已建立。当时的暹罗人（即现今的泰族）控制了高棉帝国的西部领土，即便如此，罗斛王国还是遣使前往中国。史载："暹，赤眉遗种。天历（1328 ~ 1330）初，尝遣使入贡。今天子嗣位，继进金字表章。"[7]163 据中国官方文献记载，素可泰王朝向中国派遣了 9 次使者，分别在 1292 年、1294 年、1295 年、1297 年、1299 年、1300 年、1314 年、1318 年和 1322 年。元朝则在 1293 年、1294 年和 1295 年三次遣使往素可泰王国。[8] 自此，在密切的官方交往带动下，两国之间的商贸、文化及大规模移民不断发展，为中泰友好关系奠定了坚固的基石。

14 世纪后半期的中泰关系受到两国国内政局的极大影响。当泰国的大城王朝统一全境之际，中国也正改朝换代，明朝取代元朝。此时，泰国向中国派出使者的数量较前代有了明显上升。1370 ~ 1643 年，暹罗（泰国）向中国派出了 102 位使者，使团也达 19 次之多。根据泰国历史学者仕盛·蓬汶博士研究，自 1371 年大城王朝开始派遣使团前往中国进行朝贡贸易至 1766 年最后一次朝贡，大城王朝所派出的官方进贡使团总共130 次。[9]31

这个时期中泰关系发展过程中最重要的事件，是 1579 年明廷成立了专门翻译暹罗语的机构——暹罗馆，其目的就是更有效地处理对暹事务。从元至明，暹罗的官方文书须先译成阿拉伯文，再转译成中文。为

---

① 最早的华人侨居泰国的记载出现在唐代义净所撰的《大唐西域求法高僧传》中："大乘灯禅师者，爱州人也，梵名莫诃夜那钵地也波，幼随父母泛舶往杜和罗钵底国，方始出家。……"杜和罗钵底国遗址在今泰国佛通古城。
② 有大量的中国史料记载 4 ~ 13 世纪现在泰国境内存在的不同古国与中国交往的史实，如狼牙修、堕罗钵底、赤土、盘盘、丹流眉、真理富等。

了适应两国关系的迅速发展，明朝成立了专门的机构来翻译暹罗的官方文书，同时命令这个机构收集邻国信息以及培训官员掌握暹罗语。受明政府邀请，大城王朝也派出一些教师前往北京，在设于四夷馆之下的暹罗馆开班授课。据《万历起居注》载，万历六年（1578）十一月丁巳，明朝首辅张居正及张四维奏请："据提督四夷馆太常寺少卿萧廪呈奉内阁发下礼部手本为进贡事，内闻暹罗国王近年屡差进贡，所有金叶表文无从审译。看得翰林院四夷馆原未设有暹罗一馆，已经题奉，钦依行令该国起送通晓番字人员前来教习。今据广东布政司查取夷使握闷辣等三员起送到部，随该本部题准将握闷辣等三员送翰林院开馆教习译字等因到馆，窃照暹罗远在海南，是古越裳之地，由周室而后久为正朔不加之区，惟我朝声教远暨，时一来王，兹者圣明治化隆洽，乃数入贡，所据专差夷使来学恳愿同文增设译馆教习，诚为盛典。"[10]693~694万历皇帝不仅同意了该提议，同时诏令"以暹罗开馆事系创始，凡选择生徒、建修馆舍等项宜酌定成规，以便遵守"[11]3。

随着对华贸易的发展，暹罗王室成立了专门的机构来经营和管理对华贸易。大城王朝专门负责管理对中国贸易的机构一般称为"左港厅"（华民政务司），由在暹华人为主任，厅内职员全属华人，通用华语。左港厅不仅负责对中国贸易，同时管理由对华贸易延伸而至对日本长崎和琉球群岛以及越南港口等贸易。该机构还负责航行于苏门答腊及菲律宾间的帆船贸易事务。在大城王朝管理对外贸易的左、中、右三个机构中，左港厅职责最为繁重，组织亦最为庞大。[9]

在清代，中暹之间依然保持友好关系。但由于清廷限定外国朝贡使团的人数，这个时期暹罗赴华使团数量少于明代。在所有的外国使团中，暹罗使团最受清政府青睐，同时被赋予最多特权与优待。1652年，清政府允许暹罗使团一年三次来访，航船每次不超过三艘，每船可搭载百人。[12]950但访华使团带回的巨大经济利益，导致暹罗王室每年都向中国派出超过中国政府允许的使团人数。清政府也破例容忍每年暹罗的使团人数都超过限额的状况："暹罗国每年正副贡船到关，其随带之船，至十余只之多。又有藉名探贡船只，俱属内地商船，所带货物甚多。"[13]9~10有时甚至多达16艘。[14]38同时，在王室的授权下，有许多暹罗商人也随船来到中国，从事中暹间的民间贸易。在康熙帝实行南洋禁航令期间，① 中暹贸易也照常进行。[15]516~517 1782~1853 年，赴华的暹罗贸易使团多达 35 个，几乎每两年就来一次。此外，暹罗贸易使团总是能够享受减税的优待，乾隆十一年（1746），据福州将军兼管闽海关事务新柱奏报："本年七月内，有暹罗国商人方永利一船，载米四千三百石零；又蔡事浩一船载米三千八百石零；并各带有苏木、铅、锡等货，先后进口。查该番船所载米石皆不足五千之数，所有船货税银，未便援例宽免。……"乾隆帝为此下谕："该番等航海运米远来，幕义可嘉，虽运米不足五千之数，着加恩免其船货税银十分之二，以示忧恤。该部即行文该将军知之。"[16]9 有时候甚至可以获得免税的优惠，如康熙四十七年（1708）时，康熙帝曾批准"暹罗国贡使所带货物，请听其随便贸易，并免征税，以示柔远之意"[17]20。

清朝规定可制造火药的硫黄为军用物资，向来不准出口。从 1776 年开始，应暹罗达信（郑昭）国王的请求，清政府允许暹罗贸易团携带硫黄，"郑昭……尚属恭顺。前已准其所请，听买硫磺、铁锅，此次请买硫磺，仍可准其买回。"[18]17~18 这个时期暹罗的每一位国王都尽力与中国保持友好关系，尤其是面临缅甸入侵威胁之时。

清代中泰双方民间贸易发展迅速，带动许多中国移民前往泰国。19 世纪后期，已经有大约 150 万华人在暹罗定居，[19]85 这个数量大约占当时东南亚华人数量的一半。1700~1900 年，中国移民和华商视暹罗为最好的海外贸易和移民地区。同时期的新加坡、槟榔屿、巴达维亚、马尼拉以及马六甲的国际贸易也相当活跃，也吸引了许多华人移民及华商前往。曼谷王朝初期，曼谷已经形成了四五处华人社区，并都由政府任命的华人官员进行管理。[20] 移民泰国的华人被分为两种，一种是没有固定住所，行踪不定的人，被称为"客寓华人"或"流动华人"；另一种是在各城镇长期居住者，被称为"定居华人"或"安家华人"。[21]96 曼谷王朝初期至政改前，暹罗官方设立"右公塔"（印度侨民政务司），针对印侨进行管理；

---

① 南洋禁航令实施于康熙五十六年（1717）至雍正五年（1727），规定内地商船不准到南洋的吕宋（今菲律宾）和噶喇吧（今印尼爪哇）等处贸易；南洋华侨必须回国；澳门夷船不得载华人出洋。详见《清圣祖实录》第 271 卷（影印本），中华书局，1986，第 4~5 页。

"左公塔"（华民政务司），针对华侨进行管理；"中央公塔"（中央外侨政务司），针对华侨、印侨以外的外侨进行管理。[22]76

综上所述，在19世纪末以前的中国，无论是政府还是民间百姓，都认为泰国是最友好及最宽容的国家。19世纪末以后，在泰国的西方势力日益增强，泰国经济也变得越来越国际化，中泰之间的传统贸易关系逐渐降温。1882年，曼谷宣布只承认与西方的外交关系，[14]236~237不再认可对中国的朝贡关系。

两国政治关系的变动并未给双方的民间交往带来多大影响。19世纪末20世纪初，双方贸易日趋繁荣，汽船成为中国东南部和泰国的主要交通工具，为泰国带来大量华人移民，推动了泰国经济的发展。[23]31~32 1946年，泰国与中华民国签署友好协定，双方建立外交关系并重申两国间的传统友谊。冷战时期，两国关系陷入低谷。1975年7月1日，中泰两国重新恢复了正常外交关系，开启双边关系的新篇章。2000年，泰国诗丽吉皇后作为普密蓬·阿杜德国王的代表首次访问中国。

二　中泰千年友好关系的基础：历史的视角

中泰间的友好关系吸引了大量的关注，许多学者努力探求其缘由。"共同利益"和"地缘政治"等国际关系研究中流行的理论，不能解释为何在中国与众多周边国家关系中，唯有中泰官方与民间的友好关系历经千年而弥坚。两国人民相似的文化与价值观或许是这种友好关系能够长期存在的关键因素。相似的文化和价值观塑造了两国人民和平、友好、宽容和仁慈的民族性，也是数百年来两国相互秉持善意和泰国社会善待华人移民的基本原因。

1. 相似的文化和宗教

"文化"的定义可能多达数百种。《辞海》对"文化"的解释是：社会的意识形态以及与之相适应的制度和组织机构。[24]2937但笔者认为，文化更主要的是意识形态的表现，指"一个群体（国家、民族或团体）在一定时期内形成的思想、理念、行为、风俗、习惯及其所集中体现的整体意识"。任何文化都将引导置身其间的人们生活的方方面面，塑造一个国家、社区或者其他特定人群的共同性，这种共同性尤其表现在信仰、道德观念、行为、传统和语言上。文化同时也强烈影响到思维方式、性别的社会角色定位、职业取向、饮食习俗、知识的追求、艺术活动、闲暇时间的娱乐方式和许多其他方面的行为。文化的核心是基于信仰的价值观。因为通常前者决定后者，宗教或信仰几乎总是处于文化的核心。

据称早在公元前 3 世纪的印度阿育王时代，佛教已传入现泰国境内。[25]传入泰国的佛教逐渐吸收泰国人固有的祖先和自然崇拜信仰传统，成为佛教宇宙观的组成部分，因此，促进和加速了佛教被泰国普通民众和统治者接受的过程。由于历代统治者的弘扬和越来越多的民众皈依，佛教成为泰国代代相承的传统宗教，也是泰国人生活的重心。

相比其他宗教，佛教或许是最宽容的信仰。在佛教悠久的历史上，从来没有发生过对异教徒或不同佛教派别的宗教迫害。长期浸淫于佛教的宽容氛围中，或许还要加上热带民族平和的天性，塑造了泰国人温和、仁慈、热情、好客的民族性格。这种性格规范了其社会价值观和传统的和谐特色，也充分体现在泰国国内事务或对外关系方面。佛教一直是泰国社会稳定和发展的重要因素。今天，佛教已成为泰国国教，在全国 6000 多万人口中，信奉佛教者在 95% 以上。泰国人温和的个性和尊重父母长辈的行为方式与中国人非常相似。[26]59

佛教对中国人的生活方式也产生了重要影响，尤其是对人口数量占中国总人口 90% 以上的汉族。公元前后，佛教开始在中国传播。在其发展过程中，绝大多数时期都得到统治者和普通民众的高度尊崇。佛教哲学也影响并塑造了中国本土宗教，如道教和儒教，后者在宋代以后一直被中国统治者所极力推崇。明清时期的中国皇帝都非常尊崇佛教，大部分官员及学者也在不同程度上信仰佛教。在中国，佛教是最受欢迎和被广泛认可的宗教，佛教的信奉者包括普通民众和社会精英。各种供奉佛祖的寺庙遍布中国各地，也普遍出现在海外的华人社区中。佛教精神不同程度上渗透汉族人的思维中，也一定程度上塑造了中国人特别是汉族人温和、热情、好客的性格。虽然中国的大乘佛教和泰国的上座部佛教有明显的皈依方式和习俗差异，但其最根本的教义和仪式基本一致。因此，两国人民在核心价值观上保持着很高的相似度。

宗教分歧及其引发的冲突在欧洲和亚洲其他地区十分常见，却从未发生在泰国和中国之间。相反，对佛教的尊重使得两国上自统治者、下至普通百姓，都易于彼此认同和互相谅解。也正因为如此，泰人对华人移民特别宽容和热情，尤其是后者一来就声称自己也是佛教徒。[27]220 对华人移民来说，熟悉和适应泰国的文化价值观和习俗是一个简单且自然的过程，比如参拜寺庙和成为佛教徒，给僧侣们提供捐助等，一切都与他们在中国家乡的做法大同小异。

2. 两国统治者的相互善意

基于文化和民族性格的相似性，两个国家的统治者数百年来一直保持相互友好的态度。明朝建立伊始，朱元璋就宣布其睦邻政策，并将其写入祖训当中，训诫后世子孙："四方诸夷，皆限山隔海，僻在一隅；得其地不足以供给，得其民不足以使令。若其自不揣量，来扰我边，则彼为不祥。彼既不为中国患，而我兴兵轻伐，亦不祥也。吾恐后世子孙，倚中国富强，贪一时战功，无故兴兵，致伤人命，切记不可。"并开列不征之国为：朝鲜、日本、安南、真腊、暹罗、占城、苏门答腊、爪哇、湓亨、百花、三佛齐、渤泥等 15 国。[28]167~168 历代清朝皇帝都与泰国及其王室保持友好关系，清代皇帝赦令及官府文书中有关泰国的记载充满了赞美之词。① 在泰国无数的文献记载里，从国王到平民，尤其是妇女皆热情赞美中国及其移民。19 世纪早期曾到泰国游览的谢清高（1765~1821 年）称暹罗"颇知尊中国文字，闻客人有能做诗文者，国王多罗致之，多供其饮食"[29]3。历代泰国王室都尽力保持与中国的友好关系，善待华人移民。清人谓暹罗"尊敬中国，用汉人为官，理国政，掌财赋"[30]18。阿瑜陀耶王朝禁西方人和印度人与暹妇结婚，华人则不受限制，且可在暹境自由旅行和活动。拉玛五世皇 1897 年曾颁布圣谕："实际上从古至今，历届国王向来都仁慈地认为，华人是好公民，他们刻苦耐劳，对暹罗做出了重要的贡献，把侨居国当成自己的祖国，与泰人融洽相处，已经逐渐同化，完全融入泰国社会，与泰人同甘苦，共患难。今天我们在发展暹罗的同时，一

---

① 详见《清圣祖实录》第 25 卷（影印本），中华书局，1985，第 21 页；第 26 卷，第 24 页；第 66 卷，第 10 页等。《清高宗实录》第 1251 卷（影印本），中华书局，1986，第 9~10 页。军机处附录奏折，N. 001056－001058（1815）等。

定会对华人进行很好的保护和照顾。"[20]73 与中国这个东亚最强大的国家的统治者保持友好关系和善待为泰国社会经济发展做出巨大贡献的华人，显示了泰国王室的仁慈和睿智，如同东南亚史专家霍尔所言："作为外交家，没有谁比泰国人更精明。"[31]192

泰国对中国的态度可以用1907年拉玛五世的一句话恰当概括："暹罗华人应具有与我的国民相同的劳动和拥有财富的机会，我认为，因为他们不是外国人，而是作为这个国家的一个组成部分，共享国家的繁荣与进步。"[23]161~162 18 世纪和 19 世纪，东南亚地区发生了许多统治者或原住民的排华事件，但在泰国从未出现过。

3. 华人对中泰关系的贡献

尽管中国人一向被认为是能干和精明的商人，但只有在享有与其他民族同等的社会权利时，中国人的商业才能才会展现出来。在 18~19 世纪的东南亚，只有泰国为华人提供了这种社会环境。

20 世纪以前，泰国华人在中泰经济合作、政治和文化交流等方面扮演了重要的角色。泰国华人对中泰贸易的繁荣发展做出决定性贡献。他们能说一口流利的汉语，语言上的优势使他们能够与中国官员和商人进行良好接触。他们不仅被泰国王室委任为赴华使节，代表泰国王室与中国进行贸易，泰国赴华朝贡船的船长、舵工、水手和所搭载的商贩也基本上由华人充任。除朝贡贸易外，他们经常负责管理泰国王室船只，到中国各港口进行交易。泰国王室还经常赋予其代表王室的特权，减少他们在中国遇到的麻烦。泰国华人也独立从事对华贸易，同时他们熟悉复杂的泰国市场情况，这使他们比其他人更容易构建起中泰贸易网络。在 20 世纪下半叶以前，即使是西方人也无法在中泰贸易中与华商竞争。

中泰之间的政治关系也得益于泰国华人的努力。一些成功的华商，经常被直接任命为赴华特使或是使团成员，他们实际上还承担通译的职责。他们知道如何取悦双方的要员，从而有助于减少双方的误解，增进彼此之间的好感。泰国王室似乎特别欣赏善于处理中泰官方关系的通事（翻译官员）。1823 年，暹罗国王甚至要求清廷封赏一位名叫翁日升的泰国华人通事以官员品级："本日礼部奏：'据暹罗国贡使丕雅唆挖里巡段呵排腊车突等来京赍到公文一件，系该国大库府呈请代奏，加赏通事翁日升顶带

等因。当传问翁日升，据称系福建汀州府永定县人，于嘉庆十八年往暹罗国贸易，此次奉国王差委。'等语。"[32]32~33

　　由于相近的文化及宗教信仰，华人极易被泰国社会所接纳。中国移民和他们的后代适应了泰国人的风俗和宗教信仰，尤其是通过与泰国妇女结婚，建立家庭，成功地融入泰国社会之中。大多数中国人在移民前就信奉佛教，宗教不是他们与泰人联姻或生活中的障碍。20 世纪以前，中国的海外移民几乎都是单身男性，除个别外，大多数人都与泰国妇女结婚。这一点与东南亚其他国家的很多中国移民孤独终老的状况有极大不同。泰国华人与其他东南亚国家的华人另外一个明显差异是，在其他东南亚国家，中国移民的第二代乃至第三代仍顽强保持他们的华人意识（Chineseness），甚至强烈认为他们还是中国人。在泰国，华人娶暹妇后，生活习惯从暹人。用暹语、衣暹服、剪发辫，子孙如暹人入庙修行小乘佛教。[33]第一代富侨所生男孩尚能从中国习俗和教育，[34]86贫者子女或已暹化。二三代后，无论贫富，多与暹人无异。[33]35 19 世纪后期，祖籍福建汀州的暹南吴氏家族数代显赫。第一世之吴让和第二世之吴文辉仍能保持中国习俗，讲华语，通暹语。第三代则仅粗通中文，仍用吴姓，取暹名，去世后以暹俗归葬。第六代则全用暹名，以封地宋卡为姓。至 19 世纪末，吴氏已传至十代，子孙数千，但基本暹化，从暹俗，营暹坟。[35]55 数百年来，泰国的中国移民及其后裔首先认为自己是一个泰国人，其次才是中国人。[36]22~23

　　4. 两国自然与社会资源的互补

　　泰国拥有优越的地理条件和良好的气候条件。气候温热，适合农作物生长。境内有广袤而肥沃的平原，河流湖泊纵横交错，水源充沛。庞大的湄公河支流水系为平原的水稻种植和水路运输提供了优越的条件。元代航海家汪大渊称之为"其田平衍而多稼，气候常暖如春"[37]114。泰国北部的大部分地区被茂密的森林覆盖，生长多种珍贵树种。

　　从 16 世纪开始，中国东南沿海地区，尤其是福建和广东，地窄民稠，粮食短缺。大米和其他土特产已经成为当时中泰贸易里的大宗商品。17 世纪初期，福建商人每年从海外进口上百吨大米到位于厦门附近的月港。[38]98 18~19 世纪，中国人口数量剧增。1700 年，中国人口仅 1.5 亿，至 1890 年，人口则达到了 4.3 亿之多。[39]120~121 福建广东人口增长，更高于全国平均人口增长速度，海外贸易与移民成为缓解人口压力的主要方式，在某种程度上也为当地政府所鼓励，致使福建和广东成为海外移民的主要地区。17 世纪是中国海商大规模向海外寻求财富之始，泰国无疑是他们的第一选择。对中国人来说，泰国是熟悉的，它有着丰富的资源、广阔富饶的平原和友好的土著居民。而 17 世纪末 18 世纪初的泰国陷入了与缅甸、柬埔寨和邻国的战争，国内劳动力和物资异常缺乏，也欢迎中国人前往贸易和移民。

两国国内对自然资源、土地和人口的不同需要，为中泰贸易的发展和移民活动的进行创造了有利条件。中国帆船带来了许多货物，包括丝织品、茶叶、瓷器、陶器、金属制品和工艺品等以及中国移民。华船运回大米，各种香料，如沉香、苏木、胡椒、肉豆蔻等，以及珍贵的木材。至 18 世纪末 19 世纪初，中泰贸易已是中国海外贸易中最重要的支柱之一。华人移民在泰国居住下来，以寻求更好的机会，他们在泰国社会从事各种职业，除农业和商业外，还从事木匠、教书先生、锡匠、金匠、赌场庄家、铸工、修表匠、银器匠、修鞋匠、打铁匠、砌砖匠、修车匠等行当，亦受雇做各种工作，洗衣、开车、杂工、文书、缝衣、染布、雇员等。[20]75~76 华人移民虽然来自土地贫瘠的温带，但是因为勤劳、努力和节俭以及中泰间相似的文化和习俗，移民及后裔很快便能融入泰国社会，像泰国人一样生活。

18 世纪，中泰间大米和木材贸易已明显超越纯利润考量，而是具有弥补中国民生不足的重大意义。因此，朝廷给予大米贸易特殊的优惠。1722 年康熙皇帝下谕："可将（暹）米三十万石分运福建、广东、宁波等处贩卖。彼若果能运至，与地方甚有裨益。此三十万石米系官运，不必收税。"[40]3 1742 年福建进口了 250 吨大米，1752 年这一数字已上升到 350 万吨。[41] 1754~1758 年，"到福建的各商买运洋米进口每年自九万余石至十二万余石不等"[42]526~532。参与中泰大米贸易的泰国使臣和商人多是华人，虽然清朝禁止国人出国，但是参与中泰贸易的华人几乎都获得了赦免。清朝赦免参与中泰贸易华人自康熙朝便开先例，康熙六十年（1721），礼部议复，"广东巡抚杨宗仁疏言，'暹罗国贡使船内有郭奕遂等一百五十六名，俱系内地福建、广东人，请查明令其归籍。'等语。应将郭奕遂等暂准回至暹罗国，行咨国王，俟有便船，将伊等家口及此外或尚有汉人在彼地者，一并查送回籍"[43]11。雍正二年（1724），又有广东巡抚年希尧奏报："暹罗国王入贡稻种、果树等物，应令进献。并运米来广货卖，其来船捎目九十六人，本系汉人，今皆求免回籍，并为奏明。"雍正谕令："来船捎目徐宽等九十六名，虽系广东、福建、江西等省民人，然住居该国，历经数代，各有亲属，实难勒令迁归。著照所请，免令回籍，仍在该国居住，以示宽大之典。"[44]20以后历朝更是遵前朝惯例，赦免来华贸易的泰国华人。

除大米贸易外，中泰间的木材贸易也是重要内容。由于中国缺乏合适的造船木材，自 18 世纪早期开始，已有华商购买来自泰国的优良木材造船，然后将其出售到国外，以获巨利。"内地造一洋船，大者七八千金，小者二三千金……番出材木，比内地更坚，商人每购而用之，如鼎麻桅一条，在番不过一二百两，至内地则值千金。番人造船，比中国更固，中国数寸之板，彼用全木；数寸之钉，彼用尺余。"[45]56当清廷禁止对外销售帆船时，华商就在泰国建造和销售帆船，促进了泰国早期造船业的发展和部分港口海上贸易的繁荣。18 世纪末 19 世纪初，泰国也许是东亚地区的造船中心。据约翰·克劳福德1810 年观察所得，"印度岛屿和东南亚海上的商业帆船，几乎所有都是在曼谷的暹罗大河边建造的"[46]173。

三　基于文化和深层次相互理解的合作

当审视中泰两国战略合作时，大多数学者会强调"共同利益"或"区域主义"是合作的主要动力和基础，尤其是重视经济利益和安全因素的考量。笔者的观点是，没有相似的文化背景和相互理解，"共同利益"就难以持续。紧邻的地理位置不一定会产生共性，有时也许反而滋生仇恨，就如同巴尔干半岛上分属不同文化的民族和国家。因此，当我们试图探究中泰战略合作伙伴关系的基础时，文化相似性和相互理解的重要性不可低估。

没有相似文化背景下的战略合作，不管是何种类型和程度的经济和安全合作，都未必可以持久，因为双方缺乏更深层次的理解和共识。共同的或相似的信仰、价值观、传统和文化机制会促使人民、政府更紧密地合作。在文化和价值观共识基础上，政治和经济合作效果总能显著并稳定。文化和宗教冲突的国家或民族，他们为了一个共同的目标或对付同一个敌人，或能暂时走到一起，乃至结盟，以获得"共同利益"。但是基本价值观的冲突几乎不可避免地会导致这种合作是暂时的，并在两者发生冲突时崩溃。相反，相似的文化基础上形成的价值观共性，通常会导致更为长期和牢固的合作，因为共同的价值观可以消减恐惧和疑虑，带来信任和平等，易于相互沟通，熟悉对方的设想、动机、社会关系和社会行为。[47]129

目前流行的以经济利益主导国家之间关系定位的观点，并不能从逻辑上更深入了解合作伙伴国家的人民和文化，就如中美之间巨大的利益共生关系，并不能逻辑推导出中美人民和国家相互更加了解和信任一样。当前的中泰两国也有着巨大的共同的经济利益及紧邻的地理位置，但这些因素不足以解释中泰友好关系已经存在在 1000 多年的"奇迹"。从历史视角而言，文化的相似性则一直促进两国之间的政治、经济、文化关系，使两国统治者友善对待彼此，也使泰国人民和社会数百年来善意和平等对待中国的移民和他们的后代。

目前中泰关系的发展良好，两国相互了解和信任，在政治上，在涉及彼此重大利益的问题上相互支持。经济关系的发展同样耀眼。中国是泰国的第二大贸易伙伴，泰国是东盟国家中与中国贸易的第二大国。泰国多年以来一直是中国游客境外游的首要选择。相比泰国和中国之间的政治和经济发展，两国的文化交流严重滞后。除了宣传各自的精彩旅游景点和美食外，深层次的文化似乎乏善可陈。中国人更深入了解泰国的文化和价值观，探究泰国人的宽容、友爱、平和的性格对生命和生活的价值，这不仅将有利于两国双边关系的进一步发展，还能提高中国文化的软实力和改善在东南亚的"中国形象"。

结　　论

两国人民相似的文化与价值观念是中泰千年友好关系的基础，也将最终决定今后中泰关系的基本走向。因此，学者应增强对这种文化相似性，比如对塑造两国人民和平、友好、宽容和仁慈的民族性的文化和价值观的认识。

参考文献

［1］Krompraya Dhamrong Rachanuphap, *Thai – Sino Relations on The Headwater*, Bangkok：Manager, 2005.

［2］〔美〕亨廷顿：《文明的冲突与世界秩序的重建》，周琪等译，新华出版社，1998。

［3］刘华等：《提高中泰合作水平　促进地区繁荣稳定——聚焦泰国总理英拉访华成果》，http：//news. xinhuanet. com/world/2012 – 04/19/c＿ 111811659. htm，最后访问日期：2013 年 4 月 8 日。

［4］暨佩娟等：《中国成泰国最大游客来源国》，http：//finance. chinatradenews. com. cn/html/news/2013/0201/34451. html，最后访问日期：2013 年 4 月 8 日。

［5］（东汉）班固：《汉书》第 5 卷，中华书局，1962。

［6］黎道纲：《泰国古代史地丛考》，中华书局，2000。

［7］（元）蒋易辑《皇元风雅》第 22 卷《暹罗回使歌》，《续修四库全书》第 1622 册，上海古籍出版社，1995。

［8］（明）宋濂、王祎：《元史》第 12、17、18、19、20、28 卷，中华书局，1976。

［9］张仲木：《中古泰中经贸中华侨华人的角色》，载张仲木等编《泰中研究》第 1 辑，华侨崇圣大学泰中研究中心，2003。

［10］《万历起居注》第 1 册（影印本），北京大学出版社，1988。

［11］《明神宗实录》第 81 卷（影印本），中研院史语所，1962。

［12］《清会典事例》，中华书局，1991。

［13］《清高宗实录》第 1251 卷（影印本），中华书局，1986。

［14］Sarasin Viraphol, *Tribute and Profit：Sino – Siamese Trade1652 – 1853* , Massachusetts：Harvard University Press, 1977.

［15］中研院历史语言研究所编《明清史料·庚编》第 6 卷，中研院史语所，1987。

［16］《清高宗实录》第 275 卷（影印本），中华书局，1986。

［17］《清圣祖实录》第 233 卷（影印本），中华书局，1985。

［18］《清高宗实录》第 1022 卷（影印本），中华书局，1986。

［19］Victor Purcell, *The Chinese in Southeast Asia*, Oxford：Oxford University Press, 1980.

［20］〔泰〕通同·占塔郎素、匿·顺通：《拉玛五世皇时期（1868～1910 年）有关

中国侨民的政策和法律》，陈建敏译，《泰中学刊》，2002。

[21]〔泰〕素帕拉·乐帕尼察军：《曼谷王朝时代政体改革前对华人的管理——佛历2325～1435（公元1782～1892）》，《泰国潮州人及其故乡潮汕研究计划》第一辑·漳林港（1767～1850），朱拉隆功大学亚洲研究所中国研究中心，1991。

[22] 修朝：《曼谷皇朝政改前的华侨官员》，载张仲木等编《泰中研究》第1辑，华侨崇圣大学泰中研究中心，2003。

[23] G. W. Skinner, *Chinese Society in Thailand*：*An Analytical History*，New York：Cornell University Press，1957.

[24]《辞海》，中华书局辞海编辑所，1965。

[25] Karuna Kusalasaya, *Buddhism in Thailand*：*Its Past and its Present*，Kandy：Buddhist Publication Society，2005.

[26] N. Mulder, *Inside Thai Society*：*Religion*，*Everyday Life*，*Change*，Chiang Mai：Silk Worm Books，2001.

[27] John Crawfurd, *Journal of an Embassy from the Governor General of India to the Court of Siam and Conchi - China*：*V. 2*，London：Henry Colburn，1830.

[28]（明）朱元璋：《皇明祖训·首章》，《四库全书存目丛书》，齐鲁书社，1995。

[29] 冯承钧校注《海录注》，中华书局，1955。

[30]（清）陈伦炯：《海国闻见录》，中州古籍出版社，1985。

[31] D. G. E. Hall, *A History of South - East Asia*，New York：St. Martin's Press，1955.

[32]《清宣宗实录》第48卷，中华书局，1985。

[33] Charles Gutzlaff, *Journal of Three Voyages along the Coast of China in1831，1832，and1833，with Notices of Siam，Corea and the Loo - Choo Island，to which is prefixed an Introductory Essay on the Policy，Religion. etc. of China*，London：T. Ward，1840.

[34] John Bowring, *The Kingdom and People of Siam*：*with a Narrative of the Mission to That Country in* 1855：*Vol. I*，London：J. W. Parker and Son，West Strand，1857.

[35]〔吴翊麟：《暹南别录》，台湾商务印书馆，1985。

[36] Chan Kwok Bun, Tong Chee Kiong, Rethinking Assimilation and Ethnicity：The Chinese in Thailand, in Wang Ling - chi & Wang Gungwu eds, *The Chinese Diaspora*，*II*，Singapore：Time Academic Press，1998.

[37]（元）汪大渊：《岛夷志略校释》，苏继顾校释，中华书局，1981。

[38] 张燮：《东西洋考》第7卷，谢方点校，中华书局，1981。

［39］庄国土：《华侨华人与中国的关系》，广东高等教育出版社，2001。

［40］《清圣祖实录》第 298 卷（影印本），中华书局，1985。

［41］林京志：《乾隆年间由泰国进口大米史料选》，《历史档案》1985 年第 3 期。

［42］中央研究院历史语言研究所编《明清史料·庚编》第 6 卷，中研院史语所，1987。

［43］《清圣祖实录》第 295 卷（影印本），中华书局，1985。

［44］《清世宗实录》第 25 卷（影印本），中华书局，1986。

［45］蓝鼎元：《鹿州初集》第 3 卷，《鹿州全集》，厦门大学出版社，1995。

［46］John Crawfurd, *History of the Indian Archipelago*：*V. III*, Edinburgh：Archibald Constable and Co. , 1820.

［47］Samuel P. Huntington, *The Clash of Civilizations and the Remaking of World Order*, London：Simon & Schuster UK Ltd. , 1997.

东盟凝聚力的变化与中国因素

张锡镇 *

摘　要： 凝聚力是一切地区组织的生命线。东盟由于该地区的巨大多样性和差异性，其凝聚力始终受到一定的限制。影响东盟凝聚力的因素有多种，这些因素导致了凝聚力在不同时期发生着不同的变化。本文首先回顾了东盟自成立以来凝聚力所呈现出来的各种变化，从而勾勒出凝聚力发展演变的曲线。然后，文章着力分析影响东盟凝聚力的正反两个方面的因素。接着，重点分析中国因素对凝聚力的影响，这里既有积极影响，也有消极影响。最后笔者就提升东盟凝聚力问题提出了自己的建议。

关键词： 东盟　凝聚力　中国因素　东盟成员国

凝聚力是一个地区组织的生命线，更是东盟的生命线。正如 1987 年马尼拉首脑会议宣言所指出，"区域的内聚力对于安全、稳定和经济增长是至关重要的，东盟必须坚持这一目标，如果有任何压力和紧张关系向东盟挑战的话，东盟尤其要坚持内部的团结这一目标"①。

认识一个地区组织凝聚力的强弱，考察该凝聚力的变化规律，分析影响凝聚力变化的各种因素对于这个地区组织来说是极其重要的。只有真正弄清了影响凝聚力强弱的真正原因，才有可能自觉地增加有助于增强凝聚力的积极因素，减少有损于增强凝聚力的消极因素。只有这样，东盟组织才有可能健康发展，经久不衰。首先，我们将重点从纵向考察东盟凝聚力

＊　张锡镇，北京大学国际关系学院教授，泰国法政大学比里·帕侬荣国际学院教授。

① 王士录、王国平：《从东盟到大东盟——东盟 30 年发展研究》，世界知识出版社，1989，第 136 页。

的发展变化及其特点；其次，综合分析影响东盟凝聚力强弱的诸多因素；再次，分析中国在东盟凝聚力变化中所起的作用；最后，提出在维护东盟凝聚力方面的几点建议。

一　东盟凝聚力的演变及其特点

1. 东盟凝聚力演变轨迹

至今，东盟已经走过了40多年的历程。通过回顾和分析各个不同阶段的东盟凝聚力状况，我们发现这种凝聚力的演变呈现出"低—高—趋低"的发展曲线。正如我们前面分析的那样，在第一阶段（1967～1978年）东盟的凝聚力并不强。这个阶段，尽管有经济合作的要求，但从实际效果来看，这并不是本阶段凝聚力的主要来源。更何况，这个时期，成员国间相互信任程度很低，特别是一些成员国之间在领土等问题上存在矛盾和争端。

第二阶段（1978～1991年）显示出了东盟凝聚力的高涨。这首先表现在东盟团结一致，以一个声音活跃在地区和国际舞台上，积极推动柬埔寨问题的成功政治解决。其次，表现在东盟以整体力量开展同区外各大国的对话，并建立了长期稳定的对话机制。再次，表现在东盟积极启动经济合作计划，采取了一些经济合作的实质性措施。最后，尤其值得强调的是，这个阶段苏哈托、李光耀和马哈蒂尔三强人的密切协调与合作也体现出了东盟凝聚力的强劲。

第三阶段（1991～2002年），东盟的凝聚力呈现了一个明显的转折，前半期，凝聚力达到了顶点。这主要表现在10国"大东盟"的形成，实现了成员国"大东盟"的梦想；东盟自贸区建设启动；成功实施大国平衡战略，主导了东盟地区论坛、亚欧会议、东盟+3（东盟+1）等多个以东盟为中心的合作框架。可以说，这时东盟空前的活跃程度及其所取得的成就突出反映了其凝聚力的强劲。然而，1997年金融危机爆发后，其凝聚力急转直下。金融危机不仅导致了成员国经济利益的冲突，还引发了一系列历史的和潜在的矛盾，从而恶化了成员国之间的关系，因此这时凝聚力大幅度下滑。

第四阶段（2002~2013年），东盟凝聚力仍处于低迷状态。这个阶段，如果说能够体现东盟凝聚力的话，那么最大的作为就是，制定《东盟宪章》和宣布建立东盟共同体。这是一个令东盟成员国十分振奋的发展，无疑，这能反映出东盟凝聚力的增强。但是，在实践上，东盟共同体有多大的成功率和实际效力，连东盟一些成员国也信心不足。更能反映凝集力弱化的是，在对待南中国海问题上，成员国暴露出来的公开分歧和分裂。只要东盟还在专注这一问题，东盟凝聚力还将会被进一步削弱。

2. 东盟凝聚力的低水平和脆弱性

通过对东盟40多年的历史考察，我们发现东盟凝聚力的低水平和脆弱性。这种低水平和脆弱性特点主要表现在这种凝聚力的不稳定和不牢固性，经不起哪怕是轻微的冲击。金融危机和南中国海问题对东盟产生的消极影响，就足以证明这种凝聚力相当脆弱。

导致东盟凝聚力脆弱的根本原因，首先，东盟天然的缺陷——缺少同质性。在这方面，欧盟是一个很好的参照物。欧盟的内在凝聚力远远大于东盟就在于欧盟成员国有较高的同质性。它们基本上有相同或相近的宗教文化、价值观以及社会经济制度和发展阶段。而东盟则不同，它们的宗教文化、政治经济制度、社会发展水平都千差万别。这些带有重大差异性的国家聚在一起要形成强大的凝聚力是不可能的。其次，东盟成员国之间还存在历史遗留下的各种矛盾和分歧。这些矛盾和分歧时隐时现，尤其是在触及根本利益时。分歧和冲突往往削弱和抵消了东盟的凝聚力。最后，东盟国家大部分是在二战后形成的民族国家，国家主权问题仍是各成员国关注的首要问题，因此民族主义仍是东盟凝聚力形成过程中的牵制力量。总之，东盟凝聚力的脆弱性是不可避免的，对此要求过高是不现实的。

二 增强凝聚力的诸因素

前边各部分我们分别分析了各阶段影响东盟凝聚力的诸因素，这里我们将综合起来归纳总结影响凝聚力的主要因素。

1. 来自外部的压力

来自外部的压力越大，凝聚力就越强。东盟的成立本身就是外部压力的结果。20 世纪 60 年代，东南亚几个主要国家就面临两大压力。一是共产主义运动在这些国家兴起和发展，这对各国政府构成了主要威胁。二是战后承担着东南亚防务的英国宣布要将驻扎在东南亚的军事力量撤出东南亚，这迫使东南亚有关国家不得不积极筹措建立东盟组织。60 年代末，美国抛出了"尼克松主义"，开始在东南亚进行战略收缩，减少了对盟友所承担的安全责任。这又给东盟带来了新的压力，迫使东盟采取了寻求中立化的对外战略。进入 21 世纪以后，面对中国、印度两大国的崛起，东盟又面临新的挑战，这同样是外来压力。面对这种形势，东盟采取了进一步强化凝聚力的重大举措——制定《东盟宪章》，建立东盟共同体。由此看来，增强凝聚力的每一步都同外来压力有关。

2. 成员国利益的一致性

每个国家都有自己的利益，但有些利益是成员国共有的，有些利益是每个成员国特有的。在处理某个问题和采取某种行动时，它们的共同利益越多，抑或利益一致性程度越高，凝聚力就越强，反之则越弱。这方面，东盟有正反两个方面的例子。正面的例子是，东盟推行大国平衡战略，建立以东盟为中心，由东盟主导的地区合作多边框架。这是东盟最值得称道的成就，众多小国和弱国以集团的身份同各大国打交道，不但为各成员国带来了丰厚的利益，也提高了东盟整体的国际地位。这一战略之所以如此成功，而且为东盟注入强大的凝聚力，原因就在于这一重大举措最大程度上代表了成员国的利益，换言之，是由于成员国利益的高度一致性。反面的例子是，东盟对南中国海问题的处理。很显然，在这个问题上，东盟成员国利益迥异。一些国家是这个问题的当事国，而另一些国家则同该问题没有任何利益关系，因此，东盟在这个问题上寻求一致立场时就出现分歧和矛盾。这种利益上的非一致性就导致了凝聚力的减弱。

3. 认识上的妥协性

一个组织中的各个成员都有各自的立场、利益和思维方式，难免在一些问题上有不同意见，但在很多情况下，认识上的分歧不是不可调和的。在一些非原则问题上，能否求同存异，达成妥协和谅解也是影响该组织凝聚力的关键所在。善于妥协和求同存异就有利于凝聚力的增强，反之就会削弱凝聚力。东盟在这方面也有可圈可点的典型例子。如在对待越南入侵柬埔寨问题上，各成员国的看法不尽相同。泰国、马来西亚和新加坡认为苏联支持的越南在东南亚搞地区霸权主义是东盟的主要威胁，而菲律宾和印度尼西亚则认为中国是更大的威胁，应该让越南成为抗衡中国的力量。然而，通过东盟内部的讨论和磋商，它们达成了妥协，形成了一致立场，即以一个声音说话，向越南施加压力，迫使其撤出柬埔寨，实现政治解决。另一个例子是，在马来西亚等国极力主张推行东南亚中立化政策时，新加坡对此并不以为然，不相信东盟真的能实现中立。不过，最终，新加坡还是保留了自己的看法，尊重和支持东盟通过了东盟的中立化宣言。如果没有这种妥协，东盟的凝聚力会大大减弱。

　4. 东盟方式的应用

　　东盟国家根据东方的文化价值观和东南亚差异性和多样性突出的特点创造了东盟独有的运作方式——"东盟方式"（ASEAN Way）。东盟方式的特点是：非正式性，强调东盟领袖私下交换意见；协商一致，通过协商寻求一致，不使用少数服从多数的票决制；非强制性，倡导自愿服从东盟的决议，不采取制裁措施；不以组织名义干涉成员国内政；和平解决争端。这个方式是一个强调宽松和包容，尊重差异性的运作模式。东盟成立40多年来，能够维持至今，其最根本的原因在于这种运作方式。这也是为什么在《东盟宪章》中所强调的仍是东盟方式的基本原则。这种方式之所以有效，就在于它基于东南亚多样性的复杂情况。如果抛弃这种方式，可以说东盟早就土崩瓦解了。不过我们也要看到，这种方式是维持东盟最低限度凝聚力的保证，它不能将凝聚力提到更高的程度。即便如此，这也算对维护东盟凝聚力的贡献。

　5. 领导核心的作用

　　一个国际组织能否有效运作，是否有凝聚力，在某种程度上也取决于是否有一个强有力的领导核心。世界上最大的国际组织联合国，是最有效的国际组织之一。之所以如此，是因为该组织有一个由五大常任理事国组成的安全理事会。可以说，这就是联合国的核心。这个核心保证了联合国近70年越来越有效的运作。欧盟有德国和法国双发动机的领导核心，这也保证了欧盟的凝聚力。东盟在很长一段时间也有赖于一个核心，那就是由印尼、新加坡和马来西亚组成的领导核心，这个核心集中体现在苏哈托、李光耀和马哈蒂尔三巨头的密切合作上。在这个核心发挥作用的时候，东盟的凝聚力就强，当这个核心弱化和消失的时候，东盟的凝聚力就下降了。

三　中国在东盟凝聚力变化中的作用

从上述东盟凝聚力的发展演变我们发现，这种变化与中国有关。换言之，中国是影响东盟凝聚力变化的重要因素之一。在这方面，中国因素所起的作用有时是积极的，有时是消极的。下文将从这两个方面加以阐述。

1. 对东盟凝聚力的积极影响

首先，东盟从中国的崛起感受到一种压力，迫使其加强团结，争取更大的发展空间。进入 21 世纪以后，随着中国经济的高速发展，中国成了地区乃至世界经济大国，东盟国家愈来愈认识到，要应对这种更加严峻的经济挑战，东盟有必要强化自己的内部机制，进一步推动一体化，增强其自身凝聚力。中国的发展客观上增强了东盟的凝聚力。

其次，中国出于合作共赢的动机，积极主动协助东盟凝聚力的增强。这主要表现在中国对东盟一体化进程的积极支持。中国率先倡导中国同东盟创建自贸区，特别是，中国高调支持东盟在东亚地区一体化中发挥领导作用。这是东盟今天能够主导着东盟地区论坛、东盟＋3 峰会、东亚峰会等多层次地区合作机制的重要原因。可以说，这是中国对东盟凝聚力的增强发挥的最积极正面的作用。

2. 对东盟凝聚力的消极影响

中国因素对东盟凝聚力所产生的消极影响主要反映在两个方面。一是南海主权争端问题。中国与东盟有关国家都对南海海域有大小不等的主权要求。当南海问题成为东盟关注和解决的焦点问题时，东盟成员国就会出现分歧，正如 2012 年 7 月在金边的东盟外长会议上出现因为在南海问题上存有分歧而不能发表联合公报的尴尬一幕。这一事件严重损害了东盟内部的凝聚力。

二是中美以及中日关系对东盟产生的消极影响。众所周知，中美关系是既合作又对抗、既协调又冲突。作为世界霸主，美国不能接受新兴大国中国的影响日益扩大，甚至危及它的传统势力范围；同时它要保护它传统盟友的利益，从而达到维护自己战略利益的目的。出于这种动机，美国面对中国影响的日益扩大，中美两国在东南亚必然出现竞争和对抗。这种竞争和对抗必然对东盟起到分化的作用，因为每个东盟成员国同这两个区外大国的利益关系是不同的。因此，中美两国间的分歧和矛盾必然反映在东盟成员国之间，从而导致自身凝聚力的减弱。近来，中日关系因为历史和领土问题日益紧张，日本试图利用南海纠纷，拉拢用以共同对抗中国的东盟成员国，充当盟友。这同样也会扩大东盟成员国之间的分歧。

上述这两个方面都对东盟的凝聚力产生消极影响，而这两个方面都同中国有关。

四　维持和强化东盟凝聚力的建议

1. 避免将利益分歧过大的事项列入东盟的议事日程

如前所述，利益一致性程度越高，越有利于增强东盟的凝聚力。因此，东盟应当尽量避免触及那些利益分歧大的事项。例如南海问题，这就是利益分歧突出的问题。讨论这样的问题，不但解决不了问题，反而造成成员国之间的分裂，从而降低了东盟的凝聚力。东盟应当把主要精力集中在利益一致性高的事项上，例如，经济合作、地区一体化等方面。

2. 警惕区外大国为自身战略利益而分化东盟

东亚峰会的扩大是一把双刃剑，它既可以提升东盟的地位，扩大它的影响，但同时它又带来负面效应，即将大国间的利益争夺扩大到东亚峰会中来，这一方面削弱了东盟的主导权和主导能力，另一方面大国利用和拉拢东盟中的不同国家去实现自己的战略目标。目前这种趋势愈来愈明显。如果东盟成了大国的角斗场，东盟也就寿终正寝了，更谈不上凝聚力了。

3. 东盟共同体取得成功将是东盟凝聚力的升华

目前，东盟各成员国正致力于东盟共同体的建立。共同体宣言承诺，到2015年建成以安全、经济和社会—文化为支柱的东盟共同体，建立"更强大、更团结、更具凝聚力的东盟"，以便更好地应对不断变化的地区格局和经济环境带来的各种挑战。这是一个宏伟蓝图和目标，它不仅对东盟本身凝聚力提升有积极意义，而且对整个地区都将具有划时代意义。东盟各国应当避免各种干扰，坚定不移地向着这一伟大目标前进。

4. 尽快形成新的领导核心

自从三强人退出政坛之后，东盟就面临领导核心空虚化状态。目前，印尼仍在力图维持自己的领导地位，但显然力不从心。2014 年印尼又面临大选，苏西洛总统的任期届满也指日可待，未来的新领袖是不是一个强有力的政治家仍是未知数。当前，新的领导核心尚未形成，其他有望成为核心国的国家政治局势都不乐观。马来西亚大选，执政的国民阵线在国内政治地位进一步下降，所获选票低于反对党，执政地位岌岌可危。菲律宾国内经济实力仍然有限，政治局势仍不够稳定，它紧跟美国指挥棒转，在东盟缺乏影响力。越南虽然政治稳定，经济发展势头强劲，但由于意识形态问题，也很难进入东盟的核心圈。新加坡虽然近年来没有大的波动，但毕竟是国小民寡，实力有限，配不上主角。进入 21 世纪之初，一度被看好的泰国他信政府曾被看作未来的东盟核心之一，但不料，泰国很快跌入了国内政治动乱的深渊，至今，尚无走出政治危机的迹象。看来，东盟要形成新的强有力的领导核心尚待时日。

以文化交流促进中国东盟合作

杨保筠[*]

摘　要： 社会文化是东盟建立共同体的支柱之一，也是中国—东盟合作的重要领域。然而，目前中国与东盟国家间的合作主要还是政府层面的，双方的民间交流与高层的密切来往相比，依然显得比较薄弱。中国与东盟少数成员国之间近期所发生的一些事件说明，民意是否相通，已经成为进一步推动中国与东盟关系全面发展的重要促进因素或制约因素。中国与东盟之间的互信关系，应当首先从中国与东盟各国民众之间的相互了解、理解和信任做起。推进中国与东盟之间的战略合作伙伴关系的进一步发展，大力加强文化交流与合作，是促进双方民众彼此沟通和理解的最有效的途径。为此，首先，应充分发挥中国文化在东南亚地区的历史影响的积极作用；其次，在与东盟的文化交流中，应当积极介绍和弘扬中国文化亲和、友善的方面；最后，要秉持开放、包容的文化交流心态，在中国—东盟之间的文化交流过程中，中国更应在向东盟介绍中国文化的同时，以开放包容的态度继续学习和汲取对方文化中的长处和精华。在具体开展中国与东盟的文化交流时，应继续重视和发挥东南亚华侨华人的桥梁作用。同时，我们也必须认识到东盟各成员国都是多民族国家的现实，因此需要做好与这些国家的其他民族，尤其是主体民族的文化交流工作。开展文化交流，有利于双方民众之间彼此沟通、了解和理解，为深化政治、经济、安全等各领域的全面合作营造更有利、和谐的氛围。

关键词： 中国　东盟　关系　文化交流

---

* 杨保筠，北京大学国际关系学院教授，现任泰国法政大学比里·帕侬荣国际学院教授。

一　中国—东盟关系进入新的历史时期，
双边文化交流重要性凸显

　　2013 年是中国与东盟建立战略伙伴关系 10 周年，也是中国新一届政府执政的第一年，中国—东盟关系由此进入一个新时期。中国政府继续以"睦邻、亲邻、富邻"为目标，主动、积极地扩大与周边国家的战略合作，为中国经济进一步发展创造新的动力，并在促进与周边国家交往的同时，直接推动中国与周边地区一体化的进程。也正是在这一战略的指引下，中国领导人在各种场合明确表示，将东南亚定位在中国周边外交的优先位置上。习近平主席于 2013 年 10 月访问印尼期间，倡议建立中国—东盟命运共同体；① 李克强总理则于当年 9 月在南宁召开的中国—东盟博览会上表示，中国—东盟关系在经历过去"黄金十年"的基础上，要打造未来的"钻石十年"。② 中国方面还提出了中国和东盟积极探讨签署《中国—东盟国家睦邻友好合作条约》的倡议，以便为中国—东盟战略合作提供法律和制度保障，引领双方关系健康发展。中国领导人还提议启动中国—东盟自贸区升级版的谈判，提出中国—东盟贸易额到 2020 年达到 1 万亿美元、建立亚洲基础建设投资银行、充分发挥中国—东盟海上合作基金的作用、建设海上丝绸之路和实现互联互通③、推进中国—东盟防长会议、适时启动中国与东盟就制定南海行为准则的磋商以及密切社会人文交流等目标和举措，将 2014 年确定为中国—东盟文化交流年，以积极主动、包容开放、不回避热点和难点问题的态度开创中国—东盟战略合作伙伴关系的新局面。中国的这些积极倡议受到东盟组织及其多数成员国的好评，为双边关系在今后 10 年的发展造就了一个良好的开端。

---

① 《习近平在印度尼西亚国会发表重要演讲时强调：共同谱写中国印尼关系新篇章　携手开创中国—东盟命运共同体美好未来》，2013 年 10 月 4 日，http://politics. people. com. cn/n/2013/1004/c1024 - 23102649. html。

② 《李克强就进一步加强中国与东盟的合作提出五项倡议》，2013 年 9 月 4 日，http://news. xinhuanet. com/photo/2013 - 09/04/c_ 117214815_ 2. htm。

③ 《习近平：争取 2020 年中国—东盟贸易额达 1 万亿美元》，2013 年 10 月 3 日，http://politics. people. com. cn/n/2013/1003/c1024 - 23100984. html。

社会文化是东盟建立共同体的支柱之一，也是中国—东盟合作的重要领域。在 2003 年中国与东盟建立战略合作伙伴关系时，就已确定要"进一步活跃科学、环境、教育、文化、人员等方面的交流，增进双方在这些领域的合作机制。大力加强旅游合作，深化人民之间的了解与友谊"。①在此后的 10 年中，中国和东盟都为此做出很大努力，并取得一定成果。

然而，目前中国与东盟国家间的合作主要还是政府层面的，双方的民间交流与高层的密切来往相比，依然显得比较薄弱。"国之交在于民相亲"，只有增进民众之间的了解和友谊，才能够促使双边关系稳定、持续发展。中国与东盟国家在官方层面的密切关系，如果没有民间的积极参与，就缺乏牢固的根基，甚至在与东盟少数成员国之间的关系出现某些问题时，民意会演变成制约双边关系发展的因素。因此，在今后进一步推动中国—东盟战略合作伙伴关系的进程中，更有必要大力推进双方的民间交流，为双边关系建立起长期稳定的依托。

正因为如此，为了进一步加强中国与东盟之间的互信，巩固双方之间业已建立的战略合作伙伴关系，应当高度重视在中国与东盟各国民众之间加强相互了解、理解和信任的重要性。加强文化交流与合作，是双方民众彼此沟通、实现心心相印的最有效的途径。

二　在文化交流过程中应强调中国文化的积极面和包容性

历史证明，位于太平洋与印度洋交汇的十字路口的东南亚地区，一直是许多种族和多种文化交汇融合的地方，中国与东南亚国家之间至少有着长达两千余年的文化交流史。根据中国史籍记载，除了越南早在公元前 3 世纪就已与中国有着密切联系之外，三国时期已有官方交往的柬埔寨古国扶南成为中国与东南亚半岛及海岛地区经济和文化交流的重要桥梁，而柬埔寨古代相当长时期的历史，也正是由于中国史籍的记载而得以重构。即使对 13 世纪的柬埔寨吴哥王朝，人们至今仍然不得不借助元朝使团成员

---

① 《中华人民共和国与东盟国家领导人联合宣言》，2003 年 10 月 9 日，http://news. xinhuanet. com/world/2003 - 10/09/content_ 1114267. htm。

周达观名著《真腊风土记》丰富翔实的记载来了解其社会文化面貌。从东南亚国家方面来看，缅甸和老挝的古代传说都称他们的人民与中国人拥有共同的始祖。① 考古结果也证实早在西汉时期（公元前 2 世纪），中国的工艺制品和日常用品就已经运达这些地区。中国文化在该区域的影响还涉及农业、采矿和造船技术、烹饪、工具、乐器、源于汉语的借词、货币交换以及行政、税务和法律制度等诸多领域。可以说，中国与东南亚在历史上的交流和分享为今天双方之间的文化交流奠定了良好的基础。

因此，在今天大力推进中国与东盟及东盟各成员国之间的文化交流时，首先，应充分强调和发挥中国文化在东南亚地区的历史影响所产生的积极作用。如上所述，在漫长的历史时期里，中国与东南亚地区的文化交流无论是在官方层面还是民间领域的内容都十分丰富。与此同时，双方之间的文化交流有着长期持续、领域广泛、互通有无、和平友好等特点。应当看到，中国文化在东南亚的传播和推广，促进了该地区各国的政治、经济、社会、文化等诸多方面的发展，给东南亚各国人民带来了实实在在的益处，也正因如此，才能够使双方之间的文化交流经久不衰，这也是我们今天应予继承和发扬的。实际上，中国与东南亚之间的"海上丝绸之路"不仅是一条经济与贸易合作之路，也是一条文化交流的重要通道。今天，在倡导建立 21 世纪的新海上丝绸之路时，也应当把中国—东盟之间的文化交往纳入其中，使这一规划在增强中国—东盟之间的战略合作伙伴关系方面发挥更大的作用。

其次，在与东盟的文化交流中，应当积极介绍和弘扬中国文化亲和、友善的方面。中国是一个地区大国，随着经济的发展，国力还将不断增强和壮大。因此，如何使中国成为一个大而"可亲"而非"可畏"的国家，将对中国—东盟关系的走向产生直接而深刻的影响。毋庸讳言，中国与东南亚的极少数国家曾经发生过战争或冲突，但其成因非常复杂，而且往往并非由于中方的缘故而引起。然而，中国与东南亚国家之间的冲突只是历史上的短暂插曲，两千多年以来，和平相处、共同发展始终是双方关系的

---

① 陈建锋：《中国传统文化对老挝的影响与老挝的传统伦理》，《东南亚纵横》2007 年第 9 期，第 69～70 页；央视博客：《中缅友好山水长，胞波情谊沐佛光——记缅甸联邦共和国吴登盛总统参访陕西法门寺》，http：//blog. cntv. cn/18172058 - 4057860. html。

主旋律。中国国家主席习近平在纪念和平共处五项原则提出 60 周年时指出："中国不认同'国强必霸论',中国人的血脉中没有称王称霸、穷兵黩武的基因。"① 中国与东盟国家之间,应当通过文化交流来增强相互之间的了解和理解。中国则更应努力通过展现中国文化的亲和与友善,以改善和塑造正在崛起之中的中国国家新形象,从而使东盟各国人民对中华文化感到亲近,这也将有助于减轻和消除"中国威胁论"在民众中的影响,从而更好地推动中国与东盟及其各成员国之间的关系。

最后,要秉持开放、包容的文化交流心态。其一要把中华文化广义化。中华文化并不局限于中国大陆文化,而且包括台港澳文化。在东南亚国家,许多人认为台湾较多地保留了中国传统文化的因素,而港澳文化则是中西文化交融的范例,具有特殊的现代感和吸引力,因而他们对台港澳文化的认识更多一些。如何融合大陆与台港澳文化,向东盟各国民众介绍"中华文化",使其对中国文化有更加全面的了解,是今后与东盟开展文化交流与合作的重要内容。其二要看到文化交流的双向性。在长期的交流过程中,中国也曾吸纳了东南亚各地文化中的积极因素,丰富了中国文化的内涵,并且构建起中国与东南亚文化中的一些共同和相似的价值观念。因此,在中国—东盟之间的文化交流过程中,中国更应在向东盟介绍中国文化的同时,继续以开放包容的态度,学习和汲取东南亚各国文化中的长处和精华。

三 重视东南亚华人的桥梁作用,大力做好对
当地各民族的工作

在具体实施中国与东盟的文化交流时,应继续重视和发挥东南亚华侨华人的桥梁作用。东南亚是世界上中国移民最早前往,而且华侨华人数量最多的地区。东南亚华侨华人与所在国民众和睦共处,为当地的经济与社会发展做出了不可磨灭的贡献。还应当看到,尽管东南亚华人已经在居住

---

① 《习近平在和平共处五项原则发表 60 周年纪念大会上的讲话》,2014 年 6 月 28 日,ht-tp://news. xinhuanet. com/2014 - 06/28/c_ 1111364206_ 2. htm。

国落地生根，成为所在国的国民，但他们的文化仍然保留了众多中华文化的因素。与此同时，他们也主动吸纳了当地文化，使东盟各成员国的华人文化成为所在国具有鲜明特征的民族文化。正因如此，东南亚华人在中国与东南亚关系特别是双方的经济文化交流中发挥着重要的沟通和桥梁作用。例如，东南亚的华文媒体众多，具有传播信息、引导舆论、服务社会、提供娱乐等功能，特别是在弘扬中华文化、促进华人与当地民族的沟通融合方面发挥着积极作用。随着中国与东盟及其各成员国关系的发展，东盟各国的华文媒体对祖籍国中国的宣传力度加大、内容增多，这些都有利于中华文化在东南亚的传播，有助于东盟各国民众认识和了解中国。此外，东盟各国的华人社团也为传播中华文化做出了显著的贡献。笔者曾在多个东盟国家目睹当地华人社团在中国的传统节日期间举办的舞狮、唱戏等各种具有中国传统文化特色的活动，感受到这些文化活动对其他族群的强大吸引力。不仅为数众多的当地各个族群的民众前来观赏，而且他们之中也有越来越多的人主动参与到排练和表演的队伍之中，为华人和当地族群建立融洽、友好的关系创造了良好的条件。随着东盟一体化进程的加速推进，东南亚各国华人社团的活动也开始逐步参与这一进程，这无疑将进一步促进中国与东盟之间跨文化交流活动的开展。

同时，我们也必须认识到东盟各成员国都是多民族国家的现实。除了新加坡以华族占多数以外，大多数国家都有占其人口大多数的主体民族和其他少数民族，因此，需要做好与这些国家的其他民族，尤其是主体民族的文化交流工作。就目前情况来看，在东盟各成员国举办的关于中国文化的各项活动中，参与者仍然以当地的华人华侨为主。此外，虽然近年来东盟国家对中国文化产品的消费不断增加，但其受众主要还是当地的华人华侨。因此，在推动中国与东盟的民间往来时，如何加强与当地民族的联系和交流，也是深化中国—东盟战略合作伙伴关系所面临的重要问题。经过双方的共同努力，中国已经在东盟大多数成员国中建立起孔子学院和孔子学堂等教授汉语和传播中华文化的机构与场所，应当加大对其宣传力度，以吸引更多当地族群的成员参与其中。此外，留学生是国家间友好往来的桥梁和文化交流的纽带，是文化交流的重要途径。在 2013 年 10 月发表的《纪念中国—东盟建立战略伙伴关系 10 周年联合声明》中，中国政府决定，自2014年起的未来3～5年，向东盟成员国青年学生提供15000个政府奖学金名额。① 对此，除了吸收东盟国家的华人子弟以外，更需要向各国当地民族的学生倾斜，吸引更多当地族群的优秀学生来华留学，使他们更好地了解和理解中国文化。因此，中国今后应增加当地民族留学生特别是研究生的招收名额。此外，在举行各类大型文化活动时，不仅要继续重视中国与东盟各成员国之间的双边文化交流，而且应当更多地注入东盟一体化的因素，推动中国—东盟之间的文化交流与合作。2013年，中国与东盟一致同意将2014年确定为"中国—东盟文化交流年"，中方应充分利用这一契机，推进与东盟国家之间的民间交往和文化交流，向东盟各国人民提供全方位的信息来消解中国国家形象中的负面因素，以塑造更加良好的中国国家形象。

结　　论

综上所述，标志着东盟一体化进程不断深化的东盟共同体建设，为中国与东盟及其各成员国进一步加强在政治安全、经济以及社会文化方面的合作提供了良好的契机和平台。其中，双方在文化领域的合作更是基础中的基础，中国与东盟各国都应当下大力气来予以推动。尽管东南亚地区具有极其丰富的多样性，东盟各成员国与中国交往的密切程度、对中国文化的了解和接受程度也有所差异，但是，只有通过双方不懈的努力，大力推进文化交流，特别是民间层面的交流，才能够不断积累正能量，以利于双方民众之间彼此沟通、了解和理解，并在此基础上，为深化双边的政治、经济、安全等各领域的全面合作创造更为有利、和谐的氛围。

---

① 《中国—东盟发表建立战略伙伴关系10周年联合声明》，2013年10月10日，http：//news. xinhuanet. com/2013－10/10/c_ 125503891. htm。

转型时期的外交：1975 年的中泰关系[*]

李一平　罗文春[**]

摘　要： 中泰两国是邻邦，有着友好交往的悠久历史。但二战后的冷战格局却将中泰阻隔了近 30 年。从 20 世纪 70 年代初开始，中国与东南亚国家关系面临着重要的转变，主要因为国际环境和地区格局发生重大变化：中美关系缓和，中苏交恶，美苏竞争加剧，苏联支持越南在东南亚地区推行地区霸权主义的扩张政策。中国与泰国等东南亚国家出现了战略与安全方面的合作需要。1975 年，中泰正式建立外交关系。中泰合作和两国人民的友好关系进入了一个新的时期。

关键词： 中泰关系　革命外交　和平共处

"革命外交"是 20 世纪 60 年代中国外交思想的主色调。1963 年中共公开发表的《关于国际共产主义运动总路线的建议》即特别突出"世界革命"的地位，指出国际共产主义运动的总路线应是"全世界无产者联合起来……逐步实现无产阶级世界革命的完全胜利"，而广大亚非拉地区"是当代世界各种矛盾集中的地区，是帝国主义统治最薄弱的地区，是目前直接打击帝国主义世界的革命风暴的主要地区"[1]580~583。在坚信"世界革命"必然性的理论基础上，中国共产党人相信"革命时外援，胜利时援外"这一天经地义的国际主义原则。只有如此才能在全世界消灭资产阶级，巩固社会主义。1966 年中共八届十一中全会公报宣布，中国对

---

　　* 基金项目：广西民族大学中国东盟研究中心重点课题（编号：KT201101 – 12）。

　** 李一平，湖南湘乡人，历史学博士，教授，博士生导师，主要从事亚太国际关系和华侨华人问题研究；罗文春，厦门大学研究生。

外政策的"最高指导原则"是"无产阶级国际主义"[2]。

　　当然，革命外交并不是中国外交的唯一色彩。60 年代的最初几年（大约为 1960 年至 1962 年上半年）中国外交明显地往务实的方向摆动。这主要是基于 50 年代末国内外政治形势的变化。从国际局势来看，50 年代末到 60 年代末国际关系中最有历史意义的变化是第三世界的崛起和帝国主义殖民体系的崩溃。新兴的独立国家在对外关系上坚持独立自主和不结盟政策。就国内来讲，"大跃进"、人民公社的失败以及三年困难时期促使包括毛泽东在内的中国领导人进行反思和调整。而西藏叛乱、中印边境冲突，特别是中苏分歧初显，苏联撤回核原子弹专家之后，中国面临的国际形势日益严峻。毛泽东不无感慨地指出，"现在国际上反华浪潮来势汹汹"。在此背景下，1960 年 1 月毛泽东主持召开的中共中央政治局常委会议上，中国领导人基本确定了"努力主动地在外交上开创新的局面"的方针。[1]248 在此方针指导下，中国主动缓和了同苏联、印度的关系，并开始有步骤地解决同邻国的边界问题。需要指出的是，60 年代初中国对外政策的调整是基于策略而非战略上的考虑。在毛泽东看来，国际反华浪潮是"因为我们坚持原则、坚持维护马列主义纯洁性、坚持独立自主的方针"[1]234。随着局势的发展，中国的对外政策很快又摆向了革命的一面。

　　在革命外交的战略下，中国的外交政策逐步地走上反对帝、修、反，走"两个拳头打人（即团结广大的亚非拉国家，反对帝国主义、修正主义和各国反动派，推进世界革命的外交政策）"与"四面出击"的道路。为了同时与美国和苏联进行斗争，毛泽东在 60 年代初提出了"两个中间地带理论"。1963 年毛泽东在中共中央工作会议上讲话时指出："我看中间地带有两个，一个是亚、非、拉，一个是欧洲。……苏、美达成协议，我看不那么容易。……我们无论国内、国外，主要靠人民，不靠大国领袖。靠人民靠得住。"[3]507 据毛泽东的分析，第一中间地带国家是中国反对美苏两霸的直接同盟军，第二中间地带国家是间接同盟军。依此战略，中国在这个时期把亚、非、拉国家特别是亚、非国家作为外交工作的重点。[4]7

　　而这一时期中国对东南亚的外交正是其争取第一中间地带的重中

之重。中国对东南亚国家的外交有两个层面的特点。首先，中共同东南亚的共产党大多有密切的关系。早在新中国成立初期，中共就公开告诉亚洲各国共产党，中国革命胜利的道路，即实行统一战线政策，通过武装斗争最终夺取政权，"是许多殖民地半殖民地国家的人民争取民族独立和人民民主所应该走的道路"[5]164。中共之所以如此公开地向亚洲共产党宣传自己的革命经验，主要是由于1949年刘少奇秘密访苏时，中苏两党就世界革命达成的分工。刘访苏时，斯大林向他表示，"为了国际革命的利益，咱们两家来个分工：你们多做东方和殖民地、半殖民地国家的工作，在这方面多多发挥你们的作用和影响。我们对西方多承担些义务，多做些工作"[6]412。在此精神下，中国负责对包括越南共产党、马来西亚共产党以及印尼共产党等东南亚共产党组织的联络、指导和帮助。其次，在政府层面，中国也积极发展与东南亚各国政府的友好关系。东南亚地区是美国炮制的东南亚条约组织的所在地，是美国加紧渗透和控制的地区之一和包围、遏制中国的重要一环。[4]53积极发展同这一地区国家政府的关系，对于突破遏制、打开局面具有重要的战略意义。除了印支半岛的越南、柬埔寨和老挝三国外，中国非常重视同已建交的缅甸和印尼政府的关系，同时也兼顾对新、马、菲、泰等国的争取。

一

中国外交政策的变化对中泰关系的发展必然产生影响。

20世纪60年代初，越南战争升级，从而加剧了中泰两国的对抗。美国利用泰国基地扩大印度支那战争，促使中国被迫改变以往在对泰关系中一直采取的争取、等待的立场。从这一时期开始，中国逐渐积极支持泰国共产党。1964年10月中国新华社首次发表了泰共致中共的国庆贺信。1964年12月18日《北京周报》报道了泰共的"泰国独立运动"第一号宣言。1965年2月5日，《人民日报》刊登了"泰国爱国战线"成立和发布6项纲领的消息。4月，中国亚非团结委员会主席廖承志表示，中国人民支持泰国人民反对美帝及其走狗的斗争，这是"我们义不容辞的义务"①。而泰国也不断在联合国谴责中国。从此，两国政府经常唇枪舌剑，展开针锋相对的舆论战。

60 年代初中国外交中"左"的倾向，在"文化大革命"中，被"四人帮"所利用，出现了外交工作中的极"左"思潮。1965 年 1 月 5 日，《人民日报》在庆祝刚开过的全国人大三届一次会议的社论中指出，在中国的对外工作方面，要为世界革命服务，为人类进步和世界和平的伟大事业做出更多更大的贡献。这一提法，明确把世界革命的目标同中国的外交紧密地联系在一起。1966 年 8 月，党的八届十一中全会错误地宣传林彪对世界革命中的重大问题的理论分析后，极"左"分子首先否定了新中国成立 17 年来正确的外交路线，认为是执行了一条"三降一灭"（向帝国主义、修正主义、各国反动派投降，扑灭革命人民运动的烈火）和"三和一少"（对帝国主义、修正主义、各国反动派搞和平，对革命运动支持少）的路线。在否定过去路线的基础上，极"左"分子提出外交工作的中心任务是宣传毛泽东思想，并将北京称为世界革命的中心。其次，极"左"分子还大造外交部的反，实行夺权。在造反派控制下的外交部一片混乱，一大批外交部的领导者被打倒批判，中国外交处于困难局面。

"文化大革命"初期，中国外交以宣传毛泽东思想和"文化大革命"为主要内容。极"左"分子说，宣传毛泽东思想不要怕反华，不要怕断交。中国的一些驻外使馆和工作人员到处散发毛泽东像章和语录，利用使馆新闻公报、其他宣传材料以及新闻橱窗等宣传"文化大革命"，这些都严重影响了中国的外交关系。中国一些使馆和工作人员受极"左"思潮的影响，在外交工作中不注意和当事国政府沟通协商，而是大肆在其他国家宣传世界革命的理论，造成了恶劣的影响。在所有的外交纠纷中，最为严重的是"三砸一烧"，即砸印度、缅甸和印度尼西亚驻华使馆，火烧英驻华代办处。其中最为突出的是火烧英驻华代办处事件。当时，同中国建交的国家有 50 多个，有 30 个左右的国家同中国发生过外交纠纷。当然，

---

① 《人民日报》1965 年 4 月 20 日第 2 版。转引自张锡镇《中泰关系 40 年》，《东南亚研究》1990 年第 2 期。

这些纠纷责任不全在中国。中国的"文化大革命"使中国的外交在1966～1968年两年多的时间里，受到了极"左"思潮的严重干扰，这期间不但没有一个国家同中国建交，而且中国的外交关系几乎陷于中断。

中泰关系的发展也深受"文化大革命"初期极"左"思潮的影响。1965年1月陈毅外长对一个西方国家的外交官说，这年底，泰国民族解放战争可能开始。泰国方面将陈毅的讲话视为中国将发动一场战争。中国方面谴责泰国帮助美国入侵印度支那，并且派兵侵入老挝和柬埔寨。泰国联大代表则在1965年11月的联大会议上，用陈毅的讲话和中国对泰国国民爱国前线的支持谴责中国想控制和统治世界的一部分。中国方面批评泰国对柬埔寨的入侵，中国重申将为了反对美帝国主义及其走狗泰国而支持柬埔寨。

这个阶段尖锐的对抗在中泰关系上留下了不愉快的一页。对此，虽然中泰双方的行为都有各自的原因，但也有各自的责任。泰国政府没有必要把自己绑在美国的反共战车上；中国在政策上的失误在于它过分注重革命外交，强调"支持世界革命"，中国向世界输出革命的做法，其结果只能是这一时期中国外交一片混乱，同已建交的国家不断出现外交纠纷，也直接导致了中泰两国关系恶化和相当长时间的对抗。

二

20世纪60年代后期，新中国外交中基于国家利益的务实一面再次表现出来，毛泽东、周恩来有步骤地采取一些措施来消除外交上的某些不正常状态。毛泽东认为，"世界革命中心——北京"的提法是以我为核心，是错误的。同时，他还指示在对外宣传中不要强加于人。1968年1月，周恩来提出要从政策角度鉴别和批评极"左"思潮，并在外交人员中加强外事纪律，意在扭转外交被动局面。随着国际形势的变化以及中美关系的改善，中国陆续派出了驻外使节，恢复了同一些国家的正常关系，中国外交的混乱局面基本得到控制。毛泽东、周恩来等领导人在重大的外交决策和处理重大外交事件中，有针对性地排除极"左"思潮的影响，特别是改善中美关系这样带有全局性的外交决策，都是在毛泽东、周恩来的领导和组织下完成的。到 60 年代末 70 年代初，中国外交开始向着正常的轨道迈进。

60 年代末，国际风云变幻。1969 年发生的中苏边境冲突和随后苏联的核威胁，使中苏关系恶化。面对严峻的国际形势，毛泽东毅然调整了中国的外交政策，以平衡国际战略力量，缓解苏联对中国的压力。此时，美国试图调整对华政策为中国外交政策的转变也提供了契机。

中国 70 年代的国际战略方针是"一条线"与"一大片"。1973 年 2 月，毛泽东在同来访的基辛格谈话时提出了"一条线"与"一大片"的战略思想，即大致画"一条线"，连接从美国到日本、中国、巴基斯坦、伊朗、土耳其和欧洲的战略线，并团结这条战略线以外的国家（即"一大片"），以抗衡霸权主义和侵略野心最大的苏联。毛泽东的"一条线"与"一大片"战略思想的主旨是要团结包括美国在内的国际上一切可以团结的力量，共同反对苏联的霸权主义。毛泽东这一战略思想的实施，促进了中国同更多的国家建立和发展外交关系，改善了中国的国际环境，提高了中国的国际威望。如果说"一边倒"的外交决策使新中国赢得了国际社会的承认，为中国的社会主义建设创造了一个有利的国际环境的话，那么"一条线"与"一大片"战略方针的提出，对于建立国际斗争新格局，促进完成同西方国家的建交过程，改善中国的国际环境，起了决定性的作用。

中国之所以在 70 年代做出外交战略的调整，是基于以下几个主要原因。第一，中国面临苏联的严重威胁。60 年代以后，中苏关系恶化，特别是珍宝岛事件后，毛泽东认为苏联亡我之心不死，为了缓解来自苏联的威胁，中国着手调整外交政策。第二，国际战略态势的影响。二战后，美国到处推行对外侵略扩张的政策，到 70 年代初已是国力大衰，开始推行"尼克松主义"，在亚洲实行战略收缩，以求改善国际处境。这便出现了苏攻美守的国际战略新态势，美苏两国军事力量的对比朝着有利于苏联的方向发展。为了增加与苏联斗争的筹码，美国也希望同中国改善关系。第三，扭转中国外交的被动局面。"文化大革命"初期，受极"左"思潮的影响，中国外交面临重重困难。为扭转中国外交的被动局面，需要调整外交政策，建立一条更为广泛的国际统一战线，以对付最主要的来自北面的威胁。随着中国外交政策的调整，中国的对外关系有了重大的突破，缓和了中美关系，恢复了中国在联合国的席位，一大批国家纷纷同中国建立外交关系，一些中断了的外交关系也相继复交。中国的外交环境明显改善。

中、美、苏战略大三角关系的变化，给中泰关系的改善也带来了机会。

1. 国际形势的变化有助于中泰关系的正常化

1969 年，美国新上任的总统尼克松提出了"尼克松主义"，主张在亚洲实行战略收缩，从越南脱身。美国对外战略的重大调整和中、美、苏战略大三角关系的演变，对美国在亚洲的诸多盟友是一个极大的震动。泰国领导人感到，避免把鸡蛋都放在一个篮子里将是明智的选择。

与此同时，尼克松总统上台伊始，就把改善中美关系、中美邦交正常化提上日程。1971 年，基辛格秘密访华，拉开了中美关系正常化的序幕。美国调整政策，从亚洲收缩，使泰国政府意识到，改变泰国对华政策的时候到了。当时，泰国国内有人提出与苏联结盟，但这个意见很快就遭到否决。因为，随着苏联经济和军事实力增长，其称霸全球的野心也逐渐膨胀。与美国实施战略性收缩相反，苏联到处插手，尤其是对东南亚垂涎已久，美国从东南亚收缩力量之后，苏联正打算填补这一"真空"。苏联除了加紧控制越南和老挝外，对泰国也展开了全面的外交。在苏联咄咄逼人的外交攻势面前，泰国认识到苏联已成为威胁东南亚稳定与和平的主要因素，泰国必须寻求能与苏联对抗的力量的支持，以保持自己不偏不倚的外交政策，而这个能与苏联抗衡的力量就是泰国的邻国——中国。

新中国成立以后，帝国主义对中国采取敌视、孤立和封锁政策，但中国不仅没有被压垮，反而力量越来越强大，国际威望也日益提高。1971年第 26 届联大以压倒多数通过决议，恢复中华人民共和国在联合国的一切合法权，1972 年尼克松访华也对世界产生了巨大影响。许多国家纷纷改变对中国的立场，1972 年日中关系正常化具有划时代意义，同年 12 月澳大利亚、新西兰相继与中国建立外交关系。亚洲、太平洋地区这些重要国家对中国的承认，为中泰改善关系提供了有利的国际政治环境。另外，中国与泰国是近邻，过去曾有过长期友好交往的历史，同时，新中国坚持在和平共处五项原则基础上发展同各国人民的友好关系，因此中泰实现关系正常化是国际形势发展的必然。

实际上，1968 年以后，泰国曾几次表示，愿与中国接触，改善关系。1969 年 2 月，泰国外长他纳·科曼宣称泰国已经准备坐下来同中国共产党讨论，东南亚稳定的实现需要中国的同意。[①] 1970 年初，他还主张召开新的万隆会议，"复兴万隆会议的原则"，"在这样的会议上使中国同它的邻国达成妥协"。1970 年末，泰国外交部成立了一个特别工作组研究与中国缓和关系的可能性。1971 年 5 月，泰国正式宣布，泰国广播电台中止反华宣传。

对此，1971 年 3 月中国政府通过第三方向泰国传递了信息。不久，泰国外长在接受采访时说，"北京领导人开始理解我们，这可能导致真正的对话"，这次，他第一次使用了"中华人民共和国"的称呼。但时任泰国总理的他侬对中国仍持怀疑态度，尽管面临要求缓和的压力，他仍谨慎行事。1972 年 9 月，泰国乒乓球队应中国的邀请参加了第一届亚洲乒乓球赛。乒乓球队的顾问是泰国全国行政委员会财经及工业署副主任巴实·干乍那越（中文名许敦茂）。此次访问使他了解了中国对改善中泰关系的诚意。紧接着巴实·干乍那越又率泰国贸易代表团参加了 1972 年 10 月在广州的中国广州出口商品交易会。巴实的中国之行揭开了中泰乒乓外交的序幕。1973 年 5 月，中国决定派乒乓球代表团于 6 月访问马来西亚，泰国乒乓球协会闻讯后邀请代表团顺道访问泰国，中方同意。6 月，中国乒乓球代表团访问泰国，该乒乓球代表团是新中国成立后访泰的第一个代表团。不久泰国也派了一个羽毛球队和乒乓球队回访中国。

2. 中泰两国国内政治、经济发展的需要

在国际形势变化的同时，泰国国内形势也在发生巨大变化，政治民主化运动风起云涌，军人在政府中的作用相对减弱。他侬政府倒台后，泰国从 1958 年至 1973 年实施的公开的军人专政宣告结束，从 1973 年 10 月到 1976 年 10 月，泰国进入议会民主制的尝试时期。民选产生的泰国文官政府以现实主义态度处理国家对外事务。泰国企业界也积极要求打开中国市

---

① 《远东经济评论》（Far Eastern Economic Review），1969 年 2 月 20 日。转引自张锡镇《中泰关系 40 年》，《东南亚研究》1990 年第 2 期。

场，许多著名的工商业家纷纷向政府施加压力，要求取消对中国贸易的禁令。

五六十年代，泰国为寻求解决国内政治经济问题的途径做过不少努力，但收效甚微。随着经济的发展，泰国的对外贸易对西方国家的依存度随之增大，这就使它的经济极易受世界资本主义经济衰退的影响，这种政治经济的"体质上的脆弱性"，也是泰国国内反政府势力强大，军人政变频繁发生的重要原因之一。

而泰国若是能与中国"和平共处"，一是能缓和与国内共产党的关系，二是能扩大与中国的贸易，同时充分发挥国内众多华人在经济中的作用。泰国的华人一定程度上控制了泰国的大银行和主要商品大米、橡胶、木材等的出口，并支配着商业和制造业，泰国的华人经济已经成为当地民族经济的一个重要组成部分，但他们与中国有着千丝万缕的联系，通过他们可以同中国建立和扩大贸易关系，以改善泰国国内经济和政治问题。

中国国内形势的变化也需要和有助于发展同泰国的关系。从60年代末开始，中国推行积极的外交政策，尤其是发展与第三世界国家的关系，陆续与许多中小国家建立了外交关系。

1972年5月7日，周恩来在北京召开的新亚洲乒乓球联合会成立大会上，明确表明了中国对东南亚中立化的立场，他说中国对包括泰国在内的东盟五国正在商议中的中立化构想，"表示衷心支持"，并且还希望代表们回国后能把中国的意思转达给各国政府当局。

紧接着，1972年9月，泰国乒乓球代表团应邀来北京参加第一届亚洲乒乓球锦标赛。被誉为"泰国基辛格"的泰国全国行政委员会财政、经济、工业署副主任巴实·干乍那越作为代表团顾问随团访华，开始对中国投石问路。1973年6月，中国乒乓球代表团应邀到泰国进行了回访，代表团副团长是中国外交部亚洲司官员程瑞声，他利用这个机会同泰国外交部副部长差猜·春哈旺就相互关心的问题进行了磋商。当时的泰国报纸刊载了泰国外交部新闻司就差猜同我会见发布的新闻公报。公报表示差猜和程瑞声"曾就有关各项问题交换意见，有利于未来加强泰国与中华人民共和国之友好关系"[7]。

他侬政府垮台以后，中泰关系正常化的步伐大大加快。在泰国面临世界石油危机影响时，1973 年 12 月，差猜副外长率领泰国贸易代表团访华，要求中国以"友谊价格"（即低于国际市场的价格）向泰国出口一批柴油。中方同意以优惠价格向泰国提供 50000 吨柴油。1975 年 3 月，泰国成立以克立·巴莫为首的民选文官政府，克立·巴莫公开放弃了政治上敌视中国的方针，明确地将改善对华关系列为对外政策的重要目标。

1975 年 6 月 30 日至 7 月 6 日，泰国总理克立·巴莫对中国进行了正式友好访问。7 月 1 日，中泰两国政府总理周恩来与克立·巴莫先生在北京签署了《中泰建交联合公报》，从而开创了两国建立邦交的新纪元。

中泰关系正常化是中泰关系史上的重大事件，对此后中国逐步发展与东盟国家关系具有重要的意义和深远的影响。

第一，在政治上确立了和平共处五项原则为发展两国关系的基础。《中泰建交联合公报》中明确规定"两国政府深信，中华人民共和国和泰王国政治、经济和社会制度的不同不应妨碍按照互相尊重主权和领土完整、互不侵犯、互不干涉内政、平等互利和和平共处的原则发展两国和两国人民之间的和平友好关系"。

第二，通过互信、互谅、互让，营造有利于中泰关系发展的良好局面。首先，在台湾问题上，泰国承认中华人民共和国政府是中国的唯一合法政府，台湾是中国领土不可分割的一部分，并决定在建交公报签字之后一个月内从台湾撤走一切官方代表机构。其次，在华侨和华人问题上，中华人民共和国政府宣布"不承认双重国籍，双方政府认为任何中国国籍或中国血统的人在取得泰国国籍后都自动失去中国国籍。对自愿选择保留中国国籍的在泰国的中国侨民，中国政府按照一贯政策要求他们遵守泰国法令，尊重泰国人民的风俗习惯，并与泰国人民友好相处，他们的正当权利和利益将得到中国政府的保护，并将受到泰国政府的尊重"。最后，在中共与泰共关系问题上，双方看法也趋于一致。1975 年 6 月，泰国总理克立·巴莫来华途经香港时曾说过，国家是国家的关系，党是党的关系。后来，1978 年 11 月，邓小平在泰国访问时，在记者招待会上说："就中国来说，这个问题不仅涉及中国同泰国的关系，也是一个国际问题。我们历来认为，把党同党的关系和国家之间的关系区别开来，使这样的问题不影响我们发展国家之间的友好关系。事实上，我们正是同泰国政府达成了这样的谅解，建立了外交关系，而且发展了我们两国的关系。"[8]488

第三，中泰关系的正常化，加强了维护东南亚和平与稳定的力量。越南占领柬埔寨后，数十万越南军队迫近柬泰边境，并且时常侵入泰国境内，中泰携手互助，有力地抵制了苏联和越南在东南亚的扩张，打破了苏联对中国的战略包围。中泰建交也有利于中国发展与东盟其他国家的关系，为日后中国与东盟其他国家建立和恢复外交关系创造了条件。

第四，在经济上，加强合作，实现双赢。中泰关系正常化后，泰国政府与中国政府已能直接贸易。两国间贸易的恢复和发展有利于两国经济的发展。到 1977 年，中国已经成为泰国十大贸易伙伴之一。

参考文献

［1］吴冷西：《十年论战》（下），中央文献出版社，1999。

［2］《人民日报》1966 年 8 月 14 日。

［3］《毛泽东外交文选》，中央文献出版社，1995。

［4］王泰平：《中华人民共和国外交史》，世界知识出版社，1998。

［5］《建国以来刘少奇文稿》第 1 册，中央文献出版社，1998。

［6］师哲、李海文：《在历史巨人身边》，中央文献出版社，1991。

［7］程瑞声：《小小乒乓打开中泰关系大门》，http://blog. sina. com. cn/s/blog_
　　4cf7b4ec01009t54. html，最后访问日期：2012 年 7 月 12 日。

［8］谢益显：《中国外交史》，河南人民出版社，1994。

中泰文化交往的渊源与当代价值

王福民 *

摘　要：考察与回顾中泰两国人民漫长的经济文化交往历史，可以看出中泰两国人民具有山川相连、一衣带水的地缘关系，兄弟般密不可分的血缘关系，相互渗透、大同小异的宗教信仰、文化、艺术关联和悠久的经济贸易互惠互利的经济交往关系。这是现当代中泰两国人民睦邻友好关系的历史纽带与现实基础。进一步加强和扩大中泰两国文化交往，无论对中泰两国，对东南亚地区，还是对整个亚洲，乃至当今世界向着和平、稳定、繁荣、发展的轨道上迈进与运行都具有重大的意义。（1）加强中泰文化交流交往符合两国人民的根本利益；（2）继承和弘扬两国人民传统友谊，增进并深化两国人民的全面了解，进一步促进睦邻友好关系；（3）促进两国长期战略合作关系，提升两国的世界影响力与国际地位；（4）有利于推进东南亚地区建构长期稳定、和平、繁荣的发展环境。

关键词：中国　泰国　文化

文化交往是人类不同社会群体、民族、国家社会经济政治交往关系在观念形态上的延伸与表现。它以经济、政治交往实践为基础，又进一步推进各交往主体间交往的深度、范围、内容、方式向新的层次开拓与发展。中泰两国的文化交往源远流长、基础深厚、内容广泛而丰富。

一

考古学家在泰国东北部的万昌发现的古代遗迹表明，泰国的文化起源

---

* 王福民，华侨大学哲学与社会发展学院研究员。

于大约 5000 年前的青铜文化时期。一般认为，泰民族发源于中国南部，后逐渐迁徙居住于目前的泰国。约公元 13 世纪前期，泰国人已在兰娜、帕媱及素可泰这些北部的小城市建立了州市。然后逐渐地向南移居中原地带，直至占据整个中印半岛。在 1238 年，两位泰国领袖坤邦钢陶及坤帕满成功地抵抗了缅甸的宗主，在素可泰建立了第一个独立的王国。这个王国虽历史短暂，但是对泰国历史文化却有着极度的重要性。素可泰时代，伴随着泰国向整个昭拍耶河流域的发展，佛教也逐渐成为泰国的文化谱系中占主导地位的宗教文化。这里是泰国文字证据最早的发现地，还有泰式艺术，如绘画、雕刻、建筑以及文学等诸种文化，在素可泰朝代后，这些文化又被大城朝代流传下去。在大城为泰国首都的 400 余年期间，泰国的独特文化达到了最高峰并与阿拉伯、印度、中国、日本及欧洲建立了广泛的关系。

据中国三国时期《扶南异物志》和《吴时外国传》记载，早在西汉时期中国与泰国的交往就开始了。公元 424 年至 464 年间，尚未统一的泰国境内的盘盘国就有使节访问中国的刘宋政权。527 年、529 年、534 年又曾三次派遣使者来中国的梁朝访问。其时，盘盘国使者带来了象牙、舍利、画册、沉檀、香料等名贵礼品。同时，又以中国回馈的赠礼为载体，将古中国的文化介绍传播到泰国。

公元 607 年（隋朝大业三年），中国第一次正式派出使者访问今天的泰国地区。当时中国隋朝的屯田主事常骏、虞部主事王君政等带着大批礼品出使当时的泰国——赤土并受到了当时赤土国王的隆重礼遇。当时赤土国主"遣婆罗门鸠摩罗以舶三十艘来迎，吹蠡击鼓，以乐隋使，进金铰以缆骏船。月余至其都，王遣其子那邪迦请与骏等礼见，先遣人送金盘贮香花，并镜镊合金二枚贮香油，金瓶八枚贮香水，白叠布四条，以拟拱使者舆洗。其日未时，那邪迦又将象二头，持孔雀盖以迎使入，并致金花金盘以籍诏函，男女百人奏蠡鼓，婆罗门二人导路至王宫"。在中国常骏、王君政等使者回国时，赤土王又命王子携带文书、龙脑香等当地特产，跟随船队来中国回访，"寻遣那邪迦随骏贡方物，并献金芙蓉冠、龙脑香，以铸金为多罗叶，隐起成文以为表，金函封之。令婆罗门以香花奏蠡鼓而送之"。

　　唐贞观年间，泰国中部堕罗钵底国与中国进行了两次正式的官方交往。638 年与 649 年，堕罗钵底国均派遣了使者到达中国长安，交换了两国君王的书信并互赠礼品。堕罗钵底国使者送来了本国特产火珠、象牙等礼物，唐朝回赠了其使者要求交换的骏马与铜钟。

　　宋元时期，泰国境内的罗角、登流眉、真里富等国先后与宋元王朝建立、保持、扩展着经济政治文化等方面的友好的交往关系。宋代在泰国湄南河下游的华富里兴起的罗斛国，同宋朝有着深度而广泛的经济文化交往关系。1155 年，罗斛国送给中国一头大象，也是中国历史记载中接受国外的第一头大象。在中国福建泉州港的航线上经常有罗斛商船往来，一批华侨随着商船到泰国地区经商和留居。南宋末年的宰相陈宜中宋末元初为了躲避元兵，就曾经从今天的越南中南部逃到了暹罗，并一直住在那里，直到老死。

　　元代以来，罗斛国与中国间使节互访亦颇为频繁。罗斛国还先后 5 次派遣使者出访元朝，进一步加深与扩大了同中国的文化和贸易往来。其时的素可泰王国也经常向中国"朝贡"。同时，积极引入了中国的先进文化和工艺技术，如坤兰甘亨王就聘请了数百名中国的陶瓷工匠，在速古台和彭世洛等地设窑烧制陶器。15 世纪以后的暹罗更是通过大批迁入的华侨，不断吸收我国先进的陶器烧制技术，以至于人们日常使用的白瓷器、陶土器都是利用中国的技术制造的，外观上也与中国的产品相似。元明时期的素可泰国也是中国云南同泰国湄公河流域之间陆路交通的重要驿站。

　　阿瑜陀耶王朝建国以后，需要中国皇帝的首肯。明朝定鼎后的第三年（即 1370 年），便派出吕宗俊为首的使团访问阿瑜陀耶。随后，阿瑜陀耶王国立即派使携带 6 头驯象，随吕宗俊出使明朝。[1] 此后，两国使臣往来互访络绎不绝。在整个明代的 270 多年中，阿瑜陀耶王朝派遣使臣到中国访问共 112 次，其间既有国王派遣的使节，也有王姐、王子的使团。1377 年，王侄昭禄膺（即后来 1395 年即位的罗摩罗）到访中国，明皇帝朱元璋专门派使者往赐阿瑜陀耶国王以"暹罗国王之印"，阿瑜陀耶王

―――――――――

① 《明史》第 324 卷"外国五"。

国遂正式称为"暹罗国"。① 中国明王朝的使臣访问阿瑜陀耶国也有近 20
次之多。1403 年明王朝先后遣使到暹罗国赐印、颁诏、赠送礼品等达 4
次。1404 年，明成祖还命礼部赠暹罗国《烈女传》百本，以期暹罗民众
效烈女之典范，修太平之世，行仁厚之风。

　　1373 年，暹罗贡使向明王朝呈献本国地图。② 14 世纪末，还派出留学
生来中国"入监"（国子监）读书。

　　暹罗在同中国的朝贡贸易中，每次携带贡品给明王朝和获得明王朝的
加倍赐赏以外，还可携带大批货物。贡使每次所携带的货物数量就很大。
如 1387 年，一次朝贡的贡品，就有胡椒 1 万斤，苏木 4 万斤。③ 而 1390
年所带的贡品中，苏木、胡椒、沉香三项就有 17 万多斤。明朝在 15 世纪
以后，海禁渐废，中暹除朝贡贸易以外，民间贸易逐步得到发展。中国的
瓷器，尤其是青花瓷制品已成为暹罗国民喜爱的日用器皿和重要的陪
葬品。

二

　　中国明朝从 15 世纪开始派遣宦官出使泰国等东南亚诸国。郑和下西
洋开辟了"海上丝绸之路"。其时，中国的造船技术名列世界前茅。郑和
本人具有丰富的造船航海知识，了解西洋各国的历史地理、风土人情和宗
教习俗，并且熟知兵法谋略，具有卓越的外交才能。其时，郑和曾向明成
祖奏道："臣观汉唐之盛，皆主张和世界相通。今我大明的富强，重在开
拓南部海疆。若我以强大的舟师巡弋海上，则倭寇远遁，海道清宁，中外
通好，万国来朝。……派遣强大舟师运使西洋，乃实现圣上'四海一家，
共享太平'宏图的必要之举。"明成祖遂命郑和率船队下西洋。

　　《明史·郑和传》记载，郑和首次出海是在 1405 年，他率士卒近 3
万人，大船 62 艘。作为主力船的"宝船"，"修四十四丈，广十八丈"。
郑和 1407 年第二次下西洋时到了暹罗，受到了隆重的欢迎。暹罗国王父

---

① 《明实录·洪武实录》第 150 卷。
② 《明实录·洪武实录》第 86 卷。
③ 《明实录·洪武实录》第 183 卷。

子骑着白象作为先导，大臣们赤足步行，跟随前进。郑和派人传授伐木、烧制陶器、晒盐、凿井、开垦梯田等先进技术。此后，暹罗人民为了表示对郑和的崇敬之情，雕塑了一座10米长的郑和卧像。

流动人口是文化传播与交流的重要载体，古时尤其如此。郑和七下西洋，大大提高了中国在暹罗和其他东南亚诸国的威望，为华侨在暹罗定居创造了条件。移居暹罗的华侨逐渐增多。华侨带去了先进的农具、技术和文化，与暹罗人民一道，致力于暹罗的文化开发、社会进步和经济繁荣。暹罗当时人稀地广，十分需要有技能的劳动力。华人到了暹罗以后，主要从事开垦土地、采掘矿石、砍伐树木、种植经济作物，以及开辟道路、开挖运河等雇佣劳动。

郑和在七下西洋的过程中，采取了既不禁止所率士兵与当地女姓通婚，也不禁止他们留在当地居住的开明政策。那些留在当地居住的士兵，就成了早期的华侨。他们在暹罗等异域落地生根，世代繁衍，为以后到暹罗谋生的中国人创造了有利条件。郑和在东南亚华侨中有很高的声望，被尊称为"护侨之神"。

阿瑜陀耶王朝初期至中期，移居暹罗的华侨以擅长航海的福建人居多。而到后期，进入暹罗的其他省份的华人移民在数量上取代了福建人的位置，尤其是潮汕移民大量增加，最终成为移居暹罗最大的华人移民群体。据统计，潮汕人占泰国华人总数的40%左右。这是因为潮汕人在移居暹罗之前就拥有了丰富的农业种植知识和先进的技术，他们主要精通种植甘蔗等各种经济作物。这是泰国以后成为种植甘蔗重要基地的主要原因。在郑和访问暹罗的促进下，中暹两国的科技文化交流日益增多。中国向暹罗提供了大统历法，各种量器、衡器和铜器。暹罗给明朝送来了水稻和果树良种等。1575年和1577年，中国聘请了暹罗使团的翻译作为泰语教员。这些泰语教员同中国学者合作，编撰了早期的泰汉辞典《暹罗译语》。目前，《暹罗译语》的抄本和复制本被北京图书馆收藏。1578年，中国在"四夷馆"中增设"暹罗馆"，招收马应坤等12人学习泰语，培养更多的泰语翻译人才。直至清代，暹罗与中国仍然保持着友好往来的关系。

当时，有的华侨还充当了暹罗国使的通事、副使、正使，如陈举成、文智利、陈子仁、曾寿贤、黄子顺等，都曾跟随暹罗使团入贡中国，还有张思道、陈彦祥、林得章等人也曾先后作为暹罗国使节出访朝鲜。有的华侨还被封官赐爵，如 1471 年，暹罗国贡使美亚，就是昔年贩盐下海，因为大风漂入暹罗，遂仕其国，官至岳坤的福建汀州人谢文彬。① 社会经济的发展，促进了暹罗文化的进步。这个时期表现比较突出的是泰文文字的变革。文字是一个国家和民族进入文明时代的重要标志。当时出现了一位对泰国文字革新做出卓越贡献的学者：帕合拉提波滴。这位学者在拍那莱王的授意下，编写了一套关于泰国文字和语法的教材——《如意珠》。这套教材一直沿用到 20 世纪初期。社会经济的发展也促进了佛教兴盛。小乘佛教已成为暹罗举国上下共同的信仰。当时阿瑜陀耶城的寺院、佛塔林立。建于 1642 年的挽巴茵宫是泰国宫殿最多的王宫，主要宫殿有三座。这三座宫殿分别具有中国式、缅甸式和欧洲哥特式三种风格，显示了泰国人民善于吸取外来优秀文化和建筑艺术的民族性格。

帕耶达信是中泰文化交融的一个重要历史见证。他的中文名字叫郑昭，其父郑镛，老家在中国广东省澄海华富村。郑镛是清朝雍正初年南渡暹罗谋生，先在阿瑜陀耶城贩卖水果，渐至发达，后娶暹罗本地姑娘洛央为妻，1734 年 4 月 17 日，郑昭出世。不久，郑镛过世，郑昭被当时的财政大臣昭披世耶却克里收为养子，从小接受暹罗传统的贵族教育。长大成人后，郑昭被任命为达城的军政长官，封爵为披耶。所以，泰国人一般称他为披耶达信；后因立国称王，华人又称其为郑王。当时中国官方文件曾记载了达信安定国家的社会秩序、恢复社会的生产力所采取的措施，说披雅信组织人力，入山搜寻象牙、犀角等物，给赡难民。② 两广总督李侍尧在给乾隆皇帝的奏折中也写道：所有暹罗城池房屋，（披雅信）着令民人修葺。③ 由于达信对国家和民族做出了重大的历史贡献，泰国人民对他无限敬仰，尊他为泰国大帝之一。达信认识到华侨商人在活跃暹罗社会经济中的重要作用，便对华商采取十分优惠的政策，因而吸引了更多的中国东南沿海地区的贫苦农民移居暹罗。

---

① 《明实录·弘治实录》第 129 卷。
② 《清实录·高宗实录》第 817 卷。
③ 清史档案，朱批奏折，外交类，案卷号 346。

近代以来，在西方列强大规模入侵、周围国家多沦为殖民地的时代，泰国以开明的君主政体、灵活的外交政策和务实的发展策略得以幸免。拉玛四世、拉玛五世两位国王因此成为泰国国民心目中的英雄。现在在位的泰国国王 1946 年登基，是拉玛九世，同样深受国民爱戴，并在最近几年内多次成功化解政治危机，被尊为"国父"。泰国的文化历史悠久，其佛教、建筑和艺术都有其独特的风格。

在中国辛亥革命时期，泰国人民（包括泰国华人）积极地支持了辛亥革命。中国近代著名革命家孙中山曾三次往泰，与泰国华人社会有影响的人物联系，争取他们为革命效力。1906 年创办了宣传孙中山革命思想的《湄南新报》。1907 年在曼谷建立了同盟会曼谷分会。泰国侨胞为辛亥革命的思想宣传和经费筹集做出了巨大的贡献。1911 年辛亥革命胜利，泰国人民隆重庆祝。当时的暹罗政府和泰王拉玛六世都了解中国政局，同情中国革命。

第一次世界大战后，泰国的中文学校日渐增加。1925 年有 48 所学校，1928 年有 188 所学校，1933 年有 271 所学校。目前大部分的学校和大学都加入汉语课程，而且泰国政府也促进公立学校将汉语语言纳入基本课程。

现在泰国有 120 所以上有名的汉语教育学校，不包括私立学校和语言机构。另外，汉语具有重要商业价值。总体来说汉语是现代的趋势语言。

三

加强中泰两国文化交往，无论对中泰两国，对东南亚地区，还是对整个亚洲乃至当今世界向着和平稳定繁荣发展的轨道上迈进与运行都具有重大的意义。

首先，加强中泰文化交流交往符合两国人民的根本利益。中华人民共和国成立后，由于受冷战格局的影响，泰中之间未能很快建立正常外交关系，但两国政府和人民之间的友好往来从未间断。1955 年亚非会议期间，中国国务院总理周恩来与泰国外交部部长旺威泰耶康亲王进行了会晤。同年 12 月泰国政府代表秘密访华，受到毛泽东主席、周恩来总理的热情会见。随后，泰国政府代表与中国政府代表签署了一项未发表的联合声明，并按联合声明的原则加强了交往。多种多样的文化交流活动有力地增进了两国人民的相互理解和友谊。

其次，加强中泰文化交流交往有利于继承和弘扬两国人民传统友谊，增进并深化两国人民的全面了解，进一步促进睦邻友好关系；血浓于水，世界华人是一家。泰国约有华人 600 万，占泰国总人口的 12% 左右，大多是在 19 世纪下半叶至 20 世纪 30 年代之间从中国广东、福建移居泰国的。泰国华人绝大多数已不识中文，不会讲中国普通话，完全融合于泰国社会，且大多为华泰混合家庭。据估计，曼谷居民中华人约占 2/ 5。他们带去的华人文化已融入泰国文化，并保持了尊敬长者、尊崇祖先、欢庆华人节日等传统。同时泰国文化也对中国东南地区产生了不小的影响。泰国人民绝大多数信奉佛教，泰国素有 "黄袍佛国" 之称，到处佛寺林立，仅首都曼谷就有 400 多座，全国共有 32000 多座，还有 30 万僧侣，其中许多人终身为僧。中国已有相当数量的佛教信众，佛教是中国三大宗教之一。以佛为缘是中泰两国传统文化交往的重要内容之一。

佛教传遍泰国数百年来已深深地影响了泰国人民，寺庙成为村镇的中心，是人们接受教育、举行仪式、庆祝节日的场所。由于现代科技的迅速发展，传统的生活方式在大城市已不可避免地发生了改变。然而在现代文明还没有渗透的边缘地区，在很大程度上仍保留着古老的传统生活方式。

再次，加强中泰两国文化交流交往，有利于促进两国长期战略合作关系，提升两国的世界影响力与国际地位。进入 70 年代，中国在联合国合法权利恢复，中美关系出现重大突破，在世界上产生巨大反响，泰中关系也开始进入新阶段。1974 年泰国立法会议通过议案，允许泰商直接与中国贸易。1975 年 3 月泰国正式宣布决定承认中华人民共和国，并于 1975 年 7 月 1 日签署了两国政府联合公报，宣布自即日起两国互相承认并建立外交关系，泰中关系从此翻开了新的一页。中泰建交后两国文化交往也日益密切。在教育方面，双方除根据政府间的文化协定互派留学生、教师外，两国不少教育部门和研究机构也进行了相互交流和合作。中国学者到泰国以及泰国学者到中国讲学、进修、出席学术会议等活动极为频繁。21 世纪以来，在文化方面，中泰双方间的各类文化、新闻、出版、音乐、美术、体育、宗教方面的代表团、考察团互访增多。

最后，加强中泰两国文化交流交往，有利于推进东南亚地区建构长期稳定、和平、繁荣的发展环境。中国与泰国都奉行独立自主的外交政策和全方位的外交方针。这对于稳定与促进东南亚经济社会健康发展具有重要意义。目前，泰国以东盟为依托，在保持与美国传统盟友关系的同时，注重发展同中国、日本和印度的关系，维持大国平衡。重视开展睦邻外交，积极改善与柬、缅等邻国关系。泰国与柬、缅、老三国在缅甸蒲甘举行首次经济合作战略（ECS）峰会并发表《蒲甘宣言》。强调经济外交，推动双、多边自贸安排，已与巴林、印度、澳大利亚、新西兰、日本等国签署了双边自贸协定或建立经济伙伴关系。与中国在中国—东盟自贸区框架下实施了果蔬零关税安排。重视国际及区域合作。参与东盟一体化建设，积极参加亚太经济合作组织（APEC）、亚欧会议（ASEM）、世界贸易组织（WTO）、东盟地区论坛（ARF）和博鳌亚洲论坛（BFA）等国际组织的活动，支持东盟自由贸易区（AFTA）和中国—东盟自贸区计划（CAF-TA），倡导并积极推动亚洲合作对话（ACD）机制、六国橡胶出口协调机制、五国大米贸易部长会议、五国禁毒合作机制等。参与东帝汶维和以及阿富汗、伊拉克和布隆迪重建。

泰国这种海纳百川的文化在漫长的嬗变、重构、整合、发展过程中逐渐形成了独立开放、自由祥和、宽厚包容、友善万邦特点的同时，以此为理念制定的独立自主、灵活求实的外交政策对稳定与平衡东南亚国家关系做出了积极的贡献。

参考文献

［1］朱丽鸽：《试论泰国文化中的中国文化因子》，云南大学，2012。
［2］施荣华：《中泰文化交流》，云南美术出版社，1997。
［3］孔淑红：《中泰社会文化关系》，《东南亚研究》1996 年第 3 期。

以高校国际交流合作促进公共外交
推动中泰友好发展

——以华侨大学为例

薛秀军[*]

摘　要：通过高校国际交流合作拓展和深化与他国社会各界民众的沟通往来，对提升中国国家形象，加强中国与他国持续友好往来和提升国际影响力、竞争力等，无疑具有重要的作用。因此，加强高校国际交流合作，特别是创新拓展高校海外办学模式和渠道，就成为当前提升中国公共外交水平、推进中国公共外交发展不可或缺的重要一环。在这方面，华侨大学充分利用自身的优势和特色，已经开展了与泰国社会各界密切的交往、沟通和合作，对深化中泰友谊发挥了重要的影响。今后，华侨大学将进一步创新思路，努力探索拓展海外办学模式，继续深化与泰国各界的交流合作，以更好地助力国家公共外交战略，更好地推动中泰、中国—东盟友好往来、密切合作、共同发展。

关键词：高校　国际交流合作　公共外交

随着改革开放的日益深入和中国国家实力的不断提升，中国与世界的关系正在发生深刻的变化，开展公共外交，促进文化教育特别是作为文化传承传播重要载体的高等教育更广泛的国际交流合作，已经成为中国外交战略和国际战略的重要组成部分，也是适应当前中国国际地位提

＊　薛秀军，男，博士，华侨大学哲学与社会发展学院教授，厦门大学公共事务学院博士后，华侨大学发展规划处副处长，高等教育研究中心主任。

升和侨情侨务形势变化，实现"中国梦"的必然选择。对此，中国华侨大学有很多优势与经验。以华侨大学为例，总结与展望通过高校国际交流合作，推动中国与周边国家特别是与泰国加强公共外交，增进相互理解，促进友好发展的意义、作用、影响及对策、思路等，对提升中国公共外交水平，推进中国现代化，维护和促进世界和平发展等，都具有重要意义和价值。

一　高校国际交流合作对拓展公共外交的重要作用

公共外交目前已经成为各国加强相互交往、推动友好往来的重要手段和管径，也是学界广泛热议的话题。随着全球化的不断扩张和信息化、网络化的深入发展，各国民众层面的直接沟通、交流，跨国的人员流动、往来日益频繁。在此背景下，"越来越多的非国家行为体参与到外交游戏中来，公共舆论和社会大众对一个国家对外政策的影响越来越大，外交活动的领域也大为扩充，尤其是经济、商务、文化等方面的扩充，为主政者所津津乐道"[①]。其中，作为承担教书育人、科学研究、文化传承和服务社会等重要职责的高校，通过其多渠道的国际交流合作，在扩展本国公共外交范围、深化本国公共外交影响、提升本国公共外交水平、促进本国公共外交发展方面，已经发挥了重要的作用。

公共外交，按照学界公认的概念最早提出者——美国塔夫斯大学弗莱彻法律与外交学院院长埃德蒙·古利恩的界定，主要是指"超越传统外交范围以外国际关系的一个层面，它包括一个政府在其他国家境内培植舆论、该国国内的利益团体与另一国内的利益团体在政府体制以外的相互影响、外交官和媒体记者之间的沟通联系，以及通过这种过程对政策制定以及涉外事务处理造成影响等活动"。古利恩的这一界定，实际上对公共外交采取的是非常宽泛的理解，其基本上泛指一国政府对另一国公众的各种形式的外交。[②]

---

① 韩方明主编《公共外交概论》（第二版），北京大学出版社，2012，第1页。
② 韩方明主编《公共外交概论》（第二版），北京大学出版社，2012，第7页。

事实上，公共外交概念的提出远远晚于公共外交实践。按照学者们的普遍观点，各国公共外交的实践均可追溯到 20 世纪之前，但接受公共外交的概念却要晚得多。并且，到目前为止，对公共外交的界定，学界仍存在很多争议。对此，笔者不想过多置评。但就笔者个人的理解而言，公共外交至少应包含以下几个基本特征，这也是公共外交区别于其他外交形式的关键性因素。

第一，公共外交是由一国政府所主导的，旨在通过多种管径和形式而对他国民众施加影响，借以提升本国在他国民众中的形象，增强他国民众对本国的了解和认同。这一点，使公共外交和一般的民间外交相区别。一般的民间外交，更多的是公民和各民间团体自发的、跨国的交流和交往。这正如有的学者所言，"民间外交是一种非常形象的政治术语，并非一个严格的学术范畴。从外交的严格内涵来说，外交是一种国家特别是中央政府的主权意志表达行为，纯粹民众之间的交往不过是民间的交流，绝不是什么外交行为"。但是，"一旦有中央政府意志加入其中，民间交往就转变为公共外交了"①。换句话说，公共外交是本国政府所主导的，虽然其会更多借助民间交往的形式，但是与一般的民间交往相比，它具有更明确的目的性，行为活动不是随机、松散的，而是连续、稳定的，具有持久性、保障性和系统性。

第二，公共外交是一国政府通过多种管径和形式对他国民众施加影响，并借助他国民众的理解和认同，而对他国政府产生影响。这使得公共外交与传统外交有着根本的区别。公共外交不是国与国政府之间的直接外交活动，其在外交形式和管径上更为丰富。本国政府对他国民众施加影响，不能也不会是直接影响，而是要借助本国各种非政府组织、民间团体等，通过经济、文化、科技、商贸等各种形式逐步施加影响。这种影响不能也不会是单方面的，而是双向的，不只是让他国民众了解和认同本国，同时，也是对他国民众立体、生动、广泛、深入的了解、认知，以便更好地、有针对性地与他国加强往来，寻求共识、增强认同，实现共同发展。

第三，公共外交既然是由一国政府所主导的，当然内含本国政府将自

① 韩方明主编《公共外交概论》（第二版），北京大学出版社，2012，第 11 页。

身意识形态、价值标准、核心理念施加于他国民众的意图，但是这种施加不是单向度地向往推广，而是在广泛交往去逐步展示，并在广泛交流中去谋求共识。这也使得公共外交与传统的对外宣传、意识形态强制对外推广等相区别，也与一般意义上的文化交流、文化外交相区别。在这里，公共外交从国与国相互交往的层面看，其实质应该是各国政府有意识地、主动地相互拓展渠道、提供平台，促进和加强彼此的民间互动，并在这一过程中使彼此在民众层面能更深入地相互了解，谋求多种层面的共识与相互认同，同时，充分了解和包容彼此的差异，在谋求利益共同体的同时，强化情感共同体，进而凸显和构建命运共同体等。

综合考虑历史、文化、民族和社会心理以及现代化发展时空节点等因素，中国与周边国家特别是与泰国开展公共外交显然具有更为现实的基础与条件。当然，要想充分利用好这一基础和条件，也必须要立足和把握新的时代环境，改变以往单向、简单直接同时也更容易引起抵触和防守心理的对外宣传模式，更好地探究拓展公共外交渠道，提升公共外交水平，以更为有效地"向世界说明中国"，推动中国与周边国家深入交流与持续友好往来等。而高校国际交流合作就是其可以选择尝试的重要管径。之所以如此，主要有如下几个原因。

第一，由于地缘、文化和语言上的便利，中国高校的海外留学生中周边各国特别是东南亚、东盟各国学生占有很大比重，他们在中国高校学习，与中国学生交流，很多毕业后回到本国发展，无形中加强了中国与其所在国的更多了解、交流，也将被中华文化濡染和熏陶的精神品格和思维观念带回本国，以生动形象的形式推进了中华文化海外传播。更进一步，中国高校还可以适时抓住机遇，凭借自身的优质资源到海外特别是东南亚、东盟各国开展各种形式的合作办学，推进落地教育，这既为所在国培养了经济社会发展的急需人才，同时也宣传和推广了中华文化，特别是对在这些国家广泛分布的华人华侨子弟而言，还起到了提升其生存能力，并使中华文化海外薪火传承的作用。这样，实际上就把高校发展与国家发展、把高校的国际交流合作与国家推进公共外交的整体战略等密切地关联在一起。

第二，基于彼此更多的共同点，中国高校与周边国家特别是东盟各国高校和其他研究机构更易于也更有可能共同开展历史文化、国际贸易、国际移民等关涉双方交往发展的研究，并可以充分发挥智库对国家经济社会发展的咨询建议功能，努力提供全面客观准确的研究成果和结论，通过联合发布等形式，能直接影响双方国家社会公众的认知与判断，也有利于促进双方政府在深化外交关系、促进交流合作等方面的科学决策。这也是当下重新定位高校职能，拓展高校更好地服务经济社会发展功能的重要体现。

第三，国际化合作办学与交流是世界高等教育发展的趋势，也是中国高校和东盟、东南亚各国高校的必然选择，更是促进世界和平发展，构建和谐世界的重要管径。来自不同文化、价值背景下的学生在一定时间段内共同学习，彼此了解，相互交流，必然有助于形成多元、包容的世界性视野，形成多维密切互动的人际情感联系，这既符合高等教育培养自由、全面发展的独立个人的根本要求，也有助于跨越和消除各种分歧和误解，从多层面影响各国政策，并最终影响世界走势，推动构建包容共生、和谐发展的崭新的全球现代文明。

二　华侨大学与泰国各界交流合作促进了中泰友好交往发展

中国华侨大学与泰国各界一直保持着密切的往来互动，并与泰国社会各方开展了多种形式的国际交流合作。特别是 2013 年 7 月，时任泰国上议院议长尼空博士访问华侨大学，在受聘华侨大学名誉教授并发表主题演讲时，明确提出"欢迎华侨大学到泰国办分校"的建议，中国国务院侨办裘援平主任对此给予了积极回应。之后，中国总理李克强访问泰国，泰方也提出了相似的建议，李克强总理也给予了积极回应。这些，都必将会促使华侨大学深化和拓展与泰国社会各种形式的交流合作，并以此促进中泰双方的友好往来和共同发展。

事实上，加强华侨大学与泰国各界广泛深入的交流合作，对推进公共外交，促进中泰乃至中国—东盟的合作发展等具有难得的机遇以及重要的作用。

1. 有助于更好地增进中泰友谊，拓展和深化中国与东盟各国的交往和联系

目前，中泰两国关系持续向好，两国高层互访和经济文化交流日益频繁，特别是李克强总理访问泰国，以"中泰一家亲"为基调，与泰国在基础设施和科技等方面达成了众多协议，尤其是双方协商互免签证，这将极大地便利两国民众的往来，促进两国民间的交流。泰国位于中南半岛的中心地带，对东盟各国能发挥积极而广泛的影响。华侨大学加强与泰国社会各界的国际交流与合作，将能更好地传播中华文化，不仅对进一步提升中泰关系，而且对加强中国与东盟各国的整体交往合作，都将产生重大影响。而从更长远看，华侨大学对泰国拓展和深化各种形式的交流合作，可以充分利用自身优质高等教育资源，主要面向泰国和东盟各国培养其经济社会发展的急需人才，这既能更好地服务泰国和东盟各国的发展，充分彰显和体现中国的大国责任与大国气度，也能涵养培育更多促进中泰友好的人士和资源，提升中国国家形象，增加沟通交流，更好地巩固和推进中泰、中国—东盟的友好合作与互利共赢。

2. 有助于适应中泰经贸发展的新形势与新要求，更好地促进中泰经贸往来

近年来，中泰经贸往来不断加强。今天，中国已经成为泰国第一大出口目的地、第二大进口来源国。泰国也已经成为中国在东盟国家中的第二大贸易伙伴，是中国公民出国旅游的主要目的地。李克强总理访问泰国时明确提出，中泰双方将力争提前实现 2015 年双边贸易额 1000 亿美元的目标，并鼓励两国企业更多地使用本币进行双边贸易结算。现在，泰国政府正与中方协商在泰建设高速铁路事宜，将来还有可能修通连接其他东盟国家的铁路网。届时，泰国将成为整个东盟地区的物流中心，与中国的经贸交流将会更上一层楼，中国与泰国的经贸往来，包括与东盟其他国家的经贸往来，都将进入新的发展阶段。① 这些，无疑对既熟悉中国情况和中国文化，又熟悉泰国和其他东盟国家情况的经贸、旅游、工程技术人才等提出了更多的需求。华侨大学加强与泰国的交流合作，特别是充分利用自身

---

① 徐方清等：《从"泰囧"到泰"便捷"》，《中国新闻周刊》2013 年第 38 期。

学科优势开展各种形式的合作办学，将能很好地为泰国和东盟其他国家培养促进中泰、中国—东盟文化经贸交往以及工程技术研发、旅游规划开发等方面的高层次人才，能极大地满足上述需要，更好地服务和推动中泰经贸发展。

3. 有助于适应和助推中国国家发展战略，更好地推动中华文化走出去

随着中国国家实力的不断增强和国际地位的不断提升，中国的发展将越来越需要着眼于世界，因此，如何更好地"向世界说明中国"，提升中华文化国际竞争力，推进中华文化走出去，就显得非常必要，也成为当前中国国际战略的重要一环。华侨大学加强与泰国社会各方面的交流合作，特别是探讨创新国际合作办学模式，将能直接推动国内优质高等教育走出去，并实现在当地以所在国民众熟悉的方式讲述"中国故事"，提升"中国形象"，这对拓展中华文化海外传播的途径，为实现"中国梦"营造良好周边外交环境等，都具有重要的战略意义。

4. 有助于提升泰国和东盟各国华文教育水平，更好地强化在泰华人的生存发展技能

随着中国经济水平和国际影响力的不断提升，随着中泰、中国—东盟民间交往的日益密切，泰国和东盟各国的华文教育都得到了快速发展。特别是在泰国，华文教育已经广泛地进入中小学课堂，这也产生了大量的华文教师缺口。现在，在泰国虽然有孔子学院和中文学习班项目，但仍不能满足泰国民众学习中文、了解中国文化的需求。越来越多的泰国人已经意识到，学习中国语言和文化，了解中国，成为"中国通"，能更好地助力他们的职场之路。因此，华侨大学加强与泰国的交流合作，探索各种形式的联合办学，甚至直接设立分校等，将能直接为泰国培养华文教育人才和中小学华文教师，进而还可以辐射和带动东盟其他国家华文教育的发展，既为东盟各国推进华文教育储蓄和培养人才，又能直接面向泰国和东盟各国开展华文教育相关学科研究，这对进一步推动华文教育发展，促进中华文化传播，将产生非常重要的作用。

另外，据不完全统计，泰国现有华人约 700 万，占泰国总人口的10% 左右，华人在当地受到了政府的重视，也为泰国的经济发展做出了重

要的贡献。在泰华人规模的扩大和影响力的不断增强，都使得直接在泰国接受比较系统的具有鲜明中国特色并能契合泰国社会需要的优质高等教育成为必要。华侨大学在泰国开展多种形式办学，努力将华侨大学系统优质的教育资源直接引入泰国，不仅对在泰华人传承传播中华文化、增强文化认同感很有必要，而且可以直接培养在泰华人的生存技能和专业素质，有效提升他们主动融入泰国社会的能力，有助于更好地推动和服务在泰华人的发展。

三　华侨大学进一步加强与泰国各界交流合作的可行性与今后可能的思路

华侨大学在中国国务院侨办的正确领导和大力支持下，始终坚持"面向海外、面向港澳台"的办学方针和"为侨服务，传播中华文化"的办学宗旨，在长期发展实践中已经形成了与泰国皇室、政府、企业、民间社会团体等各个层面的密切联系和广泛互动，这无疑为华侨大学进一步加强与泰国社会各方面的交流合作，探索创新办学模式，提供了充分的可行性保障。

1. 华侨大学已经积累和形成了丰富的对泰办学经验

华侨大学目前有海外学生 4000 多名，是目前中国海外学生最多的大学之一，更是泰国学生最多的中国大学，已为泰国培养了千余名毕业生。在长期的办学过程中，华侨大学积累了全方位的对泰办学经验。

华侨大学已与泰国普吉著名慈善机构普吉乐善局合作创办了"东盟普吉泰华学校"，该校专门培养有意赴中国深造的高中学生，也为泰国本土培养高级汉语人才；在泰国长期实施华文教育奖学金项目，与泰国华文教师公会等单位联合举办"泰国华文教师暑期培训班"，已经培训泰国本土华文教师近 1000 余名，并从 2013 年开始发展华文教育本科学历教育；在泰国 4 座城市 6 所华校连续成功举办了 3 届"中华文化大乐园"活动；与在泰国排名前列的重点高校泰国农业大学合作开办了孔子学院，其各项工作受到泰国当地人士的肯定；长期选派优秀汉语教学志愿者到泰国任教，并与泰国华侨崇圣大学合作举办研究生教育，办学成果斐然；目前正在和泰国高教委所属民众学院委员会协商、探讨合作开办"2 + 2"模式的汉语言、华文教育本科学历教育。同时，华侨大学与泰国吞武里大学、克里斯汀大学、清迈大学、博仁大学、兰实大学等多所知名高校签署了合作协议，建立了多种形式的密切联系。

华侨大学近年来还与泰国国家研究院形成了比较密切的学术合作关系，并专门成立了泰国研究所，努力打造中国国内泰国研究和对泰交往研究的智库。华侨大学联合中泰各方力量共同倡议和发起举办中泰战略研讨会，目前该研讨会已成为中泰政府和民间专家、学者学术交流的重要网络和平台，对促进中泰两国友好合作具有重要意义。

2. 华侨大学已与泰国社会各界建立了密切的联系

华侨大学与泰国皇室和政商各个层面都已经形成了良好的密切互动。泰国公主诗琳通，前上议院议长素春、尼空和国会主席兼下议院议长颂萨等都先后受聘为华侨大学名誉教授。2005 年，华侨大学在泰国设立驻泰国代表处，成为中国首家在海外设立办事处的高校。同年，华侨大学还成功启动了为泰国政府培训高级汉语人才的项目——"华侨大学泰国政府官员中文学习班"，该项目 2011 年起已经拓展为"外国政府官员中文培训班"，目前已经为泰国政府培养了 300 余名汉语人才。泰国政要和商界代表多次到访华侨大学，对华侨大学在促进中泰经济文化交往中所发挥的重要作用给予了充分的肯定。特别是诗琳通公主曾经两次到访华侨大学，并为华侨大学"诗琳通图书馆"揭牌和捐赠书籍。与泰国皇室和政商各个层面的密切往来，无疑为华侨大学在泰拓展创新交流合作特别是具体办学模式，提供了多方面的支持与充分的便利。

3. 华侨大学具有在泰国办学的突出学科优势

华侨大学始终高度重视学科建设工作，经过近几年的重点投入，学科建设水平得到了显著提升，已初步形成以华文教育和侨情侨务政策研究为引领和特色，理工结合、文理渗透、工管相济、协调发展的学科体系。学校在做好学科布局的同时，不断加强重点学科建设。经过多年的建设与投入，现已拥有 1 个国家重点学科，40 个各种层次的省部级重点学科。2012 年学校启动实施了"高等学校创新能力提升计划"，协同海内外创新力量成立"海外华文教育与中华文化传播协同创新中心"等。学校在华文教育、哲学与中华文化传播、侨情侨务政策与国际战略、旅游规划和管理、国际商务和贸易、车辆工程、电子信息技术、机械工程、新材料新能源开发等泰国和东盟经济社会发展和促进中泰、中国—东盟经济文化交往急需的学科方面特色明显、优势突出。这也为华侨大学在泰国进一步探索加强多方面的交流合作提供了充分的学科基础保障。

4. 华侨大学具有在泰国办学的天然地缘优势

泰国的华人华侨大多数来自中国的闽南地区和潮汕地区，与华侨大学所在的泉州、厦门语言相通，文化相融，对华侨大学有着地缘和地域文化上的天然亲近感。通过华侨大学与泰国各方的密切交流和深入广泛合作，将能极大地促进闽南乃至整个海西与泰国更广泛深入的经贸文化交往，这既充分彰显了华侨大学为地方经济社会发展服务的重要作用，也为华侨大学与泰国社会各界更进一步合作交流提供了更多交通、语言上的便利等。

今后，华侨大学加强与泰国社会各界交往合作，在巩固强化原有多种形式办学的基础上，可以抢抓机遇，发挥优势，进一步探索在泰国独立办学、建设分校的可能性与具体模式。这既是对泰国社会各界要求的回应，也是适应中国高等教育发展战略的需要。今天，推进中华文化走出去和高等教育国际化，已经成为当前中国高等教育发展战略的重要内容，中国政府正在尝试采取各项积极措施鼓励国内高校通过各种形式加速推进海外办学。日前，厦门大学正在积极探索在马来西亚建立分校，对此，中共中央政治局委员、国务委员刘延东同志曾专门批示：试点先行，及时总结经验，充分考虑各种因素，扎扎实实做好。事实上，相较于厦门大学在马来西亚建立分校，华侨大学在泰国建立分校将更有优势。厦门大学在马来西亚建立分校虽是马来西亚总理纳吉布首先提出的，但是纳吉布只是希望中国高校到马来西亚建立分校，并没有明确哪所中国高校到马来西亚建立分校，是马来西亚高等教育部和中国教育部具体协商才最终确定厦门大学到马来西亚建立分校。而华侨大学到泰国建立分校则是时任泰国上议院议长尼空博士直接提出的，而且也是泰国皇室和政府中很多重要人士的共同愿望，这本身就充分彰显了华侨大学在泰国社会的影响力与知名度，也会更便利今后的合作。在此背景下，华侨大学如能把握机遇，先行先试，必将能探索开创中国高校海外办学新模式与新机制，也将能更好地提升中国公共外交水平，进一步推动中泰两国友好合作与共同发展。

华侨大学始终坚持"会通中外，并育德才"的办学理念。今后在泰国探索建立分校，也将继续秉承这一理念，立足实际，以建设综合性、国际化、应用型大学为基本定位，努力打造多学科交融、立足泰国、面向东盟各国和全球、具有鲜明区域特色、以培养应用型人才为主导的高水平大学。在办学思路上，华侨大学泰国分校可以将贯彻国家推进中华文化和中国高等教育走出去战略作为基本主线，以推动泰国和东盟各国华文教育事业发展，促进中泰、中国—东盟经贸文化交往，巩固和加强中泰、中国—东盟关系，以服务泰国和东盟各国经济社会发展、服务以在泰国和东盟各国为主的海外华侨华人发展为根本目的，坚持公益优先、不以营利为目的的办学宗旨，注重突出特色、着眼长远、促进交流、涵养资源。在招生上，将主要面向泰国和东盟各国，同时适当考虑面向中国港澳台和世界其他国家和地区，招收泰国和东盟各国经济社会发展需要的，能更好地促进当地华文教育发展，有助于推进中泰、中国—东盟以及与世界其他国家和地区开展积极经贸文化往来与政府、民间多层次交往的优质生源。在人才培养目标上，华侨大学泰国分校将主要培养能适应泰国和东盟各国经济社会发展需要，熟悉泰国、东盟各国与中国经济、政治、文化和社会发展的基本情况，能促进泰国和东盟各国与中国和世界其他国家或地区开展经贸、文化交往的高水平专业人才。特别是要培养泰国和东盟各国急需的有助于推进华文教育发展的华文教育人才和各层次华文教育师资等。

总之，华侨大学在泰国探索开创独立办学模式，尝试建设分校，其基本定位就是要体现和凸显"四个服务"，即更好地服务中国外交和国际发展战略，更好地服务海外华侨华人，更好地服务泰国和东盟各国经济社会发展，更好地发挥侨务对台工作优势，服务国家统一大业。其核心就是要以高等教育海外延伸和拓展为重要管径，既提升学校自身的知名度与国际影响力，推动学校跨越式发展，也将更好地提升中国立体多维的国际形象与文化价值软实力，促进泰国和东盟各国民众对中国的深入了解、认知、认同与心理、情感上的接纳、关切，从而在根本上拓展中国公共外交渠道，提升中国公共外交水平，更好地促进中泰、中国—东盟乃至整个世界的和平、和谐发展。

　　当然，进一步拓展国际交流合作，特别是探索创新海外独立办学模式，对华侨大学充满了挑战，但其对深化拓展中国公共外交，增进中泰友谊的意义、作用、影响等也是显而易见的。因此，无论面对什么样的困难和挑战，都是值得华侨大学去探索和尝试的。况且，相信在中泰两国政府和社会各界的大力支持下，这些困难与挑战也都一定能够克服。对此，以华侨大学为代表的中国高校，充满了信心。

大国在泰国的国家形象：基于亚洲
民主动态调查的跨国比较[*]

孔建勋　赵姝岚[**]

摘　要： 本文使用亚洲民主动态调查（ABS）数据，从跨国比较的视角分析泰国及其他东南亚国家的民众对中国、美国和日本的国家形象的认同。比较基于如下两个维度：一是中国形象在泰国与在其他东南亚国家的比较；二是中、美、日三个大国在泰国的国家形象比较。统计分析结果表明，泰国民众对中国国家形象的认可度普遍高于其他东南亚国家的民众；在泰国民众心目中，中国的国家形象与日本接近，中、日两国的形象略好于美国的形象，甚至在认可度的最高点上对中国形象的认可度比日本还高，从而有力地证明了"中泰一家亲"的双边关系。

关键词： 大国　泰国　东南亚　国家形象

前　言

进入 21 世纪以来，中国—东盟自由贸易区建设和中国与东南亚各国经贸往来的日益密切，中国政府针对东盟国家提出的"睦邻、安邻、富

---

　* 基金项目：国家社科基金青年项目"日本对大湄公河次区域合作的介入及其对中国的影响"（编号：11CGJ020）。

　** 孔建勋，男，彝族，云南元阳人，博士，研究员，主要从事当代东南亚政治与社会问题研究。赵姝岚，云南省社会科学院助理研究员。

邻"政策，① 以及中国与东盟各国间日益频繁的各种民间交流，都有力地加深了东南亚各国民众对中国和中国民众的了解。而从更大的范围来看，根据英国广播公司（BBC）的一项民意调查，近年来中国极大地改善了在世界上的形象，其总体形象甚至超过了欧盟，多达50%以上的各国受访民众对中国的形象做出了正面的评价，中国成为第五个最受欢迎的国家，排名仅次于日本、德国、加拿大和英国。[1]而包括泰国在内的东南亚各国民众对中国的印象也有类似的变化。除了日益密切的双边经贸关系以外，双边和次区域多边机制下的多层次的文化交流加强了中国与泰国的关系。因此，我们不妨假定中国在泰国和其他东南亚国家比在世界上的总体形象更具正面意义，尤其是考虑到长期以来"中泰一家亲"的友好关系，可以预期中国在泰国比在其他东南亚国家更具有正面形象。

本文使用第二波亚洲民主动态调查（Asian Barometer Survey，ABS）②中泰国和其他东南亚国家的数据，从多维比较的视角分析中、美、日在泰国的国家形象。本文第一部分简要厘清学术界关于公共外交与国家形象建构的讨论。不少学者认为，公共外交与国家形象建构之间有着紧密的动机关系。[2]841~875[3]407~408公共外交的一个重要目标就是在对象国的民众中塑造积极、正面的国家形象，因此国家形象好坏在某种程度上反映一个国家推行公共外交的成败。在论述了公共外交与国家形象的理论建构之后，本文第二部分着重介绍使用的调查数据和研究设计。第三部分为数据分析结果汇报，首先对包括泰国在内的东南亚国家的 ABS 数据进行描述性分析，然后报告统计分析和检验结果。最后一部分总结本研究的基本结论，并陈述研究的不足和今后进一步研究的方向。

一　中国周边外交视野中的国家形象

当今世界，随着信息化的日新月异，各国政府在制定和推行外交政策

---

① 2003 年 10 月，时任中国国务院总理温家宝出席在印尼巴厘岛举行的首届"东盟商业与投资峰会"，并发表题为《中国的发展和亚洲的振兴》的演讲，首次明确提出"睦邻"、"安邻"和"富邻"的外交理念。
② 感谢台湾大学政治系朱云汉教授及其团队为本文作者提供亚洲民主动态调查中东南亚国家的调查数据。

时都十分重视在对象国塑造良好的国家形象,[4][5]46~72甚至连美国这样的头号强国，在面对恐怖袭击等问题的困扰时也通过在阿拉伯世界开展有效的公共外交来塑造良好的国家形象。[6]随着中国在国际政治经济舞台上的地位日益提升，在世界各国塑造良好的国家形象成为中国外交的主要目标之一。[7]因此国内有学者认为，国外关于国家形象与外交政策动机的理论分析对当今中国也具有现实借鉴意义,[8]也有学者讨论如何通过开展公共外交来提升中国的国家形象。[9]2010 年，中国的经济总量超过日本，成为世界第二大经济体。正如 Hooghe 所指出的那样，"中国领导人越来越注重通过公共外交的途径更加有效地在世界上塑造本国的形象，试图向世界各国民众表明中国是一个值得信赖的、可以合作的和热爱和平的发展中国家。它致力于建设和谐社会和推动和谐世界，在国际事务中扮演负责人的角色。中国政府的这些外交理念体现在其塑造负责人的世界大国形象的努力之中，尤其是在东南亚地区开展的魅力外交"[10]。

而在中国与包括泰国在内的东南亚国家关系方面，通过过去几十年先后与东南亚各国纷纷建立外交关系，并积极开展双边和多边外交，迅速改善了中国与东南亚各国的双边和多边关系。如果说 20 世纪末以前包括泰国在内的东南亚国家对中国的和平发展心存疑虑的话，那么 1997 年始于泰国的金融危机及中国负责任的危机处理方式（尤其是在周边各国货币纷纷贬值的情况下顶住压力保持人民币币值的做法）在很大程度上消除了它们这种疑虑。而中国在外交领域推行的"魅力攻势"也极大地消除了东南亚国家对中国的忧虑。[11]

尽管东南亚各国在与中国交往中有许多共同点，但每个国家都有其不同的自身利益以及不同的态度。面对中国的和平发展，一些国家忧虑多于欢迎，而另一些国家则表现出乐观的态度。一些国家把中国在该地区的崛起视为抗衡美、日等传统政治经济大国的力量，而另一些国家则由于中国的崛起转而强化与美、日等国的关系。[12]但从总体上来说，东南亚国家（尤其是泰国）倾向于尽可能地扩大与中国的双边或多边交往。[13]在东南亚各国中，泰国是最乐意看到中国和平发展的国家，它与中国发展双边关系的意愿最为强烈。例如，2003 年针对曼谷市民开展的一项民意调查的结果显示，超过 3/4 的受访者认为中国是泰国最为亲密的伙伴，而选择美国的只有不到一成的比例。[14]从泰国民众的角度来看，中国崛起带来的巨大商机是其希望加强两国关系的最直接动因，而两国之间业已存在的文化交往则进一步强化了这种动因。[15]71正是基于这些原因，本文提出的第一个假设是，中国的国家形象在泰国比在其他东南亚国家更为积极、正面，亦即泰国民众比其他东南亚国家的民众更加积极地评价中国的形象；第二个假设是，泰国民众对中国国家形象的评价并不比对美、日等传统政治经济大国的评价差，甚至更好。下文将利用第二波亚洲民主动态调查的泰国和其他东南亚国家的数据，通过统计建模来检验上述假设。

二　数据和研究方法

如前所述，本文利用亚洲民主动态调查数据，从多维跨国比较的视角探讨中国、美国和日本在泰国的国家形象，以及中国的国家形象在泰国与其他东南亚国家之间的比较。因此，本部分首先对该调查数据进行初步的统计描述，然后介绍本文的研究设计和相应的统计分析技术。

亚洲民主动态调查第二波数据的公布，使得大国在泰国和东南亚国家的形象进行跨国比较研究成为可能。尽管如此，由于缺乏时间系列的追踪数据，因此不可能用经验数据对国家形象的变化趋势进行历时比较研究，但可以利用该项调查数据在一个时点上就中、美、日等大国在泰国等东南亚国家的形象进行比较研究。本文使用的数据包括该项调查中的泰国、越南、菲律宾、新加坡、印度尼西亚和马来西亚的数据。

本文使用这项调查数据，主要是因为在现有的调查数据中，只有这项调查涉及中、美、日等大国在泰国和其他东南亚国家的形象问题。为行文方便，本文使用"其他东南亚国家"来指称越南、新加坡、马来西亚、印度尼西亚和菲律宾5个国家，以便对泰国和这五国进行比较，因此本文讨论的泰国与其他东南亚国家的比较结论，不能推广到上述五国之外的其他东南亚国家（例如文莱、柬埔寨①、老挝和缅甸等）。

---

① 虽然亚洲民主动态第二波调查包括柬埔寨，但柬埔寨国别的问卷不涉及中、美、日等国家形象的相关问题，因此本项研究不包括柬埔寨数据。

表1　第二波亚洲民主动态调查数据的人口统计特征分布表（N=6791）

		项　目	频　数	百分比（%）
按国别		泰国	1135	16.71
		越南	958	14.11
		新加坡	963	14.18
		马来西亚	1180	17.38
		印度尼西亚	1434	21.12
		菲律宾	1121	16.51
按社会人口统计特征	性　别	女性	3260	48.00
		男性	3531	52.00
	婚姻状况	未婚	1684	24.83
		已婚	5097	75.17
	年龄组	18~30岁	1859	27.91
		31~45岁	2476	37.18
		46~60岁	1711	25.69
		61~75岁	614	9.22
	教育程度	高等教育	1205	17.75
		中等教育	3384	49.86
		小学教育	2198	32.39
	收入组	最高收入组	1048	16.06
		较高收入组	805	12.34
		中等收入组	1076	16.49
		较低收入组	1665	25.51
		最低收入组	1932	29.60
	主观阶层	较高阶层	1696	25.79
		中等阶层	3369	51.23
		较低阶层	1511	22.98

注：除非特别说明，本文使用的数据均为亚洲民主动态调查第二波数据（2006~2008年），部分数据有缺失。

资料来源：亚洲民主动态调查（2005~2008年）。

　　由于本文的重点是比较分析中、美、日三个大国在泰国和其他东南亚国家的形象，因此针对三国形象的三个问题都为缺失值的样本将不列入分析，由此，最终进入本文分析的样本量为6791个（泰国和其他东南亚国家的样本以及按人口统计特征的频数分布情况如表1所示）。

1. 因变量：国家形象

本研究的因变量是中、美、日等大国在泰国和其他东南亚国家的形象。在第二波亚洲民主动态调查中，该问题是这样提问的："你认为中国（美国、日本）在本国的形象如何？"回答项是一个有10个刻度的李克特量表（Likert Scale），从"1"到"10"分别代表从最负面的形象到最正面的形象，要求受访者在该量表上针对中国、美国和日本分别选择一个刻度。①

2. 统计模型：因素分析和线性回归分析

"大国形象"是一个复杂的、不可直接测量的潜在概念，因此本研究的大国形象就是将泰国和其他东南亚国家对中、美、日三国的国家形象的看法统称的概念。由于分别针对三个大国提问的问题都是10个刻度的李克特量表，为连续变量，因此本文先采用验证性因素分析方法（Confirmatory Factor Analysis）生成一个大国形象的变量，以便对中、美、日三个大国的各自国家形象与更加抽象和更具代表性的大国形象概念进行相关分析，然后将国别变量以泰国为参考，生成越南、新加坡、马来西亚、印度尼西亚和菲律宾五国的虚拟变量，并以此作为自变量对大国形象和中、美、日的国别形象进行线性回归分析。本文使用Mplus统计软件来进行验证性因素分析和线性回归分析。

三　统计分析结果

如前所述，本研究的重点是通过建立验证性因素分析和线性回归模型比较中、美、日三大国在泰国的国家形象。在进行模型分析之前，有必要先对该项调查数据进行描述性研究，尤其是三大国在泰国和其他东南亚国家的形象的描述性分布。

1. 中、美、日三国国家形象的统计描述

图1显示了中、美、日三国在泰国的国家形象频数分布情况。如前所

---

① 该调查的此问题还询问对世界银行、国际货币基金组织、欧盟等一些国际和地区性组织和机构的看法和态度，但不属于本文讨论之列。

述，图 1 是按 10 个刻度的李克特量表分布的。总的来说，频数分布表现出两个显著的特点。

第一个特点是在 10 个刻度的量表上，中、美、日三国在泰国的国家形象分布从总体上表现出高度一致性，细微的差别在于对美国最负面的评价高出对中国和日本的评价；相反，最正面的评价美国最低，中国居中，日本略高于中国。但统计检验结果表明这些差别不具有显著性。根据这一结果不难发现，从当前情况来看，中、美、日三国在泰国民众中的国家形象比较接近，而此前有学者发现日本在泰国的国家形象明显好于中国。[16]32~38 从样本量和样本的代表性①来比较，显然本文得出的结论更为可靠。

图 1 显示的第二个特点是在 10 个刻度的李克特量表上，中、美、日三国的国家形象百分比都表现出正态分布的状况（这对于下文的因素分析至关重要），绝大多数泰国民众对于中、美、日三国的国家形象都给予中等偏高的答案，只有极少数民众对中、美、日三国的形象给予非常正面或者非常负面的回答。因此不妨得出初步的结论：泰国绝大多数民众对于大国的形象具有相对正面的态度和看法，而这种看法在中、美、日三国之间并没有显著的差别。

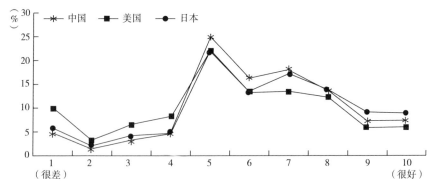

图 1　中、美、日三国在泰国的国家形象频数分布
资料来源：亚洲民主动态调查（2005~2008 年）。

---

① 前一篇研究的样本框仅限于曼谷高校的师生，而且样本量仅有 324 个。

　　而从中国国家形象在泰国和其他东南亚国家的跨国比较来看，图 2 显示出正态分布状况（越南除外），且中国的国家形象在泰国与在其他东南亚国家似乎没有很大的差别，只有越南民众对中国国家形象的中等偏好程度超过泰国。但从细微差别来看，对中国国家形象最正面的评价泰国依然超过任何国家。

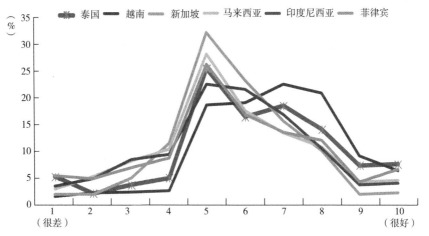

图 2　中国的国家形象在泰国和其他东南亚国家频数分布

数据来源：亚洲民主动态调查（2005～2008 年）。

2. 大国形象与中、美、日国家形象

　　如前所述，第二波亚洲民主动态调查东南亚数据中，有关大国形象的问题询问了 6 个国家的民众，即泰国、越南、新加坡、马来西亚、印度尼西亚和菲律宾。表 2 列出了泰国和东南亚国家的民众对大国形象和中、美、日三国国家形象的线性回归分析结果（以泰国作为参照组），其中大国形象是通过验证性因素分析得出的潜变量因子。

　　从结果来看，相对于泰国民众而言，东南亚其他国家的民众对大国形象的认同均为负值（越南除外），表明泰国的民众比其他东南亚国家（越南除外）的民众更加积极、正面地看待大国的形象，菲律宾民众与泰国民众之间的差异并没有统计显著性，而越南的民众在这方面的态度则比泰国民众更为积极（标准化系数为 0.356）。

表2　大国形象在泰国和其他东南亚国家的线性回归分析（N＝6971）

泰国 vs 其他国家		非标准化系数	标准误	标准化系数
大国形象	（泰国＝0）			
	越南	.591***	.080	.356
	新加坡	−.323***	.081	−.195
	马来西亚	−.620***	.077	−.373
	印度尼西亚	−.467**	.073	−.281
	菲律宾	−.140	.078	−.084
中国形象	（泰国＝0）			
	越南	.524***	.087	.259
	新加坡	−.542***	.087	−.268
	马来西亚	−.606***	.083	−.300
	印度尼西亚	−.543***	.079	−.269
	菲律宾	−.507***	.084	−.251
美国形象	（泰国＝0）			
	越南	−.050	.105	−.020
	新加坡	.112	.104	.045
	马来西亚	−1.577***	.099	−.629
	印度尼西亚	−.833***	.095	−.332
	菲律宾	1.109***	.100	.442
日本形象	（泰国＝0）			
	越南	.891***	.091	.430
	新加坡	−.151	.090	−.073
	马来西亚	−.186*	.086	−.090
	印度尼西亚	−.155	.082	−.075
	菲律宾	−.138	.087	−.066

注：$*p<0.05$；$**p<0.01$；$***p<0.001$。

从三个大国各自的国家形象来看，泰国和越南的民众对中国国家形象的认同显著地高于其他国家，尤其是越南民众对中国国家形象的认同最高；而对美国国家形象的认同方面，明显地表现出三个层次：第一层次是菲律宾民众，他们对美国国家形象的认同远高于其他国家（相对于泰国而言，其标准化系数为0.442）；第二个层次是新加坡、泰国和越南民众，这三个国家的民众对美国国家形象的认同处于中等程度。尽管这三个国家的民众对美国国家形象的认同略有差别，但并无统计显著性；第三个层次是马来西亚和印度尼西亚，这两个国家（尤其是马来西亚）的民众对美国国家形象的认同最低（相对于泰国而言，马来西亚和印度尼西亚的标

准化系数分别为 -0.639 和 -0.332）。对于日本的国家形象，泰国民众与新加坡、印度尼西亚和菲律宾民众的看法相近，马来西亚民众的看法相对来说较为负面，而越南民众对日本形象的看法最为正面。

总之，泰国民众对中国国家形象的认同与对日本国家形象的认同相近，但明显高于对美国国家形象的认同，总体上来说泰国民众对中国国家形象表现出积极、正面的认可态度，而对美国最为认同的国家是其传统盟友菲律宾和新加坡，这在某种程度上表明一个大国在其他国家民众中的形象与其政府的外交关系有着密切的联系。

四　结论和讨论

对于世界大国来说，如何在其他国家塑造良好的本国形象，是开展公共外交的重要目标之一。在泰国和传统的东盟国家，战后一直与美国和日本（主要是经济上）保持着良好的关系。但冷战结束后，中国与东盟各国的关系迅速改善，尤其是进入 21 世纪以来，随着中国—东盟自由贸易区建设的逐步推进，中国政府针对东南亚国家开展"睦邻"、"安邻"与"富邻"的周边外交政策，中国与东南亚各国民间商贸和文化交流活动日益频繁，双方民众彼此进一步加深了解，因此，中国在泰国和其他东南亚国家的形象有了明显的改善。本文利用亚洲民主动态调查数据，从跨国比较的视角分析了泰国对中、美、日三国国家形象的看法，以及中国的国家形象在泰国与其他东南亚国家的异同。我们可以从本研究中得出如下三个主要结论和观点。

首先，泰国绝大多数民众对中国的国家形象持中等偏好的态度，只有少数民众持两极分化的态度，其中又以持非常正面的看法的民众居多。泰国民众对美国、日本的国家形象的认同也与此相类似，只是相较于中国对美国国家形象持非常正面态度的民众比例略低。这个结论充分验证了"中泰一家亲"的传统友谊，同时这一结论与之前一些学者得出的泰国民众更加认同日本的结论有所不同。[16]

其次，相对于其他东南亚国家的民众而言，泰国民众对中国国家形象的认同更加正面（越南例外），即便如此，其他东南亚国家的民众对中国国家形象的认同也达到中等偏好的程度。从分析结果来看，越南民众似乎对中国国家形象比泰国民众具有更加积极、正面的看法。我们认为，这是因为：一方面，自90年代初中越关系恢复正常化以来，无论是两国政府间的高层交往，还是民间的交流都比其他东南亚国家更为活跃，而且两国都是社会主义国家，因此彼此较为认同；另一方面，第二波亚洲民主动态调查2005年底在越南开展，此时正值中越关系的历史最好时期，因此越南民众对中国国家形象的看法比其他东南亚国家的民众都较为正面，是理所当然的。但近年来中越两国围绕南海问题的争端不断，越南民间偶有反对中国的声音，因此当前越南民众对中国国家形象的看法是否有显著的变化，需要采集最新的调查数据进行统计分析和检验。

最后，统计分析的结果表明，中国国家形象的改善并没有损害美国和日本等其他大国在东南亚地区的形象，相反，中、美、日三国的国家形象在泰国具有高度一致性（亦即统计上的高度相关），表明那些认可中国国家形象的泰国民众，同样也认可美国和日本的国家形象，而不认可中国国家形象的那部分民众，也同样不认可美国和日本。由此，三个国家的形象共同形成了一个关于大国形象的潜在的共同因子。这一实证研究结果从一个层面反驳了"崛起的大国必然带来冲突"的论调。正如中国前外交部部长杨洁篪在记者会上引述俗话所说的"邻居好，无价宝"，中国将继续坚持以邻为伴、与邻为善，坚持睦邻、惠邻的周边外交政策。[17]正因为如此，相信中国在泰国和周边其他邻国的形象将得到进一步的改善。

尽管我们得出了上述主要结论和观点，但本研究的局限也是显而易见的，其中最突出的问题表现在以下几个方面。

一是由于缺乏历时性的追踪数据，因此本研究使用的是2006年至2008年间的某个具体时点上在泰国和其他东南亚国家采集的横剖数据（就我们所知，这是迄今为止能回答本文研究问题的最好的跨国调查数据）。鉴于此，本文无法对中、美、日等大国国家形象在泰国等东南亚国家的变化趋势进行追踪研究。

二是在该项调查中，中、美、日三个大国的国家形象问题都是单维的，亦即调查问卷中只有一个相同的问题涉及这三个大国的国家形象。无论是从理论上还是从方法上看，对于这类主观问题来说，单维问题对本文的研究限制是显而易见的。

三是第二波亚洲民主动态调查只包括 6 个东南亚国家，即泰国、越南、新加坡、马来西亚、印度尼西亚和菲律宾（柬埔寨的调查未包括有关大国国家形象的问题），该调查数据并不包括缅甸、老挝和文莱，因此在统计推论中使用东南亚作为一个整体的概念具有一定的局限。

总之，尽管本文在比较研究中、美、日三国在泰国和东南亚其他国家的形象方面做出了一定的贡献，但受上述客观因素制约，这方面的研究还有待进一步深入和细化。近来，第三波亚洲民主调查中各国数据已陆续发布，笔者将利用新的数据，继续深入探讨相关问题。

参考文献

［1］ BBC, Europe Less, China More Popular in Global Poll, 2011 – 05 – 11, http：//www. bbc. co. uk/news/world – 18038304.

［2］ Herrmann, R. K., "The Power of Perceptions in Foreign – Policy Decision Making：Do Views of the Soviet Union Determine the Policy Choices of American Leaders？" *American Journal of Political Science*, Vol. 30, No. 4（Nov. 1986）.

［3］ Herrmann, R., K. et al., "Images in International Relations：An Experimental Test of Cognitive Schemata," *International Studies Quarterly*, Vol. 41, No. 3, 1997.

［4］ Michael Kunczik, *Images of Nations and International Public Relations*, Mahwah, N. J.：Lawrence Erlbaum Associates Publishers, 1997.

［5］ Wang Hongying, "National image Building and Chinese Foreign Policy," *China：An International Journal*, Vol. 1, No. 1, 2003.

［6］ 赵可金：《美国公共外交的兴起》，《复旦学报》（社会科学版）2003 年第 3 期。

［7］ 金正昆、徐庆超：《国家形象的塑造：中国外交的新课题》，《中国人民大学学报》2010 年第 2 期。

［8］ 张苾芜：《国家形象理论与外交政策动机》，《国外社会科学》2011 年第 1 期。

［9］ 于军：《开展公共外交提升国家形象的思路》，《领导科学》2010 年第 11 期。

［10］ D'Hooghe, Ingrid, "The Rise of China's Public Diplomacy," *Clingendael Diplomacy Papers*, No. 12, Institute of International Relations, the Hague, Netherlands, 2007.

［11］ Bruce Vaughn, "China – Southeast Asian Relations：Trends, issues, and Implications for the United States," *CRS Report for Congress*, USA, 2006.

［12］ Aileen San Pablo - Baviera, "The China Factor in US Alliances in East Asia and the Asia - Pacific," *Australian Journal of International Affairs*, July 2003.

［13］ Amitav Acharya, "Seeking Security in the Dragon's Shadow: China and Southeast A-sia in the Emerging Asian Order," *Working Paper* No. 44, Institute of Defense and Strategic Studies, Singapore, March 2003.

［14］ Phillip Pan, "China's Improving Image Challenges U.S. in Asia," *The Washington Post*.

［15］ Michael Vatikiotis, "Catching the Dragon's Tail: China and Southeast Asia in the 21st Century," *Contemporary Southeast Asia*, April, 2003.

［16］ 张锡镇、张美君：《泰国对当前中日关系的看法——泰国实地问卷调查分析》，《南洋问题研究》2008 年第 3 期。

［17］ 杨洁篪：《中国周边形势是" 树欲静而风不止"》，新华网，2013 年 3 月 9 日。

中泰民间关系的演进：
以隆都镇为视域的研究

黄晓坚*

摘 要： 潮人是在泰华人的主要族群，其与潮州原乡的联系构成了中泰民间关系的重要内容。因此，深入研究潮泰关系的历史与现状，对于构建中泰友好关系具有特殊的意义。

中国广东省汕头市澄海区隆都镇，原属饶平，是潮汕地区著名侨乡，其海外乡亲主要集中在泰国，具有200余年的移民历史。借由侨民这一天然的媒介，隆都镇长期以来一直与泰国保持着密切的关系，并在不同的历史阶段凸显出中泰两国社会发展的时代特征，是研究中泰民间关系的一个重要窗口。本文借助于笔者近期在该镇做田野考察所获取的口述、志书资料，辅之以相关的历史文献和研究成果，对潮泰民间关系的发展脉络进行了梳理。

关键词： 中泰民间关系 华侨华人研究 隆都镇

广东省潮汕地区是中国著名侨乡。据估计，当今海外潮人多达1000余万（约占海外华人总数的1/4），与潮汕地区汕头、潮州、揭阳三市所辖人口不相上下，其中以分布在泰国的为最多；而在泰国的700万华侨华人中，则有400余万原籍为潮汕地区，其中八成以上定居在曼谷。因此，从某种意义上说，潮汕地区民众的对泰交往，实为中泰民间关系中最具代表性也是至关重要的内容。

---

* 黄晓坚，韩山师范学院华侨华人研究所研究员。

基于此种认识，笔者尝试在回顾、总结中泰涉侨关系基本历史经验的基础上，撷取潮汕侨乡的个案素材，着重对 20 世纪 80 年代以来中泰民间关系的发展进行解读，并对施政方向提出建议。本文研究素材，主要来自笔者近期在汕头市澄海区隆都镇所做田野考察，①辅之以相关地方志书、研究成果。

一　"中泰一家亲"：关于潮泰融合的历史反思

众所周知，中国大规模的海外移民——华工移民，发生于鸦片战争之后。与此相联系，中国侨乡的形成时间大致在清末民初，而在 20 世纪二三十年代成形，它们大多数分布在东南沿海地区，著名的有广府侨乡、闽南侨乡、潮汕侨乡、客家侨乡和海南侨乡五大侨乡。其共同点是，海外侨民众多，分布广泛，为侨居地做出了很大贡献和牺牲；与海外华侨有着千丝万缕的天然联系，经济社会发展受到海外华侨的深刻影响；海内外文化交流比较频繁，对侨乡与侨社均产生广泛的影响；等等。

就潮汕侨乡而言，其海外移民似乎对泰国情有独钟，并具有有别于其他侨乡的若干鲜明特色。

特色一：延绵两个世纪的对泰移民传统。

潮汕地区依山临海，自古以来便有舟楫之利，民众侨外的历史最早可以上溯至唐宋时期的海商"住冬"，以及宋末勤王抗元，崖山兵败后大量潮籍将士逃亡南洋。明代，以林道乾为首的海上武装集团与朝廷为敌，失利后率部 2000 余人避居今泰国南部，被北大年国王招为"驸马"，乐不思蜀；其妹林姑娘南下寻兄劝其回国未果，乃以死相谏，至今仍留下受人

---

① 隆都镇位于广东省汕头市澄海区西北部，距离市区 15 千米，北与潮州市潮安县官塘镇、磷溪镇毗邻。辖区地势平坦，面积 34 平方千米，有 15 个行政村（居）委会、38 个自然村、46 个经联社，人口 7.4 万，历史上为潮、澄、饶三县重要的商品集散地。隆都镇也是潮汕地区著名侨乡之一，全镇 2010 年有 18631 户 76393 人，其中侨户 6018 户，侨眷 48956 人。海外华侨华人和港澳台同胞 97236 人，其中大部分集中在东南亚各国，尤以泰国为最。2011 年 8 月，笔者与本校教师杨姝、熊燕军、李坚及部分历史专业的学生赴该镇进行以"潮汕侨乡的海外联系"为主题的田野考察，历时 10 天，走遍了 15 个行政村。此后笔者又多次前往该镇，并在曼谷接触到该镇部分乡贤，接触到大量涉中泰民间交往的口述、文献资料及碑铭、建筑遗存。

进香膜拜的坟冢和美丽凄婉的传说。

不过，潮人大规模出洋侨居，还是始自清代乾隆十二年（1747）。这一年，清廷海禁稍弛，潮人及福建人获准持照到暹罗贩运大米、木材。特别是郑王复国后，泰国吞武里王朝和曼谷王朝先后在湄南河两岸建都，吸引了大批来自潮州的能工巧匠。他们以自由劳动力的身份和善于经商的传统，利用当地市场经济的宽松有利环境从事各种商业贸易活动，获得了成功。伴随着"红头船"①贸易的兴起，位于澄海的樟林渔港迅速发展为繁华的"粤东通洋总汇"，潮梅乃至闽西南先人多由此乘船"过番"谋生。距樟林港仅10余千米的隆都前埔，其村民许可均等人即于彼时"合伙租船往暹罗贩运大米，每年农历八九月从樟林港扬帆出海，翌年春季才运载回归；碰到天时不利无法按时归棹，有的人看那里地缘好，便设法藏匿起来"②，是为隆都最早侨泰的先民。此后零星过番或成批下海往暹罗谋生的隆都乡民渐多。如嘉庆二十三年（1818），后溪人金罗星乘红头船抵暹，创"宝记"号经营航运业、进出口贸易及土产，该商号现仍坐落在曼谷吞武里府湄南河边，与簧利为近邻；道光二十年（1840），前溪陈村沟头人陈少林因家贫"过番"去暹罗，一年后即开始有"番批"寄回家，其父母妻儿在村中引以为豪；咸丰四年（1854），前埔黄厝堤段崩溃，洪水冲毁家园，灾民纷纷设法到暹罗，至清末时共达180人。③据估计，从1782年至1868年，乘红头船移民暹罗的潮人即达150万人之多。

1867年汕头港轮船开航后，前往国外更加便捷。同治十年（1871），隆都前美村前溪人陈宣衣长子陈慈簧，从香港乾泰隆商行过海到暹京曼谷创办陈簧利行和火砻厂，专营暹米加工、运销和批发，并相继把事业扩展到南洋各地，将暹京陈簧利行与新加坡陈生利行（后改组为陈元利行）、香港乾泰隆行和汕头簧利栈连成一体，生意火爆，家族富甲南洋，促成前美村人相继去"过番"，很多人侨居暹罗。

---

① 清制，福建出海民船船头一律涂青（绿）漆，粤船则着以红色，以示区别。据考，"红头船"一般长30余米，宽10余米，有舱房若干层，分三桅和双桅。船头画大眼，冀能识水路。

② 《澄海市前埔乡志谱》，第28页。

③ 《隆都华侨志》（打印稿），第1页。

据估计，从汕头开埠到辛亥革命，潮汕移民海外人数大增，约有294万人出洋谋生，其中含有大量的华工。民国时期，中国政府严禁华工贸易，但向海外的自由移民在潮汕地区仍然得以持续进行，他们大多前往泰国。与此相关的是，潮汕地区迅速成为与海外潮人联系密切的著名侨乡。

特色二：在泰国商界独占鳌头的潮商集团。

获益于自由劳动力的身份和无须与泰人竞争的良好经商环境，早期潮人移居泰国后，只需要缴纳外侨居留税即可从商谋生。而在曼谷王朝三世王时期，政府更放松了对商业贸易的垄断，一些潮商竞相投标取得从事各种商品垄断贸易的专利权，如酿酒权、包税权、出口专利权等，在长期从事中泰贸易中逐渐增强了实力。隆都前美村人陈宣衣，19世纪中叶购船从事红头船贸易，航行于中国沿海和南洋各地。1851年他在香港文咸西街创立乾泰隆商行，主营大米进口和南洋与中国土特产（即南北货物）的转口贸易（港人称"南北行"），后将业务扩展至海内外，在汕头、叻埠（新加坡）及暹罗（泰国）等地设立联营商号。1871年其长子陈慈黉在泰国曼谷设立的陈黉利行，不仅令创立人陈慈黉富甲一方，而且其家族后人更成为泰国五大家族之一。

1870年，元发盛行的创始人——澄海人高楚香在曼谷创设泰国华商的第一家近代化机器碾米厂（即火砻），陈黉利行也紧随其后经营火砻及大米出口。在他们的带动下，潮商开始大举进军机器碾米业，并逐渐在香港、叻埠、暹罗和汕头等地遍设联号，依靠"香叻暹汕贸易体系"从事亚洲地区的大米贸易，在泰国的主导行业"米业"中占据了绝对优势。在这个独特的贸易体系内，海外潮商和本土潮商互相支持，共同发展，形成巨大经济实力和经贸网络。1920年，泰国曼谷的主要碾米商是潮商李竹漪、高晖石、陈守明和卢昭川，四家的大米生产能力合计达到46%的份额；而在20世纪30年代主导泰国大米业的八大华商家族企业中，陈守明的陈黉利行、卢昭川的卢裕隆行、蚁光炎的蚁光兴利行、廖公圃的廖荣兴行、许仲宜的老长发行、陈振敬的陈振盛利行等6家均为潮商（陈守明、许仲宜原籍都在隆都）。20世纪初，曼谷的华人碾米商和出口商开始从事金融业，八大潮商企业集团中有4家经营钱庄，并于1930年泰国政府颁布第一部《银行法》后发展成为银行业。战后，泰国逐步从农业国向工业化国家转变，潮商亦加速转变为现代企业家，出现了一批像正大卜蜂、盘谷银行这样雄视东南亚的国际化企业集团。

近年来，关于近代泰国华商的发展道路，有学者将其归纳为以当地为依托的高度融合型发展模式。①作为泰国华商的领头雁，潮商以其"亦善亦群"的群体特性，注重与泰国政府和其他友帮合作，帮助政府维持和建设一个繁荣和谐的社会（例如，在朱拉隆功的改革中，潮商便提供了相当的资金，发挥了不可磨灭的作用）。他们将经济活动的收益在泰国进行再投资，与其他族群合作，共同参与泰国的经济建设，以自己的经济活动去实现泰国政府的经济目标，并成为泰国民族经济的重要组成部分。他们借助于自身在资金、经贸网络上的优势，通过与西方公司合作获得管理技术，并通过与当地合作获得合法性和便利性，从而获得了企业发展的相关有利资源，奠定了永续发展的深厚根基。这不仅有利于潮商的更好发展和泰国经济的繁荣，而且也有利于中泰经贸合作与友好关系的发展。

特色三：潮泰间深度的民族融合和文化认同。

与菲律宾、印尼等地的早期中国移民一样，在泰潮人与泰人之间的异族通婚、血缘融合现象，可谓由来已久，程度相当之深，这显然受益于潮人与泰人在佛教信仰上的趋同（尽管有小乘佛教和大乘佛教之别），以及泰人传统上对具有较高手工技艺、经商才能和文化素养的华人的厚爱等。由于移民历史悠久，加以世代繁衍、民族融合，要准确统计出目前泰国潮人的数量已经很困难了；但无论如何，泰人与潮人你中有我、我中有你，却是不争的事实。而在文化的层面上，潮、泰之间早已难分彼此，泰国各处矗立的中式庙宇和泰语中为数众多的潮语借词，以及泰语潮剧和酬神潮剧的存在，便是明证。

不过，受国内外诸多因素的影响，移民对国家和政治的认同，却需要一个相对漫长的过程并可能出现反复。如在中日交恶的 20 世纪 30 年代，海外华侨民族主义思潮盛行，执政的銮披汶在泰国掀起"排华恶浪"，大批传播中国本位思想和爱国主义的华侨学校遭到关闭，许多由中国南下的文化人被驱逐回国。排华的本质，实际上就是强迫同化。诚然，在新移民

① 陈列、石维有：《近代泰国潮商的企业发展模式》，《世界潮商》2010 年 1 月 26 日。

源源不断地输入泰国、华侨民族主义思潮空前高涨的那个年代，这一同化的过程无疑是极为艰难而又痛苦的。饶有趣味的是，据考证，銮披汶本人即有华人血统。导致其推行激烈的排华政策的原因，或许就在于不同华人移民群体之间利益的冲突（即土生华人与华侨新移民的矛盾），而非华侨与泰国土著民族的冲突。

值得一提的是，对于回报、融入泰国社会，当年的泰潮先贤其实不乏远见和建树。例如，自吞武里王朝以来，潮商就一直遵循着依托当地、使自身的发展与政府和社会高度融合在一起的经营理念。又如，华侨慈善机构——报德善堂的建立，①以及中华总商会主席蚁光炎对华侨子弟学习泰语的重视。②但蚁光炎因义无反顾地领导泰华投入援华抗日而最终倒在日本特务的枪口下，并未完全融入泰国社会。陈慈黉家族的抉择更加富于戏剧性：自从陈守明因参与中国政治、卷入派系的倾轧而被刺身亡后，该家族立誓不再参与一切政治活动，从此与中国的政坛疏离。此情此志，实令人扼腕叹息。与此同时，该家族迅速泰化，鲜与中国甚至原乡联系。③

第二次世界大战后，泰国政府在国籍问题上实行出生地主义，并将华人的参政权、财产权等与泰籍、泰名挂钩，加快推行同化政策。新中国成立后30年的闭关锁国、极"左"政策和1954年之后放弃双重国籍政策，以及泰国对中国输出革命的防范，导致潮人新移民来源的枯竭及在泰潮人对中国的疏离，这客观上加速了泰国潮人融入当地社会的历史进程。以在曼谷的隆都籍潮人来说，泰化较深的远不止陈慈黉家族，另一来自隆都镇樟籍村的许仲宜家族，也已经完全泰化，这个在战前商界曾经十分响亮的名字连同其"老长发"商号，在原乡几乎已经无人知晓了。隆都镇的"后溪金"，原先跟泰国华侨社会关系甚为密切，而今也已泰化。泰国潮

---

① 担任泰国报德善堂董事长达15届共28年的陈振敬，就是隆都前美村人士，他于15岁时离乡到泰国发展。

② 黄晓坚、欧阳慧：《蚁光炎先生思想探析》，《汕头大学学报》2002年第3期。

③ 据前美村民回忆，中国改革开放后"落实华侨政策"，归还了陈慈黉家族的成片住宅和在汕头的大量房产。但该家族在1987年由陈天中、陈天听及其家属一行11人作为代表回村探视祖屋、祭扫祖墓后，与原乡并无过多来往，亦无类似其他海外乡贤那样慷慨的捐赠行为，只是象征性地捐了一座礼堂。唯一的投资项目，是由香港乾泰隆有限公司的陈慈黉第四代孙陈天禧将陈慈黉故居开发为商业性质的旅游景点。

人早已步入华人社会甚至泰人社会，他们与泰民族结合成水乳交融、密不可分的利益共同体。

从某种意义上讲，外来移民的民族主义与民族融合，天生就是死对头。同化政策的推行，往往就是为了对抗、消弭新移民的民族主义，相对于和平、渐进的民族融合政策，自然多了些许强制、暴力的色彩。尽管这种政策的推行表面上加速了民族同化的进程，但是不免留下难以愈合的心灵创伤。庆幸的是，在数百年的岁月里，潮、泰血缘和文化的融合终究是主流。当今天人们为东南亚及世界各地此起彼伏的反华排华事件而愤慨，羡慕泰国华侨平和安逸的生存发展环境时，我们其实应该认真反思一下泰国华人带给我们的有益经验与教训。

特色四：在泰潮人及其后裔冠盖云集。

在 18 世纪中叶红头船贸易之初，旅暹潮人后裔中就已诞生御缅复国、创建吞武里王朝的郑信大帝，成为备受泰人景仰的民族英雄；[①]从此，潮属华侨便有了"王室华侨"之称，素有参与政治的传统，成为社会变革和进步的积极推动者。值得注意的是，自大城王朝开始，泰国就开始实行以华人管理华人的政策，并把华人管理者列为政府官员；一些对王室有功者，还获得王室封给的爵号，从而促进了华人对泰国的国家认同和政治融入。

在经历漫长而又曲折的民族融合与文化同化进程后，当今在泰潮人及其后裔在上层参政者，可谓比比皆是。仅以原籍隆都镇者为例，身居高位者，计有国会主席 3 人、副总理 1 人、大理院长 1 人、枢密院大臣 1 人、部长、市长、府尹无数。[②]甚至于他信、英拉的血统中，也有潮人的成分。[③]潮人在泰政治地位之特殊，由此可见一斑。

当然，我们不应期盼泰潮后裔的政治领袖与中国"同心同德"，正如不能要求美国总统奥巴马代表非洲国家肯尼亚利益一样。然而，血缘的亲近、文明的认同，未尝不是中泰两国之间官方、民间交往的有益助力。

---

① 在郑信祖籍广东澄海上华镇华富村，至今仍然遗存郑信的衣冠冢。
② 《隆都华侨志》（打印稿），第 9～10 页。
③ 据他信 2005 年 7 月访问潮州时披露，他的曾祖父丘春盛在清末的 1906 年由当时潮州所属的丰顺县移居泰国东部的尖竹汶府经商，两年后出任税务官并与泰籍女子通里结婚，后迁泰北清迈经营泰丝业致富。

简言之，中泰两国之所以保持睦邻友好关系，在泰潮人是不容忽视的重要促进力量；而泰国潮人所具有的上述族群特色——悠久的移民传统、出色的经商才能、较好地融入了当地社会和具有较高的参政水平，则是其得以发挥作用和影响力的有力依托。

二　"黄昏之恋"：在泰第一代潮人移民对原乡的回馈及其影响

随着潮人族群在海外的不断扩张与立足发展，其与家乡的联系也日益密切。在20世纪30年代以前，潮汕一带批馆林立、侨汇可观，华侨在家乡买地盖房，投资有以潮汕铁路为代表的铁路、公路、水路运输业和以汕头"四永一升平"为代表的房地产业，兴办有不少教育、卫生和社会公益事业，促进了潮汕地区的经济社会繁荣和汕头区域中心城市的形成。在这一进程中，隆都旅泰华侨亦贡献良多。如陈慈黉不仅在前美村建有号称"岭南第一侨宅"的大片精致院落，而且在市政建设方面，泰国陈黉利公司当时也在汕头购置了大片地产，建起了400余座新楼房，占华侨投资在汕楼房数量的20%。在航运业方面，不仅有泰国陈黉利公司租赁轮船、代理船务，航行于汕头、香港地区和新加坡、马来西亚、缅甸各地达40载，而且有陈振敬集资经营的五福轮船公司，穿行于中国和东南亚各主要港口。

1949年后，由于国内外形势的变化，进出中国的大门很快就关闭了（在改革开放之前，只有少量的归侨、侨眷得以移居海外及港澳地区）。同全国各地一样，潮汕侨乡与泰国华侨华人的联系遭到政治的阻隔。这一时期，在泰潮人与原乡的主要联系方式，是信件和侨汇。以侨汇来说，新中国成立后隆都镇侨眷接受侨汇的数量，历年一般都是130万~140万元人民币，[①]其中来自泰国的占有一定数额。

改革开放后，在泰潮人与潮汕侨乡的传统联系得以迅速恢复和强化，主要表现为探亲联谊频繁、捐款赠物踊跃和投资兴业个案的出现。隆都镇的情形亦大体相仿。

---

① 《隆都华侨志》（打印稿），第33页。

1. 探亲联谊

与离别多年的亲人团聚，无疑是这一时期前往中国的海外华侨华人最为迫切的愿望。

据统计，仅在1979～1983年的4年间，隆都镇及村接待过的华侨华人、港澳同胞就有团队17个，成员387名，回乡观光、探亲的侨胞达2882人次；①按隆都镇在海外及港澳乡亲分布情况，其中当有94%（即2700人左右）来自泰国，实际人数可能远远不止于此。据该镇后沟村村民回忆，当年回乡探亲的泰国华侨，因亲属家居条件过于拥挤、简陋，而县城又偏远不便，就只好投宿于村委会办公楼上，早餐则若干家一并在楼下大堂解决。②直到1993年后，才由78位华侨集资198万元建造隆都华侨大厦，成为具备卫浴、空调、会客等住宿功能的"华侨之家"。③值得一提的是，当时回乡的华侨华人、港澳同胞，许多是应邀参加县、市政府举办的大型联谊活动的。以澄海区来说，这些活动几乎每年都会组织一两次，境外乡亲参会人员数以百计，对于增进乡情、加强其与原乡的联系，起到了重要的作用。

2. 捐款赠物

光宗耀祖、爱国爱乡，是延绵千年的中国传统文化。面对相对贫穷落后的故乡，泰国潮人和所有海外华人一样，无不怀有一颗炽热的赤子之心。回乡华侨除了要给长辈金饰品、给晚辈包红包外，还会带来手信甚至大件家用电器，如中国80年代结婚"三大件"的彩电、冰箱、洗衣机，就是通过境外（港澳）埋单、国内提货的方式带给眷属的。而在社会公益方面，泰潮的贡献尤为显著。

据不完全统计，截至2010年，华侨在隆都捐资累计近1亿元人民币，用于建设学校18所、水厂12座、电厂5座、医院1座以及各村的铺路搭桥、祠堂宫庙、侨联大厦、老人活动等用途，并向政府捐献了小汽车、摩托车、高频塑料机、电视机和化肥等一大批物资。在这些捐献项目中，尤

---

① 《隆都华侨志》（打印稿），"概述"部分。
② 2011年8月中旬田野考察访谈材料。
③ 据隆都侨联主席许守质介绍，华侨投宿该处一概免费，但华侨离开时通常会留下一些茶水费。

以学校费资最巨。如隆都中学1995年重建，华侨捐资达648万元；隆侨初级中学2000年扩建，华侨捐资达300万元。当时，当地政府建设资金匮乏，华侨捐资便成为重要资金来源。隆都镇党政领导和侨联干部曾数度远赴曼谷向乡贤募捐，每次都下榻于耀华力路的新帝国酒店。① 盛情的曼谷乡亲总是轮着安排宴请、抢着支付房费，并想方设法为原乡公益事业筹措资金。诚然，中国这一时期为"海外关系"正名以及落实华侨政策的种种努力，是获得"侨心"的外在原因。

在20世纪八九十年代，中国刚刚迈开现代化建设的步伐，百业待举，但苦于既无信息、资金，又无技术、项目，还受制于保守的思想观念和落后的管理方法，因此，泰国潮人在信息、观念和资金、物资等方面对原乡的注入，对于原乡经济社会发展的积极意义是不言而喻的。值得注意的是，泰国潮人与隆都原乡发生经济联系，仅仅限于探亲联谊和捐款赠物，而未见有经营性的直接投资。如隆都镇从1979年至今所创办的30家独资、合资侨资企业中，已知资金背景的20家企业均属港资、台资，且迄今仍在营业的只有4家企业。②他们更多的是进行间接投资，即资助眷属兴办企业。1985年前，该镇华侨引进及华侨眷属创办有隆都塑料厂、毛织厂、服装厂和腌制厂等。③

不过，由于这时期潮汕地区移民海外及港澳地区人口数量不多，海外潮人社会的新移民断层并未得到足量的填充。④ 因此从某种意义上看，改革开放后海外潮人在故乡的诸多社会、公益活动，显然具有浓烈的"黄昏之恋"色彩。⑤而所有这一切，皆根源于第一代海外潮人长达30年的移民断层以及由此导致的第一代海外潮人的人口老龄化。⑥

无论如何，在泰第一代潮人移民对原乡的回馈尽管是在特定的历史背

---

① 此酒店至今仍然在营业，但已陈旧不堪。
② 《隆都华侨志》（打印稿），第23～25页。
③ 《隆都华侨志》（打印稿），概述部分。
④ 据统计，改革开放后30年间，潮汕地区移民境外约为3万人，包括经由留学渠道出国定居者。
⑤ 从捐赠活动的实际情况来看，虽然有些捐赠人为华裔人士，但都是通过第一代移民的动员而参与的。
⑥ 以隆都镇尚健在的在泰乡贤为例：该镇最著名的朱岳秋先生，1914年生人；陈金苞先生，1935年生人；金晋煌先生，1934年生人。

景下发生的独特现象，但它对侨乡社会乃至海外华人所带来的影响却是显著而深远的。

3. 对侨乡的影响

从生活方式上看，首先是侨汇增加所带来的消费能力的提升。在1978年，隆都镇的侨汇收入为140余万元，而在两年后，这一数字增加为170余万元（含直接带入）。其次是住房条件的改善。各村侨眷、侨属利用侨资新建楼房，1980～1985年累计占地19800余平方米。[①]至于交通、水电等基础配套设施，也受惠于华侨不少。全镇15个行政村，只有东山村未见华侨铺路，东山、南溪两村没有侨建水厂。[②]

从生产方式上看，首先是带动了工商企业的发展。隆都镇是个以农业为主要产业的区域，但目前工商企业亦多达500余家，工业总产值9.14亿元。侨乡工业经济的出现，显然获益于20世纪80年代中期开始出现的侨属企业及其发展；而侨属企业的原始资本，正是来源于海外侨汇、侨资。其次是衍生出独具特色的跨国"旅游贸易"商业形态。潮汕侨乡历史上素有"水客"游商行走于东南亚，更有从事各类特殊职业〔如潮剧、铁枝木偶戏（纸影戏）等〕的人群往来于海内外。1983年广东省试点实行赴香港和澳门探亲、1988年中国正式开办赴泰国探亲旅游业务以及随后众多旅游目的地的开放，让隆都镇更多村民有机会前往海外博利。他们从出国出境探亲开始，利用各国提供的短期旅游签证，游刃有余地穿行于东南亚甚至世界各地从事国际贸易活动，"旅游贸易"俨然成为隆都镇部分村民的谋生、致富之道。[③]

---

① 《隆都华侨志》（打印稿），第22页。
② 《隆都华侨志》（打印稿），第38页。
③ 据了解，隆都前溪人、现任泰国工商总会名誉主席的许哲思先生，就是于1989年开始赴泰从事中成药和参类的买卖而起家的。隆都镇后溪金姓村民普遍从事"旅游贸易"活动，"后溪金"在曼谷唐人街名声很大。2011年12月，笔者曾在耀华力路附近的一个小胡同里找到一对摆摊卖土特产和饰品的"后溪金"父子。他们告诉笔者说，他们已经来曼谷摆摊四五年了，每天从早上7点多摆摊，至傍晚5点后收摊，现在每月大概只能收入1万多泰铢（相当于两三千元人民币），通过中国银行汇回隆都。他们的签证是一年期，在别处租房子住，每月需交纳保护费四五百铢。现在隆都人在曼谷做这项生意的还有100多家，后溪村只有几家而已，赚不到钱的都回国了。竞争很激烈，因为有泰人做相同的生意。

从文化传承上看，首先是弘扬了尊师重教的优秀传统。自唐宋以来，潮汕民众就十分重视教育，他们把贬谪潮州的韩愈奉为神明，将山河易姓为"韩山""韩江"，韩山书院绵延千年。就隆都镇而言，泰国归侨陈慈黉1907年在前美村创办的成德学校，便是潮汕地区较早的侨办学校之一。而20世纪80年代以来华侨捐建的大量学校，无疑在更广的范围和更高的层面上引导了崇文重教的意识。其次是强化了民众的宗族观念。多年来，泰国潮人始终不忘寻根祭祖，热衷于捐资修缮宗祠，敬奉老人，奖励学子，这在宗族色彩特别浓厚的潮汕地区，不仅有助于提升村民的群体凝聚力，而且也使当地社会的慈善传统得以延续与发扬。①最后是带旺了潮汕民间浓郁的宗教信仰。以隆都镇来说，村村均有名目不一的老爷庙，它们几乎座座都留下了华侨点香膜拜的印记。尤其是沿江各村的10余座妈祖庙，更为出洋乡人所崇拜，庙宇一般均由华侨斥资捐建或重修。每年农历三月廿三日"妈祖神诞"，更是全镇最热闹的日子，不仅外出的村民和外乡的亲友都会赶来，而且海外侨胞也多有远道而来庆祝者。事实上，近年来潮汕地区农村特有的众多民俗文化活动，其幕后往往都有海外华人的身影。以游神赛会为例，早年即多有华侨回乡参与，间有出资赞助者。近年来，老一代华侨虽已难能一见了，但该习俗已然成风，官方的态度亦由往年的压制变为睁一只眼闭一只眼，甚至直接参与到海外的游神活动中了。②毕竟，村民有信仰，对诸神心存敬畏，祈求多福，终究有助于乡村的和谐稳定。

4. 对海外的影响

从思想观念上看，老一代潮人对原乡的回馈，虽属思源报本的人性使然，亦使中国获益匪浅，却不免在海外留下诸多负面效应。

---

① 在隆都各村，老人协会一般均设在宗祠之内。华侨回乡祭祖，均会敬奉数量不等的茶水费。而助学资金之筹措与发放，亦通常均由老人协会主持。近年来，有众多企业家在事业成功后，亦力所能及地参与家乡的慈善公益活动，这不能不说是受到了海外华人潜移默化的深刻影响。就笔者了解，现在镇上、各村所举办的公益项目，资金来源一般皆以本地为主，来自海外的捐款已只占一小部分。如隆都镇近年筹集到的数百万元教育基金中，仅有约1/3源于海外募捐。

② 近年来，汕头市及潮州市官方屡屡参与马来西亚新山柔佛古庙游神活动，汕头市并借机与新山市缔结为友好城市。

一是早年老侨回乡探亲，或有带上儿孙后代者。当年侨乡居家、饮食、卫浴条件均较差，致海外后生视为畏途，影响到日后他们与中国的进一步联系。实际上，今日潮汕侨乡的生活条件，已远非昔日可比，毫无疑问，这凝结着泰国潮人的一份功劳。

二是老一代潮人对原乡的捐赠，亦引起其家庭内部意见的分歧。原乡部分华侨眷属因长期依靠侨汇生活，造成"等靠要"的依赖心理，甚至因"分赃不均"，导致对捐赠人的不满与抱怨，使捐赠人心灰意冷，悔不当初。随后，来自官方的劝捐，亦造成部分捐赠人的负担。而在近10余年中国经济强劲发展后，中泰之间经济社会发展水平的差距越来越小，"华侨捐赠"的意义已经逐渐淡化，而且也非中国官方和民间所关注的重点了。①在此一情势下，海外华人亦以"中国不再需要了"为由，逐渐减少了捐赠行为。

从政治伦理上看，过度地回馈中国原乡，亦面临问题。就泰国而言，许多有中国血统的均是泰化程度很深、活跃于政界的华裔人士。当年隆都镇后沟村兴建水厂时，曾有泰国后沟同乡会的理事长登门国会主席府邸劝捐，该国会主席即视此举系"在逃走泰国的外汇，对泰国不忠"，严肃批评并予回绝。②

三　"走亲串友"：华社、侨乡转型与中泰民间关系的变化

大约自20世纪90年代末起，以1997年亚洲金融危机为分水岭，海外潮人与潮汕侨乡的经济联系呈现明显的弱化趋势：侨汇锐减、投资萎缩、捐献稀少。特别是，侨乡向境外移民极少，造成海外华社新移民的断层，③这无疑影响到侨乡与海外的相互联系、彼此影响，加速了侨乡特质的"退化"。特别是最近10余年来，海外潮人与潮汕侨乡的联系发生了

---

① 笔者在隆都镇考察期间曾接触一村民，谈及对当年华侨捐赠的看法。他说，那时候中国民生物资匮乏，泰国华侨带上速食面来也会受到村民的欢迎，现在谁家也不会在乎了。

② 据2011年8月18日笔者与隆都镇侨联主席许守质访谈资料。

③ 黄小坚：《一叶知秋——从澄海侨情变化看潮汕侨乡的蜕化》，第四届世界海外华人国际学术研讨会论文，2001。

重大变化，其凸显的表象是：作为赡家费意义上的侨汇已经基本绝迹，老一代华侨华人回乡的越来越少，侨捐社会公益事业急剧萎缩。[①]泰国潮商企业集团较多，实力雄厚，但对潮汕地区的投资意愿似乎并不高；[②]相反，倒是中国大型国有企业的投资战略，改变了潮汕三市的经济发展格局。[③]因此，中国侨务工作者对新时期侨务工作的方向颇感迷惘与无奈；学术界亦惊呼，长此以往，侨乡将有可能不再成其为侨乡！

实际上，对于战后以泰国、东南亚地区为主体的海外华人社会的变化，中外华侨华人研究学者早在 20 世纪 80 年代中后期就已有所关注，并曾多次召开学术研讨会加以集中探讨。[④]不过，由于第一代移民的"黄昏之恋"，海外华侨社会向华人社会的历史性转变及其对中国侨乡带来的潜在影响，并未引起有关方面足够的重视。

对于潮汕侨乡"蜕变"的趋势，笔者曾于 21 世纪之初撰文分析，也有学者从移民类型学的视野予以诠释。[⑤]尽管有学者对海外潮人族群的庞大和侨乡民系文化的凝聚力不以为意，地方党政机关和侨务部门以报喜不报忧的心态迟迟不愿正视，但随着时日的推移、情势的演进，侨情变化近

---

① 笔者一行在隆都及其他侨乡做田野考察时，村民的第一反应通常都是告知："现在已经没有华侨寄钱来了！""华侨现在都不来了！""他们都不来捐钱了！"所见大量侨捐项目，一般均兴建于 20 世纪八九十年代，建成后鲜少华侨问津；许多已废弃不用，如各村的自来水厂（因镇上统一建厂供水，技术更先进），以及部分学校（因人口高峰期已过，致生源减少、学校撤并）。

② 2010 年 1 月 14 日，湛江市政府与泰国正大集团在泰国曼谷签订协议，拟合资在湛江组建现代农业投资公司，该公司将在湛江投资 80 亿元，包括年产 1 亿只肉鸡、百万头肉猪的现代化养殖项目以及南美白对虾工厂化养殖示范项目等。据了解，在该项目做前期选址阶段，作为正大集团创始人谢易初原籍的汕头市，曾由官方出面极力争取将其落户南澳县，最终未果。

③ 据 2012 年 1 月 15 日广东省媒体报道，总投资 630 亿元的中委广东石化炼油、总投资 102.03 亿元的中海油粤东 LNG 一体化、总投资 74.9 亿元的中电投揭阳物流中心项目，近期可望核准在揭阳建设；首期投资 140 亿元的惠来电厂 1、2 号机组已建成投产，3、4 号机组基本建成。

④ 例如，1985 年 6 月，澳大利亚国立大学召开第二次世界大战后东南亚华人认同变化学术研讨会；1985 年 12 月，中山大学召开"华侨、华人历史国际研讨会"；1986 年 9 月，暨南大学召开"战后华人社会变迁研讨会"；1989 年 4 月，厦门大学召开"战后海外华人变化国际学术讨论会"并于会后出版论文集。

⑤ 黄静：《潮汕与中国传统侨乡：一个关于移民经验的类型学分析》，《华侨华人历史研究》2003 年第 1 期。

年来已逐渐成为不争的共识。有道是，潮汕地区"因侨而兴"，汕头特区"因侨而立"。然而，历经30余年的发展，潮汕地区最终还是被珠三角地区远远地抛在后面，近年来已成为广东经济版图的边缘地带。究其原因，也许有诸多解读，①但"侨力不济""优势不再"，无疑也是最近10余年来潮汕地区经济社会发展速度趋缓的一个重要背景，诚所谓"成也萧何，败也萧何"！

潮汕侨乡是中国重点侨乡之一，是中国传统侨乡的代表。从历史上看，海外潮人与潮汕侨乡曾经保持着极为紧密的联系，并对潮汕侨乡的经济社会发展产生了极为重要的影响。但在世纪之交，潮汕侨乡的发展却步履艰难，究其本质原因就在于：海外潮侨已经完成其历史性的转型，即由以第一代移民群体为主体的华侨社会，转变为以土生华裔为主体的华人社会；与此相对应，侨乡社会在短期内遭遇"断乳"危机后，进入自我调整、适应、发展的新时期。

从海外潮人社会来看，其与潮汕地区民间的关系，出现如下变化。

第一，在人员交往上，由第一代移民"回馈"式的探亲、捐助之行，发展为华裔下一代的旅游观光、寻根祭祖之旅。在潮汕一带的机场、酒店和旅游景点，常常能看见一拨拨来自东南亚、泰国的华人大家庭身影。他们很多人都已经是在外好几代的华裔了，有人甚至不确定自己祖籍在哪里、不会讲华语。不过，如果能够跟宗亲联系上的话，他们一定会到宗祠"认祖归宗"的，并留下少许的茶水费敬老。

第二，在经贸关系上，许多潮商经历了从"为华采购"到"到华采购"的转变，有些人并与中国本土的潮人建立了合作关系。在20世纪80年代至90年代前期，中国制造业刚刚起步，市场需求缺口很大，许多泰国潮人便做起了为中国做采购的"买办"生意。现在则反过来了，是从

---

① 在20世纪70年代以前，汕头市还是广东省的第二大城市。1991年汕头市一分为三，形成汕头、潮州、揭阳三个地级市后，带来以下几个弊病：第一，资源浪费，重复建设情况严重；第二，加剧有限资源的竞争性，缺少承接大型工程项目的能力，难以形成主导产业；第三，大大增加了行政管理机构和管理成本，加重了纳税人的负担；第四，削弱了汕头作为粤东地区中心城市的功能，导致整个粤东地区缺少"中心城市"。因此有人认为，近年来粤东地区经济不景气，原因固然是多方面的，而上述行政隔离，应是一个主要因素。

中国直接买货过来做生意,[①]或者跟中国朋友建立起双赢的合作关系,将采购权委托给中国伙伴。而他们往往前往广州、深圳的大型专业批发市场进货,因为那里是潮州人的天下,能拿到较低的折扣。当然,潮汕地区也是重要的进货渠道,如汕头的纺织服装、化工塑料、食品医药、工艺玩具等行业都是驰名中外的。[②]最能直观说明问题的是曼谷耀华力路的变化。很多原先以中国侨民为主要服务对象、演出潮剧的戏院,已经改换门庭,变为从事旅游服务的宾馆和旅行社。他们的服务对象已经是中国及各国游客和生意人了,经营项目则包括货币兑换和资金的国际汇兑。

第三,在文化关系上,更加重视与原乡的联系互动。近年来,随着中国崛起和中华文化价值的提升,以潮汕、闽南文化为代表的闽粤文化在海外华人特定族群中受到普遍的尊崇。与此同时,中国传统文化和民间文化的复兴、有关方面对华文教育的大力支持和对中华文化的积极推介,又呼应了海外华人社会的文化活动,并在海内外形成侨乡与侨团、政府与华社等多渠道、多层面的文化交流互动局面,对华人文化生态产生了积极正面的影响。如在马来西亚新山市,柔佛古庙游神活动已俨然成为中马民间文化交流的舞台焦点,在国际上产生了广泛的影响。就泰国来说,在华文教育等诸多层面,潮人与潮汕地区的交流互动也受到了泰国有关方面的积极推动,呈现良好的发展势态。

就隆都镇的范本来看,其突出的变化大致有如下几个方面。

第一,由原先的部分以侨汇为生活来源补充的消费型侨眷社会,转为完全自给自足的生产型侨属社会。

从隆都镇历年侨汇数量可知,在侨汇最多的 1979 年,侨汇作为补充性的经济来源有 170 万元,这对于当年数万侨眷来说,已经是个不小的数目了。但随着海外第一代移民的减少,侨乡的侨眷变为侨属。面对侨汇锐减甚至断绝的现实,他们必须完全依靠自力更生方能生存和发展。

---

① 笔者在曼谷采访一位祖籍隆都的许先生,得知他在 1975 年中泰建交后即开始在泰国采购商品,直到 1991 年。现在,他已改为去中国采购商品。

② 在耀华力路,笔者见到一位做小商品生意的女士。她能讲华语,自称是本地出生的第二代华人。她说,现在经济环境不好,收入也少了,每月能赚一两万泰铢而已。她的货品都是从汕头进的。

最近 10 余年来，隆都镇村民的谋生方式主要有三：一是发展特色农业经济，如种植糯玉米、番石榴（由台湾引进），以及传统的龙眼、荔枝、香蕉、杨桃等水果。但收入不是很高，如番石榴一年四季均有收成，贵时每斤可卖两元，贱时只值三五角。二是"做手工"，即在家中为附近企业加工或组装配件。隆都镇所在的澄海区玩具、服装、礼品等制造业很发达，许多工序都分包给了家庭。①三是出外务工经商，以年青一代为主。此外，也有不少在乡办厂、开店者。

需要说明的是，隆都镇在澄海区的 10 余个镇和街道中，经济指标列于倒数后几名，工业、制造业并不发达，难以吸纳过多的劳动力，这使得一般村民具有强烈的向外发展意识及闯荡世界的习惯。

第二，"人多地少"的矛盾更加凸显，但人口流动的目的地已经由国外转为国内。

20 世纪 30 年代中国著名社会学家陈达在闽南、粤东侨乡进行社会调查，并著《闽粤侨乡与南洋社会》，提出当地民众的海外移民原因主要是"人多地少"。历经大半个世纪的社会变迁，这一矛盾非但没有消弭，反愈益尖锐化。②民国时期，潮汕地区的先民多前往上海、香港和南洋一带的新加坡、泰国、柬埔寨等地发展，俗语有"一上二香三叻四暹五汕六棉"之说。不过，如今的最大变化，就是移民目的地主要局限在中国国内，特别是在广东本省的深圳、广州和珠江三角洲一带以及上海、北京、武汉这样的中心城市。据估计，潮汕人在深圳的规模已达百万之众，③早在 20 世纪 80 年代他们就已到了那里。除在工厂打工、开快餐店外，他们主要从事"士多"（store）、农贸市场和大型专业集贸中心的商品批发，④亦有从事房地产业和 IT 业者（如腾讯控股董事局主席兼 CEO 马化腾）。

相应地，由于泰国和东南亚经济形势不太好，做生意不容易，还有很

---

① 据笔者在隆都镇所见，后沟村万兴昌批局、前沟村许福成批局的后人，年长者都在家组装塑料玩具，以补贴家用。实行计件报酬，一般每月收入不到千元。许福成批局后人告诉笔者，他爷爷辈、父母亲都已出洋，亲戚遍布泰国、全世界。原先父母健在时还会寄侨汇来，后来侨汇就断了。

② 据官方资料，隆都镇目前人均拥有耕地面积只有 0.21 亩。

③ 具体数量有不同说法，少则 80 万人，多则 280 万人。

④ 如深圳通信市场、电脑市场、湖贝路批发市场等。

多签证、移民方面的限制，潮汕人前往博利的近年来已逐渐减少了。

第三，少量到海外谋生的，以做贸易、打黑工为主，不以移民为目的，定居下来的寥寥无几。

潮汕人、隆都人在海外做贸易的，遍布东南亚、全世界。但出国务工的，在东南亚基本上没有，有的只是去韩国、澳大利亚打黑工。①

关于隆都镇村民这些年出国做贸易、打黑工的概况，"后溪金"一位村干部这样描述道：

> 我1987年开始去泰国探亲，那里有我父亲的舅舅、叔叔和姐姐。去时，带上一点儿香菇、紫菜、中成药、玉器等送人，开始时值几千元钱而已，后来要上万元人民币。看到好做生意，就再带去卖。路径是往深圳、罗湖、香港、曼谷，太累了。东西开始时随身带，很麻烦的。
>
> 那时候刚刚开始探亲，就已经有人做旅游的生意了。隆都做得比较早，潮安紧跟。
>
> 为了节省开支，常常是几个人合住旅馆。开头叫旅馆老板带人来看货，留下名片，下次再去时就直接打电话联系。后来摆地摊，走街串巷。警察常抓，罚没东西。常被问话，若有违规的东西，如伟哥，就会蹲监狱，这时候老侨领就会出面去摆平。在外一般都有跟华侨社团联系的。泰国很腐败，但拿了钱就会办事。
>
> 出国手续当时国内紧、国外不紧。持的是因私护照。那时候广州人还到汕头旅行社办理手续呢！
>
> 1990~1997年去的人比较多。后溪2000多户7000多人，最起码有几百人做这一行，反正只要出去了就做。盛时，一天去三批：早上7~8点坐飞机去香港转马来西亚或泰国，9：55则由汕头直飞曼谷。中午，汕头码头到伊丽莎白港，然后坐飞机。晚上，搭汕头中旅大巴过罗湖，天天三批，每批十来个人，都是后溪村的。特别是那个晚上，有好几部大巴，像赶鸭子似的。现在就很少了。

---

① 潮汕人素有"饿死不打工"的传统，肯去韩国、澳大利亚等国打黑工，只因那边工钱较高。

　　1997 年亚洲金融风暴，泰铢贬值，从 1 铢兑换 0.3 元，变为 0.17 元。中国同年规定，不能买电器（摩托车、电冰箱、电视机）回来，因为量很大，对国内厂家造成冲击。现在这些电器国内外已经没有什么差价了。再加上现在人民币升值，影响外汇收入，从而影响到生意的行情。

　　至于移民问题，潮汕一带在外非法居留的，潮阳、普宁的较多。隆都人不愿意定居，喜欢跑来跑去，既赚到钱了，还能顾到家。也有住下来的。泰国现有一个青年联合会，都是新移民，澄海中秋联谊会都会请他们回来，其中就有隆都的。

　　现在所谓在泰国定居的，其实都是短期居留，因为 60 岁以上的就可以办理一年多次往返。

　　我的叔叔是当年泰国政府的一位副部长。他说，1987 年时，泰国原想给中国一年 200 个定居名额的，但中国官方不要，很不给面子。

　　现在在泰国除了结婚登记外，定居也不好弄。美国、加拿大去了一段时间后，有 5 年以上赦免、拿绿卡的说法，但泰国没有，除非泰皇、皇后、皇太后生日才有。但涉外婚姻很少，隆都樟籍村有嫁到泰国去的。中国人在泰国娶土著妇女很容易，但华裔少女就不愿意嫁给中国人，因为她条件好，中国人没有什么家当。不过从趋势上看，今后会越来越多。

　　菲律宾好拿绿卡，好定居。住 5 年以上，不犯法，有资产 50 万比索以上（要注册美元），去申请就很容易获得。他们更腐败。

　　菲律宾、泰国、马来西亚、印尼等东南亚国家，动不动就查护照、居留期，欧美若不犯法一般不查。

　　可以通过正常渠道去做外贸、做移民。

　　泰国一般给旅游签证 2 个月，延期需移民局再签证。有 2 个月、1 个月、半个月和 1 周的。出境后再入境，又可以多 2 个月。我去了 20 多次泰国。不定价销售商品，当地华人是又爱又恨。也做中介，替旅行社做代理。去过文莱、印度、厄瓜多尔、巴西、欧洲、毛里求斯、古巴、洪都拉斯。

除了做贸易，也有去打工的。

到韩国、澳大利亚打工，1994 年、1995 年时就有了。1996 年，澄海 22 人组团去韩国"旅游"，到那里后都跑了，就剩下导游拿着一杆旗子，其中就有隆都 8 人。当时韩国很紧张，生怕他们做特务，几个没有跑成的也送回来了。1998 年也有跑团的。2002 年是最后一次跑团。

结果，有人打了 10 年的工才回来。每年能赚十五六万元，净赚十一二万元。在 1994 年以前，资金一般都是随身带回来的。后来，就以汇回来居多，主要是通过中国银行。如携带现金过关，中国有 5 万元人民币的限制。

按 2000 年规定，虽有 5 年时间限制，但隆都人到韩国、日本、澳大利亚旅游，返签就可以。于是，有人到外面落后地区花钱办"割头"护照：照片、护照是真的，名字是假的。

去美国的很少，因为签证难。我们村里有三四个人到过那里，搞货过去卖。

菲佣回国，过绿色通道，中国是否也可以借鉴、学习一下？

至于潮汕人、隆都人为何热衷于做短期贸易，而不像福建人、浙江人那样倾向于移民，除了缺乏移民链条、移民成本太高以外，强烈的传统意识和家庭观念应是主要原因。隆都镇樟籍村一位在吉隆坡开店的潘先生这样跟笔者解释：

问：您原来在哪做生意？

答：马来西亚吉隆坡。

问：哪一年去的？

答：1992 年。

问：是怎么去的，旅游签证去的？

答：旅游签证。

问：现在对于广东人没有这方面的限制吧，美国可以去吗？

答：可以去，难一点儿。

问：新马泰会容易点儿？

答：东南亚会容易点儿，不过新加坡比较麻烦，美国、欧洲、日本更难。

问：美国、欧洲你去过吗？

答：有，英国去过。

问：你们村去美国、欧洲的多吗？

答：在隆都这边就很多，有近百人吧！

问：你们这边去美国、欧洲的基本上不准备在那里定居，只是去做生意的？

答：我们这边没什么人有在外定居的想法。

问：为什么呢？

答：是这里的传统，这里大多数是有家庭的，不像福建那边，去英国、美国、欧洲都很多，到那边都不想回来。

问：有没有比较过，他们那边和你们这边哪里不一样呢？你看温州那边去欧洲的那么多，宁肯出几十万元也要去。

答：我们是以生意为主，不像他们那样，去到那边不成功是不会回来的。我们这边的人会去很多地方，但是没有那种想法，大家都是有家庭的，只是去做生意，不想去打工。

问：我也想过这个问题，潮州人在外地都很不习惯，吃的什么的都不如这边好，乡土观念特别强。

答：是的，我们这边很多人去过美国、欧洲、南美，都会回来。

问：一个都没留下吗？

答：有，这两年生意比较难一点儿，就定居在那边。我听说，在欧洲定居五六年就能拿到绿卡，所以有人就争取去。

问：是你们村的人吗？

答：我们村有一个。

问：在争取拿绿卡？

答：他应该拿到了，他两个儿子已经在那边读书了。在隆都这边其实应该有 10 多个吧，在美国。

第四，侨乡文化由从前普遍存在的"等靠要"心理和"慕侨"心态，转为平等互助、礼尚往来的新风尚。

在战前乃至 20 世纪 80 年代以前，华侨眷属在侨乡缺乏劳动力，生活上长期以来依赖于海外亲人的接济。由于侨户拥有侨汇甚至经营性收入，生活较之非侨户宽裕，加上华侨衣锦还乡时的种种炫耀性消费行为，如隆都镇传统上大肆操办的"食番客桌""演顺风戏"，①以及建造豪宅、慨捐巨款等行为，造成世俗民众"慕侨"的心理。尤其是富甲一方的陈慈黉家族，还在潮汕民众中留下许多让人称羡的谚语和传说。② 20 世纪八九十年代隆都村民的"旅游贸易"热，当与此"慕侨"的社会心理有关。

最近 10 余年来，随着村民对海外华人艰苦创业、勤俭持家真实情况的了解，加上家乡经济社会的发展，"慕侨"心理已经基本不复存在。取而代之的，是村民与海外亲友平等互助、礼尚往来的新风尚。以隆都镇为例，从前华侨回国，都是由侨胞自费负担往返旅费、出钱宴请眷属乡人，还要给长辈后生包红包，以致很多经济不宽裕的华侨不敢轻易回国探亲。现在，则往往由村中侨属出面宴请甚至代购返程机票，红包习俗也变为只要给长辈意思到了就可以了。1998 年，隆都镇上北乡陇美村曾有一位泰国华侨黄某回乡探视 90 多岁的老母，但因经济窘迫，竟然无力购买回程机票。当村委会将情况反映到侨务部门后，很快便由澄海外事侨务局为其筹集了生活补助费用及回程机票数千元，解决了他的燃眉之急。③笔者在隆都镇各村做田野调查期间，亦不时听到有关当地致富村民"反哺"泰国贫侨的个案。

---

① 过去隆都华侨较多的乡里，每逢农历八月便由侨眷凑钱请戏班到乡中演出，既酬神又答谢乡亲。规模大者，则请潮剧或外江大戏班（汉剧）；规模小者，则请潮州纸影班（木偶戏），亦称"演番客戏"。

② 例如，流行潮汕一带的谚语就有："慈黉爷起厝——好慢孬猛"，"（谁）富过慈黉爷?!"据说，战前汕头黉利栈每晚清点银元，由于银元太多，来不及逐一点数，只好先用米斗来量算。又据说，陈家少奶奶等女性成员不参与经营，打牌的时候竟惊讶地问借钱的人："你们家一筐银元都没有吗？"当年，陈家有一个女儿嫁到澄海的冠山镇，婆家为了考验新过门媳妇，故意把纸藏起来，看她怎么处理。新媳妇把情况向娘家"汇报"后，家里人二话没说，让伙计挑了一担绸缎送上门来给姑奶奶点火，以此回敬婆家的刁难，此后每日一担，婆家震惊之余却为天天要给挑夫红包而烦恼，只好告饶。

③ 《隆都华侨志》（打印稿），第 28 页。

中国有句俗话说"亲不过三代"。潮泰民间关系的主体，已从三代以内的眷属关系转为三代之外的远亲关系。基于此种关系性质的根本转变，在潮汕侨乡与泰国潮人的联系上，有必要在全球化背景下，着重经贸上的互惠互利、文化上的交流互动，探索重新构建有别于一般侨乡的新的互动模式，以期对中泰民间关系的未来发展带来积极的影响。

四　结论

泰国潮人是一个具有悠久移民历史、经济力量强大、泰化程度较深、政治影响力较大的华人族群，在泰国经济社会发展史上曾经做出突出的贡献。在新中国成立之前的漫长岁月里，中泰民间关系主要体现为在泰第一代潮人与潮汕侨乡的天然联系，是"中泰一家亲"的生动写照。新中国成立后30年新移民的断层，特别是世纪之交老一代潮汕侨民相继退出历史舞台，在泰潮人由华侨社会转变为华人社会，致使中泰原有的民间亲缘关系迅速弱化，潮汕侨乡由侨眷社会转型为侨属社会，并逐渐为互惠互利、礼尚往来的新型民间关系所取代。中泰两国均应当从战略的高度，加强对新时期中泰民间经贸交往、文化交流的引导和支持，培育民间关系新的增长点，以此促进中泰友好关系的永续发展。建议从以下几个方向努力。

第一，在政治层面，鉴于在泰潮人与潮汕侨乡关系演变的现实，应当鼓励双方密切经贸、文化乃至官方的交往，以继续发展泰国与中国的各方面关系，为中泰友好服务。

第二，在贸易层面，适应全球化背景下中泰民间经济关系的新特点，中泰有关政府部门应当在政策上为"旅游贸易"与"中国采购"创造良好的环境。特别是对于民间贸易，要进行积极的规范和引导，而不是像以往那样一味加以限制和打压。

第三，在投资层面，鉴于潮汕地区民营经济比较发达，民间资本有海外投资的愿望，而泰国在土地、资源等方面具有一定的成本优势，双方有合作的潜力，中泰双方应当有针对性地加强相关法律、法规的制定。

第四，在文化层面上，加强中国"和谐世界"、广东"文化强省"理念与"黄袍佛国"的对话和沟通，加强中泰佛教界的交往和民间信仰文化的交流，加大华文教育及泰文教育的交流力度，[①]深化移民港口、侨批文物和侨宅建筑等文化遗产的保护与研究，进一步挖掘潮商文化的内涵和当代价值。

---

① 据了解，泰文在中国作为"小语种"，影响力不大，不利于中泰文化的双向交流。如在潮州的韩山师范学院，其外语系中就没有泰语专业，潮学研究院中也无人能懂泰文。在电信业不发达的年代里，当地村民为与在泰亲人通信方便，往往备有泰文地址和收信人的印章。

比照中泰两国佛教文化对思想观念传统习惯的影响

——以梁武帝奉佛与立泰王扶佛为例

林　敏[*]

摘　要：虽然与中国的历史相比较起来，泰国在自己境内建立自己的王朝的历史只有仅仅700多年，但是佛教传入泰境，比起传入中国（公元前2年或者更早传入）境内可能还要早。所以，泰国与中国一样，非常早的都深受佛教文化的影响与熏染。其思想观念、传统习惯也都留有佛教文化的深刻印记。本文拟就中国历史上梁代的梁武帝尊敬信仰佛教，与泰国历史上的素可泰王朝（Sukhothai，1257~1436年）的第五代王立泰王（Thammaraja Luthai，1354~1376年）扶持佛教，他们极为相似的事迹（政策、思想、作为）对后世甚至现在的世俗生活、思想观念、行为习惯产生的影响，进行探讨。

关键词：梁武帝　立泰王　熏染　习惯

一　序

尽管与中国的历史相比较起来，泰国在自己境内建立自己的王朝的历

---

*　林敏，海南师范大学南海区域文化研究中心教授。

史只有仅仅 700 多年，① 但是佛教传入泰境，② 比起佛教传入中国（公元前 2 年或者更早传入）③ 可能还要早。虽然泰国的佛教与中国佛教不尽相同，④ 可是，泰国与中国一样，都非常早地广泛而深刻地接受、容纳佛教文化的熏染与影响。其思想观念、传统习惯也都留有佛教文化的深刻印记。下面我们就中国历史上南北朝时期梁代的梁武帝⑤奉佛与泰国历史上泰族建立的第一个王朝素可泰王朝（Sukhothai，1257～1436 年）第五代

---

① 详见〔美〕戴维·K. 怀亚特《泰国史》，郭继光译，东方出版中心，2009，第 30 页。

② 据净海《南传佛教史》（宗教文化出版社 2002 年版）所述，佛教传入泰境，可分为四个时期：第一，上座部佛教传入泰境，最早的说法，是公元前 241 年，即印度阿育王礼请目犍连子帝须长老领导第三次结集后，派遣传教师往各国弘法。据斯里兰卡《大史》记载，阿育王时派遣传教师分 9 条路线，往不同的地方弘法，其中第八支线有须那与郁多罗二位长老前往金地（Suvannabumi），金地也被认为是泰境内。第二，约在公元 8 世纪以后大乘佛教传入泰境。第三，11 世纪（属于上座部佛教的）蒲甘佛教传入泰境。第四，13 世纪上半叶，斯里兰卡系上座部佛教的传入。

③ 佛教传入中国学界有不同的观点，据汤用彤先生《汉魏两晋南北朝佛教史》一书（武汉大学出版社 2008 年版，参照该书第 3～22 页）的介绍就有十几种，其中公元前 2 年传入是比较有代表性的论点。

④ 中泰两国佛教的异同简述如下。不同点：第一，称谓不同。中国的为大乘佛教（北传佛教），泰国为部派佛教，即上座部佛教，其实也叫小乘佛教，这一称呼多少有些贬义，所以称为南传佛教。第二，僧人的生活方式不同。由于两国所处的历史时期、地理位置、文化背景不一样，所以，僧人生活方式不同。泰国的人民对于僧人非常尊敬，泰国的僧人，至今还是保留着 2500 年前僧人的生活方式，就是以天天早上的托钵（也称化缘）来维持生活，过午不食，严格持戒，日中一食，树下一宿，认真修行，令人赞叹。而中国是北传佛教，是大乘佛教，又可分为汉传和藏传，这里只说汉传佛教与之区别。因泰国的地理位置和印度相差不多，炎热，故泰国的僧人与 2500 年前佛陀时的僧人一样，比丘只穿一件袈裟，而没穿其他衣服，颜色为橘黄色，最多可同时披三件，故称为三衣。佛法传到中国后，由于气候、环境、文化等因素的不同，祖师大德们制作了僧人的衣服，如长衫、短褂、海青乃至北传袈裟，即带格格的袈裟，叫北传袈裟。第三，戒律不尽相同。大乘佛教的戒律中，全包含小乘佛教的戒律，有的大乘佛教的戒律小乘佛教没有，如大乘佛教的戒律中的菩萨戒、三聚戒，小乘佛教就没有。第四，两者在思想上的不同在于：小乘佛教认同四大为实，但以析空观破此执着；大乘佛教则认为，四大乃心的影像，是清净自性所隐现的假象，无实体可得。第五，小乘佛教的观空，却非易事。欲达到大乘佛教的圆满大寂灭处更难。两者并无对错，只是思想不同，唯有互相尊重。只要契机，便能受益。相同点：佛法本一味，原无大小乘之分。但因应根器，对厌离世间之苦，只求自了者，说解脱生死之小乘法。对悲愿深重，欲自觉觉他者，说大乘法。此乃因材施教，也是佛教能延续至今的原因。大小乘之争历千年而未休，大乘轻视小乘，斥之为焦芽败种。小乘则谓大乘非佛说。小乘严格持戒，以日中一食、树下一宿、微密观照为修行方式，其精神值得敬佩。

⑤ 梁武帝，萧衍，中国的南北朝梁代的第一代皇帝，生于 464 年，卒于 549 年。502～549 年在位。

王立泰王① （1354～1376 年）扶佛，他们极为相似的事迹（政策、思想、作为）对后世甚至现在的世俗生活、思想观念、行为习惯产生的影响，进行详细的研究与探讨。

二　立泰王

根据净海撰的《南传佛教史》② 所述，泰族人正式建国是在公元1257 年，就是素可泰王朝。素可泰，中国史籍称速古台。③ 泰族中崛起一位领袖坤邦克蓝社（Kun Bang Klang Tao），与境内的吉蔑族人战争，夺得了素可泰城，建立了泰国历史上泰族人自己的第一个独立政权，就是素可泰王朝。依泰文《暹罗史》所记："佛历 1800 年（公元 1257），素可泰（Sukhothai）王朝建立后，始以暹罗作国名，暹罗国名由此始。"④ 其实，暹罗是暹国与罗斛国的合称。⑤ 泰国历史上一位雄才大略的英主——素可泰的第三位君王蓝甘享（1277～1317 年）（中国《元史》称他为"敢木丁"），他开拓疆土，兼并了许多邻近邦国，素可泰一跃而成为湄公河域的强大国家。我们这里主要要介绍的是，素可泰的第五代王——立泰王（1354～1376 年）。这时因南方大城日益强大，国家的领土变得相当狭小。但是他生性仁慈，厌恶战争，加强文治，改革政治，修建道路，浚通运河，开拓农业，提倡文教，热心佛教，兴建佛寺和佛塔，铸造佛像，劝导鼓励，研究经论，并著有一部《三界论》，讲众生因果善恶业，而招感三界的苦乐 。他还礼请斯里兰卡的僧伽领袖为自己的传戒和尚，舍身出家，过了一段出家修行生活。这是泰国历史上第一位在位的君王在佛教中出家。此举影响到后来泰国男子，直至现在，在一生中，至少一次短期出

---

① 立泰王（Thammaraja Luthai），素可泰王朝（1257～1436 年）的第五代王，公元 1354～1376 年在位。

② 净海：《南传佛教史》，宗教文化出版社，2002，第 189～251 页。

③ "大德三年（1299），……海南速古台、速龙探、贡奚里诸番以虎、象及枔罗木舟来贡。"（《元史》第 20 卷，第 427 页）

④ 参照净海《南传佛教史》第 192 页。

⑤ 对素可泰是否为暹罗国，学术界存在不同的意见，日本学者石井米雄等提出暹罗不是素可泰的反对意见（参见余定邦、陈树森《中泰关系史》，中华书局，2009，第 8、19～27 页）。

家，接受佛教的生活、戒律、道德、思想的熏陶。①

三　梁武帝

中国历史上梁代有名的梁武帝（464～549 年，502～549 年在位），也有与立泰王相似的事迹。梁武帝姓萧名衍，字叔达，兰陵都里人，萧何丞相二十四代孙。他是魏晋以来，一位博古通今、虔诚信佛的英明皇帝。据说武帝与达摩彼此说话不投机，达摩便一苇渡江至魏。这就是脍炙人口的武帝与达摩祖师的故事。其实，梁武帝对于中国佛教的影响是非常大的。如武帝弃道奉佛；武帝为度脱郗氏，亲笔撰写的《梁皇宝忏》，② 直到今天，仍然盛行不衰；亲撰《水陆大斋仪文》，③ 盛行于今古；撰《净业赋》，④ 宣誓断食酒肉，⑤ 成为出家在家、持斋断肉的典范，可称环保护生的千古表率；武帝受菩萨戒，持戒精严；亲升法座，开讲《涅槃经》和《般若经》；在同泰寺，三次舍身出家。⑥ 帝王之身的作用在当时以及后世的影响是不可思议的。可见，与泰国立泰王一样，梁武帝的政策、思想、作为都有佛家的烙印，对中国历史与佛教历史本身产生的影响与作用是难以估量的。

四　两者之比照

下面，我们来具体比照两者政策措施、思想、作为等对当时以及后世的思想观念、行为习惯、文化习俗等方面的影响。由于两者所处的历史时代、地理环境、文化背景的差别，我们从不同点与相同点来进行比照分析如下。

---

① 见净海《南传佛教史》中引自 P. Trinaronk 的《泰国佛教的发展情形》，第 71 页。
② 详见《大正藏》第 45 卷所载的《慈悲道场忏法》（T45p922b16 - 967c24）。
③ 仪文今在《大正藏》中已经找不到原文。据记载："梁武帝制水陆仪文，于金山修供；亮法师撰涅槃疏，帝亲制序。帝亲制涅槃、大品、净名三慧诸经义记。"（T49p452a10 - 12）
④ 详见《大正藏》第 52 卷所载的《广弘明集》（T52p335b29 - 336c25）。
⑤ 详见《大正藏》第 52 卷所载的《广弘明集》第 26 卷之《断酒肉文》（T52p294b16 - 303c5）。
⑥ 据《南史》记载多一次，有四次出家（详见张慧诚《梁武帝萧衍传》，吉林人民出版社，1997，第 161～162 页）。

不同点：

第一，国家所处的历史时代、历史阶段不同。这时的立泰王处在 14 世纪中后期，是泰族自己民族的第一个独立的王朝，处于国家刚刚建立的历史阶段。而这时的中国，已经处于极其成熟的高度发达的统一的封建王朝，即元末明初时代的封建专制国家；梁武帝处于 6 世纪上半段，是在南北朝时期梁国的第一代皇帝，那时的中国处在南北分治状态，封建专制制度、文化已经有千年以上的历史。这时在泰国的境内泰族人的国家还没有建立起来，《梁书》中记载，武中大通元年（529）十二月丁巳，"盘盘国遣使献方物"①，即这时泰国的境内是盘盘国，② 同中国长期保持比较友好的关系。

第二，有部派佛教与大乘佛教之别。立泰王所信奉推广的是南传的部派佛教，也是所谓的小乘佛教；而梁武帝所信奉与扶持的是北传的汉传大乘佛教。具体的差别如前文所述。

第三，各自所处的佛教发展阶段不同。如上所述，虽然在此之前有阿育王时派遣传教师传入的根本佛教，公元 8 世纪以后传入的大乘佛教，11 世纪传入的蒲甘佛教，但是立泰王时的佛教属斯里兰卡系，在 13 世纪上半叶才刚刚传入，所以重点在弘扬与巩固斯里兰卡系佛教。如上所述，立泰王登位后，曾请斯里兰卡高僧至素可泰弘扬佛教，并改革佛教。③ 而中国的南朝佛教到了梁武帝的时候，迎来了全盛的时期。④ 武帝将很大的精力放在与名僧和信佛的名士交游上，迎来各国的僧人翻译经典，如僧伽婆罗⑤、曼陀罗⑥、真谛⑦等，并派遣僧侣到国外寻求禅经。⑧ 可见，武帝热

---

① 《梁书》第 6 卷，第 74 页。
② 盘盘国是南海古国名，位于泰国南万伦湾沿岸一带，同中国保持长期友好关系。从公元 5 世纪中期（刘宋元嘉中）至 7 世纪中期的中国历史文献中屡有记录。
③ 详见《南传佛教史》第 209 页。
④ 详见上述《汉魏两晋南北朝佛教史》第 323～331 页。
⑤ 僧伽婆罗，扶南国人，学年出家，擅长阿毗昙论，广习律藏，于海南负有盛名，闻齐弘法，随舶至都，住正观寺，解数国书语，乃被勅征召译经，凡 17 年，都合译经 11 部，48 卷。详见《续高僧传》（T50p426a03 - b13）。
⑥ 译《宝云》、《法界体性》、《文殊般若经》三部，合 11 卷。详见《续高僧传》（T50p426a22 - 26）。
⑦ 真谛始梁武之末，至陈宣即位，凡 23 载，所出经、论、记、传 64 部，合 278 卷。详见《续高僧传》（T50p 429c06 - 432a09）。
⑧ "皇帝遣诸僧诣外国寻禅经记第五"，僧祐《出三藏记集》第 12 卷（T55p93b10）。

心于收罗诸经论疏注与译经事业。佛教发展的阶段不同，不仅造成两者上座部佛教工作侧重点不同，而且佛教发展的成熟度也不一样，泰国当时的上座部佛教刚刚起步，南朝佛教势力的推广到了武帝达到了顶峰。

第四，立泰王时期的部派佛教，直到现在，在家出家都不断三净肉；① 而中国据说②自汉代以来，僧徒也允许食三净肉，并未普遍地断除杀生。到了梁代，武帝提倡在家出家都得断酒肉，他撰《净业赋》，断食酒肉，为出家在家者持斋断肉的典范，可以称为环保护生的千古表率。

第五，追求有形有相功德与无形无相的"并无功德"之别。因为文化背景不同，立泰王时期，泰国接受斯里兰卡的上座部派佛教，也就是小乘的几乎整个被吸收进来，直到现在还保留着当时的佛教特质，所以，由具有无上福田的僧伽组成的"出家佛教"，与"追求功德佛教的在家佛教"、"禳灾招福的在家佛教"这样三种形态构成了三位一体的构造。③ 而中国原有的华夏文化有极高的发展层次，佛教传入中国，大小乘佛教几乎是同时传入的，因大乘佛教的入世精神更加适合中国文化特质与民众习性，所以大乘佛教被发扬光大，同时佛教吸收了高层次的中国文化，并与之相结合，结出瑰丽的丰硕成果——中国佛教，它具有几大特质，即译经的特质、立宗的特质、宗派佛教思想的特质等。因此，佛教与中国民族文化相结合发展为八大宗派，其中佛教文化与中国文化相结合最为典型的是禅，所以，中国佛教的特质在于无形无相的"并无功德"禅。这可以在达摩与武帝的机锋中得到体会。④ 普通元年（520），印度禅宗二十八祖、中国第一祖菩提达摩尊者，泛海来华。9月达南海，广州刺史萧昂迎礼，表奏京师，武帝遣使往迎。次年10月达建康，武帝见后问道："朕即位以来，造寺、写经、度僧不可胜数，有何功德？"尊者答道："并无功德。"武帝惊问道："何以并无功德？"尊者道："此是人天小果，有漏之因，虽有非实。"武帝又问："如何是真实功德？"尊者道："净智妙圆，体自空寂，如是功德，不于世求。"武帝再问道：

---

① "三净肉"必须具备三个条件：第一，眼不见杀；第二，耳不闻杀；第三，不为己所杀。
② 详见《汉魏两晋南北朝佛教史》第324页。
③ 详见石井米雄《タイ仏教の構造》，アジア経済12（12），1971，第36～50页。
④ 详见《佛果圜悟禅师碧岩录》第1卷（T48p140a17－141b26）。

"何为圣谛第一义?"尊者答道:"廓然无圣。"再问:"对朕者谁?"尊者道:"不识。"所以说,武帝最终没有领会达摩的禅意,也即武帝当时对实相无相的诸法实相的悟解还没到位,更不用说能行到无实无虚的真如境界了!也是因此,梁武帝的神明正因佛性论,并没有领悟透佛性的真义,只停留在俗谛的水平上。①

相同点:

第一,佛陀和平、平等、和谐、慈悲的精神用于政治思想,都倾向于用佛教文化来治国化民,主张用和平手段解决纠纷,不主张用战争来解决纷争。如上所述,虽然因大城强大,国家领土日益变小,但立泰王生性仁慈,厌恶战争,加强文治,改革政治,修建道路,浚通运河,开拓农业,提倡文教,勤政爱民。即使是在不得已的战争中,不但不杀,还禁止虐待俘虏。有记载为证:

> 王之仁德,宽容大度,若海洋之纳百川者然,博受施仁,是之谓也。王居恒爱民若赤子,常赦免囚犯,赐之以金,俾得赎罪,并遣之归家。故王当政之日,国无奴隶,人民皆获得自由,并乐其业。王之令誉,遂播扬于各国;各地之民,均乐其仁政而归之,相安而处焉。②

可见他用佛陀思想来化导民众,使其国家呈现一片中兴升平景象,受到民众的拥护。而在梁武帝在位的48年间,几乎可以说是以佛化治国。③梁武帝亲自日唯一食,食只素菜。慎刑罚,常行大赦,天蓝中便血味备断。④这是梁武帝佛陀众生平等、慈悲精神的国家政治实际实践,以教化民众。⑤《梁书》中有如下记载为证:

> 普通元年春正月乙亥朔,改元,大赦天下,赐文武劳位,孝悌力

---

① 详见《汉魏两晋南北朝佛教史》第479～486页。
② 这是公元1833年出土的素可泰旧城一批碑铭中的记载(净海:《南传佛教史》,冯汝陵:《泰国史话》,上海书局,1962,第19～20页)。
③ 这是汤用彤先生的主张(见《汉魏两晋南北朝佛教史》第323页)。
④ 详见《汉魏两晋南北朝佛教史》第324页。
⑤ 详见《汉魏两晋南北朝佛教史》第483页。

田爵一级，尤贫之家，勿收常调，鳏寡孤独，并加赡恤。①

宋志磐撰的《佛祖统纪》也记载如下：

> 十六年，勅太医，不得以生类为药，郊庙牲牷，皆代以面，宗庙荐羞，始用蔬果。②

可见，梁武帝能体恤下层民众的疾苦，大到国家，小到宗庙的祭祀，要求全部代以蔬菜与水果，因而，形成了今天中国佛教最为独特的出家在家者，都提倡素食的千百年的风尚，可谓千年护生环保的先驱者！

第二，都扶持佛教传播发展，更注重佛教道德戒律对社会民众的外在约束与内在熏陶的作用。如上所说，立泰王特别热心发扬佛教，在各地兴建佛寺和佛塔，铸造佛像，劝导鼓励僧人研究经论。他还身体力行，礼请斯里兰卡的僧伽领袖为自己的传戒和尚，著书立说，传扬佛教精神，在民众中起了示范的作用。而武帝亲笔撰《梁皇宝忏》、《净业赋》，出家在家宣誓断食酒肉，可称环保护生的千古表率。武帝受菩萨戒，自受戒后，日唯一食，食只素菜，寝居殿所，净如沙门；亲升法座，开讲《涅槃经》和《般若经》，在同泰寺，三次舍身；持戒精严，苦行头陀。帝王之身的作用在当时以及后世的影响是不可思议的。

第三，都著有重要的著作，都能讲经说法。据如上净法的论述，立泰王不仅是虔诚的佛教徒、贤明的政治家，而且还是一个学者，精通佛学、哲学、天文等。他著有一部《三界论》（Tribhumi – Katha），引用了30余部典籍，其中包括经论、注释书、其他典籍。论及众生因果，因善恶业而招感三界的苦乐，有天上、人间、三途之苦。它已成为泰文古典文学名著。③ 而梁武帝则撰《舍道归佛文》、《梁皇宝忏》和《净业赋》等，亲升法座，开讲《涅槃经》和《般若经》。武帝虽为一个佛教行者，但究为文人，也染上当时的学术风气，持重佛教义学，整理典籍，收集佛典，他

---

① 《梁书》第3卷《本纪第三·中武帝下》，第63页。
② （宋）志磐：《佛祖统纪》第37卷［T50p349b27 – 28］。
③ 见净海《南传佛教史》（参照1. Prince Dhaninivat, *A History of Buddhism of Siam*，第9～10页。2. 陈明德：《泰国佛教史》，第11节）。

的学问宗旨在于《般若经》、《涅槃经》。但其佛学之质，仍然不脱玄学。[1]

第四，都有出家的经历，以佛教作为国教，都对本国的人民信奉佛教有示范的作用。如前面所述，1362年，立泰王自己在芒果林寺（Ambavanarama）舍身出家，过了一段出家修行的生活。这是泰国历史上第一位在位的君王在佛教中出家。这对泰国人民起了示范的作用，影响后来泰国男子，直至现在。他们在一生中至少一次短期出家，接受佛教思想道德戒律的内外熏陶。而梁武帝也受了菩萨戒，寝居殿所，净如沙门；在同泰寺三次舍身；持戒精严，苦行头陀。帝王之身的作用在当时以及后世的影响是不可思议的。

第五，都重视学术学问的研究。立泰王不仅著有《三界论》，还鼓励出家僧侣深入经藏，在宫中设学术研究所，他还在宫中广招学员，亲自任教，讲解佛学及天文学，改进历法，使国内学术之风大盛。[2]而梁武帝则博览群书，据《隋书·经籍志》所载，著述颇丰，撰《通史》480卷，儒家著作就有《孔子正传》等11种117卷，道家著作有《老子讲疏》6卷，[3]而佛家著作则有数百卷之多，不仅为《般若经》、《涅槃经》亲作义记数百卷，而且亲自讲说。宋志磐《佛祖统纪》第37卷中，记述如下：

> （太清三年）。……制涅盘、大品般若、净名三慧诸经义记，数百卷。[4]

武帝还自讲《老子》、《庄子》、《周易》。由此可见，武帝非常重视学术研究。

五　结语

重温比照两国历史上帝王的故事，我们看到了两国对佛教的信仰、适

---

① 参照《汉魏两晋南北朝佛教史》第325页。
② 见净海《南传佛教史》。
③ 详见《隋书·经籍志》，第911～937、956、1108页。
④ （宋）志磐：《佛祖统纪》[T49p0351c11-12]。

应的过程中，直接接纳、吸收、应用佛教文化的精华，间接或直接地影响着人们的行为习惯、宗教信仰、思想观念，在泰国形成了自己的宗教信仰文化体系，在中国形成三大传统文化之一的佛教文化。佛教注重道德修养，重视临终关怀，主张平等和谐、慈悲喜舍、无常无我、缘起性空、寂静涅槃、有因必有果等，实际上有一些早已经贯彻在我们现实生活的观念、思想、行为、习惯之中，只是我们并没有自觉到而已。这些仍然是现代社会急需的甘露，所以，我们不仅要自觉地应用到生活工作之中，而且这也是中泰两国文化思想交流的坚实基础，一定要珍重！具体地，世界的纷争与战争日渐频繁，这两位君王的思想为我们处理人与人之间、国家与国家之间的关系提供了一种参照系！首先，虽然佛教主张万事万物缘起而性空，但是又讲万事万物又是因缘和合而成，有因必有果，因果律是不空的！所以，在佛教看来一切事物都是平等的！无论是人与人之间、国家与国家之间，还是万物之间，不分大小、贫富、高低、贵贱，都是一律平等的！所以，国家与国家不分大小、贫富，一律平等。其次，慈悲对待一切众生，尽量避免战争给人民带来的灾难，保护人类生命财产，禁止对生命尊严的践踏！用和平的方式解决一切问题、纷争，正所谓退一步海阔天空，忍一时风平浪静！这种和平对话的方式已经成为人们处理人与人之间、国家与国家之间关系的一种范例与明智选择！再次，他们都是大学者，重视学问研究，为我们做出了榜样，我们要继往开来！最后，今天我们看到，泰国短期出家的习俗、中国的吃素等习俗，值得我们继续发扬光大，培养我们的环保意识，保护环境，爱护动物，尊重生命，让我们的地球的动植物的生命都焕发出尊严的光辉！让中泰两国人民的友谊，载着佛陀的智慧与慈悲力量之光环，地久天长！

参考文献

著作

[1]（宋）志磐：《佛祖统纪》。

[2]《梁书》百衲本。

[3]《南史》百衲本。

［4］汤用彤:《汉魏两晋南北朝佛教史》,武汉大学出版社,2008。

［5］净海:《南传佛教史》,宗教文化出版社,2002。

［6］余定邦、陈树森:《中泰关系史》,中华书局,2009。

［7］〔美〕戴维・K. 怀亚特:《泰国史》,郭继光译,东方出版中心,2009。

［8］张慧诚:《梁武帝萧衍传》,吉林人民出版社,1997。

［9］石井米雄:《篤き信仰の風景 南伝仏教》,日本放送出版協会,1998。

［10］石澤良昭責任編《東南アジア古代国家の成立と展開》,岩波書店,2001。

［11］石井米雄編《 東南アジア世界の構造と変容》,創文社,1986。

［12］石井米雄:《上座仏教文化圏研究をめぐって》,京都大学東南アジア研究セン
　　　ター,1990。

［13］石井米雄:《 上座部仏教の政治社会学 : 国教の構造》,創文社,1975。

论文

［14］石井米雄:《上座部仏教の政治社会学 : 国教の構造》,法学博士学位論文,
　　　1980 - 01 - 23。

［15］石井米雄《タイ語文献について (1)》,東南アジア研究 1 (4),2 -
　　　12,1964。

［16］石井米雄:《タイ語文献について (2)》,東南アジア研究 2 (1),13 - 24,
　　　1964 - 09。

［17］石井米雄:《タイ語文献について (3)》,東南アジア研究 2 (2),67 - 80,
　　　1964 - 12。

［18］石井米雄:《タイ語文献について (4)》,東南アジア研究 2 (4),38 - 51,
　　　1965 - 03。

［19］石井米雄:《タイ仏教史における連続と変化》,東南アジア史学会会報 (15),
　　　8 - 9,1971 - 11 - 02。

［20］石井米雄:《タイ仏教の構造 》,アジア経済 12 (12),36 - 50,1971 - 01。

［21］石井米雄:《 東南アジアの文化と歴史 (講演要旨) 》,経済人 25 (1),40 -
　　　51,1971 - 01。

［22］石井米雄:《国家と宗教にかんする一考察 (II) : スコータイにおける大寺派
　　　上座部仏教の受容をめぐる諸問題 》,東南アジア研究 9 (1),2 - 18,
　　　1971 - 06。

［23］石井米雄:《タイ仏教史における連続と変化》,東南アジア史学会会報 (15),
　　　8 - 9,1971 - 11 - 02。

［24］石井米雄:《国家と宗教にかんする一考察（III）：タイ仏教におけるEcclesia の成立とその意義 》，東南アジア研究 10 （2），197－213，1972－09。

［25］奥平竜二:《講座仏教の受容と変容 （2）》，東南アジア編石井米雄編東南アジア 歴史と文化 （22），226－229，1993－06。

［26］石井米雄:《タイ仏教の構造と変化——『上座部仏教の政治社会学』復刊に よせて（特集・知の源流へ）》，創文 （457），19－22，2003－09。

中泰关系发展的现状、动力与新战略机遇

周方冶*

摘 要：中泰建交以来，双边关系发展成效显著。2012 年，中泰发表联合声明，宣布建立全面战略合作伙伴关系。从发展历程来看，中泰关系具有明显的"危机驱动"特征。从越南侵柬危机到东亚金融危机，都有力地推动了中泰关系的跃进式发展。从发展趋势来看，中泰两国在次区域经济合作与南海问题上正面临新的战略合作机遇，有助于推动双边关系再上新台阶。

关键词：泰中关系 危机驱动 新战略机遇

"中泰一家亲"的和谐双边关系

1975 年正式建交以来，中泰两国在友好、平等、互利、互惠的基础上，稳步发展了多层次、多领域、全方位的友好合作关系，政治领域互信共存、和睦相处，经济领域互利共赢、共同发展，安全领域互助共济、团结合作，文化领域互鉴共进、兼收并蓄，有力推动了"中泰一家亲"的和谐关系的形成与发展。

在政治领域，两国高层互访频繁，从而有效地加深了双方的政治理解与互信。江泽民主席（1999 年）、李鹏委员长（1999 年、2002 年）、胡锦涛副主席（2000 年）、朱镕基总理（2001 年）、胡锦涛主席（2003 年）、

＊ 周方冶，中国社会科学院亚太与全球战略研究院政治研究室助理研究员。

习近平副主席（2011 年）等中国领导人先后访泰。2000 年，泰国诗丽吉王后代表普密蓬国王对中国进行访问。哇集拉隆功王储、诗琳通公主、朱拉蓬公主和王姐等王室成员也多次访华，历任泰国总理、国会主席和军队领导人亦曾访华。①

在安全领域，两国军方长期保持友好交往，领导人经常互访，军事院校定期互换学员培训。2001 年 6 月，中方接受泰国总理建议，同意举行中泰年度国防会谈，并于同年 12 月举行首次会谈。此后，中泰两国国防会谈每年举行，并就"相互观摩军事演习"、"恢复对泰国军备出售"、"进行军事教育交流"和"举行联合训练和军事演习"四个方面达成一致。从 2002 年起，中国开始派遣军事观察员参与美泰"金色眼镜蛇"联合军演。从 2003 年起，泰国开始派遣军官参与中国的"北剑"军演和"铁拳"军演。2005 年 9 月，中泰两国海军在暹罗湾举行"中泰友谊—2005"联合军演，成为中国海军与东南亚海军之间的首次联合军演。从 2007 年起，中泰两国开始举行代号"突击"的陆军特种部队反恐联合训练，到 2010 年已成功举行三次。② 2010 年和 2012 年，中泰两国先后两次成功举行代号"蓝色突击"的海军陆战队联合反恐演习。③

在经贸领域，两国合作不断深化。1985 年，两国成立部长级经贸联委会。2003 年，两国决定将经贸联委会升格为副总理级。2004 年，吴仪副总理与泰国差瓦立副总理共同主持联委会首次会议。同年，泰国承认中国完全市场经济地位，双边经贸合作进一步密切。2011 年，泰国对华贸易总额增至 579.8 亿美元，占泰国进出口总额的 12.7%。④ 中国成为仅次于日本的泰国第二大贸易伙伴。与此同时，投资与服务合作也得到蓬勃发展。截至 2009 年底，泰国对华投资项目已达 3975 个，实际投入 32.4 亿美元；中国对泰非金融类直接投资累计 5.4 亿美元；中国公司在泰累计签订对外承包工程、劳务合作和设计咨询合同金额 66.4 亿美元，完成营业

① 资料来源：中国商务部网站，http：//www.mofcom.gov.cn。
② 《中泰陆军特种部队反恐联训圆满结束》，《解放军报》2010 年 10 月 20 日。
③ 《中泰海军陆战队联合训练落幕》，人民网，2012 年 5 月 25 日。
④ 资料来源：泰国银行网站，http：//www.bot.or.th。

额 41.3 亿美元。①

与此同时，中泰两国在文化、技术、教育、卫生、司法、环保等领域，也都开展了广泛深入的双边合作与交流，并随着相关政府间协议的签署，正朝着制度化、规范化、体系化的方向迈进（见表 1）。1999 年 2 月，中泰两国签署了《关于二十一世纪合作计划的联合声明》，从而为双方"进一步拓展双方之间睦邻互信的全方位合作关系"制定了应当遵循和实施的框架和方针。该声明除要求在经贸和军事安全领域继续深化合作之外，还明确指出两国应在以下方面加强合作：在平等互利的原则基础上扩大科技领域的友好和互利合作；加强在文化、教育、卫生、体育、环保等方面的交流与合作；密切司法交流，相互交换信息资料，进一步加强在打击跨国有组织犯罪、贩毒、走私、经济犯罪、偷越国境及其他犯罪活动

表1　中泰两国建交以来签订的主要合作协议

年　份	协议名称
1978	《科技合作协定》
1979	《海运协定及两个补充议定书》
1980	《民用航空运输协定和对方全权证书》
1985	《促进和保护投资协定》
1986	《避免双重征税和防止偷漏税协定》
1993	《旅游合作协定》与《引渡条约》
1994	《民商事司法协助和仲裁合作协定》
1996	《文化合作谅解备忘录》
1997	《卫生医学科学和药品领域合作谅解备忘录》与《贸易经济和技术合作谅解备忘录》
1999	《关于高等教育合作谅解备忘录》
2000	《关于加强禁毒合作的谅解备忘录》
2001	《文化合作协定》与《双边货币互换协议》
2003	《刑事司法协助条约》
2004	《全面开放中泰国际航空运输市场的秘密谅解备忘录》
2005	《环境保护合作谅解备忘录》
2007	《关于相互承认高等教育学历和学位的协定》
2009	《教育部教育合作协议》与《扩大和深化双边经贸合作的协议》
2011	《关于可持续发展合作谅解备忘录》
2012	《中泰战略性合作共同行动计划（2012～2016）》

资料来源：中国商务部网站，http：//www. mofcom. gov. cn。

---

① 资料来源：中国驻泰国大使馆网站，http：//www. chinaembassy. or. th。

中的执法合作；在东盟、东盟地区论坛、亚太经合组织会议、亚欧会议及联合国和世贸组织等多边场合，就共同关心的地区和国际问题加强磋商与合作，促进地区和国际的和平与发展。

"危机驱动"中泰关系跃进式发展

中泰两国的传统友好关系源远流长，但从近现代的两国关系发展来看，却是相当曲折艰难。随着 19 世纪末中国清王朝衰落，以及泰国民族主义兴起，中泰间传统的宗藩关系瓦解。此后很长时间，中泰两国都未能在"平等互信"基础上建构起新型的国家间关系。特别是在 20 世纪 60 年代，泰国军人独裁政府在美苏冷战影响下，坚持"排华反共"政策。由于意识形态和政治立场的根本对立，中泰之间官方与民间往来在 1958 年到 1972 年间基本断绝，双边关系处于极不正常状态。

20 世纪 70 年代初，美国在越南战场上受挫，被迫撤出东南亚地区。泰国推翻军人独裁统治，开始采取"多边外交"，以应对亚太地区美、苏、中大三角关系的形成。1975 年 7 月 1 日，中泰两国正式建交。两国总理共同签署的《中泰建交联合公报》除明确肯定和平共处五项原则外，还对双方的核心国家利益做出具体保证，从而为双边关系的发展铺平了道路：泰国方面承诺坚守"一个中国"原则，并表示将在"公报签字之日起一个月内从台湾撤走一切官方代表机构"；中国方面宣布不再承认"双重国籍"，表示"任何中国籍或中国血统的人在取得泰国国籍后都自动失去了中国国籍"[1]。不过，由于长期以来的政治对立与意识形态分歧，中泰两国在建交后的关系发展得并不顺利。缺乏政治互信与利益关联，成为制约两国关系发展的重要瓶颈。

70 年代末的越南侵柬危机，成为中泰关系突破发展瓶颈的重要历史契机，有力地推动了两国关系的第一次跃进式发展。随着越南军事威胁的不断增加，中泰之间逐渐形成以军事安全为主的交流与合作，其中包括国家领导人和军方高层互访、情报交流、战略协调以及武器交易等，泰国方

---

[1]　《中华人民共和国和泰王国关于建立外交关系的联合公报》，1975 年 7 月 1 日，北京。

面甚至允许中国借道向柬埔寨的红色高棉运送武器和战略物资。可以说，正是80年代的地区安全危机增进了泰中两国的互信，为政治制度不同的两国在全球化时代建立良好的友好合作关系奠定了坚实基础。邓小平在1989年10月会见访华的泰国总理差猜·春哈旺时指出，"中泰关系是不同社会制度国家之间友好合作的典范"。80年代后期，随着地区安全形势的好转，美国全球力量的上升，以及东盟国家合作的深入，泰国开始在军事安全上逐步淡化对华合作，转而推行"立足东盟、依托美国"的军事战略安排。中泰关系的发展重点适时转到经贸合作领域，① 但在90年代中前期的进展缓慢，使得中泰关系再次面临发展瓶颈。

1997年的东亚金融危机，成为中泰关系再次突破发展瓶颈的重要历史契机，有力地推动了两国在经贸领域合作的突飞猛进。从1996年到2011年，中泰双边贸易额从38.3亿美元增至579.8亿美元，增长14倍；泰国对华贸易占其对外贸易总额的比重也从2.99%升至11.97%。客观来看，泰国经济能较快走出东亚金融危机阴影，很大程度上得益于对华贸易的高速增长（见表2）。

表2　泰国对外贸易情况

年　份	2003	2004	2005	2006	2007	2008	2009	2010	2011
对外出口增长率（%）	17.44	20.57	14.96	16.93	18.61	15.54	-14.26	28.14	17.16
对华出口额（亿美元）	56.9	71.1	91.7	117.3	148.5	161.9	161.2	241.7	274.0
对华出口增长率（%）	60.02	25.04	28.88	27.93	26.59	9.05	-0.44	33.22	27.60
对华出口占出口比重（%）	7.11	7.37	8.26	9.04	9.65	9.11	10.58	10.99	11.97

资料来源：根据泰国银行（网站）数据计算，http://www.bot.or.th。

中泰两国之所以能化"危机"为"契机"，首要条件在于中国拥有大国责任感与自我约束的政治善意。中国长期以来的政治实践反复证明：作为地区大国，中国具有维护地区和平与发展的责任感，从不谋求地区霸权。中国始终坚持和平共处五项基本原则，信守国家无论大小一律平等的

---

① Chulacheeb Chinwanno, "Thailand – China Relations: From Strategic to Economic Partnership", IUJ Research Institute Working Paper, Asia Pacific Series No. 6, May, 1998, http://www.iuj.ac.jp/research/wpap006.cfm.

信念。中国一方面给予其他国家特别是中小国家以力所能及的支援和协助，努力实现各国的合作共赢与共同发展；另一方面尊重他国国家主权，从不干预他国内政。在越南侵柬危机期间，中国为维持地区和平付出沉重的代价，但始终秉持公正立场，从未像美苏那样谋求在中南半岛的霸权影响力。在东亚金融危机期间，中国提供帮助且不附加任何条件，从未像美国影响下的国际货币基金组织那样肆意干涉他国经济政策。得益于中国"负责任大国"的前提条件，中泰两国能在"危机"来临之际把握契机，突破发展瓶颈，增强政治互信，实现经济互利，从而为双边关系的巩固与发展提供强劲动力。

中泰关系发展面临新的战略机遇

20 世纪 90 年代末以来，中泰两国依托经贸合作的驱动，双边关系发展取得显著成效。泰国总理他信·西那瓦于 2001 年执政后，以"积极进取"态度推行对华友好合作政策，并表现出进行战略性合作的意愿。2001 年 8 月他信访华期间，中泰双方共同发表联合公报，双方领导人"同意巩固中泰之间业已存在的传统友谊，并推进双方战略性合作"。2003 年中国签署《中国—东盟战略伙伴关系联合宣言》后，泰国政府对于推动中泰战略性合作的态度更为积极。2007 年泰国总理素拉育·朱拉暖访华期间，中泰双方签署了《中泰战略性合作共同行动计划》，从而为未来的双边合作确定了具体目标。素拉育总理指出："深化泰中战略性合作关系符合两国人民的共同利益，泰方愿与中方一道，推动双边关系不断深入发展。"① 2012 年泰国总理英拉·西那瓦访华期间，中泰双方签署了《中泰战略性合作共同行动计划（2012～2016）》，并发表联合声明，宣布建立全面战略合作伙伴关系，开启了双边关系发展新篇章。②

从中泰双边关系中长期发展来看，两国在地区经济和政治领域都面临新的战略机遇，有助于推动双边关系再上新台阶。

---

① 《温家宝与泰国总理素拉育会谈》，新华网，2007 年 5 月 28 日。
② 《中泰发表建立全面战略合作伙伴关系联合声明》，新华网，2012 年 4 月 19 日。

（一）经济领域的战略合作机遇

近 10 年来，中泰之间双边贸易额突飞猛进，有力地推动了两国关系的发展，但从中长期来看，双边贸易的局限性将会使其助推作用渐趋弱化。20 世纪 90 年代末的中泰经贸合作水平并不高，因此在 21 世纪初才有可能出现双边贸易大幅增长的局面。不过，随着双边贸易额的增加，初期的井喷式发展将趋于平稳，难以继续成为双边关系加速发展的强劲动力。于是，如何深化和拓展双边经贸合作领域，也就成为影响中泰关系进一步发展的关键所在。从目前看，次区域经济合作最有可能成为突破中泰经贸合作发展瓶颈的切入点。

一方面，中国正在进行国家层面的经济结构调整，从而为次区域经济合作提供了强劲动力。"西部大开发"战略从 2010 年起进入第二阶段，使得中国西南地区迅速从改革开放的后方转变为前沿。2012 年中国国家发改委出台《西部大开发"十二五"规划》将"滇中地区"列为重点经济区，作为中国"连接东南亚、南亚国家的陆路交通枢纽，面向东南亚、南亚对外开放的重要门户"，并且再次强调"向西南开放重要桥头堡"的重要性，要求"深化大湄公河次区域合作，加强云南与东南亚、南亚、印度洋沿岸国家合作，建设西南出海战略通道"。随着"西部大开发"战略的贯彻落实，中国西南地区将会在国家政策和资源的扶持下，通过承接东南沿海地区的产业转移以及发挥当地的产业优势，步入跃进式发展的战略机遇期，并会由此产生显著的外溢效应，有力带动包括泰国在内的中南半岛各国经济增长。

另一方面，泰国正面临农村的经济发展难题，有必要引入外部动力。泰国自 20 世纪 60 年代以来成功实现了经济起飞，成为东亚第五条小龙，并在 90 年代步入中等收入国家行列，但农村发展问题始终未能得到有效解决。"泰国北部、东北部以及南部乡村地区的相当贫困，家庭收入下降，负债率上升。虽然入学率较高，但教育质量和技术培训匮乏却在阻碍泰国从全球化过程中获益，威胁着泰国未来的人的发展。"[1]

---

① *Thailand Human Development Report* 2007，United Nations Development Programme，2007，p. 2.

城乡差距、地区差距、贫富差距已成为影响泰国社会稳定的根本性问题。事实上，泰国政局近年来的持续动荡，很大程度上就源于农村经济的发展落后。于是，如何推动泰国北部和东北部农村地区的经济可持续发展，也就成为事关政治稳定与社会和谐的首要课题。泰国政府推行的"草根政策"有助于改善农村地区的生产生活水平，但对地处内陆的北部和东北部农村而言，改变长期以来的封闭状态，才是从根本上解决发展问题的关键所在。

通过次区域经济合作，建构贯穿中国西南地区和泰国东北地区的印度洋出海通道，实现货物、人员、资源、资金自由流动，对中泰两国的经济发展都具有重要战略意义，有助于改变沿海地区传统的"两头在外"经济发展模式，形成有利于内陆地区经济发展的"一头在外，一头在内"的垂直整合模式。

长期以来，发展中国家的"赶超式"发展普遍采取"两头在外"模式，利用廉价劳动力优势参与国际产业分工，赚取产品组装加工环节的低廉收益。该模式在中国东南沿海地区和泰国东部沿海地区的经济高速增长过程中，都起到了关键性作用。但问题在于，该模式对内陆地区的发展难以奏效，因为陆路运输的往返成本增加将抵消廉价劳动力成本优势。相较于将半成品运入内地，再将加工后的制成品运出，更合理的方式是内地劳动力流向沿海，直接在沿海地区进行组装加工。这就使得内陆地区在承接劳动密集型产业转移的过程中，很难效仿沿海的"两头在外"模式。

对内陆地区而言，经济发展面临诸多客观障碍。首先是道路交通问题。"要想富，先修路"，如果产品运不出去，也就无从奢谈经济发展。其次是生产成本问题。陆路运输的成本高于海运，如果采取"大进大出"的生产方式，内陆地区难以形成竞争优势。最后是投资规模问题。相较于零散投资，产业集群具有明显的竞争优势，但大规模投资对投资环境具有较高要求，内陆与沿海相比难以形成吸引力。

近年来，中国在西部大开发过程中，逐步探索了"一头在内，一头在外"的对外开放模式，并在实践中初见成效，从而为内陆地区的发展提出了可行的道路选择。① 中泰共同参与的次区域经济合作，或将成为"一头在内，一头在外"模式的深化和拓展。从发展目标来看，首先是加强陆路通道建设，实现内陆与出海口的连通，从而为经济发展创造前提条件。通过公路网和铁路网的互联互通，印度洋出海通道不仅为中泰两国的内陆地区提供出海口，而且会将中泰两国的内地市场连为一体，从而为通道周边区域内的两国内地产品提供更广阔的市场空间。其次是进行资源垂直整合，实现本地配套生产，改变零配件依靠外部输入的"大进大出"模式，从而延长产业链，控制生产成本，提高产品竞争力。中国西南地区与泰国东北地区拥有丰富的自然资源，通过资金、技术、人力、资源的互补性整合，有助于系统承接资源和劳动密集型产业转移，从而推动次区域经济的良性循环与整体发展。最后是推动产业集群建设，实现龙头企业引领下的规模发展。

需要指出的是，作为中泰经济合作的重要战略机遇，次区域经济合作的难度与好处同样明显。事实上，仅就铁路网互联互通的问题，中泰两国就面临铁轨宽度存在差异的客观难题，需要两国基于战略层面的长期利益做出理性取舍，放弃部分短期利益。此外，通关手续简化，金融和投资便利化，基础设施建设等诸多现实问题，也都需要两国加强协调与合作，采取更务实的态度推进经贸合作，从而为两国相互毗邻的内陆地区的中长期共同发展创造良好的制度环境。

（二）政治领域的战略合作机遇

作为东盟创始国，泰国在地区事务中扮演着重要角色。作为泰国的友好邻邦，中国始终支持泰国在地区事务中发挥更重要的作用。2001年，泰国在第34次东盟外长会议上正式提出"亚洲合作对话"的概念，旨在通过设立对话机制，促进亚洲区域内贸易、投资以及其他领域的合作。2002年和2003年，泰国先后在昌安与清迈主办了"亚洲合作对话"第一次和第二次外长会议，从而推动对话机制的建设步入了正轨。对于泰国倡导的"亚洲合作对话"，中国给予了全力支持与配合，不仅主动承担了农业领域和能源领域合作牵头国的重任，而且还主动承办了2003年的第三

---

① 中国人民大学重庆课题组：《重庆新事》，中国人民大学出版社，2011。

次外长（青岛）会议，从而有力推动了对话机制的发展与完善。到 2007 年，"亚洲合作对话"已成功举办了 6 次外长会议，成员国也从最初的 17 个增加到了 30 个，并在不少合作领域取得了重要进展。① 作为"亚洲合作对话"机制的首倡者和协调者，泰国的地区影响力得到显著提升。

2006 年以来泰国政局持续动荡，特别是 2008 年"黄衫军"包围国际机场，2009 年"红衫军"暴动导致"东盟峰会"被迫延期，2010 年"红衫军"流血冲突，都严重损害了泰国的国际形象与地区声望。2011 年泰国英拉政府上台后，泰国政局渐趋稳定，从而为泰国在地区事务中发挥积极作用创造了有利条件。作为新一任的中国—东盟关系协调国，泰国在南海局势日趋紧张之际走马上任，所面临的既是挑战，也是机遇。如果泰国能在化解南海紧张局势过程中发挥积极作用，那么不仅将进一步深化中泰战略互信与合作水平，而且将有力地提升泰国的地区政治影响力。

从南海紧张局势的斡旋工作来看，泰国拥有三方面优势条件，有助于达成目标。首先是中国在南海问题上的原则立场并未改变。作为负责任的地区大国，中国坚持主权要求，但不会以武力或以武力相威胁，并且始终抱有政治善意，倡导"搁置争议，共同开发"的双赢解决方案，从而为妥善化解南海紧张局势提供了关键保证。其次是泰国的中立地位，有助于赢得各方的政治信任。作为东南亚的半岛国家，泰国毗邻南海，但在南海问题上并不存在利益纠葛，因此地位相对超然，不会引起相关各方基于南海利益诉求的本能抵触。最后是泰国作为东盟创始国、中南半岛强国、美国军事盟友，在地区事务中拥有重要话语权，能在南海问题上作为够分量的斡旋者发挥作用，从而起到协调各方意见和要求，促进和解与达成共识的积极作用。

需要指出的是，和平与发展依然是东亚地区关系的基调，因此有理由相信南海紧张局势能够得到有效化解。但是，南海问题事关各方领海主权这一核心国家利益，而且涉及大国在亚太地区的战略博弈，因此在斡旋过程中势必面临诸多障碍，需要中泰两国加强沟通与协商，以坦诚和积极解决问题的立场加强战略合作，共同寻求妥善解决南海问题的可行方案，从

---

① 《亚洲合作对话第六次外长会议韩国开幕》，国际在线，2007 年 6 月 5 日。

而为维护地区和平、稳定和繁荣做出更大贡献。

参考文献

［1］余定邦、陈树森：《中泰关系史》，中华书局，2009。

［2］周方冶：《王权·威权·金权：泰国政治现代化进程》，社会科学文献出版社，2011。

［3］〔美〕戴维·K. 怀亚特：《泰国史》，郭继光译，东方出版中心，2009。

泰国潮人与泰中关系述略

杨锡铭 *

摘　要：泰国的潮籍华侨人占到了在泰华侨华人的七成，泰国潮人不仅在泰中文化交流中发挥了重要的作用，而且在泰中经贸交往中起到了重要作用。

关键词：泰国潮人　泰中关系

泰国的华侨华人，约占其全国总人数的 12%，其中潮籍华侨华人约占 70%。广大的潮籍华侨华人，身居异邦，对祖籍故土却怀有深厚感情。长期以来，他们通过自己的努力，促进中泰友好关系的发展和巩固，成为联结中泰友谊的桥梁和纽带。就泰国华人对泰中关系的作用，不少专家学者从不同侧面做过介绍。本文就泰国潮人与泰中关系的三个方面——泰国潮人与泰中睦邻友好、泰国潮人与泰中文化交流、泰国潮人与泰中经贸合作试做概述，以期抛砖引玉，就教方家。

中泰友好关系发展过程中，泰国潮州人发挥着重要的促进作用。

泰国潮人之所以能够发挥这种纽带作用，一方面是由于他们与祖籍地亲缘和语言优势，被泰国政府所借重；另一方面则是源于他们对于中泰两国的特殊感情。泰中关系的好坏，与泰国潮州人的生活密切相关。因而，致力于促进泰中友好关系的发展，对于大多数泰国潮人来说，可以说是一种自觉的行动。

文化的融合，对于"中泰一家亲"关系的形成起着黏合剂的作用。

---

* 杨锡铭，现任广东省潮州市归国华侨联合会主席、韩山师范学院潮学研究院客座研究员。1993～1997 年，曾任中国驻泰国大使馆三等秘书兼副领事、二等秘书兼领事。

对于这种文化的融合，尽管泰国政府一度由于意识形态的原因而采取了一些同化政策，但从潮人方面来说，不是潮人有意推行，也并非通过暴力来实现，而是靠泰中人民在和睦相处的过程中相互融合而达到水乳交融的程度。其中，既和泰国文化的包容性有关，也与潮人在政治上不会对泰国政府造成危险有密切联系。

一　泰国潮人与泰中睦邻友好

泰国与中国是近邻。历史上，两国从未发生过军事冲突，一直保持友好往来。在两国长期的友好交往中，泰国的潮州人发挥着重要的作用。

历史上泰国（1939 年以前称为"暹罗"）曾是中国的藩属国。早在 200 多年前，祖籍潮州府澄海县的郑信（1734～1782 年），领导暹罗人民抗缅复国，建立吞武里王朝时，就十分注意发展暹罗与中国的友好关系。1768 年，郑信登位不久，即派陈美到广东请封。当时的清朝政府对暹罗的情况不十分了解，片面听信了与郑信有矛盾的河仙莫士麟的一面之词，而拒绝给予郑信册封。郑信没有灰心，继续采取措施，改善与清朝的关系。从《清实录》中可知，1771 年，郑信把在清迈俘获的缅军官兵多人送到广东。1772 年，郑信又把乘船出海谋生遭遇风暴，流落到暹罗的广东海丰县的陈俊卿、梁上选等人及其家属 35 人送回广东。1781 年，又派人带公文到广东，希望发展与中国的贸易。郑信的一系列举措，促使清廷转变对他的态度，也促进暹罗与中国友好关系的发展。余定邦曾著文介绍当时的郑信以及随后的暹罗政府中的潮州人对中暹关系的贡献，指出："在暹罗的华侨当中，以潮州人居多。在中暹交往中，潮州人、潮州的港口曾起过很重要的作用。"[1] "郑信创建吞武里王朝后，同清朝政府有着密切的联系。由于他没有正式请封，清朝政府没有给予封号，只称他为暹罗'国长'。在他执政的十多年中，为中泰关系的发展做出了贡献。拉玛一世登位后，利用郑信为中泰关系发展打下的基础，顺利地同清朝建立了关

---

[1]　余定邦：《潮州人、潮州港口与清代中暹交往》，载郑良树主编《潮州学国际研讨会论文集》，暨南大学出版社，1994。

系，并得到了封号。"① 从而使中泰友好关系得以继续发展。

19 世纪 70 年代后，中泰政府间的关系一度中断。1932 年，经当时的民国政府与泰国政府商谈，泰国政府同意中国在曼谷设立一名商务专员。随后民国政府任命当时的泰国中华总商会主席陈守明（陈黉利家族，祖籍澄海）担任这一职务。陈守明和中华总商会为中泰的交往发挥了桥梁作用，该会成员中潮州商人占了绝大多数。泰国前总理乃挽限·信拉巴阿差曾称赞该会"作为泰国华侨华裔商人之联络中心……当在二次世界大战之前，中泰两国仍没有外交关系，这一中华总商会则履行了中国大使之任务，以沟通当时之暹罗政府及后之泰国政府，为时几十年"②。

1975 年中华人民共和国与泰国正式建立外交关系，泰国潮人为此做出了不懈的努力。

新中国成立后，中泰两国关系由于世界冷战格局的影响，以及两国各自所处的不同条件的制约，经历了曲折的道路。③

1955 年在印度尼西亚召开的万隆会议之后，在幕后知己练·磨素旺（王慕能，原籍普宁）的影响下，泰国的政变团首脑屏·春哈旺陆军元帅，与銮披汶总理一起听取了外长旺·威泰耶康亲王关于万隆会议以及与周恩来交谈的情况汇报。两人同意派出代表前往中国，探讨建交途径，为双方建交铺平道路。由于当时的形势，与中国公开接触是不可能也不现实的，泰国政府决定派密使前往中国。1955 年 12 月以亚里·披隆（陈文彬）为首的代表团一行 4 人，分别取道香港、澳门，秘密前往中国。这些泰国的地下使节受到周恩来总理的热情接待。毛泽东主席还专门接见了他们，并进行了长达 1 小时 45 分钟的谈话。泰国客人对中国访问，在中泰关系史上迈出了重要的一步。

1955 年 12 月 16 日和 17 日，泰国政府总理銮披汶·颂堪的代表乃讪·帕他努泰和练·磨素旺与中国政府的代表、中国驻缅甸大使姚仲明，

---

① 余定邦：《郑信与清朝政府的关系》，载《潮学研究》第 6 期，汕头大学出版社，1997。

② 乃挽限·信拉巴阿差：《贺词》，载《泰国中华总商会成立 85 周年暨新大厦落成揭幕纪念特刊》，泰国中华总商会，1995。

③ 关于中泰建交过程，可参阅朱振明《中泰关系史概述》，载《泰中学刊》，泰国泰中学会，1994，第 11~17 页。

在中国驻缅甸大使馆举行秘密会谈。经过两天的会谈，双方签署了一份联合声明。双方议定两国愿意在相互尊重领土主权和完整、互不侵犯、互不干涉内政、平等互利、和平共处五项原则的基础上发展友好关系，并将尽快采取措施，增进相互交流，建立贸易和文化联系，以便最终实现关系正常化。鉴于当时的情况，这项联合声明没有公开发表。但是两国在声明签署后的一段时间内，都遵循既定的原则，加强了多方面的交往，向中泰关系正常化迈进。

但是由于后来泰国国内发生政变，对华政策随之改变，中泰建交被迫拖后达 14 年之久。

1972 年 2 月，美国总统尼克松访华，中美关系出现重大突破，在世界上产生了巨大的反响。泰国也同许多国家一样，调整对华政策。1972 年 8 月，亚洲乒乓球联盟邀请泰国乒乓球队到北京参加乒乓球锦标赛。泰国最高权力机构"革命团"决定派出革命团财经和工业事务副主任巴实·干乍那越（许敦茂，1915～1999 年，原籍澄海）为顾问、警察中将春蓬·罗哈差腊为团长的泰国乒乓球队赴北京参赛，展开了一系列的外交活动。这样，中断了 14 年的中泰两国的交往开始得到恢复。巴实·干乍那越在京期间分别会见了周恩来总理、外交部顾问廖承志、外交部部长姬鹏飞、外交部副部长韩念龙和商业部副部长李强等。周恩来总理赞扬巴实·干乍那越先生是为建立中泰友好关系铺路的先驱者。1972 年 10 月中旬和 1975 年 6 月 8 日，巴实·干乍那越又先后以商业部部长和国会主席的身份，两次率团访问中国，为中泰建交做出不懈的努力。由于促进中泰的建交，巴实·干乍那越在泰国被誉为"泰国的基辛格"。[①]

1973 年 6 月，泰国乒乓球总会邀请中国乒乓球队访泰。这是新中国成立后，中国派往泰国访问的第一个代表团。泰国政府对此十分重视，副总理巴博元帅、总参谋长他威空军上将、外交部副部长察猜·春哈旺少将（陈姓后裔，祖籍澄海）等高级官员，亲自接见和宴请了中国乒乓球队。中泰双方通过乒乓球队的访问，实现了直接接触。泰国舆论界把这称为现

---

① 朱振明：《许敦茂与中泰关系》，载《泰中学刊》，泰国泰中学会，1999。

代中泰关系史上的"乒乓外交"。①

1973 年 10 月 14 日，泰国爆发了大规模的学生运动，导致他侬政府的垮台。文官政府执政后，调整了对内对外政策，开始探寻与中国实现关系正常化、建立外交关系的途径。当时的泰国政府高层对于与中国建立外交关系存在两种根本对立的路线。时任民主党党魁披猜·拉达军（陈裕才，祖籍澄海）在 1975 年 2 月 23 日的一次会议上，力主与台湾方面断绝关系，与中华人民共和国建立正常的外交关系。② 外交部部长察猜·春哈旺也曾指出，发展中泰友谊，关系到泰国的"国家的生存"，③ 并亲自制定措施，着手实施建交事宜。

1975 年 6 月 30 日，泰国政府总理克立·巴莫亲王应中国政府总理周恩来的邀请，对中国进行正式友好访问。毛泽东主席、周恩来总理会见了克立总理等泰国贵宾。邓小平副总理同克立总理举行了会谈。7 月 1 日，中泰两国政府领导人在北京签署了联合公报，决定从即日起相互承认，并建立外交关系。中泰两国关系从此翻开了新的一页。

中泰建交后，泰国的潮州人继续为发展中泰友好合作关系做出自己的贡献。察猜·春哈旺、披猜·拉达军、针隆·西蒙（卢金河，祖籍澄海）、班汉·信拉巴阿差（马德祥，祖籍潮阳）、他信·西那瓦（丘姓后裔）、英拉（他信之妹）等潮人后裔，在他们出任政府要职时，都先后率团访问中国，或到祖籍省亲，促进了两国的相互了解和信任，增进了友谊。

民间的交往更为频繁。中泰建交后，特别是中国改革开放后，中泰两国的友好往来日趋频繁，泰国的潮州人与故乡的联系也日益增多。20 世纪 70 年代末，中泰建交不久，应中国国务院邀请，泰华各姓宗亲总会先后组团访问中国，在泰国影响深远。令人难忘的是，1995 年中泰建交 20 周年时，泰华各界除在泰国举办各种声势浩大的庆祝活动外，还组织了以谢慧如先生为首的庆祝中泰建交 20 周年千人团（后因泰国大选，实际人数约 400 人）到北京旅游，受到了我国政协、外交部、国务院侨办、对外友协等的热烈欢迎和热情

---

① 朱振明：《许敦茂与中泰关系》，载《泰中学刊》，泰国泰中学会，1999。
② 候志勇：《泰中手足情谊万古长青》，载《泰中学刊》，泰国泰中学会，1994。
③ 朱振明：《中泰关系史概述》，载《泰中学刊》，泰国泰中学会，1994。

款待。江泽民主席还接见了谢慧如先生及其亲属，以及部分团员，在泰华各界产生了深远的影响。2008 年北京申办奥运会，泰国潮州人和其他华人一样，引以为豪，积极给予支持。在北京奥运会的泰国火炬手中，有不少是潮州人，如中华总商会的主席吴宏丰等。潮州会馆主席陈汉士还是泰国曼谷和中国汕头两地的火炬手，成为唯一一位跑过两个国家的北京奥运火炬手。

二　泰国潮人与泰中文化交流

潮州人移居泰国的同时，既把潮州文化带到泰国，也介绍泰国文化来到中国，促进了中泰文化的交流与融合，有利于潮人与泰国本土人民的和睦相处，促进了中泰友好关系的发展。笔者曾于 1993 ~ 1997 年在泰国的中国大使馆工作，此后也经常过访泰国，对此有过亲身的体会。

（一）潮剧在泰国生根开花

大量的潮人走向泰国的同时，也带来了潮剧。潮剧何时传到泰国已很难考证。泰国的修朝先生在《中国戏剧在泰国》一文中，引述了大城王朝时法国使臣戴夹蒙特的助理戴夹西教父在其日记中有关中国戏剧表演的记述："公元 1680 年 11 月 1 日，丰肯（获大城王朝拍那莱大帝赐封'昭拍耶威差然'爵位的西洋人），在其府邸中举行盛宴，祝贺葡萄牙国王……宴毕有各种娱乐表演。这些表演分批进行，计有各种杂耍、舞蹈，最后轮到中国戏的表演……"他认为，这就是泰国有关中国戏剧的最早记录，也即在大城王朝的拍那莱大帝时期，就已有中国戏剧在暹罗的演出。尽管戴夹西教父在其日记中还说明当时的中国戏班是从广东省聘请来的，但这尚不能作为潮剧进入泰国时间的证据。[①]

其实，潮剧何时进入泰国，在本文中并非十分重要。第二次世界大战后，来自潮州地区农村的大量新移民源源不断进入泰国，使潮剧在泰国有了欣赏的主体。大量潮州人的存在，加上潮剧的内容大多以历尽艰辛、否极泰来、飞黄腾达、家眷团圆为模式，这对于远离桑梓，在异国他乡艰苦

---

① 修朝：《中国戏剧在泰国》，载《泰国华侨华人史》（第二辑），华侨崇圣大学泰中研究中心，2004。

创业，企求日后发达的潮州人来说，很容易产生共鸣。另外，自拉玛四世（1851～1868 年在位）以来，中国传统文学作品，尤其是章回体小说，被翻译成泰文，在泰国广为流行，而不少潮剧取材于这类章回体小说，两者相得益彰，使潮剧颇受青睐。此外，潮剧本身所保存的民族古风和独树一帜的弦乐，也深深吸引泰国民众。于是，"七世王（1926～1934）及八世王（1934～1946）在位时，是潮州戏在泰国的两个兴旺时期"①。"潮剧在泰国的蓬勃，不仅体现在戏班的众多及戏院的林立，尚体现在专业编剧名家的出现，剧目的推陈出新方面。"② 这是潮剧在泰国的黄金时期。仅在曼谷的华人聚居区耀华力路，主要的潮剧戏班就有：中一枝香、老怡梨春、老梅正兴、中正顺香和老宝顺兴。这五大潮州戏班在耀华力路天外天街一带的弹丸之地，或互相竞争，或遥相响应，日夜上演，常年不断，几乎场场满座。

1979 年，中国广东潮剧一团在中泰建交后首次到泰国演出。此后，应邀到泰国演出的中国潮剧团相继不绝。90 年代中期，潮州市潮剧团曾经应泰国社会福利院的邀请，在泰国连续演出近一个月，创造一时之荣耀。之后，仍不时有来自潮汕地区的潮剧团到泰国演出。但总体上讲，潮剧在泰国的景况已今非昔比。其主要原因，应是潮州人的后代已逐渐泰化，能够看懂甚至欣赏潮剧者已越来越少。潮剧虽然难以在泰国重现昔日的辉煌，但是，作为中国传统的一个地方戏剧，能够在异国他乡持续兴盛了一个相当长的时期，这在中国的戏剧史中实属罕见。

（二）为泰国的中医药业的兴起推波助澜

泰国王室对中医中药十分重视。早在泰国的大城王朝创立之初，华侨就已在该国的巴耶区开设药材店，中医是最受欢迎的人，连国王的御医长也是中国人。③ 位于曼谷耀华力路的天华医院，是 1903 年由拉玛五世国王（1868～1910 年在位）批准创建的中医院。1905 年 9 月 19 日下午 6 时

---

① 修朝：《中国戏剧在泰国》，载《泰国华侨华人史》（第二辑），华侨崇圣大学泰中研究中心，2004。
② 修朝：《中国戏剧在泰国》，载《泰国华侨华人史》（第二辑），华侨崇圣大学泰中研究中心，2004。
③ 吴凤斌：《潮人在泰国的发展与贡献》，载饶宗颐主编《潮州学国际研讨会论文集》，暨南大学出版社，1994。

五世王亲自出席并主持天华医院的开幕仪式，并赐该院 8000 铢经费和柚木大柜，以示祝贺。① 八世王和九世王以及诗丽吉王后、诗琳通公主都曾驾临天华医院。此举大大推动了中医中药在泰国的发展。

潮州人为泰国中医药业的发展贡献良多。泰国的天华医院成立于1904 年，中华赠医所成立于 1922 年，这两个慈善机构，主要以中医药为贫困民众赠医施诊。其中，无论是医生还是捐资者，都以潮州人为主体。天华医院历任董事长多数是潮州人。位于曼谷唐人区耀华力路越三振的卫元堂药店，已有百年以上的历史。原籍澄海的李松青在曼谷创办李天顺堂，出售中药，并且第一个开设代客煎药、赠医施诊业务，其后代继续经营，成为药业世家。② 潮州人林白昔年曾在曼谷三聘街开设一家杂货店，后易名为德恒裕药行。当年最畅销的产品是麒麟牌加楠水，专治泻吐。20世纪初，拉玛六世国王（1910～1925 年在位）所组建的童子军曾有不少人患急性肠胃炎，用该药水治愈，林白名声因此大振。由于多次有功于王室，林白家族获得泰王御封的 Osathanugrah 之姓。③

目前在泰国从事中医药业的，不少仍是潮州人。泰国联华药业公会的领导层以及会员，多是潮籍人士。"医生多属潮、粤籍贯之人士，药品多为省、港等地区之产品。"④ 在华人的主要聚居区耀华力路、石龙军路一带，仍有不少药店在出售中药。一些老"侨领"，也仍然喜欢用中药的补品来调养身体。2002 年，中泰两国达成了协议，正式确立了中医药在泰国的地位，为潮州人在泰国发展中医药事业提供了广阔的天地。

（三）潮人的一些信仰和习俗得到保持，有些已经成为中泰人民的共同习俗

泰国信奉的是小乘佛教，但潮州人和其他华人把中国的大乘佛教也带到泰国来，并且使之得到发展，与小乘佛教相安无事。最早由潮州人建立

---

① 参见《泰京天华医院成立一百周年纪念特刊》，泰国曼谷，天华医院，2004。另柚木书橱现尚保存在天华医院观世音菩萨殿内。

② 葛治伦：《1949 年以前的中泰文化交流》，载周一良主编《中外文化交流史》，河南人民出版社，1987。

③ 泰国《亚洲日报·泰国华人富豪榜》，1995 年 9 月。

④ 恩裕：《中国药品在泰供销忆述》，载《泰中学刊》，泰国泰中学会，2001。

起来的庙宇是 1816 年在"万望"（地名）的一座古庙。① 在曼谷颇具盛名的"龙莲寺"，始建于 1871 年，由华僧续行大师倡建，五世王赐予建寺地皮，敕封龙莲寺泰文名，1875 年全部建成。

潮州人也把自己的神明带到泰国来，如大峰祖师、三山国王庙、城隍庙、关帝庙、妈祖宫、伯爷公、安济圣王等。一些地名也与这些神明有关。如耀华力路的龙尾爷街，因街口有一座"龙尾爷"古庙而得名；真君爷街的北端有一座古色古香的中国古庙，奉祀真君大帝塑像；耀华力路东端的海国新村，是华人劳工住宅区，奉祀的神像叫太子爷，这条小巷便叫太子爷巷；横贯耀华力路和石龙军路的妈宫前巷和妈宫后巷，则有奉祀水神的庙宇。

泰国的许多潮州人，特别是年纪大者，现在仍然过春节、元宵、清明、端午、中秋等中国传统节日，年终谢神，拜祭祖先，祈求平安，并且以节日活动为纽带，加强彼此间的联系与亲情。中国农历除夕夜，仍是许多潮人合家团聚、围炉送岁的时刻。正月初一，亲友互祝新正如意、新年发财。清明节前后，家家户户到祖宗墓地拜祭祖先，刷新墓碑上已褪色的碑字，锄杂草，培新土，烧香过纸，敬献各种食物，利用这种形式教育子孙后代不忘祖宗。五月端午节，包粽子。七月十五日中元节，即佛教所称的盂兰盆会，兼办慈善活动，施舍穷苦百姓，潮人俗称施孤，前后延续整个农历七月，办得轰轰烈烈，场面盛大，且成为制度，年年不断。八月中秋节，拜月、拜祖先，潮州风格的各式月饼、豆沙饼、云片糕、瓜册糖，应有尽有。还有十二月谢神，燃烧形式各样的纸马，给神明乘坐上天述职，并放鞭炮为神送行。

在伦理方面，许多潮州人仍教育子女要讲孝道，要孝敬父母，孝敬长辈，要尊卑有别，内外有别，"有恩必报，有仇不忘"。家里来客人时，女主人和子女一般不能跟客人一起同桌吃饭，要等男主人与客人一起用餐后再用餐，或者在另桌用餐。婚丧喜庆、生日寿庆、功德法会等，仍然保持着潮州的传统习俗，一些习俗保持的完整性，甚至在现时的潮汕地区已

---

① 黎道纲：《泰国潮人宗教信仰探究》，载李志贤主编《海外潮人的移民经验》，新加坡潮州八邑会馆，2003。

很难一见。

这些潮人的风俗，在泰国，特别是曼谷，都搞得有声有色，甚至影响了不少泰人。1996 年初，泰国国王的母亲逝世时，泰国商联总会联合泰华各界，为王母举行了一连 10 天的功德法会，场面恢弘，庄严肃穆。笔者其时在泰国工作，曾参与过其中的活动，印象颇为深刻。中国的一些传统节日，泰国人也跟着过。一些商家，还别出心裁，利用这些节日，大做生意。

（四）潮州话成了泰国华人华侨的主要通用语言，并对泰语产生影响 ①

由于潮州人在泰国的华人华侨中占了大多数，而且，潮州人在经贸活动中占了主导地位，因此，潮州话也就成了泰国华人华侨的主要通用语言。它不但是群众语言，也是"商场语言"。② 曾经有过这样一个时期，无论来自中国什么地方的华人华侨，为了更好地在泰国生存发展，都得学讲潮州话。笔者也曾亲身经历过，甚至在泰国的印度、巴基斯坦等国家的侨民，为了跟潮州人做生意，也得学习潮州话。至今老一辈的华侨华人中，许多人还以讲潮州话为主。有些人甚至以为潮州话就是中国的国语。

潮州话不但成为泰国华侨华人的主要通用语言，成为商场语言，也对泰语产生了影响。有人说泰国中部的泰语带有"华人的口音"。这种"华人的口音"实际上就是潮州方言。③ 现代泰语中就有二三百个外来语是直接用潮州话来发音的。④

（五）潮州菜成为泰国民众的家常菜

潮州菜在泰国也非常普及，几乎随处可见，也为泰国各族人民所接

---

① 关于潮州话在泰国的情况，拙作《泰国潮州话初探》曾做介绍，见《韩山师范学院学报》第 25 卷第 4 期。

② 吴凤斌：《潮人在泰国的发展与贡献》，载郑良树主编《潮州学国际研讨会文集》，暨南大学出版社，1994。

③ 哇拉塞·玛哈塔诺本：《暹罗的华人文化——1885～1910 年的活动与演变》，载《泰国潮州人及其潮汕原籍研究计划第二辑：汕头港（1860～1949）》，泰国朱拉隆功大学亚洲研究所中国研究中心，1997。

④ 龚群虎：《泰语中的潮汕借词的义类》，载饶宗颐编《潮学研究》第 8 期，花城出版社，2000。

受，成为泰国饮食文化中的一部分。一些菜肴在泰语中更是直接用潮州话命名。[①]

潮人家庭里，不少还保持着早餐吃粥配杂咸的习惯。潮州卤味（以澄海的卤鹅为代表）、各式潮州小食如鱼粥、粿条、粿汁、牛肉丸、鱼丸等，常见于潮人聚居区的市场或街头巷尾。在菜市场或者是超级市场，随便都可以买到潮州菜的原料。潮人家庭喜欢的一些小菜也有很大的市场。如橄榄菜、萝卜干、酸菜、咸菜、冬菜、鱼露、鱼干等，味道与潮汕本土基本相同。泰国的潮州人不但自己食用这些小菜，而且很早就将其再精心加工包装，推向世界各地的超级市场。

由于潮人众多，潮州菜馆在泰国十分普遍，几乎所有的中餐馆都是经营潮州菜，或者是以潮州菜为主。就是其他菜系的中餐馆，也都受到潮州菜的影响，多少得带点儿潮州菜的风味，才能在泰国立足。特别是在华人的聚居区耀华力路一带的中餐馆，更是如此。泰国的潮州菜也受到泰国菜的影响。相对于潮汕本土而言，泰国的潮州菜相对比较甜和辣。

（六） 支持中国来泰的各类文化活动

近年来，在泰国，经常有来自中国各地的歌舞团、戏剧团、曲艺团、杂技团等各种文化团体的演出，或书画展览等文化交流活动，泰国的潮州人总是给予大力支持。来自潮汕地区的潮剧团的每次演出，更是与泰国潮州人的支持分不开的。1994 年，泰国著名大慈善家谢慧如先生庆祝其钻石婚和 81 岁寿辰时，潮州市潮剧团专门赴泰义演。由于得到了谢慧如先生的赞助，该团阵容壮大，演艺精湛，获得了泰华各界广泛好评。1995年，在谢慧如先生等的大力支持下，中国西安法门寺佛指舍利首次出国，来到泰国供奉，轰动了泰国，形成了万人空巷、争相瞻仰的场面，为中泰文化交流增添了绚丽之花。

（七） 接受了泰国文化的熏陶

潮州人在泰国也受到其文化的影响。在思想观念上，现在泰国的潮州人，已由 "落叶归根" 转变为 "落地生根"。特别是年青一代，许多已经

---

① 龚群虎：《泰语中的潮汕借词的义类》，载饶宗颐编《潮学研究》第 8 期，花城出版社，2000。

不会讲潮州话，而且在很大程度上已经泰化。如男子要到泰国佛寺当一段时间的和尚。相互见面或道别时，和泰人一样，双手合十，互致问候。席地而坐时，也学泰人的屈膝侧坐姿。新店开张、乔迁之喜，必定要请泰国和尚诵经祝福。有些则是中泰合璧。如在过中国传统节日的同时，也重视公历的新年和宋干节（泼水节）、佛诞节、水灯节等泰国传统的节日。潮州人开的商店和个人名片，普遍采用中泰文对照的方式，名字既取中文名，也取泰文名。结婚仪式亦中亦泰，一般要先举行文定仪式，由女方请客；再举行婚礼，由男方宴宾。平时既到华人设立的寺庙中拜神拜佛，在家里设立祖先牌位和地主神位，也到泰国佛寺礼佛、布施和斋僧。老人百年之后，要在泰国的寺院里出殡，或按照泰人风俗在佛寺火化，或结合中国传统的做七日、做百日的仪式进行。

（八）介绍泰国文化到中国

　　泰国的潮州人也热心把泰国的文化带到故乡来，促进两地的文化交流。由知名潮人谢慧如先生捐建的潮州开元寺泰佛殿，促成了 1997 年泰国诗琳通公主驾临潮州，成为中泰文化交流史上的一段佳话。由知名潮人郭丰源先生倡导，得到广大泰国潮人支持的潮州淡浮院，其中供奉由泰王钦赐的 72 英寸金佛以及其他来自泰国的珍品。自从开工建设以来，泰国王室枢密院大臣素拉育·朱拉暖陆军上将、前总理苏金达·卡巴荣上将、泰国国防学院校友联谊会主席威洛·盛沙尼上将、前副总理庵雷（林日光，原籍潮阳）等政要，以及谢国民、陈汉士、苏旭明、李景河等知名人士，多次莅潮访问。2005 年初，泰国副总理威莎努·柯昂博士，还专门率团来潮，为该院第二期工程的落成剪彩。2005 年 7 月初，泰国总理他信也专门率团来潮州访问。如今，泰佛殿、淡浮院等，已经成为中泰友谊的结晶，也是泰国潮人为促进中泰文化交流所做贡献的缩影。

三　泰国潮人与泰中经贸合作

　　长期以来，潮州人在中泰之间的经贸往来中做出了重要的贡献。红头船、樟林港、汕头港、大米贸易等，记载着潮人在中泰经贸活动中的历史轨迹。

自素可泰王朝起，泰国就向中国入贡。第一次朝贡是在 1295 年，最后一次入贡是清朝咸丰三年（1853），历经元、明、清三朝，前后共 500 多年。① 明清两朝，出于封建大国的思想，中国对海外各国的朝贡都是"薄来厚往"，"加惠于远人"，以达到"怀柔远人"的政治目的。② 朝廷允许泰国入贡时，除贡品外，可以携带不限量的压仓货物，免税在中国销售，并允许泰国贡船购买中国货物带回去。朝廷每次对泰国国王和贡使的回赐，价值远远超过贡品。因此，泰国对中国的朝贡，其实是一种朝贡贸易，是泰国王室对中国贸易的重要方面。不仅是在政治上和中国修好，获得中国的支持，还在经济上获得重大的利益。"因该国人不谙营运，是以多请福潮船户代驾。"③ 由于具有经商理财、航海驾船经验和其他方面的生产技术，加上语言方面的有利条件，来自闽粤沿海的中国移民，成为泰国王室外参与朝贡贸易的最佳人选。潮人与其他华人在朝贡贸易中扮演了重要的角色。

祖籍澄海的郑信建立吞武里王朝后，国内初安，就立即着手发展与清王朝贸易关系。1781 年，郑信派人带公文到广东，希望发展暹罗与中国的贸易。而"当时澄海县和新会县出海的商船较多，久负盛名的红头船活跃在中暹贸易的航线上"。

从素可泰王朝至 19 世纪上半叶，泰国对外贸易的主要对象是中国。17 世纪末叶，清朝开海禁之后，澄海的樟林港成了中泰之间大米贸易的一个重要港口。"行走外洋的红头船，多以泰国为目的地，从泰国运入大米、木材和其他土产；从樟林运出陶瓷、土布、干果、糖、盐等物货。"④ "始自清乾隆皇帝缓解国内自然灾害，米粮失收而造成粮荒，大量向泰国

① 邓水正：《19 世纪中期以前泰国华人经济概述》，载《泰国潮州人及其潮汕原籍研究计划第二辑：汕头港（1860～1949）》，泰国朱拉隆功大学亚洲研究所中国研究中心，1997。

② 邓水正：《19 世纪中期以前泰国华人经济概述》，载《泰国潮州人及其潮汕原籍研究计划第二辑：汕头港（1860～1949）》，泰国朱拉隆功大学亚洲研究所中国研究中心，1997。

③ 陈历明：《明清实录潮州事辑》，艺苑出版社，1998。

④ 张映秋：《潮汕澄海人移殖泰国的历史发展》，载《泰国潮州人及其潮汕原籍研究计划第二辑：汕头港（1860～1949）》，泰国朱拉隆功大学亚洲研究所中国研究中心，1997。

购进'暹罗米'时，潮人（尤以澄海人）便在中泰大米贸易中起过重要的作用，当19世纪末至20世纪初潮人不断进入泰国之后，随着泰国稻米商品生产和出口贸易的发展，遍布泰国城乡的稻米收购、加工、销售和出口的网点几乎全是由潮人经营。"① 1861年，汕头开埠后，潮州地区与海外贸易的港口转移到汕头。20世纪上半叶，"泰国对华贸易输出市场方向主要是在广东地区，汕头港是最重要的输出目的港"②。"1910～1941年，泰国对汕头输出值占对华输出总值比重平均为74.8%。"③ 汕头港因此成为中泰交往的重要口岸，成为泰国对华贸易的主要输出目的港。樟林港和汕头港在中泰贸易中的重要位置，显然与在泰国存在人数众多的潮籍华人有密不可分的关系。

在现代的中泰经贸往来中，泰国潮人一方面依靠历史上形成的联系，另一方面凭借着他们与祖籍地的血缘地缘关系，继续对促进两国的经贸往来起着独特的桥梁作用。

1975年中泰建交时，中泰两国的贸易额只有约3000万美元，主要是大米、食糖、橡胶和水泥等一般农副产品和初级产品的贸易，数量不小，金额不大。此后，双方的经贸合作规模不断扩大，领域不断扩大。中国驻泰国大使馆商务参赞处的资料显示，④ 据中国海关统计，2011年中泰双边贸易额达647.4亿美元，增长22.3%。其中，中国出口257亿美元，进口390.4亿美元，分别增长30.2%和17.6%。中国目前是泰国第二大贸易伙伴，仅次于日本，是泰国第一大出口市场和第二大进口来源地；泰国是中国第十五大贸易伙伴。中国出口泰国的主要产品为电脑及零配件、机械设备及零配件、家用电器、化工产品、纺织品、金属制品、钢铁产品、化

---

① 陈树森：《祖籍潮州的泰国华人对泰国米业发展之贡献浅析》，载郑良树主编《潮州学国际研讨会论文集》，暨南大学出版社，1994。
② 罗晓京：《1910～1941年泰国对华贸易与汕头》，载《泰国潮州人及其潮汕原籍研究计划第二辑：汕头港（1860～1949）》，泰国朱拉隆功大学亚洲研究所中国研究中心，1997。
③ 罗晓京：《1910～1941年泰国对华贸易与汕头》，载《泰国潮州人及其潮汕原籍研究计划第二辑：汕头港（1860～1949）》，泰国朱拉隆功大学亚洲研究所中国研究中心，1997。
④ 《中泰经贸合作》，见中国驻泰国经商参处网站，http://th.mofcom.gov.cn/，2013年2月20日。

肥农药等；中国从泰国进口的主要产品为自动数据处理设备、天然橡胶、化工产品、木薯、塑胶粒、电子集成电路、成品油、木材等。

据我国商务部统计，2011 年我国企业在泰国签约承包工程合同总额17.17 亿美元，完成营业额 6.68 亿美元，同比增长 44.8%。截至 2011 年底，我国企业在泰国累计签订承包工程合同总额 88.54 亿美元，完成营业额 50.93 亿美元。

2011 年泰国对华投资项目达 47 个，合同外资额 3.03 亿美元，同比增长 2.8%，实际投资额 1.01 亿美元，同比增长 97.1%。截至 2011 年底，泰国对华投资项目共 4062 个，合同外资额 101 亿美元，实际投资额33.9 亿美元。

2011 年我国企业对泰非金融类投资 2.06 亿美元；截至 2011 年底，我国对泰国非金融类投资额累计达 7.7 亿美元。

应当指出，中泰经贸合作的发展，与泰国潮人的努力是分不开的。与中泰贸易往来关系密切的泰华进出口商会、泰中促进投资贸易商会、泰国中华总商会，以及一些行业商会等社团，其成员绝大多数是潮籍人士。在华投资额最大的正大集团，以及盘谷银行、泰华商业银行、挽巴功集团、协联集团、顺和成集团等主要财团，都是属于泰国潮人或以潮人为主体的财团。另外，中国在泰国的合作对象大多也是泰籍潮人。正是由于以潮州人为主体的泰国华人的桥梁作用，中泰之间的经贸合作不断发展，前景良好。

结　　语

中泰友好关系发展过程中，泰国潮州人发挥着重要的促进作用。

泰国潮人之所以能够发挥这种纽带作用，一方面是由于他们与祖籍地亲缘和语言优势，被泰国政府所借重；另一方面则是源于他们对于中泰两国的特殊感情："就像嫁出的女儿，居留国就像她一生所寄托的夫家，而祖国就是她的母家。对母家的关切眷爱，这是人之常情，所以华侨特别爱国，过去对祖国的贡献，历史都有很好的记录，这爱国是无条件的，是自动自发的，没有想及要回报。所以无论祖国或居留国，两者都一样要爱护。"① 可以说，泰中关系的好坏，与泰国潮州人的生活密切相关。因而，致力于促进泰中友好关系的发展，对于大多数泰国潮人来说，可以说是一种自觉的行动。

在文化方面，大量的潮州人在泰国的存在，使"潮州文化也随之在泰国社会广为流行，以致一般泰国人往往认为潮州话即为中国话，潮州饮食及文化即为中国饮食及文化"②。潮州人在努力保持自己文化特色的同时，也努力把自己的文化融入泰国的文化之中，使之成为泰国文化的一部分，促进了中泰人民的和睦相处，有利于潮州人融入当地的社会。潮州人"与泰人通婚并在文化上与泰国文化进行交流融合的华人群体演变成具有经济实力和良好教育的华裔泰人，成为泰国社会的中产阶级，使泰国社会结构更为完善"③。泰国的拉玛七世国王（1925～1934 年在位）也曾说过："实际上，泰人和华人可谓真正的兄弟民族。"④泰国诗琳通公主曾赞颂泰中友谊是"中泰手足情，绵延千年好"⑤。文化的融合，对于"中泰一家亲"关系的形成起着黏合剂的作用。对于这种文化的融合，尽管泰国政府一度由于意识形态的原因而采取了一些同化政策，但从潮人方面来说，不是潮人有意推行，也并非通过暴力来实现，而是靠泰中人民在和睦相处的过程中相互融合而达到水乳交融的程度。其中，既和泰国文化的包容性有关，也与潮人在政治上不会对泰国政府造成危险有密切联系。因为"华侨和平善良、无野心的性格"，"在暹罗政府看来，同这样的侨民往来是不会产生任何政治上的危险的。"⑥ 这一点，对于当今世界上各民族之间的友好相处有着借鉴意义。

---

① 段立生：《郑午楼传》，中山大学出版社，1994。
② 素攀·占塔哇匿："序言"，载《泰国潮州人及其潮汕原籍研究计划第二辑：汕头港（1860～1949）》，泰国朱拉隆功大学亚洲研究所中国研究中心，1997。
③ 素攀·占塔哇匿："序言"，载《泰国潮州人及其潮汕原籍研究计划第二辑：汕头港（1860～1949）》，泰国朱拉隆功大学亚洲研究所中国研究中心，1997。
④ 素攀·占塔哇匿："序言"，载《泰国潮州人及其潮汕原籍研究计划第二辑：汕头港（1860～1949）》，泰国朱拉隆功大学亚洲研究所中国研究中心，1997。
⑤ 陈建敏：《我又见到了诗琳通公主》，载《泰中学刊》，泰国泰中学会，1999。
⑥ 陈建敏：《我又见到了诗琳通公主》，载《泰中学刊》，泰国泰中学会，1999。

泰国华人信息媒介发展及
中泰关系问题研究

郑文标*

摘　要：泰国华人信息媒介经历了从私人书信到华人报刊、从电信媒体再到互联网的发展历程，其间反映了华人、祖籍国与住在国错综复杂的关系。本文从国家形象的直观展现、国家形象的反思与解构以及国家关系的积极建构等方面探讨互联网对国家关系建构的作用，从信息传播的来源、过程和效果分析网络媒体对中泰关系发展的影响。

关键词：华人　信息媒介　中泰关系

一　泰国华人媒介的发展与中泰关系历史

海外华人信息媒介是海外华人群体之间及其与大陆的信息沟通渠道，是华人、祖籍国与住在国之间沟通的重要桥梁。其形式随着时代的变迁而发生变化，泰国华人信息媒介经历了从私人书信（侨批）到华人报刊、从电信媒体再到互联网的发展历程。不同历史时期的海外华人信息媒介，不仅影响着华人在海外的社会组织形式，也反映了华人、祖籍国与住在国错综复杂的关系。

侨批是早期海外华人与祖籍国联系的主要信息媒介。泰国侨批历史百年，出现在 19 世纪初到 20 世纪上半叶间，是乡梓和海外亲人联系之纽

---

*　郑文标，华侨大学华侨华人研究院副教授。

带。"批"即"信",是华侨通过民间渠道及后来的金融邮政机构寄回国内、连带家书的特殊汇款凭证,有"银信合一"的基本特征。① 侨批在沟通两地信息、文化、乡情中,起着桥梁作用。在经济上,侨批也是两地经济联系的重要纽带。移民的后代在家乡依靠侨批读书长大后,又过番入籍,成为侨居地的第二代人力资源。书信的沟通对象及承载的信息内容以家庭及村落为主,华人的信息来源和信息传播对象都局限于血缘与地缘为中心的范围内,其组成的华人社会也具有血缘性和地缘性特征,具有封闭性,华人融入所在国的程度不高。

20 世纪初泰国华人报刊出现,读者通过华文报刊了解中国的新闻信息。华文报刊是他们维系族群认同,传承中华文化的主要媒介。随着海外华人报刊的推行,信息来源的拓宽和报刊公共舆论空间的形成,华人群体逐渐超越了地缘和血缘的局限性,形成海外具有思想影响力、行动号召力的公共领域。早期华文报刊的这一特点在抗日战争前期得以淋漓体现,华人通过报刊表达对祖国的热爱,组织抗日活动。之后,随着泰国政府对待华人政策的起落,华文报刊的发展也经历了几番波折。目前受到新媒体发展、报刊媒体竞争等影响,泰国华文报刊面临着订阅量不断下滑的困境。不少报刊为了生存,从实用和经济的角度出发办报,但联络两地的信息桥梁功能并没有弱化。目前,泰国 6 家中文报都十分重视中国报道,各辟有多则 8 个、少则一两个的中国新闻专版(包括台湾新闻版面)。②

泰国的中文电视台创办于 2005 年,该台在中泰两国政府的直接支持下创办,是中泰建交 30 周年的重要里程碑。2006 年该台倡导建立了"全球华语电视媒体联合会",并任首届理事长单位,该联合会为了共同的使命"让世界了解中国",坚守一个中国原则,弘扬中华文化,努力架构起共同的经济实体,发展全球性的"全球华语电视联播",以形成全球华语电视的共同声音。2008 年改组后的泰国中文电视台通过泰空 5 号卫星的频道全天 24 小时播放,有超过 3000 万的观众能通过有线电视网络收看泰

---

① 王炜中:《以潮汕侨批为例试论侨批的跨国属性》,《广东档案》2011 年第 1 期。
② 彭伟步:《东南亚华文传媒现状》,2007 年 8 月 20 日,http://www.chinanews.com/hr/ kong/news/2007/08 - 20/1005758.shtml。

国中文电视台的节目，可以收到泰国中文电视台播出信号的国家超过25个。① 电信媒介的受众更广，资本投入更大，影响效果更直接且可控，并且其传播内容、传播对象和传播渠道都与中泰关系息息相关，故更受中泰政府重视，该台开播时由泰国政府副总理操哇立上将、中国对外友好协会会长陈昊苏先生联合主持开播仪式。

为泰国华人服务的中文网站主要有泰华网（www. thaicn. com）、泰国华人论坛（www. taihuabbs. com）及天涯论坛泰国专版（http：//bbs. city. tianya. cn/tianyacity/articleslist/0/5037. shtml），分别于 2008 ~ 2009 年创建。论坛是网站的核心功能，通过论坛，网友们交流旅居泰国的经验，互通信息，并探讨热点新闻，形成泰国华人的网络社区。社区化的华文网站营造了华人在互联网时代生活工作的崭新环境。在互联网时代，海外华人获取信息的便利性大大提高，信息的网络传输使时空的距离无限缩短，只要保持网络通畅，信息随手可得，工作和生活的资讯可以在网站上进行检索，也可以在网站上发布自己的信息需求。上述的泰华网和泰国华人论坛都开辟了求职、生活等方面的交流板块，华人在论坛上开展互助。在网络信息传输的环境下，聚族而居不再是海外华人异域生活之必需，从物理空间上看，华人的居住范围更为离散，但从精神层面上看，通过网络超越时空的交流，华人的精神交往更具有聚合性。在互联网络上，华人之间、华人与大陆、华人与当地社会不同族群之间、华人与当地主流社会之间的信息交流更直接、更迅速，更有助于开放的非地域性华人公共领域的形成。

二 泰国华人网络媒介现状与中泰关系的建构

目前泰国华文媒体有几种形式共同存在，报刊、电视台及互联网共同搭建起泰国华侨华人的信息平台。其中，互联网平台由于其互动性、开放性、便捷性，发挥着越来越重要的作用。以上述泰华网为例，网站访问者主要来自泰国、中国及马来西亚，Alexa 网站数据显示，泰华网的访问者

---

① 泰国中文电视台，http：//baike. baidu. com/view/2235516. htm。

中来自泰国本地的比例高达83.5%。网站每天的访问者在3000～5000人次，网站的黏着率高，平均每位访问者每次在网站停留的时间高达20分钟以上，可见网站对访问者具有较高的吸引力。可以说，社区化的华文网站营造了华人在互联网时代生活工作的崭新环境。

天涯论坛泰国专版则是国内著名网站开设的泰国专版，该版创办于2008年1月，截至2012年7月，4年6个月的时间共发表主题1137个，跟帖数为11688个，总浏览量为109.9042万次，平均每个主题的浏览量为966次。

如表1所示，天涯论坛泰国专版发帖的内容体现了华人对泰国相关信息的需求，新闻八卦及生活交友是论坛发帖量最高的类型，均占总发帖量的20%以上，该类主题满足了泰国华侨华人或愿意了解泰国的网友的日常生活信息需求。

表1 天涯论坛泰国专版的主题分类（2008.1～2012.7）

主题类型	主题数（个）	占总数比例（%）
新闻八卦	255	22.4
生活交友	238	20.9
工作发展	193	17.0
旅游交流	152	13.4
泰国印象	96	8.4
电影影星	59	5.2
中泰关系	38	3.3
留学交流	29	2.6
服务活动	27	2.4
红灯区与人妖	27	2.4
签证	23	2.0
合　计	1137	100.0

工作发展与旅游交流所占的比例分别为17.0%和13.4%，表明泰国对于中国人而言的期望与目标；在工作发展类的主题中，涉及贸易、翻译、兼职、寻求合作伙伴等方面的内容，展现了泰国对于中国而言的工作机遇和发展前景。

泰国印象、电影影星方面的主题，发帖量所占的比例分别为 8.4% 和 5.2%，反映了泰国在国际形象塑造和推广方面取得的成就，形成了泰国独特的文化吸引力。

中泰关系、留学交流、红灯区与人妖、服务活动及签证等五类主题所占的比例在 2.0%～3.3%，比例不大，但仍然反映了泰国在中国人眼中的国家形象。

互联网为中泰国家关系的建构提供了独特的平台，这一平台对国家关系的影响表现在以下几个方面。

1. 国家形象的直观展现

从天涯论坛的主题内容中，可以直观地看到泰国对于中国人而言的印象、形象以及价值所在。在论坛的交流过程中，不少网友以亲身体验对泰国的国家形象进行生动的阐释，以游记、相片、转载、评价等形式描述泰国印象，这类主题较容易引起广泛关注。数据显示，红灯区与人妖、电影影星、泰国印象三个类型的主题帖子最受网友关注，回复量较高。其中，回复量最高的帖子是由 ID 为"她遇见了谁"发布的关于泰国印象的帖子《"她遇见了谁"眼中的泰国——没人妖化，没旅游化，平常态的泰国》，该帖创建于 2012 年 6 月 21 日，截至 2012 年 7 月 3 日，12 天的时间内，访问量达 14275 次，回复量为 624 个。该帖的作者是大陆赴泰国的汉语教师志愿者，主要以日常生活的所见所闻照片反映泰国的人文风貌，展现泰国不同于中国的独特之处。由于该帖贴近泰国的真实生活，作者持续不断地更新，而且与论坛其他成员进行互动，因此受到持续关注，成为人们通过网络了解泰国的一个经典窗口。

2. 国家形象的反思与解构

论坛不仅有大量正面介绍和宣传泰国的主题，也有不少帖子对泰国的刻板印象进行解析。从表 2 可见，在天涯论坛泰国专版的主题浏览量排序前 10 名中，以刻板印象解析为内容的主题为 7 个，标题分别使用"才知道""揭秘""听说?""告诉你真实的""其实没你想象的那么好""真的那么好吗"等字眼，这些字眼暗含对刻板印象的反驳。这些帖子通过作者真实的体验和思考，带来真实的泰国信息，树立起新的泰国国家印象。帖子《到了泰国才知道》，用排比句的形式，与中国的生活习惯进行比较，反映泰国的饮食文化、两性文化及社会风俗等。帖子《请国人停止神话曼谷　其实没你想象的那么好!!!》，一方面反映了曼谷在中国人心中的良好印象，另一方面从气候、交通、物价、卫生、饮食及经济等各个角度对曼谷进行评价。这方面的帖子都引起广泛关注和讨论，帖子《到了泰国才知道》创建于 2009 年 6 月，跟帖讨论几乎从未间断，网友通过交流和讨论，塑造了一个新的泰国形象。

表 2　天涯论坛泰国专版主题浏览量排行（2008.1～2012.7）

排序	主　题	类型	浏览（次）	回复（个）
1	看中国大陆人在泰国人心中的等级	中泰关系	44279	251
2	4 月 19 日，泰国留学生将在曼谷誓死保卫奥运圣火！（转载）	中泰关系	31334	255
3	曼谷红灯区的真实生活　古典按摩服务周到（组图）	红灯区与人妖	29922	92
4	到了泰国才知道（转载加自身经历总结）	泰国印象	29536	156
5	揭秘：泰国性感魅惑"人妖"生活（组图）	红灯区与人妖	25542	111
6	泰国人妖表演街头野战!!!（图集）	红灯区与人妖	22564	71
7	听说泰国第一大胸美女娜塔丽亚（Natalia）是人妖？	红灯区与人妖	22445	13
8	驻曼谷记者告诉你真实的泰国红灯区！	红灯区与人妖	19121	51
9	请国人停止神话曼谷　其实没你想象的那么好!!!	泰国印象	18555	138
10	泰国蛇药的效果真的那么好吗	泰国印象	17513	30

3. 国家关系的积极建构

互联网为国家关系的建构提供了舆论空间，网友对中泰关系问题表现出较大热情，浏览次数最多的帖子是探讨大陆人在泰国人心中地位的帖子，浏览量为 44279 次，其回复数量为 251 个。浏览量排名第二的帖子也与中国问题相关，是号召泰国留学生保护奥运圣火的帖子，其浏览量为 31334 次，回复量为 255 个。在浏览量最高的帖子《看中国大陆人在泰国人心中的等级》中，虽然包含对泰国人的批评性意见，但更多的讨论却指向中国人的素质与海外形象的建构。

从天涯论坛泰国板块发表的主题看，可以分为介绍性主题、介入性主题与探讨性主题。介绍性主题主要是介绍泰国印象、泰国的新闻八卦、红灯区与人妖、泰国的电影影星等方面，介入性主题包括旅游交流、生活交友、工作发展等方面，探讨性主题主要是对中泰关系的讨论。这几个方面的主题，一方面可以帮助世人了解泰国，另一方面可以帮助网友在泰国生活与工作。关于中泰问题的主题中，从正面探讨中泰关系的 37 个帖子中，负面主题仅有两个，不可否认部分不利于中泰关系的言论有可能 "被和谐"，但作为人们了解泰国的重要窗口，天涯论坛在中泰关系问题上正面评价的倾向，对于建构中泰关系具有积极意义。

三　网络媒介环境下建构中泰关系的展望

网络媒体对传统民族国家的体制与边界形成了一定的冲击力，网络媒体的发展不仅对华人社会产生影响，也成为中泰关系发展的重要影响因素。

从信息传播的来源看，网络媒体创造了信息的广泛来源。国家对信息的形成、传播在技术和内容层面上都无法形成足够的控制力，尽管中国政府建立了一系列的网络信息管理体制，但网民的智慧是无穷的，人们有能力通过网络选择、获取和传播信息，不再仅仅依赖于作为政府喉舌的新闻媒体的信息来源，从而在涉及国际关系问题时，有可能形成有别于政府的网络舆论。无论是中国还是泰国政府，在处理两国关系的信息流时，都面对官方信息有限而民间信息无穷的状况。因此，政府在制定相关政策时，应当了解和关注网络舆论的倾向，以开放而不是封闭的态度了解公众的观点，同时开辟政府与公众互动的渠道，促进政策制定的公开化及民主化，获取公众对政策的支持。

从信息传播的过程看，网络媒体促使国际知识和信息加速流动。通过论坛交流，网民可以迅速查询对方国家的信息，获得帮助或者联系相关人员。网络交流使地球村的效益日渐明显，地域的空间限制在网络中变成影响交流的次要因素。天涯论坛泰国专版上大量的生活交友信息，形成网民的精神家园，通过自助查询和发帖询问，可以迅速满足工作、生活、学习、旅游、签证等各方面的信息需要。可以看到，公众在促进两国交流与合作中所起的作用越来越大，人们可以通过互助获得异国的信息，并通过对自身的感受和体验的叙述，影响其他公众对异国的印象。因此，政府在开展对外工作时，应当适当提升对公众的关注度，在政府与政府的外交工作之外，推动政府与公众的对话机制，进行公众外交。

从信息传播的效果看，海外华人传统社会中的移民网络、经贸网络、社团网络等，主要以血缘、地缘或业缘为纽带，具有一定的封闭性。在互联网时代，华人互联网使沟通更通畅，交流对象不再受地域限制，扩散到散居于世界各地的华人，华人社会出现开放性、离散性的发展趋势。互联网为遍布于世界各地的华侨华人提供了沟通渠道，华人通过新媒体形成的交流平台，是中国国家的内政与外交、侨务与外宣等政治决策的监督平台和舆论场所，合理的新媒体应对策略将有助于使其转化为提升中华文化软实力的重要平台。

泰国华人宗教的文化适应：
以泰国德教白云师尊造像为案例

陈景熙　　张小燕*

摘　要： 发源于 20 世纪三四十年代广东潮汕地区的德教，是倡导行善积德、宣扬华人传统道德观的当代海外华人宗教。在当代泰国，德教与主流社会的关系尤为密切。德教初传泰国，始于 1945 年底泰国侨生林修悟由汕头返回曼谷时，带去了"白云师尊"画像及香火。随后，在 40 年代末 50 年代初泰国的政治背景下，德教在曼谷逐步发展，取得了合法地位。与此同时，"白云师尊"的造像特征，也由"道貌"易为"僧容"。

本文以泰国德教界所供奉的白云师尊造像的历史演变为案例，探讨 20 世纪 50 年代初泰国华人本土化的历史背景下，泰国华人宗教的文化适应的历史过程与具体机制。

关键词： 华文宗教　文化适应　德教　白云师尊

引言　问题、材料与方法

对于图像资料与历史研究的关系，葛兆光教授曾精辟地指出："图像资料的意义并不仅仅限于'辅助'文字文献，也不仅仅局限于被用作'图说历史'的插图，当然更不仅仅是艺术史的课题，因为图像是历史中

---

*　陈景熙，华侨大学海外宗教研究中心副教授；张小燕，中国社会科学院世界宗教研究所助理研究员。

的人们绘制的，它必然蕴含着某种有意识的选择、设计和构想，而有意识的选择、设计与构想之中就积累了历史和传统，无论是它对主题的偏爱、对色彩的选择、对形象的想象、对图案的设计还是对比例的安排，非凡是在描摹图像时的有意变形，更羼入了想象，而在那些看似无意或随意的想象背后，恰恰隐藏了历史、价值和观念，因此，图像资料本身也是思想史应当注重与研究的文献，只是目前尚需要有一些不同于文字文献的研究方法。"①

在宗教史研究领域中，如在佛教、道教、基督教、天主教、伊斯兰教等方面，对于图像资料的研究也已出现比较丰厚的研究成果，② 相比之下，民间宗教（包括海外华人民间宗教）方面的图像资料研究则尚存较大的学术发展空间。

因此，本文拟以泰国德教界所供奉的白云师尊造像的历史演变为案例，试图在分析海外田野调查所获的图像资料、乩文、回忆录等文献的基础上，探讨 20 世纪 50 年代初泰国华人本土化的历史背景下，泰国华人宗教的文化适应的历史过程与具体机制。

囿于学力及其他条件，文中不足之处在所难免，尚祈中泰师友不吝赐正。

一　德教南传泰国

德教是一种发源于 20 世纪三四十年代的广东省潮汕侨乡的当代世界性华人宗教，③ 是"最近半个世纪在以中国传统思想文化为根基的海外华人社会成长起来的一个已接近成型的新兴民间宗教。它具有历史上中国民间宗教融汇儒释道的共同特点，明确主张'神道设教'，'以德化民'，从事着以道佛两教的学修资源接引儒家道德信条而完成其教义体系的尝

---

① 葛兆光：《思想史研究视野中的图像》，《中国社会科学》2002 年第 4 期。
② 张总、王宜峨、苏喜乐、刘平、杨桂萍等：《中国佛教、道教、基督教、天主教、伊斯兰教艺术》，五洲传播出版社，2011。
③ 参阅陈景熙、张禹东主编《学者观德教》，社会科学文献出版社，2011。

试"①。今日的德教,以"十章八则"为教旨,以举办慈善事业为主要社会活动,是凝聚海外华人社会、振兴传统道德的重要的海外华人宗教组织。目前境外经所在国政府合法注册的德教会组织超过200个。②

在当代世界德教领域中,以泰国德教会紫真阁为龙头的泰国德教界,不论在其国内还是在国际上,均有着突出的社会影响力。对于泰国德教历史与现状的宏观描述性研究,中山大学林悟殊教授③、台湾辅仁大学郑志明教授④早著先鞭;近年来,陈景熙、张禹东也在社会文化史的视野下,对泰国德教展开研究。⑤

综合现有的相关研究成果,德教南传泰国的脉络,大略如下。

1941年底,祖籍澄海县(今汕头市澄海区)南砂乡,1913年出生于泰国的泰国侨生林修悟,奉父命自泰国回到家乡澄海县南砂乡。居乡期间,林修悟参鸾汕头德教鸾坛紫雄阁,受录为德生,德号"德悟",拜"白云道长"为师,从紫雄阁中请到了一帧白云道长画像。⑥

1945年,日军投降前后,林氏归泰心切,以"包香火"方式从紫雄阁中请白云道长护佑其返泰。白云道长则降乩嘱其回泰国后创立新阁,并赐题阁匾"紫辰阁",及冠首联"紫气东来创佛阁,辰光南照渡苍生"⑦。

1945年11~12月,⑧林修悟奉画像、香火、乩题匾联,搭乘汕头开往泰国的第一班货轮"富升号"返回泰国。回到泰国初期,林氏即在"海

---

① 心影:《世界宗教研究所"东南亚华人宗教文化学术考察团"访问泰国、马来西亚、新加坡》,《世界宗教研究》2002年第2期。

② 华方田:《流传于东南亚华人中的新兴宗教——德教的历史与现状》,《世界宗教文化》2002年第2期。

③ 林悟殊:《泰国潮人德教信仰考察》,《星暹日报》2002年6月25日、29日,7月2日、6日。

④ 郑志明:《泰国德教会的发展》,《宗教论述专辑》(第5辑),2003。

⑤ 陈景熙:《德教海外扬教与"香叻暹汕"贸易体系》,《海交史研究》2008年第1期;陈景熙、张禹东:《海外华人社会网络与华人宗教传播:泰北德教团体创建考》,《世界宗教研究》2013年第1期。

⑥ 调查材料——调查对象:林修悟(1913~2009年);调查地点:泰国曼谷;调查时间:2007年7月28日至8月1日。又参见林铮《赤子情怀——记我的叔祖父林修悟(上)》,载泰国《新中原报》2001年4月25日。

⑦ 调查材料——调查对象:林修悟(1913~2009年);调查地点:泰国曼谷;调查时间:2007年7月28日至8月1日。又参见林铮《赤子情怀——记我的叔祖父林修悟(上)》,载泰国《新中原报》2001年4月25日。

⑧ 陈景熙:《德教海外扬教与"香叻暹汕"贸易体系》,《海交史研究》2008年第1期。

市"楼上供奉白云道长画像及香火，训练"海市"杂工林德炎为乩手，开始不定期扶乩。①

1947年，林修悟函邀汕头紫雄阁乩手黄是山前来泰国。②随后，罗作根同德、张永嘉等汕头紫雄阁同德亦纷纷移民泰国，泰国德教第一阁"紫辰阁"正式启动，每晚开鸾。③"嗣后潮汕德生赴暹聚缘，德友渐多，师命陈子德泰再创紫玄阁，当地好德人士相继参录，德业渐见端绪，为团结发扬大计。再由二阁联合组织玄辰总阁，以为宣化请鸾之所。"④

虽然，如上所述，在40年代末50年代初，德教香火南传泰国后，曼谷先后创立了紫辰阁、紫玄阁、玄辰阁，但是，"惜因战后社会仍不安定，且暹政府颁布禁止五人以上集会，故对于开鸾扬教，难于正式公开"⑤。

因而，壬辰年冬月（1952年12月）德生萧锦锡向曼谷白桥景福寺主持宝恩大师商借该寺前殿，作为公开扶鸾地点，创立紫真阁，"师委萧君德禄为阁长，领导三阁德友，协力宣扬德教，请鸾为地方人众，指示迷津，及乩赐赠医施药，福利贫病，救治疾者，日有四五百人之多，深获地方好评"⑥。

癸巳年元月十一日（1953年2月24日），泰皇陛下御驾临幸紫真阁礼佛参师。⑦

同年，泰京诸德生乘此机缘，由萧锦锡等11位为临时理事，委任泰国籍的陈锦源等5位为申请注册人，将玄辰阁注册登记为慈善团体"玄辰善堂"，于癸巳年六月十八日（1953年7月28日）举行揭幕礼。⑧故

---

① 调查材料——调查对象：林修悟（1913～2009年）；调查地点：泰国曼谷；调查时间：2007年7月29日。
② 《黄是山自传》，载陈汉藩编《德教南传——崇庆皇上登极六十周年大典、德教会南传泰国发扬一甲子纪念特刊》，泰国德教会紫真阁，2006，第5页。
③ 陈汉德：《泰国执掌扬教扶鸾三杰乩生史略》，载陈汉德《德教史源》，泰国北榄鳄鱼湖动物园，1993，第6页。
④ 马贵德、李怀德：《德教根源》，载《竹桥集成》，星洲德教会紫新阁，1955，第1页。
⑤ 《紫真阁史铭》，载黄鹤主编《德教文集》，泰国德教会紫真阁，1995，第179页。
⑥ 《紫真阁史铭》，载黄鹤主编《德教文集》，泰国德教会紫真阁，1995，第179页。
⑦ 《紫真阁史铭》，载黄鹤主编《德教文集》，泰国德教会紫真阁，1995，第179页。
⑧ 陈汉德：《玄辰善堂与白云道山史略》，载《泰京玄辰善堂成立五十周年纪念特刊》，玄辰善堂，2003，第102页。

此，虽然"迨后因宝恩大师圆寂，监护乏人，景福寺前殿改为宝恩大师之灵堂，乩鸾乃暂停"。不过，具有合法注册地位的玄辰善堂"仍定于周三及周日晚继续开鸾"①。

50 年代中期之后，德教的香火又走出曼谷，传播至泰北地区。②

二　四相师尊系统的形成

在上述的历史过程中，泰国德教界在祭祀仪式、崇拜对象等方面，逐步形成了有别于草创时代的潮汕本土德教，也有别于德教南传之后的香港德教、新马德教紫系的系统，并传承至今。

（一）泰国德教紫阁师圣系统

在崇拜对象方面，今日泰国德教慈善总会下属的泰国、老挝德教界各紫阁所供奉的师圣系统，由上至下的基本格局如下。

由玄旻高上帝玉皇大天尊、协天阁关平主裁组成的至高神层面；

由杨筠松师尊（又名杨益）、柳春芳师尊（又名柳浑）、张玄同师尊（法号白云道长）、吴梦吾师尊（法号空空道长）组成的"四相师尊"层面（在上述二层面之间，不少紫阁还供奉着吕祖、济公、观音、何野云等神明；在四相师尊层面，有的紫阁还供奉大峰祖师）；

由"成"字辈"师兄"、崇山老人组成的"师兄"群体层面；

上述的师圣系统，在泰国德教紫阁中共同层面是至高神层面与"四相师尊"层面。③ 其中的四相师尊系统，是在 20 世纪 40 年代末 50 年代初，德教香火初传泰国期间逐步建构形成的。

（二）四相师尊系统的逐步形成

1939 年，潮汕德教第一阁紫香阁创立时，最初降鸾于潮阳县和平镇英西港村杨宅（即"紫香阁"）的，是柳春芳仙师，即该阁主坛师尊。随

---

① 《紫真阁史铭》，载黄鹤主编《德教文集》，泰国德教会紫真阁，1995，第 179 页。
② 陈景熙、张禹东：《海外华人社会网络与华人宗教传播：泰北德教团体创建考》，《世界宗教研究》2013 年第 1 期。
③ 以上认知，基于笔者近 8 年来在泰国获取的田野调查资料。

后，因为英西港修理寨门工程的需要，又邀来杨筠松仙师降鸾。[①] 紫香阁坛上，悬挂着杨、柳二位师尊的画像。至于紫香阁法坛上崇奉的诸佛仙尊，在传世的创阁初期紫香阁印行的劝导念佛的《念佛带归果证》上，就开列了柳春芳先师、杨筠松先师、华佗先师、大圣佛祖、药师佛、观世音菩萨、地藏王菩萨、阿弥陀佛凡 8 位名讳。[②]

1940 年，潮汕德教第二阁紫清阁成立于潮阳棉城马贵德家宅中，主坛柳春芳师尊。[③]

1942 年，陈德荧、陈立德、马贵德等创立潮汕德教第三阁紫和阁于汕头市区潮安街，"由协天阁关平主裁亲主阁务"[④]。

1942 年，紫和阁德生奉该阁乩谕创立潮汕德教第四阁澄海县城紫澄阁，据马贵德、李怀德的《德教根源》记载："（紫和阁）蒙华佗师尊亲主鸾务。"[⑤]不过，值得注意的是，紫澄阁阁长吴淑瑜于 1948 年 12 月 19 日致马贵德函件[⑥]曰："瑜自供奉柳师以来，感师德之厚，师恩之深，无日或忘。"则紫澄阁主坛师尊很可能是柳春芳师尊。

1944 年，李怀德奉紫清阁乩谕，在潮安县庵埠镇创立潮汕德教第五阁紫阳阁，"由柳师尊亲主坛务"。[⑦]在紫阳阁降鸾的仙真，按《竹桥初集》中辑录，计有：太上老君、八仙、陈抟老祖、文昌帝君、武昌帝君、财帛星君、福德神、司命神、玄天上帝、协天大帝、何野云祖师、华佗祖师、医圣张仲景及杨柳祖师。[⑧]

1944 年，马贵德、李怀德创立潮汕德教第六阁紫雄阁于汕头市区镇华里。[⑨]据《汕头紫雄阁的回忆》，在该阁降鸾的，有关平主裁、济颠佛

---

① 调查材料——调查对象：杨树荣，现年 75 岁，杨瑞德二子；调查时间：2005 年 7 月 25 日。
② 实物材料：潮阳和平紫香阁念佛社《念佛带归果证》，20 世纪 40 年代汕头市同平路友会印务局承印。
③ 马贵德夫人郑瑞英女士（1916～？）口述，2008 年 5 月 23 日，汕头。
④ 马贵德、李怀德：《德教根源》，载《竹桥集成》，星洲德教会紫新阁，1995。
⑤ 马贵德、李怀德：《德教根源》，载《竹桥集成》，星洲德教会紫新阁，1995。
⑥ 马贵德长子，泰国曼谷马桂旭先生藏。
⑦ 马贵德、李怀德：《德教根源》，载《竹桥集成》，星洲德教会紫新阁，1995。
⑧ 《竹桥初集》，载《潮汕鸾文集粹》，马来西亚高级拿督紫瑞阁阁长刘玉波印赠，1998。
⑨ 马贵德、李怀德：《德教根源》，载《竹桥集成》，星洲德教会紫新阁，1995。

尊、白云、吴梦吾、杨柳仙师等。[①]不过，其中的吴梦吾降鸾问题，很可能是受到德教南传泰国后产生的四相师尊系统的影响而产生的误记，因为在草创时代德教乩文集《竹桥初集》中未见有关记录。而据《竹桥初集》，玉皇大天尊、孔圣夫子、道祖太上老君也曾在该阁降鸾"颁行德教，敕命清阳二阁，共负发扬大任"。[②]

综上，从潮汕德教第一阁潮阳和平紫香阁至潮汕德教第六阁，亦即泰国德教香火的来源阁汕头市区紫雄阁，草创时代德教的师圣系统尚未定型，不过，以玉皇大天尊、关平主裁为至上神的层面已经出现，以杨柳师尊，特别是柳春芳师尊为主坛师尊的情况较为多见。

1945 年 11 ~ 12 月，[③]林修悟奉画像、香火、乩题匾联等圣物返回泰国时，所携带南来并开始在曼谷供奉的德教神像，是白云道长画像。[④]

随后，从 1945 年底至 1952 年紫真阁创立之前的这段时间中，泰国德教界的紫辰阁、紫玄阁、玄辰阁的鸾坛上供奉的师尊圣像，就是这幅从汕头虔请来的白云师尊画像；传世的该时期的乩文集《德桥醒世浅集》中，所记录的也主要是白云师尊乩文，其次是柳师尊、杨师尊的乩文。[⑤]

1952 年 12 月紫真阁成立之前，萧锦锡等德生集资并捐献黄金首饰，共铸铜、金合金的白云师尊金身一尊。[⑥]另从紫真阁成立时的殿堂照片可以看到，坛上除供奉白云师尊金身外，尚悬挂有杨、柳二位师尊的画像。

至于 1953 年 7 月 28 日玄辰善堂成立之前，主要供奉的德教师尊，可从《德桥醒世浅集》所载甲午年二月初八日[⑦]（1953 年 3 月 12 日）白云师尊乩文窥其端倪：

---

① 吕一潭：《汕头紫雄阁的回忆》，载刘禹文、吕一潭主编《寻源记（1）》，德教寻源史源委员会，1998，第 23 页。
② 马贵德、李怀德：《德教根源》，载《竹桥集成》，星洲德教会紫新阁，1995。
③ 陈景熙：《德教海外扬教与"香叻暹汕"贸易体系》，《海交史研究》2008 年第 1 期。
④ 调查材料——调查对象：林修悟（1913 ~ 2009 年）；调查地点：泰国曼谷；调查时间：2007 年 7 月 29 日。
⑤ 《德桥醒世浅集》，泰国德教会紫真阁，1993。
⑥ 调查材料——调查对象：林修悟（1913 ~ 2009 年）；调查地点：泰国曼谷；调查时间：2007 年 7 月 30 日。
⑦ 按：《德桥醒世浅集》中该乩文仅记录月日，年度不详，笔者据其上下乩文时间及本乩文内容确认其年度。

在白无彼此分别，一视同仁，惟以有德者，先登德录，决不以面为善，须有表里相合，如泰生，今夕白言之，其功大苦多，六创始人不久之时，将奉敕为灵霄辅弼。望继起各生，以德为怀，以口为心，决不负各生之望。须知白与杨柳二友奉敕，非凡间游神，亦非龟精鳖怪，而贪人利，遇有德者当竭力以呈。而跟本堂年久者，亦决不负其苦心，位以有定。今夕白一片之言，尽沥其情，望勿退心。①

上文中的"六创始人"，即玄辰善堂的 6 位"本堂建堂人"。②而文中对于德教师尊奉天命救度世人的表述是"白与杨柳二友奉敕"，换言之，此时玄辰善堂所崇奉的德教师尊，是白云师尊、柳春芳师尊、杨筠松师尊3 位。

至于"空空道长"吴梦吾，进入泰国德教的师尊系统的经过，由《德桥醒世浅集》可知：

壬辰年二月十五日（1952 年 3 月 10 日）之前，③"空空道长"降示《空空词》一篇、乩诗一首。④ 这是笔者经眼的从 1939 年至 50 年代初的德教早期乩文中，首次出现"空空道长"的乩文。

壬辰年十月十五日（1952 年 12 月 1 日）之后，甲午年四月十七日（1954 年 5 月 19 日）之前，⑤"空空道长"降示乩诗一首。⑥

甲午年五月初五日（1954 年 6 月 5 日），"吴梦吾道长"（乩文原注："即空空道长"）降鸾，下马诗的前四句的诗冠是"吴梦吾至"。⑦这是笔者经眼的德教早期乩文，首次出现"吴梦吾"的师圣姓名。下马诗之后的训谕乩文，首句即云："五五之日，本师借清风来此，但别子等久

---

① 《德桥醒世浅集》，泰国德教会紫真阁，1993，第 63 页。
② 《泰京玄辰善堂成立五十周年金禧纪念特刊》，玄辰善堂，2003，第 4 页"建堂人名录"，第 7 页"本堂建堂人合影（一九五五年二月十二日）"。
③ 该则乩文时间不详，在《德桥醒世浅集》中置于壬辰年二月十五日（1952 年 3 月 10 日）乩文之前。
④ 《德桥醒世浅集》，泰国德教会紫真阁，1993，第 78、79 页。
⑤ 该则乩文时间不详，笔者据其前后乩文确定大致时间。
⑥ 《德桥醒世浅集》，泰国德教会紫真阁，1993，第 103 页。
⑦ 《德桥醒世浅集》，泰国德教会紫真阁，1993，第 126 页。

矣。"① 乩文中又云："此地得玄同道兄主持，不愧你们之师。"②

十日之后，甲午年五月十五日（1954 年 6 月 15 日），"空空道长"又降鸾，在下马诗之后，降示了在乩文集中命名为《吴师尊自传》的履历：

> 吾生也有涯，然生尘世间不难离开空念。夫空念一生，则万物无思。既无思矣，其他一切事物皆空，与入梦同。

> 故本师自登仕郎后，以权奸当道，任你诗才满腹，亦难登入其门，是以舍心从道，细心研究道法，去一切繁杂之念，洁心以博爱为怀。至羽化之日，以空空为名。殊不料宇宙变幻无常，聊得一居，而恶魔毁庙，致为三山九州游方寄迹。幸南疆吾教正盛，方能至此一言。思之痛矣！③

自传之后，复言：

> 各生，本师系一客师来此，蒙至诚之心，敬吾以醇酒香茗鲜花，实使本师心领而多感。

> 德字本体一，住居各别。前你师言了，善无先后，诚则灵。心善算了，如世人身拥千百万资，其为人也，一毛不拔，其可谓善乎？吾空心，空叹世，叹世人不空，茫茫皆空从，不择正邪空心拜，任你拜尽亦空空。④

由上可见，在 1953 年 7 月 28 日玄辰善堂成立之后，此前偶或降鸾的来历不明的乩仙"空空道长"，以乩文降示的方式，被逐步建构成为具有姓名、履历的泰国德教鸾坛的"吾教""客师"。而在 1954 年 6 月 15 日之后的乩文中，更进一步地被称呼为"吴梦吾师伯"⑤　"吴梦吾师尊""吴师尊""吴师"⑥。换言之，在玄辰善堂成立大概一年后，泰国德教界

① 《德桥醒世浅集》，泰国德教会紫真阁，1993，第 126 页。
② 《德桥醒世浅集》，泰国德教会紫真阁，1993，第 127 页。
③ 《德桥醒世浅集》，泰国德教会紫真阁，1993，第 130 页。
④ 《德桥醒世浅集》，泰国德教会紫真阁，1993，第 131 页。
⑤ 参阅陈德益抄本《协阁诸师鸾示》，抄录时间不详，现藏紫真阁。
⑥ 参阅《德桥醒世浅集》，泰国德教会紫真阁，1993。

已形成了由杨筠松师尊、柳春芳师尊、张玄同师尊、吴梦吾师尊组成的四相师尊的崇拜系统。

三　白云师尊造像的演变

从德教香火南传泰国至四相师尊系统形成的过程中，泰国紫辰阁、紫玄阁、玄辰阁、紫真阁、玄辰善堂的主坛师尊，均为白云道长。

白云师尊的履历，在草创时代的德教文献《竹桥初集》中，未见记载。

德教香火南传之后，在泰国的德教鸾坛上，出现了白云师尊的自述履历：

> 姓张名玄同，湖北人，明嘉靖生于湘滨，故名曰："滨雁"。十四入泮，十九入翰苑，廿三出任雒县令，三年奉诏入京为礼部侍中。年廿八，奉旨任大名府尹，一往四任，一任三年，自问案无留积。哈哈！可笑能治一府之民，奈何河东狮争权，室无安日，以存了尘之念。后奉旨至江淮之上。莫奈当时受权者阻，受命四载，在五台之麓得遇火炜真人及了空禅师之指，故舍心从道。初至庐山静修，名曰：川陵道人。十年苦修，再受了空之引，至白云山白云寺闭关，四年苦心。后在白云山之背闲游，忽见峰石有光，登视之，该石有："白云在此了凡"。迨后悟了空师之言有意，故改名白云。坐化在嘉靖末年六月十八日。①

要之，这位泰国德教的师尊，是一位儒释道合一的民间宗教崇拜对象。

更重要的是，从潮汕至曼谷，白云师尊的造像处于演变之中。

1945年底，林修悟返回泰国时，所携带南来并供奉于紫辰阁的白云

---

① 《德桥醒世浅集》，泰国德教会紫真阁，1993，第12～13页。《德桥醒世浅集》无记录该乩文时间，不过，在《德桥醒世浅集》的底本，陈德益抄录的《协阁诸师鸾示（其一）》第5页，该乩文系于甲午年二月初八日晚（1953年3月12日）的乩文之后。

道长画像，描绘的是一位风神萧散的道士形象，头结发髻，裹以方巾，身着道服，左手执拂尘，跣足而立。据林氏回忆，这张画像是由汕头紫雄阁乩手纪云程在扶乩状态下绘出的白云师尊自画像。[1]另据其他口述史料，纪云程在执乩紫雄阁之前，原为潮阳金浦乡紫梅阁乩手，而当年的紫梅阁坛上供奉的神像，就是一幅与林修悟奉请往泰国的画像大略相同的白云道长画像。[2]

1952年12月紫真阁成立之前，萧锦锡等德生共铸的铜、金合金的白云师尊金身，是作跏趺坐状的老僧形象，右手持书卷，置于盘腿上，左手结智慧手印（拇指、食指相扣，余三指自然伸舒），置于腹前。

随后，1953年陈德仁绘制的白云师尊像，则作洒净造型：右手置于胸前右侧，拇指、食指相扣，捻一杨柳枝或石榴枝状植物枝条，左手平置于腹前，掌中放有水盂。

此后迄今的泰国各德教会以及受泰国德教界影响的其他国家德教会的白云师尊像，除手印及执持法器有所不同外，在僧衣僧貌的形制上是相同的。

也就是说，1952年泰国德教界租借"景福寺"前殿创立紫真阁，是白云师尊示现僧容的开始。

那么，为什么白云师尊的造像，会在彼时彼地由"道貌"易为"僧容"？

据当事人泰国德教界第二代乩手陈汉德回忆，由私下开鸾的玄辰阁发展出公开扶鸾的紫真阁的经过为：

> （玄辰阁成立后）当时惜因环境关系，而无定期开鸾，未敢正面扬教。一日，三聘城门成利发行东翁萧锦锡（原注：德禄），三聘街俊盛行东翁陈洽藩（原注：德福），引导白桥景福寺主持宝恩大师莅临玄辰阁参鸾。适白云道长降坛，柳动沙飞，圣灵显赫。宝恩大师为其感动，神会心通。当时善信众多，鸾期人山人海，水泄不通，而时

---

[1]　调查材料——调查对象：林修悟（1913～2009年）；调查地点：泰国曼谷；调查时间：2007年7月29日。

[2]　调查材料——调查对象：潮阳金浦乡紫梅阁阁长郑宛民五子郑衍璧（1936～　）；调查地点：潮阳金浦乡；调查时间：2007年10月28日。

局未定。诸理事因向宝恩大师商量，如此继续开鸾，实有不便，是否移鸾往白桥景福寺，未卜大师意下如何？宝恩大师当场允诺。众同德递禀告师尊，承蒙白云道长即赐第四阁名为紫真阁，……天运壬辰年冬月（原注：公元一九五二年），紫真阁应缘而生。①

文中所谓的"惜因环境关系，而无定期开鸾，未敢正面扬教"，其实是因为当年"暹政府颁布禁止五人以上集会。"②

扶乩开鸾，是德教的基本宗教仪式，而仪式的进行，需要正副乩手、报谕、录谕及坛下德生善信等角色，因此在紫真阁成立以前，当年泰国德教界的扶鸾，实际上是非法行为。因此，萧锦锡等泰国德生才需要向景福寺主持宝恩大师商借会所，以便在这个"黄袍佛国"的首都"以礼佛为名而开鸾"③，依托佛寺取得合法活动的空间。

在依托对象方面，当年泰国德教界人士选择的景福寺，是越南僧侣的佛寺。日本学者吉原和男对此曾做过分析：

> 泰国的德教界内有几个有影响力的组织。其中一个就是紫真阁。紫真阁源自1952年几个潮州籍男子借用越南佛寺景福寺进行扶乩。众所周知，越南佛教与泰国佛教不同，是承自中国的大乘佛教，因之对华侨、华人来说是很有亲近感的。之前在泰国由于反共法的存在，在私宅内是不允许扶乩的。但景福寺的越南籍住持对扶乩表示一定的理解，而且景福寺也是在19世纪中叶由达赖喇嘛三世所建，所以他们就提供了紫真阁扶乩的便利。④

不过，吉原和男并未提及泰国德教界缘何不选择同样是大乘佛教，而以潮州籍僧侣为主体的泰国华宗佛教寺庙作为依托平台的问题。

---

① 陈汉德：《泰国执掌扬教扶鸾三杰乩生史略》，载陈汉德编《德教史源》，泰国北榄鳄鱼湖动物园，1993。
② 《紫真阁史铭》，载黄鹤主编《德教文集》，泰国德教会紫真阁，1995。
③ 《紫真阁史铭》，载黄鹤主编《德教文集》，泰国德教会紫真阁，1995。
④ 本文日语版〈中国人の宗教－儒教に注目して－〉，原载关一敏、大塚和夫编《宗教人类学入门》，弘文堂，2004，第13～32页；中文版原载《思想战线》2009年第5期，第114～120页。

　　事实上，草创时代德教文献表明，早在乙酉年五月初三日（1945 年 6 月 12 日），澄海紫星阁扶乩时，被柳师乩文称为"普生"的释普净和尚，就到阁参鸾。①

　　释普净（1902～1986 年），广东省潮汕地区揭阳县人，1927 年南游泰国，出家为僧，1932～1934 年、1942～1948 年、1949 年，三度回中国参访，在泰国弘化 60 年，兴建、重修大乘佛教寺庙 10 余所，自 1951 年起屡受泰皇、泰僧王的敕封，1956 年受敕封为"华宗大尊长"。②

　　笔者以为，50 年代初期，以萧锦锡为首的泰国德教界和以释普净为首的泰国华宗佛教界之间显示出疏离关系，目的在于避免受到当年施行控制华人集体活动政策的銮披汶政府的猜疑与打击。③

　　所以，越南僧侣宝恩大师主持的大乘佛教寺庙景福寺，就成为泰国德教界趋利避害的合适选择，宝恩大师推动了德教在泰国的本土化历程。

　　关于 1952 年 12 月紫真阁成立前，萧锦锡等德生共铸的白云师尊金身的"道貌"易"僧容"的形象突变问题，泰国德教界耆老陈汉德回忆说，宝恩大师具有圆光术的神通，能够在其大拇指上显示出神鬼祖先的形象，当年在铸造白云师尊金身之前，泰国德教界人士请求宝恩大师大显神通，然后根据其拇指上显现的僧侣形象白云师尊模样，铸造出那尊金身。④ 换言之，泰国德教界在景福寺中供奉的白云师尊像，是按照该寺主持宝恩大师提供的形象塑造的。

　　从紫真阁中珍藏的四相师尊画像⑤来看，杨柳二位师尊的道士形象画

① 《竹桥初集》，载《潮汕鸾文集粹》，马来西亚高级拿督紫瑞阁阁长刘玉波印赠，1998，第 58 页。

② 于凌波：《中国近代佛门人物志》（第四集），台北慧炬出版社，1998，第 1～6 页，"华宗大尊长普净大师"。

③ 参阅〔美〕施坚雅《泰国华人社会：历史的分析》，许华等译，厦门大学出版社，2010，第 301 页，"第九章 镇压和重新考虑：1948～1956 年銮披汶第二次执政的华人"。

④ 调查材料——调查对象：林修悟（1913～2009 年）；调查地点：泰国曼谷；调查时间：2007 年 7 月 30 日。

⑤ 这套画像上，除志明 4 位师尊各自名讳外，右侧均志明："紫真阁，癸巳年元月十一日，陈德仁敬具。"从本文第二部分的考证看，该时间并非写实，而是应该是在四相师尊系统形成后，泰国德教界人士借用泰皇参鸾紫真阁的时间以增强泰国德教界特别是紫真阁的社会影响力。

像是按照二位师尊自述圣容的乩文①来绘制的，空空道长吴梦吾师尊画像与白云师尊画像均为作跏趺坐于山石的老僧形象，左手均平置腹前，掌中放有水盂，略有不同的是吴梦吾师尊左手立掌当胸，拇指与无名指相扣。也就是说，1952 年的造像，不仅是泰国僧容版白云师尊像的发轫，同时也影响到 1953 年 7 月 28 日玄辰善堂成立后进入德教师尊系统的吴梦吾师尊像的形象塑造。

白云师尊造像转型以后，泰国德教界不仅解决了合法存在问题，也开启了良性发展的历史进程。

壬辰年冬月（1952 年 12 月）位于曼谷白桥景福寺前殿的紫真阁正式成立。

两个多月后的癸巳年元月十一日（1953 年 2 月 24 日），泰皇陛下及现任泰国僧王驾临景福寺，宝恩大师以东道主身份，引导泰皇至紫真阁参鸾。②

四日之后的癸巳年元月十五日（1953 年 2 月 28 日），紫真阁扶鸾时，白云师尊乩撰《玄辰善堂缘起》，为玄辰阁注册登记并营造堂宇进行动员。③随即，泰国德教界委托 5 位泰国籍华人为申请注册人向泰国政府、警察总署办理了玄辰善堂登记手续，④ 癸巳年六月十八日（1953 年 7 月 28 日）举行堂宇揭幕礼后，积极举办公开的慈善救济活动，玄辰善堂跻身于泰华五大善堂之列。⑤而由此以降，泰国各地纷纷遵循合法注册方式，建立德教团体。⑥

① 《德桥醒世浅集》，泰国德教会紫真阁，1993，第 111 页，"柳帅尊谕示圣容"与"杨师尊谕示圣容"。该乩文具体时间不详，在《德桥醒世浅集》中载于甲午年四月十七日（1954 年 5 月 19 日）乩文之前。

② 《泰国德教会紫真阁成立五十周年金禧纪念特刊》，玄辰善堂，2003，第 38、39 页。

③ 《德桥醒世浅集》，泰国德教会紫真阁，1993，第 3、4 页，"玄辰善堂缘起"。

④ 《泰京玄辰善堂成立五十周年纪念特刊》，玄辰善堂，2003，第 8、9 页。

⑤ 陈汉德：《玄辰善堂与白云道山史略》，载《泰京玄辰善堂成立五十周年纪念特刊》，玄辰善堂，2003。

⑥ 参阅林悟殊《泰国潮人德教信仰考察》，《星暹日报》2002 年 6 月 25 日、29 日，7 月 2 日、6 日；郑志明：《泰国德教会的发展》，《宗教论述专辑》第 5 辑，2003。

结语　泰国华人宗教的文化适应

对于泰国德教的本土化问题，郑志明曾指出：

> 由于泰国特殊的文化背景，德教在发展上不得不采取以上两种发展策略，第一依附于泰国浓厚的佛教气氛，彰显佛教意识，认同为佛教下的一种修行法派，与泰国各种佛教团体保持密切的交际关系，其各种庆典活动，也会邀请佛僧主持诵经顶礼等仪式。第二则走慈善社团的路线，将宗教与善堂组织结合起来，举办赠医施药、施棺助葬、救济灾害等福利活动，在曼谷方面除了历史较为悠久的华侨报德善堂外，德教的玄辰善堂、世觉善堂等也是著名的慈善团体，合法化其扶乩的宗教活动。[①]

本文的研究表明，泰国德教在传入后的合法生存及良性发展，均以崇拜对象白云师尊的造像转型为突破口。因此，本文所钩稽的白云师尊造像历史演变脉络，实际上是从图像资料研究的角度，提供了探讨泰国华人宗教在本土化历程中文化适应机制的实证案例。

对于东南亚华人的文化适应问题，曹云华专门做过深入研究。[②] 在宗教信仰层面上，曹氏认为，东南亚华人有三种类型的宗教信仰者——华人穆斯林、华人基督徒、华人传统宗教信仰者，其文化适应的方向大相径庭：华人穆斯林文化适应的方向是本土化，华人基督徒文化适应的方向是西方化，华人传统宗教信仰者文化适应的方向是中华化。[③]

然而，就本文提供的案例来看，泰国德教的德生善信，所谓的"华人传统宗教信仰者"，其文化适应的方向，显然还是倾向于本土化，即主动地适应泰国本土的宗教文化生态。

问题的症结所在，或许是曹氏在探讨东南亚华人传统宗教信仰者文化

---

① 郑志明：《泰国德教会的发展》，《宗教论述专辑》第 5 辑，2003。
② 曹云华：《变异与保持：东南亚华人的文化适应》，中国华侨出版社，2001。
③ 曹云华：《宗教信仰对东南亚华人文化适应的影响》，《华侨华人历史研究》2002 年第 1 期。

适应问题时，主要立足于当代马来西亚华人传统宗教领域。①而就本文所探讨的泰国华人宗教的文化适应问题而言，美国学者道格拉斯·雷伯克对于东南亚华人从文化保存到调适乃至于同化等一系列文化适应方式的讨论，② 更为中肯。道格拉斯指出：

> 调适包括对中国文化某些核心成分的保留和对所在国某些文化成分的接受。一种明显的倾向是把借来的成分放在前台，以便当地人能清楚地看到。调适的实例表明，华人社区中的人们，善于在前台采用当地的穿戴、食品、语言、礼仪规范甚至建筑风格，同时在幕后保留华人本身的社会组织形式、食品、祖宗祭祀及语言。这通常反映的是华人社会这样一种有意识的策略，即尽可能地使他们为所在国人们所接受，从而确保他们的经营事业有一个稳定的社会环境和气氛。然而，很明显，华人的文化调适方式也受到超出他们控制范围以外的人口统计、经济和政治等因素的影响。③

在泰国德教白云师尊造像的案例中，白云师尊由"道貌"易为"僧容"，显然就是出于"一种有意识的策略"的文化调适举措，而与此同时，承载着三教合一观念的白云师尊履历文本，以白云师尊等德教师圣降鸾方式激励德生善信行善积德的仪式传统，则一直传承至今，也就是说，华人民间宗教的核心成分得到了保留。

而在上述泰国华人宗教文化适应过程中，以德教界人士为代表的泰国华人影响，其因素主要是 20 世纪 50 年代初期泰国政府的有关政策，诸如集会禁令、注册制度等，而他们在文化适应过程中所面对的问题，除需要适应官方政策，适应泰国宗教文化生态外，还包括妥善处理政策压力之下，华侨与泰国公民、华人与其他移民族群（越南人）、华人族群内部（德教界与泰国华宗佛教界）等族群关系。

---

① 曹云华：《宗教信仰对东南亚华人文化适应的影响》，《华侨华人历史研究》2002 年第 1 期。
② 〔美〕道格拉斯·雷伯克：《东南亚华人的文化适应模式》，饶志明、张斌译，《华侨华人历史研究》1993 年第 3 期。
③ 〔美〕道格拉斯·雷伯克：《东南亚华人的文化适应模式》，饶志明、张斌译，《华侨华人历史研究》1993 年第 3 期。

中泰文化合作与"海上丝绸之路"建设研究

钟大荣[*]

摘　要："海上丝绸之路"的历史性质，随着不同文明的介入，发生过变化。当代中国"海上丝绸之路"战略得到相关国家的高度重视。泰国和中国有悠久的友好合作历史，双方文化关系源远流长、密不可分。当前，两国均有发展国内民生、加强对外合作的重任。在携手建设"海上丝绸之路"上，本文认为应充分挖掘双方丰富的文化资源，结合时代发展要求，并对文化合作目标、合作形式、合作战略，以及可能出现的合作"瓶颈"、解决路径，进行研究。此外，本文对中泰两国文化合作的"一家亲"可能引起的国际"非善意"介入展开探讨。

关键词：中国　泰国　文化合作　海上丝绸之路

一

据悉，"丝绸之路"一词，最早由19世纪70年代德国地理学家、地质学家李希霍芬（Richthofe, Fendinand von）在《中国旅行记》（第1卷）提出，他在谈到中国经西域到希腊、罗马的陆上交通路线时，鉴于大量的中国丝绸和丝织品经此路运销西方，遂称为"丝绸之路"。东西方各国通过"海上丝绸之路"进行经贸交往，丰富彼此间的经济生活，分

---

*　钟大荣，华侨大学华侨华人研究院助理研究员。

享人类创造的物质文明。1987 年，联合国教科文组织实施了"'丝绸之路'：对话之路综合考察"项目；1990 年，又推进了海上丝绸之路综合考察。此后，丝绸之路、海上丝绸之路广为人知。

在公元前后几个世纪里，中国、印度、波斯、阿拉伯、希腊、罗马、埃及等文明古国不约而同地致力于经营海上交通与海洋贸易，为连接东西方的海上丝绸之路做出了各自的重要贡献。中国沿海地区是东方海洋文明的中心，尤其是东南沿海，秦汉时期就成为海上丝绸之路的重要发祥地。此后两千余年，海上丝绸之路不断发展，变化很大。

从中国起航的海上丝绸之路，其进程主要经历了几个重要阶段：形成期（秦汉时期）、发展期（魏晋南北朝时期）、繁荣期（隋唐时期）、鼎盛期（宋元时期）、转折期（明清时期）。中国沿海起航的海上丝绸之路主要有两条：一条是东海丝绸之路，分北线和南线。另一条是南海丝绸之路，分南线和东线，其中南线是海上丝绸之路最早开辟的、最主要航线。东线开辟于 16 世纪大航海时代，自广州、澳门、漳州月港起航，抵菲律宾马尼拉，再横渡太平洋到美洲新大陆。[①]

有学者认为，就海上丝绸之路的历史发展而言，"明代是个转折点，15 世纪上半叶的郑和下西洋，是海上丝绸之路发展历史上最光辉的事件。但自 16、17 世纪起，西方殖民者纷纷东来，许多亚洲国家沦为殖民地，中国的海外贸易无论规模或范围都大为缩小，海上丝绸之路也就由盛转衰。到了清代更趋于停滞和没落了。1840 年爆发的鸦片战争，标志着中国进入半殖民地半封建社会，中国对外关系的性质起了根本的变化，海上丝绸之路的历史至此也就终结了"[②]。也有学者认为，"从古代对外交往的范围来看，陆、海两路是主要的孔道。……海路的交通开始虽早，真正的繁荣是在隋唐及以后，至明成祖遣郑和下西洋而达于极盛，使通往东南亚、南亚、阿拉伯和非洲东岸国家的海路贸易迅速发展。人们有时也称海上的对外交通为'海上丝路'或'陶瓷之路'，可见其具有与陆路交通同

---

① 李庆新：《海上丝绸之路——东西方海洋贸易文化交流之路》，《深圳特区报》2014 年 3 月 11 日。

② 陈高华、吴泰、郭松义：《海上丝绸之路》，海洋出版社，1991，前言。

等的重要性"①。

由此可见，海上丝绸之路，是古代中外人民物质文明交往的重要渠道，它增加了中外人民在政治、文化、社会各方面的了解。需要指出的是，在两千多年的丝绸之路形成发展过程中，各国人民的相互尊重、和睦交流，是丝绸之路历史发展的主流。它主导了丝绸之路沿线各国间的合作关系，见证了各国共生共荣的主流历史。

然而，到了近现代，由于资本原始积累的因素，16～17世纪西方殖民主义者东来，它们进行世界性的海上贸易活动，虽然使得东西航道大开，使古"海上丝绸之路"上所进行的航行与贸易活动似有日趋兴盛和畅达之势，然而这时及以后的中西之间的贸易，无论是商品的结构、贸易的支配权，还是贸易的性质及作用，都在发生变化，已经与此前有了明显的不同。从贸易商品看，这时丝绸虽然仍是中国大宗出口物品，但其重要性和象征性已经降低，而西方输入中国的商品，尤其是鸦片的数量与重要性则与日俱增，并最终使得西人的对华贸易由开始的入超变为出超，以至于到19世纪30年代，中国因支付贸易逆差所流出的白银，平均每年多达五六百万两；从贸易支配权来看，这时在中西航道上从事活动的主要已是西人和西方船舰，而非中国的商人与船只，即使就中国外贸而言，中外商人的相对地位也在发生明显的变化，在广州经营对外贸易的中国行商，由独立的商人逐渐转变为受外国商人支配甚至降到依附于外国商人的地位；从贸易性质看，这时西人的对华贸易已经越来越带有殖民掠夺的性质，尤其是从18世纪后期起，西方殖民者不顾中国政府的屡次禁令和中国人民的死活，大规模地将鸦片输入中国，用于打开中国的市场，更是一种伤天害理的罪恶行径。因此，这种西方殖民主义为开拓海外市场而进行的航海与贸易活动，显然已经不属于前述传统中外贸易与交往模式的"海上丝绸之路了"②。

回述"海上丝绸之路"的历史，特别是揭示16～17世纪西方殖民主义者东来后，"海上丝绸之路"所属商品的结构、贸易的支配权，及贸易

---

① 张维华主编《中国古代对外关系史》，高等教育出版社，1993，第6页。
② 赵春晨：《关于"海上丝绸之路"概念及其历史下限的思考》，《学术研究》2002年第7期。

性质及作用的变化，旨在说明，中国和世界各国人民，维护世界和平、促进相互了解和交流的历史源远流长，对了解和交流的方式进行了不懈的探索和贡献；尽管"海上丝绸之路"发展的后期，不同文明的介入，促使它的使命和性质发生了变化，但恰恰凸显和证明了中国与世界各国人民在维护世界和平、促进相互了解中发挥的重要作用，昭示世界和平发展这一主流的不可逆性。

二

中泰两国是与"海上丝绸之路"具有特殊而重要关系的国家。正如泰国拉玛五世时期的王子、著名的历史学家拉参帕（Krompraya Dhamrong Rachanuphap）所指出的，历史上没有哪两个国家可以像中泰一样长期保持友好关系。这是因为两国之间没有敌对关系，两国人民像兄弟姐妹一样，保持交流沟通和互相帮助达千年之久。就当前中泰关系而言，正如中国领导人多次指出的，中泰关系是不同社会制度国家睦邻友好和互利合作的典范。泰国人口中，有数百万华裔，他们的祖先来自福建、广东、云南等地。以福建为例，中泰之间千年的友好关系历史，与海上丝绸之路的泉州、厦门港的贡献密不可分。在 15～18 世纪，中泰间官方和民间贸易的主力绿头船，就是来自厦门港的福建商船。18 世纪中叶以前的泰国华人，绝大部分也是从厦门港起航。①

中泰两国有长期的文化②交流历史。两国人民血缘相亲、文化相通、地理相近、利益相关。首先，中泰两国人民血缘相亲。如中国壮侗语系的民族主要有壮、布依、侗、傣、水、黎、仫佬、毛南等民族，这些民族与泰国的主体民族泰族或有直接的血缘关系，或有相似的生活方式。其次，两国在文学、艺术、宗教、习俗等方面互相影响，有悠久的交流与合作。以节庆习俗为例，历史上移居泰国的福建人，就把中华传统文化尤其是闽

---

① 参见贾益民《中国东盟合作框架下的中泰关系》，第二届中泰战略研讨会开幕式上的致辞，2013 年 10 月 18 日。

② 本文指称的文化为广义上的文化，包括宗教、历史、文学、艺术、习俗、心理、政治、制度等。

粤一带的习俗传播到了泰国，直接或间接地渗透到泰国人民生活的各个方面，丰富了泰族文化。例如，泰人本无祭祖的习俗，但从拉玛四世起，王室开始仿效华人设立先王牌位，后人继续仿效，把拉玛三世、四世、五世及王后的牌位设在天明殿内，牌位用檀香木制造，中间竖写着国王与王后的中文名字，周边雕刻着中国式的花纹。每年农历除夕，由国王或王族代表主持祭奠仪式。最后，进入近现代以来，尤其是两国正式建立外交关系后，双方上层制度性的战略设计，为包括两国文化在内的密切合作交流，奠定了坚实的基础。两国政府先后于 1999 年 2 月签署《中华人民共和国与泰王国关于二十一世纪合作计划的联合声明》，2001 年 8 月发表《中泰关于战略性合作的联合公报》，2012 年 4 月签署《中泰战略性合作共同行动计划（2012～2016）》，这些签署的重要文件，不断加强的两国关系，推动了双方在经济投资、社会交流、文化教育、国际关系等领域的合作交流，才有了中泰新型友好的国家关系堪称当代国际社会的典范的出现。

"百金买屋，千金买邻；好邻居金不换；邻望邻好，亲望亲好"，中国高度重视世代友好邻居的重要性，并进一步认为邻居间的文化可以发挥更为特殊的作用，"文化在增进人民相互了解和友谊方面可以起到春风化雨、润物无声的作用；如果说政治、经济、安全合作是推动国家关系发展的刚力，那么人文交流则是民众加强感情、沟通心灵的柔力。只有使两种力量交汇融通，才能更好推动各国以诚相待、相即相容"①。

进入 21 世纪后，中泰两国都肩负发展国内民生，保持社会稳定，提高综合国力，增强国际社会影响力等相似的使命。随着全球化、现代化、信息化的迅速发展，作为有悠久文明历史的国家，中泰两国也都面临着相同的各种现代化议题，其中传统文化与现代社会发展、弘扬传统文化与文化现代化、民族文化与西方潮流文化的对话等，都是时下两国文化发展的重要话题。

在目前世界文化的大格局中，西方资本主义文化似乎被认为是主流文化，资本主义文化所体现的价值观在世界文化格局中似乎也占据了主导地位。众所周知，中华文化和东方文化，与西方文化有鲜明的区别。如西方

---

① 《习近平在韩国国立首尔大学的演讲》，新华网，2014 年 7 月 4 日。

文化崇尚个人价值；中华文化推崇"和合"思想，重视求同、中庸、仁义、和谐等整体性诉求，强调个人对整体的义务、责任与担当。中国人的传统政治理念中个人德行重于法律制度；而西方社会，则尤其重视法治。特别是，西方世界大都认为，自由、民主、人权是人类共同的追求，是人类在长期奋斗中共同创造的文明成果。因此，它们一方面把西方制度模式说成"普世价值"，另一方面把中国一切不好的东西都归咎于制度和体制，鼓吹中国只有接受"普世价值"才有前途。① 而在中国，人们认为只有获得了生存权，才具有现实条件去行使其他人权；生存权同发展权密不可分，生存权的实现是其他人权实现的基本前提。虽然当前世界已进入了经济全球化和高科技时代，但许多发展中国家的人民连最基本的生活需要也得不到满足；毫无疑问，生存权、发展权是首要人权的观点，符合广大发展中国家的历史和国情。因此，自由、民主、人权，要和一个国家所处的发展阶段相符，那种离开具体生存环境夸夸其谈"普世价值"的言论和政府，其合理性和背后的企图，要加以认清。

　　和中国类似，泰国同样具有悠久的文明历史。受宗教文化（主要是佛教）等影响，泰国传统文化倡导与中华文化价值观念类似的伦理规范，如尊敬长辈、孝敬父母，家庭观念浓厚；总体上说，泰国传统主流文化亲人伦、讲秩序、重和谐。众所周知，泰国在东南亚中，是率先学习西方文化的国家之一，从它的经济、教育、社会、文化中，都能找到西方文化的影子。经过对西方文化长期的吸收和转化，现在泰国的一些文化，体现出了文化融合的优越性，因此，在很长一段时间里，泰国的综合实力远远走在东南亚诸国的前面。中国社会、文化的发展和泰国有相似之处，自从实行改革开放后，中国积极引进包括西方在内的海外先进文明，从经济、社会、管理、文化、思想诸多方面，进行大刀阔斧的改革，目前中国综合国力已有了巨大变化。随着社会的前进，中泰两国也都面临着传统文化转型发展的问题。以泰国为例，如何看待本国传统文化在全球经济影响下的适应与变化？有学者认为，泰国文化内涵在不断被修改，以适应外来各种信

---

① 参见欧阳雪梅《中华文化国际影响力的现状及制约因素》，《毛泽东邓小平理论研究》2014 年第 5 期。

息在泰国的流入、富集和复杂性，泰国已越来越多地接触到其他文化，而有关这种向西方文化接触、开放是否健康的疑问一直存在；泰国原有的文化虽仍广为人知，但是它的影响趋于式微，有时甚至被人们遗忘，这是因为在适应科技全球化时，不知不觉地被全球的文化感染。韩剧和互联网是这方面的绝佳例子。据悉，从前泰国人绝不会选择韩国作为旅行名单上的第一旅游目的地，韩国料理和发型衣饰也从没有引起过泰国人的注意；而现在，《大长今》《爱在哈佛》《巴黎恋人》《冬季恋歌》等韩剧引起了泰国人对韩国生活方式的关注，涉及韩国美食、流行时尚、爱情生活、工作、学习、休闲、家庭以及生活的辛酸等方方面面。现在对有些泰国人来说，在韩国餐厅进餐、用长勺子吃饭、穿韩国时装、听韩国音乐是时尚行为。① 这种情形，与在中国盛刮已久的"韩流风"何其相似！

三

既要充分吸收世界各国的优秀文明，又要保护与弘扬自身文化传统，造福本国民众，同时也在世界文化舞台上得到肯定。作为"一家亲"的中泰两国，完全可以积极发展长久以来积淀的文化相似性、国民高度互认、利益互相关切的友好关系，在新形势下，运用国际合作交流的新模式、新渠道，携手共荣两国文化，从而推进双方综合国力增长，影响区域乃至世界进步发展。2013 年，中国推出的"海上丝绸之路建设"② （以下简称"海路"），便是一个在相关区域内，联合友好国家，互联互通，加强区域合作，共生共荣的战略构想，引起了国际社会高度关注。

1949 年新中国诞生以来，在不同的国际环境下，为了生存和发展，中国曾经和一些国家及地区，建立了合作同盟或类似的伙伴协作关系，

---

① 〔泰〕苏拉皮特·普罗米斯特：《泰国文化：价值与实践》，《创新》2008 年第 6 期。

② 《中共中央关于全面深化改革若干重大问题的决定》，新华网，2013 年 11 月 15 日。《决定》中指出，要"建立开发性金融机构，加快同周边国家和区域基础设施互联互通建设，推进丝绸之路经济带、海上丝绸之路建设，形成全方位开放新格局"。中国将与"海上丝绸之路"沿线国家在港口航运、海洋能源、经济贸易、科技创新、生态环境、人文交流等领域开展全方位合作，意在促进区域繁荣、推动全球经济发展，同时拓展中国经济发展的战略空间，为本国经济持续稳定发展提供有力支撑。

总的来看，既有成功的案例，也有失败的教训。无论如何，总结过去对外协作的历史，中国笃信以下合作原则的重要性，即"坚持按照亲、诚、惠、容的理念，深化同周边国家的互利合作，努力使自身发展更好惠及周边国家"。①

前文提到，西方一些国家，惯于运用"自由、民主、人权"这些所谓"普世价值"来质疑、抹黑、干扰中国的"国富民强"现代化之路，个中原因，除了嫉妒改革开放30多年来中国取得的一些成绩外，深层次的原因是，它们对中国选择走自己的路、对中国模式成功的恐惧和愤恨，因为它们认为自己才是上帝的唯一选民，唯有它们传承的文化和社会运行的模式才可以成功。然而，这样那样的纠缠，并未能真正阻挡得了中国前进的步伐，反而坚定了中国对国情和世情的清醒认知，更加确信已有选择的合理性与正当性。

因此，中国除继续深化改革开放，搞好国计民生、提升综合国力外，同时也致力于全方位加强和拓展同亚洲和世界各国的互利合作。"海路"建设，即为中国实践友邻、帮邻、富邻的战略蓝图。当然，它最终实现，除了中国因素外，还取决于能否真正惠及"海路"沿线相关国家，能否得到它们的积极参与。中泰两国已有稳固的友好关系，近年来，官方与民间的互动一再升温，双边国际、经贸、人文交流合作不断有新的突破。因此，中国期待像泰国这样互信、互惠的友好国家，共襄"海路"建设。

鉴于中泰两国悠久的文化交流历史，因此，进一步加强双方文化合作，可以为"海路"建设发挥重要作用。

（1）加强全面掌握了解另一方语言、文化、社会、制度的人才库培养，为"海路"建设提供现代化和国际化的智力支持。

（2）加深双方已有的友好认知，为"海路"建设营造亲善、温馨的氛围和关系。

（3）平等、尊重、共荣、开放的文化交流，可以让"海路"建设的意义突破区域范围，对拉动亚洲经济和影响世界经济发展，有深远意义。

（4）构筑深厚的社会人文基础和增进相互信任，除了可以促进"海

---

① 《习近平在韩国国立首尔大学的演讲》，新华网，2014年7月4日。

路"建设外，还可以对其他攸关两国国计民生的大型项目提供借鉴。①

（5）"海路"建设与两国文化合作相得益彰，可以将"中泰一家亲"锻造出新的模式，提升两国战略关系。

四

最近几年，中泰两国人文交流频繁，2013 年泰国成为中国公民出境第二大目的地国家，有 400 万左右的中国人玩转泰国；而泰国公民前往中国旅游则达 50 万左右。② 中国文化对泰国的影响也继续扩大，目前，在泰国开设汉语课程的学校达 3000 多所，学习汉语人数达 80 多万；在泰国，有 12 所孔子学院，从国土面积来看，是全球开设孔子学院最多的国家。③ 双方文化交流密切，积极影响和带动了两国经贸的发展，据泰国海关统计，2013 年泰国与中国双边货物进出口额为 644.4 亿美元，增长 0.5%；其中，泰国对中国出口 268.3 亿美元，增长 0.4%，占泰国出口总额的 11.9%；自中国进口 376.1 亿美元，增长 0.7%，占泰国进口总额的 15.2%。泰方贸易逆差 107.8 亿美元，增长 1.4%。中国为泰国第一大出口市场和第二大进口来源地，超过日本，成为泰国的第一大贸易伙伴。④

中泰两国人文和经贸交流成绩固然骄人，不过要实现"海路"建设的宏伟目标，双方在一些社会、历史、文化等方面还需加强合作，第三方国际社会可能对中泰友好关系"有意干扰"等，都需要两国保持清醒的认知，加强充分沟通，携手应对。比如：

第一，对于两国历史和现实中可能存在的一些问题，应谨慎处理并朝

---

① 以克拉运河的开发为例，它已被泰国社会关注了一两百年的时间。由于工程浩大，而且又事关区域国际关系，一直是泰国社会和相关国家的关注点。最新的消息是，由中国柳工集团、徐工、三一重工等中国企业牵头，并在泰国政府的参与下，克拉运河筹建小组已经开始运作。参见《克拉地峡运河计划启动　中国牵头筹建避开马六甲》，中国网，2014 年 3 月 13 日。

② 《泰国成中国公民出境第二大目的地国家》，新华网，2013 年 11 月 10 日。

③ 《泰中合作促进泰国汉语学习》，人民网，2012 年 6 月 29 日。

④ 《2013 年泰国货物贸易及中泰双边贸易概况》，中国商务部网站，http://countryreport.mofcom.gov.cn/record/view110209.asp?news_id=38362。

两国主流关系靠近。例如，历史上受西方影响而存在的"泰人南迁"观念，一度妨碍两国的传统友谊和互动发展，后来在泰国进步新闻工作者的认真考察、研究后，充分证实了《三国演义》中的孟获并非泰人，而泰人也并未南迁。①

第二，互相关切两国核心利益，对第三方试图"有意干扰"双方文化、政治、社会良好关系的行径，予以严正对待。21世纪海上丝绸之路经济带不是由中国一家主导的地缘经济合作计划，但也绝非如一些西方学者所称，中国试图通过重建海上丝绸之路来恢复历史上由中国主导建立在朝贡制度基础上的"华夷秩序"，海上丝绸之路的建设将是一个多元、开放的合作进程。② 随着"海路"建设的纵深推进，类似中国想恢复"华夷秩序"这样的"噪音"可能会越来越多，它将考验中国、泰国等"海路"沿线国家的外交政策与合作关系。

第三，正视双方语言文字和相关习俗的差异，认识到加大培养了解双方语言和文化人才的迫切性。由于中、泰两国的文字差异鲜明，客观上可能阻碍了两国人民全面自如的交往；③ 泰国一些地方和部分学校的教育，已经有系统地学习中国文化，而中国在这方面，似乎鲜有所闻。

第四，通过发展壮大两国文化产业，为"海路"建设奠定坚实物质基础，激发前进动力。双方可以在文化遗产保护、人力资源开发、文化艺术交流、文化机构互动、文化产业合作等方面，探索合作交流。

第五，两国自身文化建设的进步、社会应加强，这样才更有利于对方了解自己，接受自己。虽然中国具有五千年的文明历史，不过随着现代化的发展和改革开放的推进，文化、社会等许多方面可能还有待提升，以便与世界潮流接轨，让外界更好地了解自身，减少误解。比如针对中国人日常生活中的不良行为，一项调查研究显示，泰国人对此反应特别强烈，绝大多数受访者认为中国人不大讲礼貌、卫生，还有相当多的人认为中国人

---

① 参见张兴芳《泰国文坛的中国文学》，《解放军外语学院学报》1991年第4期。
② 参见杨保筠《新海上丝路并非要恢复"华夷秩序"》，《中国海洋报》2014年5月19日。
③ 当然，像中国云南的傣族等少数民族，以及广东的潮汕地区，由于历史和地理的缘故，这些地方的族群与泰国相关族群的文化、社会的交流，比起其他地方的族群，障碍要少得多。

不守公共场所的规矩，这是对中国号称礼仪之邦的讽刺，随着中国人到国外旅游的人日益增加，这种反应可能会越来越普遍。①

国之交在于民相亲。如何将中泰两国深厚的文化关系，在 21 世纪发掘出其潜在的活力，运用于两国、亚洲甚至世界的发展，虽无现成的经验可借鉴，却有广阔的魅力前景。两国"一家亲"的文化，可以为"海上丝绸之路"建设提供发展力、激活力、持续力；而"海上丝绸之路"建设也可以促使两国文化"亲上加亲"。中泰友好关系经受了历史的长期考验，证明可以作为优秀的国家间"典范"关系；通过双方努力，"海上丝绸之路"有望升华两国关系，并成为推动区域、亚洲和世界发展的一个良好契机。

① 参见张锡镇《当前泰国人的中国观》，《东南亚研究》2006 年第 7 期。

美国重返亚太背景下的中泰关系

江　涛[*]

摘　要： 2009 年以来，美国推出的亚太再平衡战略对该地区的政治、经济和安全格局产生了重要的影响。整体上看，对于美国的再平衡战略，中国官方的表态比较谨慎，学界和民间以批评为主。作为与美国和中国关系都十分友好、紧密的国家，泰国对美国重返亚太的态度是复杂的，其基本立场是将国内经济发展和安全稳定作为首要任务，努力平衡大国之间的关系。一旦中美发生摩擦和冲突，泰国则面临着在中美之间站队的困境。美国重返亚太给不断发展的中泰关系带来了不小的挑战。为此，中国必须在搞好对美外交、逐步化解"再平衡"的不利影响的同时，高度重视中泰关系，并以中泰关系为抓手，着力打造新形势下的中国与东盟关系，为中国的和平发展继续创造一个稳定的周边环境。

关键词： 亚太再平衡战略　中泰关系　中美关系

2009 年以来，奥巴马政府在总结小布什政府执政经验的基础上，结合后危机时代美国的"国情"，开始对美国的全球战略和对外政策做出重大调整，其中的重要一环就是重返亚太，对亚太地区进行再平衡。[①] 美国政府的这一再平衡战略对该地区的政治、经济和安全格局产生了重要的影

---

* 江涛（1974~　），男，博士，副教授，主要研究方向为美国外交与中美关系、当代中国外交。

① 就 2009 年以来奥巴马政府调整外交战略，更加重视亚太地区的政策，国内外学界交替使用"重返亚洲""重返亚太""重返东亚""重返东南亚"等词。而就美国重返亚太战略而言，美国政府官员和国内外学者也先后使用了"重返""转向""再平衡"等词，其基本含义大致相同，本文在写作中将交替使用这些词，不再区分。

响。那么，中国对美国的这一举动持何立场？作为东盟的大国和该地区的重要力量，泰国对美国重返亚太的态度又是怎样的呢？在对华政策上有着怎样的变化？美国重返亚太战略会对中泰关系产生怎样的影响？中国应该如何应对这一复杂的新情况并在此基础上调整中国的周边外交？这些问题都值得深入研究和思考。本文先对美国重返亚太的背景和内容进行概括，然后探讨中国和泰国对美国战略调整的态度，剖析泰国政府对华政策的变化，并分析再平衡战略对中泰关系的影响，最后就中国政府如何应对提出自己的看法。

一 美国重返亚太战略实施与中国的认知

从地理意义上说，美国并不是一个亚洲国家，也不是狭义上的亚太国家。但是作为一个全球性的超级大国，美国的利益遍布全球，其在亚太地区的影响力是显而易见的。自 19 世纪末 20 世纪初美西战争爆发和提出门户开放政策以来，美国一直在该地区发挥着重要的作用，扮演着"大洋彼岸的平衡者"角色。从这个意义上说，美国从未离开过亚洲和亚太。2001 年"9·11"事件爆发后，美国对外战略转向反恐，将其重心锁定在阿富汗和伊拉克，对亚太地区的关注有所降低。而与此同时，亚太地区的格局也发生了巨大变化，这一变化突出体现在亚太地区在全球经济中的地位进一步上升，一批新兴国家的迅速崛起和不少美国传统盟友的"离心离德"，这些都对美国在该地区的主导地位产生威胁。在这一大背景下，美国开始调整其在亚太的战略。

从 2009 年到 2012 年，在奥巴马的第一任期内，以希拉里和奥巴马在檀香山和东京的演讲、美国多位政要提出"重返亚洲""前沿部署外交""战略转向"等"新"理念，以及国防部推出《新国防战略评估报告》为标志，美国开始在军事、政治、经济甚至文化等方面重返亚太。在军事方面，美国深度整合空、海军战力，保持和提升美国的远征力量投送能力，确保美军在西太平洋地区的军事优势。[1]同时，不断努力加强与日、韩等传统盟友的军事联盟关系，重拾"中国威胁论"的老调，继续加大对台军售，加强与越南、菲律宾等亚太国家的军事联系。在政治方面，美国改弦易辙，放弃小布什政府时期的强硬政策，以巧实力为指导，运用更柔性的手法处理双边关系，积极参与东亚地区事务，致力于建立高层沟通的稳定渠道，逐步扩大与东盟的交流，并将合作重点由偏重安全转向经济、政治、安全各领域并重。在经济方面，力推《跨太平洋战略经济伙伴关系协定》（TPP），签订自贸协定，提升美国在东亚的经济存在。在民间和文化交流方面，更加高度重视文化、教育、科技等方面的民间交流活动，推出了包括文莱—美国加强东盟英语教学伙伴合作关系、"富布赖特东盟学者项目"等在内的多个新项目。[2]

奥巴马政府的重返亚太战略（尤其是2010年针对东南亚的密集访问）在第一任期内取得了一定的成绩，美国在亚太地区的影响力有所上升，形象有所改观，但是并未完全实现其预期目标，反而带来了域内国家误解、威胁亚太地区稳定等方面的负面效应。针对这种情况，在2012年连任总统后，以国务卿克里发表《21世纪太平洋伙伴关系》的主旨演讲为标志，奥巴马开始对亚太再平衡进行"降速纠偏"，在言辞上更加温和，资源与精力将适度逆向回摆，手段由偏重外交、军事转向经济和发展领域，强调均衡推进，在亚洲领土争端问题上由挑拨转向管控，适度调整中国的定位。[3] 2013年6月，美新任亚太事务助理、国务卿丹尼·拉塞尔也表示，美国将继续推进亚太再平衡战略，但希望做出两点调整，一是进行"再再平衡"，二是推动战略多元化。[4]

中国是亚太地区的大国，也是在该地区最具影响力的国家之一，亚太地区是中国外交的根本利益和重要依托。因此，无论是出于地缘位置还是现实利益考量，美国在亚太的行动，都会对中国产生直接的影响。整体上来看，对于美国的再平衡战略，中国官方的表态比较谨慎，学界和民间以批评为主。

一方面，中国官方对美国的再平衡战略的表态是谨慎的、笼统的，既表达了对美国重返亚太的中性评价，也提出了中国的关切和忧虑。2011年1月，时任中国国家主席的胡锦涛在访问美国后发表的中美联合声明中指出，中国"欢迎美国作为一个亚太国家为本地区和平、稳定与繁荣做出努力"[5]，这一表述清晰地表达了中国高层和官方对美国重返亚太的态度，那就是，重返可以，但是要多做有利于本地区和平与发展的事情。对于美国重返亚太，外交部发言人的基本态度是欢迎美国在亚太发挥建设性作用，也希望美方尊重包括中国在内的亚太各方的利益和关切，同地区国家一起，以合作求共同安全，共同建设一个更加稳定、繁荣的亚太地区。[6]另一方面，与官方谨慎的态度相反，中国学者和民间的态度则以批评为主，有些反应还相当强烈。2009年以来，中国主要期刊、报纸和网站发表了大量的关于美国重返亚太和再平衡战略的文章，除了少数呼吁必须理性看待这一行动的文章之外，大部分都认为美国重返亚太就是针对中国或者至少大部分是针对中国。[7]~[11]

二　泰国对美国再平衡战略的态度与政策调整

在美国看来，其重返亚洲的目的之一是希望回归到其在该地区最具有影响力的时期（20世纪50年代的东南亚条约组织时期），那时，美国通过该条约组织和双边同盟关系控制了欧亚大陆广阔的边缘地带。因此，美国重返亚太的重点是重返东南亚，前国务卿希拉里就明白无误地强调，东盟对美国的未来至关重要，美国正在重返东南亚。[12]

泰国是东盟的创始成员国，也是东南亚最具有影响力的国家之一，因此，泰国对美国重返亚太的态度，对于美国来说至关重要。在泰国看来，美国"再平衡"策略背后的动机主要包括四个方面：第一，中国在东亚的影响力不断增加；第二，中国的外交姿态更加自信；第三，美国此前忙于反恐战争，对亚太缺乏关注；第四，次贷危机和欧元区危机后，美国的经济衰退迫使它加强与亚洲的贸易关系。[13]基于这一认知，就对美国重返亚太的欢迎程度以及中国的疑虑程度来看，泰国与其他东盟国家明显不同。它既不像菲律宾、越南等"亲美派"表现十分积极，充当马前卒，配合美国，对中国进行防范和遏制；也不像柬埔寨、老挝等"支华派"那样反应消极，在南海问题上支持中国，对美国"南海航行自由"之类的言论保持缄默。[14]~[42]泰国继续保持了其一贯的低调、谨慎的态度和中立、中间的立场，避免刺激该地区的两个重要国家——中国和美国，力图同时搞好与两个大国的关系，走大国平衡的道路。

具体来说，泰国的这种谨慎、中立和平衡的态度和政策主要体现在以下几个方面。

第一，对于美国重返亚太的举动，泰国的公开表态是含糊的、中性的，对于美国重返亚太，泰国并没有公开地表示支持，但是对美国加强在该地区的存在则是乐见其成。2012 年，当美国总统奥巴马第一次访问泰国时，英拉总理在发布联合新闻中指出，泰国"感谢奥巴马总统和克林顿国务卿为积极促进泰美关系的努力，感谢美国在亚洲的建设性介入"，"我们欢迎美国对东南亚的新的关注，相信我们之间的双边关系（的发展）有助于地区和平、安全和繁荣"[15]。

第二，泰国在继续改善与美国传统盟友关系的同时，不断提升与中国的友好合作层次。泰国早在 1833 年就与美国签订了友好条约，二战结束后，泰国又成为美国的重要盟友。虽然泰国和美国的关系在小布什执政时期有所疏远，处于漂流状态，但是当奥巴马上台后明确表示提升美泰关系时，泰国对其表示积极的回应。2012 年 11 月，泰国与美国签署了《泰美防务联盟共同愿景声明》，升级了美泰军事关系。在美国总统访问泰国期间，泰国还着力提升同美国的经济合作水平，考虑加入《跨太平洋战略经济伙伴关系协定》谈判，加入了美国主导的《防扩散安全倡议》。

中国是泰国重要的邻国，"中泰一家亲"。自从 1975 年两国关系实现正常化以来，对华奉行友好政策已成为泰国历届政府的既定政策。2011 年英拉就任总理以来，泰国政府更加重视发展对华友好关系。英拉有着 1/4 的中国血统，早前在商界打拼时就多次到过中国，对中国民众有特别的亲切感。她在就任总理后首次出访选择中国，在 2011 年遭受洪灾后泰国拒绝美国的救援而接受中方援助，同意将中泰关系提升为战略性合作伙伴关系，在 2012 年东盟峰会上与柬埔寨一起弱化南海问题的努力以及在中国与东盟国家关系中发挥示范和引领作用等，都充分说明了泰国政府进一步推动中泰关系亲上加亲、再上新台阶的意愿。正如英拉 2012 年访问中国前在致中华人民共和国人民的信中表示的那样，"如今，泰国与中国的关系比以往任何时候都更深、更广"，"由于我们两国有着许多共同的价值观和特殊的亲和力，我相信在未来几年间，会有更多的机遇促进两国间互利合作伙伴关系的进一步发展，并加强两国间的友谊，进而促进两国乃至整个地区未来的繁荣"[16]。

　　第三，泰国试图在很多问题上避免刺激中国和美国，力求在中美之间寻求平衡。例如，泰国与美国签订了提升军事关系的声明，但是又特意指出，该声明并不针对中国；自1982年以来，华盛顿和曼谷每年举行一次代号为"金色眼镜蛇"的联合军事演习，但同时也邀请包括中国在内的地区内其他国家参与，以提高演习的"透明度"；对于美国邀请泰国加入TPP，泰国表示将积极考虑加入谈判，但是实际上对打造中国东盟自贸区"升级版"、共同推动区域全面经济伙伴关系（RCEP）更加热心；继续允许美国航母停靠普吉但是拒绝美国国家航空航天局请求租用乌塔堡机场开展气候研究的申请等。

　　对于泰国来说，之所以采取中立和平衡的政策主要是出于以下三个方面的考虑。

　　首先，由于中国是泰国的重要邻国，而美国是亚太地区的重要平衡力量，这对于泰国是无法选择的，因此，出于地缘政治的考虑，泰国必须游走于中美两个大国之间。

　　其次，出于国家利益和现实的考量，泰国也需要搞好与中国和美国的关系。"美国通过军事同盟体系和关系协调为东亚地区提供常规性安全保护和危机管理，中国通过推动多边经济合作提高东亚经济体来自贸易等领域的收益"，因此，东盟国家"利用中美两国的相互制约关系，采取在美国提供的安全保护和中国经济增长创造的红利中两面渔利的对冲策略"[17]，泰国也不例外。泰国国立法政大学东盟研究中心学者坦普查特里曾经表示，泰国需要在超级大国之间寻求"软平衡"，中国和美国都是泰国的重要合作伙伴，而且美国已经重新回到了亚洲。泰国必须保持中立，最好不要选边站。[18]

　　最后，泰国外交传统也决定了泰国必须推行中立外交。长期以来，泰国的外交以"竹子外交"而闻名。[19]~[20]近代以来，泰国外交始终坚持实用主义路线。早在19世纪中叶，被称为"朱拉隆功大帝"的拉玛五世就指出，"泰国是一个小国，人口有限，不能与列强进行战争，必须八面玲珑与人无争，不能过分亲近某一强国，亦不可过分疏远某一强国"。[21]279基于这样的外交传统，泰国继续奉行平衡外交也就再正常不过了。曾任泰国政府发言人的朱拉隆功大学政治学者帕尼坦表示，泰国在外交上需要保持平衡；在与美国加强关系的同时，泰国不要卷入美国主导的外交轨道，切记应保持中立。[22]

三　美国重返亚太战略对中泰关系的影响与挑战

在中国与诸多周边国家的关系中，几乎没有其他关系能与中泰友好关系相提并论。因为两国之间没有敌对关系，两国人民像兄弟姐妹一样，保持交流沟通和互相帮助达千年之久，[23]5双方都赞誉彼此是"好邻居、好朋友、好亲戚"。与此同时，我们也不能忘记在历史上中泰关系也曾经历过紧张与对立的艰难时期。从 1949 年到 1975 年，中国与泰国的民间交流一直没有间断，但是中泰两国的政治关系是不正常的，甚至在 1958 年和 1969 年还经历了长达 11 年的对抗。直到 1975 年双方才正式建立外交关系，中泰关系才回归正常。[24]之所以出现这样的曲折过程，冷战的大背景和双方的外交政策的变化固然是其中的重要因素，但是美国所扮演的负能量的角色也不可忽视。正是泰国政府的亲美、追美的政策和新中国的反美、抗美政策才使得双方的政治关系在长时间内难以解冻，而中泰关系全面走向缓和和正常化，也是在尼克松访华、中美关系缓和的大背景下实现的。"回顾历史，在中泰建交前中泰隔绝和敌对的时间有 17 年之多，造成中泰之间敌对的因素有很多，但是美国因素应该是中泰之间对立敌对的最重要因素。"[25]"作为美国冷战时期的盟友，东盟国家在中美关系处于冲突状态时，与中国的关系也处于对立状态。而当中美关系出现改善时，东盟对华关系也出现好转。可以说中美关系正常化是东盟国家与中国发展友好关系的一个平台。"[26]11

尽管美国从未离开过亚太，但是美国的亚太战略调整还是对亚太地区的地区格局和国家关系产生冲击，这种冲击直接或者间接地影响着中泰关系。

首先，美国重返亚太，给地区带来了失范和不稳定，打断了中国和亚洲国家的调适过程，给中泰关系带来了新问题。作为全球国际格局的重要区域，在后冷战时代，尽管亚太地区存在这样和那样的问题，但是整体上亚太地区基本保持了稳定，尤其是在美国"忽视"东南亚的近 10 年间，中国和东盟（包括泰国）关系有了长足的进步。"亚洲国家尤其是东盟各国采取现实主义的务实外交政策，把中国的经济崛起视为一个机会，调整自己和中国的关系。同时，中国也把和亚洲国家关系的重心放在经贸关系上，低调处理战略关系，而在政治上承认东盟国家的领导地位。正是中国和东盟国家的这种互相调适，双方关系才获得了快速的进展，并通过各种区域的和国际的、双边的和多边的途径使得双方关系趋于制度化。"[27]而如今美国重返亚太以及其强力推进的一系列政策，显然旨在打破目前的平衡，建立有利于美国的新结构，而个别国家也极力迎合美国，制造麻烦。因此，不管美国的目标能否完全实现，美国在事实上给该地区带来了不稳定。这种不稳定打断了中国与亚洲国家之间的相互适应，影响了中国与亚洲国家之间的相互认知。就中泰关系而言，冷战结束后，泰国逐步强化了经济优先的发展战略，更加重视泰国与中国的合作。而中国在关键时期的对泰援助也对促进泰国对华采取温和态度起到了重要作用，[28]换句话说，中国与泰国经过 10 多年的磨合，已经初步形成了富有特色的双边关系。而如今，由于美国重返亚太并力图强化和升级美泰关系，中泰两国不得不应对这一新的情况，设法消除地区不稳定给中泰关系带来的负面因素，避免其感染中泰双方对对方的认知。

其次，美国再平衡战略防范和遏制中国的意图十分明显，这必然会对中美关系带来负面效应。一旦中美发生冲突，泰国面临着新的站队的危险，未来如何处理与中国关系也将是泰国政府面临的一个重要难题。如前所述，尽管美国多次声称再平衡战略并非针对中国，但是中国对美国该战略的忧虑和关切并没有根本解除，中美官方都赞成构建新型的大国关系，但是中美之间的不信任和战略互疑并没有根本缓解和消除。当前，亚太地区已经成为中美博弈和较量的核心战场。在中美竞争的过程中，泰国作为第三方最希望看到的是中美关系实现良性互动，最不愿看到的是中美发生冲突。因为一旦中美之间发生冲突，泰国不得不面临着选边站队的困境。东盟秘书长素林曾经坦言，美国和中国在亚太的竞争不断增强，东盟在处理与两个超级大国的关系时需要格外谨慎小心，要平衡好与两者的关系。这并不容易，说起来简单，做起来很难。[29]实际上，未来中泰关系面临的一个重大问题是一旦中美发生冲突甚至新的冷战，中国应该做出怎样的决定以及泰国又应该如何站队。国内外众多的国际组织和机构都认为，只要不发生大的偏差，在未来的 10 ~ 20 年内，中国的经济总量将与美国持平或者超过美国，在其他方面与美国的差距也会大大缩小。[1] 这意味着中国将继续保持甚至强化在亚太地区的影响力。而随着中国综合国力的进一步增强，中美关系将会得到重塑。未来的中美关系存在广阔的合作空间，但也有产生摩擦甚至发生冲突的可能。[30] ~ [31]28 一旦中美关系失控，中国必然会重新考虑其周边政策，调整包括对泰国在内的外交方针。而对于泰国来说，可能将面临自己最不愿看到的局面——在中美之间选边站队，而无论选择倒向任何一方，其代价必然是巨大的。

最后，美国重返亚太也有一定的合理性，如果处理得当，也可能在客观上促进对中泰关系发展。无论是作为一个超级大国还是作为一个一等大国，亚太地区处于美国的"周边位置"，对于美国来说都有着重要的利益。因此，美国重返亚太，更加重视该地区还是有其合理的一面。与其他国家相比，美国为该地区提供安全产品的一面十分明显。与其他地区相比，亚太地区的国家冲突比较多，美国在此增加军事存在，可以降低国家间冲突的程度，维持亚太相对稳定的国际秩序，为中国的和平发展提供比较稳定的外在环境。作为该地区的重要力量，美国加强与泰国的关系也有合理的因素，在一定程度上可以减轻包括泰国在内的东盟对中国崛起的担忧，从而保持中泰关系的稳定。长久以来，区域外大国一直在东南亚扮演着重要角色，甚至掌控着这一区域的命运。无论是在历史上，还是在现代，中国始终是该地区一个具有影响力的大国，而相对来说东南亚国家多是小国。出于地缘政治和战略平衡的需要，东盟（包括泰国）在享受中国高速经济发展和全力推进区域合作带来的红利的同时始终对中国还有忧虑和防范的一面。随着中国在该地区力量的上升，影响力的扩大，引进美国作为一种力量来进行平衡对东盟来说不失为一个优选。所以，从这个意义上讲，与美国搞好关系，反而可以令泰国感到安心，更加推进中泰关系的发展。

---

① 根据经合组织 2012 年发布的一份题为《展望 2060：远期增长的全球视野》的报告，全球经济格局将在未来 50 年发生重大变化。中国最早可于 2016 年取代美国，成为世界第一大经济体。到 2060 年，中国和印度的经济总量将会超过经合组织所有成员国的总和。

四　中国的应对及周边外交政策的调整

对中国来讲，泰国是本地区的重要国家，也是中国重要的友好邻邦和战略伙伴。当前，中泰关系具有特殊性、稳定性和重要性。"特殊性，是指中泰两国不仅是伙伴、朋友，还是亲戚，中泰一家亲已家喻户晓，亲戚之间应常来常往；稳定性，是指不管两国国内以及外部形势发生什么变化，中泰友好从未间断，始终保持了难能可贵的稳定发展；重要性，是指双方都把与对方的关系放在对外关系的重要位置，使中泰关系始终走在中国与邻国关系的前列，对于促进中国与东盟整体关系发展具有示范作用。"[32]所以，就中国而言，没有理由不搞好和发展中泰关系。

在美国重返亚太的大背景下，中国应该从以下几个方面入手，进一步推进和提高中泰全面战略伙伴关系的水平。

首先，中国必须继续高度重视中美关系，使得中美关系朝着健康稳定的方向发展，使得美国因素成为中泰关系发展的正能量。自中美关系正常化以来，中国政府就一直高度重视中美关系，对美外交成为中国外交的重中之重。在过去的几十年内，中美关系尽管经历了种种低谷和波折，但是始终在曲折中向前发展。伴随着中国力量的不断上升，中美关系的合作在增强，但是摩擦也在增多。如何发展新时期的中美关系对于中国和美国来说都是一个新的难题。目前，中国党和国家领导人已经提出建立新型大国关系的设想，这无疑是中美关系发展的正确方向，但是如何充实这一新型大国关系的具体内涵还需要有进一步的思考。历史已经证明，并将继续证明，一个稳定的中美关系对中国与泰国的关系同样至关重要。

其次，调整和创新周边外交，更加高度重视泰国，以泰国为抓手，推动中国与东盟关系的进一步发展。2013年10月，中国举行了周边外交工作座谈会。在会议上，习近平主席指出，我国周边外交的基本方针，就是坚持与邻为善、以邻为伴，坚持睦邻、安邻、富邻，突出体现亲、诚、惠、容的理念。这一会议的召开标志着中国周边外交的重大调整。未来几年，中国应该以这次会议的精神为指导，革新周边外交。中国可以考虑及时发布东南亚的外交政策白皮书，全面阐述对东南亚国家政治发展和外交政策的立场。就对中国的态度而言，泰国是东盟当中独一无二的国家。中国要想争取东盟的理解和支持，进一步增加共识，扩大交流与合作，在更高、更深、更广的领域发展彼此共同利益，作为中间派的泰国是一个可靠抓手和突破口。实际上，在美国重返亚太后，中国已经开始进一步重视泰国的作用。当前和今后一段时期内的重点工作是落实已经达成的协议，并且拟定新的思路，使得中泰关系向中国与东盟关系辐射。

再次，继续推动中国与泰国的经济合作与一体化，同时逐步提供更多的区域公共产品，考虑推动建立东亚安全体的可能性。经贸合作是中泰关系的重要纽带，与中国和东盟关系一样，中国与泰国的经贸合作也经历了"黄金十年"，现在应该继续努力，再创造一个"钻石十年"。2013 年 9 月，李克强总理提出要打造升级版的中国—东盟自贸区，而泰国无疑可以成为升级版的先行者。与此同时，面对包括泰国在内的东盟国家的关切，逐步改变其经济上靠中国、安全上靠美国的局面，中国可以考虑推动建立"东亚安全共同体"，这个安全共同体可以东盟地区论坛为框架，以"东盟安全共同体"为核心，建立"东亚安全合作组织"，其成员主要是本地区的主权国家，但不排除美国等本地区以外国家参加。"我国同周边国家毗邻而居，开展安全合作是共同需要。要坚持互信、互利、平等、协作的新安全观，倡导全面安全、共同安全、合作安全理念，推进同周边国家的安全合作，主动参与区域和次区域安全合作，深化有关合作机制，增进战略互信。"[33]

最后，重视非政府外交，继续加强中泰的人文交流。就中国的外交而言，特别重视与对象国的官方发展友好关系，中国与这些国家官方往来也是做得比较成功的。但是，当代世界中，非政府组织和公民社会也正在国与国之间的交往中发挥重要作用，而开展非政府外交又恰恰是中国外交的弱项之一。中泰之间的非政府往来已经非常密切，但是还不够。下大力气支持一批民间和非政府机构，主动开展对泰外交，将会取得良好的效果。在这方面，由泰国国家研究院、泰中文化经济协会和中国华侨大学联合主办中泰战略研讨会是一个很好的案例，值得研究和推广。文化交流是加深两国人民之间互相了解的重要纽带，也是彼此沟通感情的重要渠道，2012年电影《泰囧》的火爆再次证明了这一点。当前，要切实落实好双方在建立全面战略合作伙伴关系的联合声明中所达成的共识，并将其细化。

五　小结

中国共产党的十八大报告指出，当今世界正在发生深刻复杂的变化，和平与发展仍然是时代主题。中国将继续高举和平、发展、合作、共赢的旗帜，坚定不移致力于维护世界和平、促进共同发展。我们将坚持与邻为善、以邻为伴，巩固睦邻友好，深化互利合作，努力使自身发展更好惠及周边国家。[34]这一宣示表明，中国不会因为美国的高调重返亚太而对对外战略和外交政策的既定方针做出根本性的调整，中国的东南亚政策将继续保持连续性。实际上，2013年5月，中国外长王毅在会见泰国副总理兼外长素拉蓬时也再次强调，"中国新一届政府将坚持把加强与东盟的睦邻友好合作作为周边外交的优先方向，坚持不断巩固深化与东盟的战略伙伴关系，坚持通过友好协商和互利合作妥善处理中国与东盟有关国家间的分歧和问题"[35]。对于中方的善意和友好，泰国总理英拉也在同中国总理李克强的通话中回应，泰方坚定奉行对华友好政策，愿与中方密切配合，加强高层交往，扩大交流合作，增进人民之间的友好感情。泰国将为推动东盟与中国关系发展发挥积极作用。[36]当前，中泰关系的发展势头良好，2012年两国建立全面战略合作伙伴关系以来，中泰关系进入了新的发展阶段，展现出更加巨大的合作潜力和更加广阔的合作前景，已超越双边范畴，为在地区和全球层面开展战略性合作提供了新的机遇。[37]尽管在美国重返亚太的背景下，中泰关系面临新的挑战，但是只要双方共同努力，一个和谐的中泰关系将继续保持和发展。

参考文献

[1] 张明之：《从"中国威胁论"到"中国责任论"：西方冷战思维定式下的中国发展安全》，《世界经济与政治论坛》2012年第3期。

［2］ 美国国务院：《美国与东盟的合作发布简报》，http：//iipdigital. usembassy. gov/st/chi-nese/texttrans/2012/07/201207128913. html#axzz2f1iOk54u，2013 年 12 月 31 日访问。

［3］ 刘飞涛：《奥巴马的亚太"再平衡"：降速纠偏?》，《国际问题研究》2013 年第 3 期。

［4］《美新任亚太事务助理国务卿将首访华 力推"再再平衡"》，http：//world. people. com. cn/n/2013/0904/c1002 - 22809056. html，2013 年 12 月 31 日访问。

［5］《中美联合声明》，http：//news. xinhuanet. com/world/2011 - 01/20/c_ 121001428. htm，2013 年 12 月 31 日访问。

［6］《外交部发言人刘为民举行例行记者会》，http：//www. fmprc. gov. cn/mfa_ chn/wjdt_ 611265/fyrbt_ 611275/t937874. shtml，2013 年 12 月 31 日访问。

［7］ 钟声：《想清楚回来了到底干什么》，http：//world. people. com. cn/GB/14549/15911524. html，2013 年 12 月 31 日访问。

［8］ 王鸿刚：《美国的亚太战略与中美关系的未来》，《现代国际关系》2012 年第 1 期。

［9］ Yan Xuetong, "Strategic Cooperation without Mutual Trust：A Path Forward for China and United States," *Asia Policy*，No. 15，January，2013.

［10］ 韩召颖：《美国的亚太再平衡战略及其负面影响》，《人民论坛·学术前沿》2012 年第 10 期。

［11］ 建老真人：《美国的亚太再平衡战略注定再破产》，http：//bbs. huanqiu. com/thread - 2361591 - 1 - 1. html，2013 年 12 月 31 日访问。

［12］ Hillary Rodham Clinton, Press Availability at the ASEAN Summit，http：//www. state. gov/secretary/rm/2009a/july/ 126320. htm，2013 - 12 - 31.

［13］ Kitti Prasirtsuk, "The Implications of U. S. Strategic Rebalancing：A Perspective from Thailand," *Asia Policy*，No. 15，January，2013.

［14］ 韦宝毅：《美国重返亚太对东盟的影响》，《广西经济》2013 年第 1 期。

［15］ Remarks by President Obama and Prime Minister Shinawatra in a Joint Press Confer-ence，Government House Bangkok，Thailand，http：//www. whitehouse. gov/the - press - office/2012/11/18/remarks - president - obama - and - prime - minister - shi-nawatra - joint - press - confer，2012 - 11 - 18.

［16］《泰国总理英拉·西那瓦在〈人民日报〉发表致中国人民的信》，http：//world. people. com. cn/GB/57507/17681914. html，2013 年 12 月 31 日访问。

［17］ 高程：《周边环境变动对中国崛起的挑战》，《国际问题研究》2013 年第 5 期。

[18]《奥巴马将首访缅甸 媒体称此行是奥巴马本次出访重心》，http：//news. xinhuanet. com/world/2012－11/19/c_ 123967117_ 2. htm，2013 年 12 月 31 日访问。

[19] Arne Kislenko, "Bending with the Wind：The Continuity and Flexibility of Thai Foreign Policy," *International Journal*, 2002, 4：537－561.

[20] 李益波：《泰国对美中日三国外交的再平衡》，《当代世界》2013 年第 4 期。

[21] 朱振明：《当代泰国》，四川人民出版社，1992。

[22]《泰专家警告泰国保持中立 勿卷入美国外交轨道》，http：//world. huanqiu. com/exclusive/2012－11/3276912. html，2013 年 12 月 31 日访问。

[23] 庄国土：《文化相似性和中泰关系：历史的视角》，《华侨大学学报》（哲学社会科学版）2013 年第 2 期。

[24] 余定邦：《中泰关系史》，中华书局，2009。

[25] 罗文春：《中泰政治关系（1949－1975）》，厦门大学硕士学位论文，2009。

[26] 韦红：《美国因素对中国与东盟关系的影响》，《南洋问题研究》2006 年第 1 期。

[27] 郑永年：《美国"重返亚洲"与亚洲秩序的巨变》，《东南亚南亚研究》2013 年第 1 期。

[28] 孙学峰：《泰国温和应对中国崛起的动因与启示（1997~2012）》，《当代亚太》2012 年第 5 期。

[29]《美"重返亚太"给东南亚带来喜与忧》，http：//world. people. com. cn/n/2012/1129/c57507－19733909. html，2013 年 12 月 31 日访问。

[30] 阎学通：《历史上的惯性》，中信出版社，2013。

[31] Hyung Min Joo, "US－China Relations at a Crossroad：What Lies Ahead?" *EAI Asia Security Initiative Working*, 2012 , （11） .

[32]《外交部长王毅谈中泰关系特殊性、稳定性和重要性》，http：//www. gov. cn/gzdt/2013－05/02/content_ 2394510. htm，2013 年 12 月 31 日访问。

[33] 习近平：《让命运共同体意识在周边国家落地生根》，http：//news. xinhuanet. com/2013－10/25/c_ 117878944_ 2. htm，2013 年 12 月 31 日访问。

[34] 胡锦涛：《坚定不移沿着中国特色社会主义道路前进 为全面建成小康社会而奋斗》，人民出版社，2012。

[35]《王毅谈中国对东盟政策的三个"坚持"》，http：//www. fmprc. gov. cn/mfa_ chn/gjhdq_ 603914/gj_ 603916/yz_ 603918/1206_ 604642/xgxw_ 604648/t1036851. shtml，2013 年 12 月 31 日访问。

[36]《李克强同泰国总理英拉通电话时强调携手推进中泰和中国—东盟关系继续向

前发展》，http：//www. fmprc. gov. cn/mfa_ chn/gjhdq_ 603914/gj_ 603916/yz_ 603918/1206_ 604642/xgxw_ 604648/t1027688. shtml，2013 年 12 月 31 日访问。

［37］ 《中泰关系发展远景规划》，http：//news. xinhuanet. com/2013 － 10/12/c_ 117692332. htm，2013 年 12 月 31 日访问。

大湄公河流域开发中泰合作法律机制研究

蔡文灿 *

摘　要： 在亚洲开发银行的主导下，大湄公河流域内的中国、老挝、缅甸、泰国、柬埔寨、越南 6 个国家共同发起了大湄公河次区域合作（GMS），以加强各国间的经济联系，促进次区域经济社会协调发展，实现区域共同繁荣。作为 GMS 的重要成员国，中泰两国在大湄公河流域开发中从交通、能源、农业、环保、金融等领域开展全方位的合作。在大湄公河次区域多边协议层面和中泰两国双边协议层面，中泰合作的法律机制日渐完善。法律的完善巩固了双方合作的丰硕成果，并为促进合作的进一步深入奠定法治基础。

关键词： 大湄公河流域　GMS　中国　泰国　法律机制

一　大湄公河流域概况

湄公河是世界最大河流之一，河长 4880 千米，居世界第六位；河口平均流量 15000 立方米/秒，居世界第八位。主源为扎曲，发源于中国青海省玉树藏族自治州杂多县。流经中国、老挝、缅甸、泰国、柬埔寨和越南，于越南胡志明市流入南海。湄公河上游在中国境内，称为澜沧江，下游三角洲在越南境内，越南称为九龙江。

澜沧江流域包括中国青海省南部、西藏东部、云南省西南部。整个流域由北至南走向，地势北部最高，渐向南部下降，水系呈帚状分布。北部

---

*　蔡文灿，华侨大学法学院讲师。

是典型的高山峡谷，中部为中山宽谷区，南部属开阔的中低山地。湄公河上游地区包括缅甸掸邦东部、老挝北部和泰国北部。泰国北部地区，其东部接琅勃拉邦山区，西北部为铃老山区，中部为广阔的平原，平均海拔约400米。湄公河中游地区包括老挝中部和南部以及泰国东北部。泰国东北部地区地貌呈山地高原状态，称柯叻高原，地势由西向东倾斜。由于柯叻高原的土质大多为沙岩，水分蒸发和渗透快，水土保持差，常出现干旱。柯叻盆地盐碱化较重，只有南蒙河口平原，土地肥沃，水源丰富。

中国澜沧江流域面积16.48万平方千米，在整个大湄公河流域位列第三，多年平均流量每秒2140立方米。泰国境内流域面积18.4万平方千米，仅次于老挝，位列第二，约占泰国领土面积的35.9%，多年平均流量每秒2560立方米。泰国是流域内较富有的国家，但水资源占有量最少，就人均、顷均水资源量而言，整个流域最丰富的是老挝，最贫缺的是泰国。泰国除需获得水电资源外，最重要的是解决灌溉和生活用水，以使东北地区的生活标准达到该国其他地区的水平。①

1992年，在亚洲开发银行的主导下，大湄公河流域内的中国、老挝、缅甸、泰国、柬埔寨、越南6个国家共同发起了大湄公河次区域合作（Great Mekong Subregion Cooperation，GMS），以加强各国间的经济联系，促进次区域经济社会协调发展，实现区域共同繁荣。GMS合作20多年来，在交通、能源、电信、农业、环境、卫生、旅游、人力资源开发、贸易与投资、禁毒10个领域，6个国家合作开展了180多个项目，共投入资金100多亿美元，取得了令世界瞩目的成就，形成了自己的鲜明特色，被世界银行称为发展中国家开展"南南合作"的成功典范，具有世界影响和世界意义。②

二　大湄公河流域合作开发的指导理论、模式和机制

目前，世界上大多数国家支持国际河流的"整体开发和管理"理论，

① 参见唐海行《澜沧江—湄公河流域的水资源及其开发利用现状分析》，《云南地理环境研究》1999年第1期。

② 参见李平《大湄公河次区域（GMS）合作20年综述》，《东南亚纵横》2012年第2期。

其依据主要是系统理论和可持续发展理论。（1）系统理论。系统理论强调区域之间的联系，考虑国际河流的整体性，加强各流域国之间的合作。流域内各要素之间有关联性，任何资源的开发利用应当考虑相关资源的利用。土地利用（如种植、放牧、森林砍伐、公路建设、采矿、城市化等）通常引起一系列的水量和水质的改变（如径流量、径流速度的改变和泥沙等），并通过水这一载体决定污染物的产生、迁移和转化。（2）可持续发展理论。可持续发展理论强调重视流域内整体生活水平的提高，做到"为流域开发"，而不仅仅是"在流域开发"。资源管理的最终目标是提高地方人们的生活水平和维护较好的生态环境，因此，应当考虑就业机会、居住和交通条件，尤其是发展中国家，要求协调人与自然之间的关系，适度发展，维护流域生态的可持续性。

国际河流整体开发和管理主要体现在三个方面：（1）强调区域之间的联系，要求从全流域的角度，而不是仅仅从国家的角度来进行开发和管理。（2）强调流域内各要素的相关性，要求资源的开发和管理中考虑相关资源的利用问题。（3）要求考虑河道生态系统的可持续性，维护流域的可持续发展。①

根据国际河流"整体开发和管理"理论，应确立以可持续发展为基础的绿色经济发展模式。通常情况下，各种大型开发项目的建设，必将使森林植被遭到破坏，生物多样性锐减，水土流失和自然灾害加剧。大湄公河流域开发与环境保护之间也会不可避免地产生一系列摩擦。为此大湄公河次区域合作应确立以可持续发展为基础的生态发展模式，实现人类—生态—环境的协调发展。GMS 各主要合作机构在环境保护与可持续发展研究方面都取得了进展，其中最有成效的是亚洲开发银行的"大湄公河次区域（GMS）环境工作组"项目。目前正在实施和准备的环境方面的项目共有 5 个，即"次区域环境监测和信息系统"项目、"次区域环境培训和机构加强"项目、"次区域边远地区扶贫与环境管理"项目、"次区域国家环境战略框架"项目及"下湄公河流域重点湿地的管

---

① 参见陈丽晖、曾尊固《国际河流整体开发和管理及两大理论依据》，《长江流域资源与环境》2001 年第 4 期。

理和保护"项目。①

大湄公河次区域合作实行的是项目开发为主导的合作机制,本着"以项目引导资金,以资金带动项目"的原则,以亚行为主导,联合合作方各国政府、其他国际机构或财团,筹集大量的资金,对合作框架内的重点领域和重点项目进行投资,从而保证大湄公河次区域合作能按照合作框架内的内容顺利推进。据统计20年内总计集资140.56亿美元。其中,亚洲开发银行出资57.30亿美元,建设项目承担国家配套出资36.84亿美元,国际其他资助方出资46.42亿美元。②

在大湄公河流域的开发中,中泰两国经济发展水平较高,资金实力较为雄厚,中泰两国的合作发挥着举足轻重的作用。中泰两国应在GMS的框架内,以国际河流"整体开发和管理"理论为指导,确立以可持续发展为基础的生态发展模式,以项目带动合作的深入,以期共同提高流域内两国民众的生活水平。

三　大湄公河流域开发中泰合作的领域

20多年来,中泰两国在GMS的框架内开展了诸多领域的合作,并且取得了丰硕的成果。

(一) 交通

大湄公河次区域经济走廊以"三纵两横"交通通道建设为基础,建设成产业、贸易和基础设施为一体的、经济较快发展的"三纵两横"经济带。"三纵"为南北走向,"两横"为东西走向。其中"三纵"的中线为云南昆明—云南西双版纳—老挝—泰国曼谷。

目前成果最大的就是南北经济走廊中线,以昆—曼公路基本建成为标志。昆曼公路起于中国昆明,止于泰国曼谷,全长约1800千米,被亚洲开发银行称为"亚洲公路网中最激动人心的一个路段"。昆曼公路中国段

---

① 参见陈刚华、母锡华《中国(大西南)在大湄公河次区域合作中的战略研究》,《贵州社会科学》2009年第8期。
② 参见毛胜根《大湄公河次区域合作:发展历程、经验及启示》,《广西民族研究》2012年第1期。

2008 年 3 月已全线贯通，由昆明到曼谷所需时间由过去的 48 小时缩短为现在的 24 小时。目前，连接老挝会晒和泰国清孔的湄公河大桥正在加紧建设，届时，昆明到曼谷的时间还可缩短。①

（二）能源

亚洲开发银行东南亚局局长千贺邦夫指出："亚行正努力在国别和次区域发展工作中，融入适应和缓解气候变化的措施。例如，进一步发展铁路交通，代替以化石燃料为基础的交通运输模式，以及开发各种可再生能源。"为了满足次区域不断扩大的电力需求，大湄公河次区域在数年前已经在能源领域开展合作，致力于促进跨境电力贸易。按照规划，使能源从丰富的地区（如中国和老挝）向各个需求中心（如泰国和越南）输送成本更低的电能。千贺邦夫透露，近期，大湄公河次区域地区已经在向非传统领域的合作迈进，如可再生能源、能源效率和清洁能源技术。大湄公河次区域各国于 2009 年 6 月通过了大湄公河次区域扩大能源合作路线图，通过区域活动，为大湄公河次区域地区实现可持续、安全、有竞争力和低碳能源奠定了基础。千贺邦夫告诉记者："通过更高效地利用本土、低碳和可再生资源、跨境贸易优化次区域能源和提高能源安全性以及促进公私合作伙伴关系等途径，着力提高能源的获得。"此外，亚行专门成立了湄公河—雅鲁藏布清洁发展基金。亚行私营部门业务局、私募股权部主任 Shin Kim 介绍，该基金是在大湄公河次区域以及雅鲁藏布江流域国家中进行清洁能源投资的私募股权基金，主要关注可再生能源发电资产中的投资机会，即小水电、生物质能、风能、废弃物转化能源等。通过支持此类基金，调动私人资本投入更清洁/更绿色的产业中去，以创造更多就业及挖掘中小企业的潜力。目前，亚行次区域能源论坛正在积极监督开发和实施路线图工作规划中已经确定的关键项目，包括促进可再生能源和能源效率技术相关的知识和经验交流。②

在 GMS 合作框架内，泰国和中国开展了广泛的能源合作。1998 年 11 月 12 日，泰国总理府和我国国家经贸委签订了《关于泰王国向中华

---

① 参见李平《大湄公河次区域（GMS）合作 20 年综述》，《东南亚纵横》2012 年第 2 期。
② 参见刘蕾《亚行，为大湄公河次区域经济发展护航》，《中国金融家》2010 年第 8 期。

人民共和国购电的谅解备忘录》；2001 年 3 月 20～27 日，中国国家电力公司、云南省电力集团公司与泰国国家电力发展局、泰国 GMS - POWER 会谈，明确泰国向中国购电第一个合作项目是景洪水电站。2013 年起泰国向中国购电 150 万千瓦，2014 年起另向中国购电 150 万千瓦。1995 年，在"亚洲次区域电力论坛"会议上，老挝政府表示支持向泰国输电线路经过老挝。① 景洪水电站位于云南省西双版纳州景洪市，总装机容量 175 万千瓦，最大坝高 108 米，坝顶总长 704.5 米。它是我国第一座外商直接投资并控股建设的大型水电站。所发电量全部输往泰国，是我国第一座全部电力卖给国外的大型水电站。② 水电站原计划向泰国售电，但为了早日开发以及促进"西电东送"南部通道的建设，云南省及华能集团经与泰国方面协商后，将景洪水电站与糯扎渡水电站作为一组电源，由华能澜沧江集团全资建设，电站建成后先送电于广东省，然后根据泰国电力市场情况，由南方电网作为对外合作机构向泰国送电。③ 中国将开建 500 千伏输变电工程，向泰国送电。中泰双方已确定开建 500 千伏输变电工程，计划 2013 年前送电 150 万千瓦，最终达到年送电 300 万千瓦的目标。④

随着人口的增加和城市化的发展，这种状况无疑会对环境及可持续发展构成威胁。改变能源生产和消费方式，加快开发太阳能、风能和生物能等可再生的清洁能源资源，对建立可持续的能源系统以及促进次区域经济发展和环境保护具有重大意义。中泰两国在太阳能、风电以及生物燃料等领域拥有丰富的资源，而中国在新能源与可再生能源领域具有先进的技术和丰富的经验，在新能源与可再生能源应用领域有着巨大的发展空间。为此，中泰两国应不断加强新能源开发领域的投资合作。⑤

① 参见刘远达、杨跃萍《小湾电站建成后，澜沧江将成为中国和东南亚能源库》，http://news. sohu. com/80/82/news147708280. shtml，最后访问日期：2012 年 5 月 20 日。
② "景洪水电站"，http://news. sina. com. cn/c/2009 - 12 - 28/110416844315s. shtml，最后访问日期：2012 年 5 月 20 日。
③ "景洪水电站"，http://baike. baidu. com/view/1295649. htm，最后访问日期：2012 年 5 月 20 日。
④ 参见李平《大湄公河次区域（GMS）合作 20 年综述》，《东南亚纵横》2012 年第 2 期。
⑤ 参见任娜、郭延军《大湄公河次区域合作机制：问题与对策》，《区域发展战略》2012 年第 2 期。

（三）农业及相关配套产业

大湄公河流域具有发展农业的优越条件，泰国是世界最重要的大米出口国之一。中国云南和广西是农业省区，虽可耕地面积少，但农业生产技术尤其是在稻谷优良品种的研究开发、农田水利建设等方面有较大优势，因此中国与泰国的农业合作有着广阔的前景。大湄公河次区域国家共同发表的《昆明宣言》中提出，次区域贫困问题在很大程度上是农业问题，农业发展对减贫至关重要。大湄公河次区域国家和地区都有某些具有明显比较优势的农产品，其中泰国的大米和热带水果，中国的茶叶、蔬菜及温带水果都具有一定的比较优势，彼此均有一定的比较优势和互补性。①

除了农产品贸易之外，更深入的合作应在项目上。在种植、养殖、病虫害防治与监测、农产品加工等方面与泰国开展广泛深入的合作；鼓励和引导各类企业到泰国建立农产品生产基地；积极吸引泰国企业合作开发云南温带农业，建立符合国际标准的绿色温带蔬菜、水果基地和物流体系；推进农作物种子资源的交换；加快《农产品检验检疫协定》的谈判和签署进程，促进农产品、农作物种子种苗、化肥、农药、农机具等上下游商品出口；合作建立 GMS 动植物疫病监测、预报和防治体系，互相交换动植物疫病信息和资料，加强综合防治技术开发合作。

在林业方面，按可持续发展的原则进行护林、造林、经济林木开发经营等合作，保护和促进珍贵木材数量的增长，发展速生丰产林、橡胶等经济林，合作建设木材、林副产品加工企业，减少初级产品和原木的出口。以生物资源的天然更新与人工抚育为重点开展生态系统的恢复与重建合作；开展天然生物药品、无公害农药农肥、天然香料、天然化妆品的开发研究，珍稀观赏植物和珍稀动物的保护与繁育等合作。②

中国西南地区盛产药草，并有利用被证明有效的药方治病的悠久传统，因此，西南地区很多省份在发展中草药产业方面具有天然的优势。特别是，云南拥有中国最大的药草产量，广西也因盛产中草药而闻名。然而多年以来，中草药主要以未加工形式出口。因此，鉴于中泰两国都具有医

---

① 参见张建伦、赵明《大湄公河次区域农业合作研究综述》，《世界农业》2011 年第 6 期。
② 参见郭祥焰《澜沧江—湄公河次区域经济合作研究》，《南方论丛》2006 年第 2 期。

用植物和草药量丰类多的优势，中泰两国政府应积极促进两国在研究和开发草药产品、形成世界认可的产业和市场等方面的合作。除了在生产和销售方面的合作外，还可以通过生产副食品或化妆品并进入这些市场的方法，为草药原材料创造更多的附加值。①

（四）环境与资源保护

在 GMS 合作快速推进的同时，大湄公河流域面临着日益严重的污染、土地退化、生物多样性减少和自然资源损耗等环境压力。如果不对上述现象做出回应，将导致无可挽回的生态破坏，对依赖于自然资源的经济活动造成深远影响，也将增加贫困和农村人口在面对健康威胁、自然灾害、食物匮乏和社会分裂等危险时的脆弱性。可持续发展问题已经成为近年来次区域各国的重要关注点。② 根据亚洲开发银行的观察，环境可持续性是该地区经济增长和减贫的关键。③ 大湄公河流域是世界上生物物种最丰富的地区之一，也是生物学研究和生物多样性保护的重要地区。目前沿河区域的森林栖息地发生变化，相关生态系统退化，生物多样性保护面临着越来越多的挑战。

中泰两国同样也面临着严重的环境问题。中国澜沧江流域以山地为主，河流切割强烈，可供耕作的土地所占比例小。森林覆盖率为 46.1%，但分布不平衡，下游覆盖率较高；草场分散，退化率高；土壤侵蚀较严重，中游特别严重；自然灾害频繁，有中甸—大理、思茅—莱州、腾冲—耿马三个地震带，属强震高发地区，并易诱发崩塌、滑坡和泥石流等灾害。④ 1998 年开展的针对泰国土地利用变化的研究结果表明，森林的自然退化、天然林区内的伐木业和广泛开展的农业是造成泰国森林面积减少和土地利用变化的三大主要因素。在 20 世纪 60 年代，泰国 54% 以上的国有土地覆盖着天然森林，农业用地仅占国有土地面积的 20%，另有 26% 的土地被用于城市建设等其他用途。但是，1998 年所采集的证据显示，

---

① 参见〔泰〕Aksornsri Phhanishsarn《西部大开发战略与泰中经济合作》，《当代亚太》2006 年第 8 期。

② 参见任娜、郭延军《大湄公河次区域合作机制：问题与对策》，《区域发展战略》2012 年第 2 期。

③ 参见边永民《大湄公河次区域环境合作的法律制度评论》，《政法论坛》2010 年第 4 期。

④ 参见覃春明《环境保护合作方案》，http://www.caexpo.org/gb/news/special/GMS/report/t20050123_30938.html，最后访问日期：2012 年 5 月 25 日。

泰国国有土地森林覆盖率在 30 年间下降了近 30 个百分点，仅为 25.3%，同时，农业用地则上升到 41.5%，另有 33.2% 的国有土地被用于城市建设等其他用途。造成土地覆盖变化的三个主要因素分别为：因人口增加而人为造成的森林退化并人为改变土地用途、农业的发展和大城市扩张带来的其他建设。①

为应对 GMS 经济开发给该流域生物多样性带来的挑战，在亚洲开发银行的支持下，2005 年 7 月 GMS 第二次领导人会议倡议启动了"生物多样性保护走廊"项目（Biodiversity Conservation Corridor Initiative，BCI），该项目是流域内有关国家关于大湄公河次区域生物多样性保护的第一个政府间合作项目。从项目内容看，BCI 计划为期 10 年，分三个阶段展开。截至目前，前两个阶段已顺利完成，已在 6 个流域国家建立了生物物种保护的重点区域，恢复和维持了现有国家公园和野生生物避难所之间的联系，有效开展了对大湄公河次区域东部的黑冠长臂猿、野牛等珍稀物种的保护工作，对试点项目的评估工作也于 2011 年初顺利开展。BCI 现已进入重点巩固可持续的自然资源使用和环境保护带来的收益的第三个阶段。② 泰国的 BCI 试点区域主要是以 Dong Phrayayen—考艾国家公园展开，越过柬埔寨边境与 Banteay Chmor 相连；还有 Tenasserim 地区，介于西部复合林区和 Kaeng Krachan 国家公园之间，靠近缅甸西部森林覆盖地区的边境。中国的 BCI 主要在云南省西双版纳州进行试点；另外，广西也参与了 BCI 试点项目，该区域与越南高平省接壤，靠近南北 GMS 经济走廊。③

为了保护大湄公河流域的生态系统，中泰两国可在 GMS 框架内开展多种形式的合作。如：开展生物资源合理开发利用、矿产资源勘察及采选冶、生态系统恢复和生物多样性保护等技术合作；在天文、生物技术、地址、医疗卫生等方面开展应用基础性研究合作，加快推进科技文献、科技信息、专家库、动植物资源和水文资源等基础性科技教育资源的联网共

---

① 参见舒旻、李希昆《人口、农业发展与生物多样性保护——来自大湄公河次区域的人类环境因素分析》，《东南亚纵横》2009 年第 9 期。

② 参见刘昌明、段艳文《论国际环境非政府组织（NGO）在大湄公河次区域经济合作（GMS）生物多样性保护中的作用》，《东南亚纵横》2011 年第 9 期。

③ 参见李津津《GMS 生物多样性保护走廊的法律机制构建研究》，昆明理工大学硕士学位论文，2012。

享；开展生态环境恢复与建设、环保与扶贫相结合的社区建设、农村资源保护和可持续利用、农业生态环境保护、污染控制技术和环境治理、水资源有效管理、环境管理机构建设和能力建设等方面的合作；加大在环境保护宣传、教育、技术培训、环境监测技术交流和监测网络建设等方面合作的力度；加强环境保护资金的筹措，多渠道共同争取国际环保资金援助；加强流域环境监测及信息系统建设，重点搞好水环境监测、生态监测及建立应急系统；合作开展环境、社会、经济影响评估以及生态农业技术、污染治理技术等咨询服务。①

（五）金融

大湄公河流域开发的一大困难是资金问题。实际上，这些国家或涉及省区都比较贫困，地方政府投入能力有限，例如昆曼公路老挝境内的投入，主要依靠的就是中国和泰国的无偿援助。② 由于资金不足，许多项目仍停留在书面上，国际金融界和私营部门虽对其中不少项目颇感兴趣，但由于对其前景把握不定尚持观望态度。云南和广西地处中国西部，GDP和人均 GDP 均处于中国大陆省份的下游。泰国东北部地区相比全国的其他地区经济水平也较为落后。因而，这些地方的开发都离不开中泰两国中央政府和国际组织的资金支持。

目前，中国与泰国已开展了一定范围内的双边金融合作，如 1985 年签订《促进和保护投资协定》、1997 年签订《贸易经济和技术合作谅解备忘录》、2001 年签订《清迈协议》框架下的《双边货币互换协议》。近年来，中泰两国的金融机构也都开始在对方国家设立分支机构，例如，泰国盘古银行在北京、上海、深圳等地都设有分行或代表处，泰华农民银行在上海、深圳、昆明皆设有分行，泰京银行在昆明设有分行，在上海设有代表处；中国的中国银行在泰国也设有分行，中国工商银行也通过收购泰国ACL 银行开始进入泰国市场。另外，泰国已就泰铢与人民币直接挂牌兑

① 参见郭祥焰《澜沧江—湄公河次区域经济合作研究》，《南方论丛》2006 年第 2 期。
② 参见卢光盛《大湄公河次地区合作的国际政治经济学分析》，《东南亚研究》2006 年第 2 期。

换试点、泰国银行来滇开立人民币账户等问题，与中方达成了一致意见。① 2011 年底，中泰两国签署了 700 亿元人民币/3200 亿泰铢双边货币互换协议。2012 年 4 月初，泰国银行在北京设立了代表处，这是泰国银行的第三家海外代表处，另两家分别位于纽约和伦敦。②

四　中泰合作法律机制现状及建议

（一）大湄公河次区域多边协议层面

大湄公河流域开发区域合作需要法律法规的保护和制约，大湄公河次区域法制不健全已影响到合作的展开和深入。构建法制框架，在各个层面确立和执行法律法规，才能保障市场合作的正常运转和不断深入。在国际法律法规层面，次区域国家都是 WTO 成员。WTO 已经有庞杂的法规体系，只是共同遵守和维护的问题。主要是签订区域性的贸易和投资协议，其条款应较之中国—东盟自由贸易区建设的相关条款更为先行和优惠，更加符合次区域的情况。在参照中国—东盟自由贸易区相关协议的规定原则和与其造法精神和谐不悖的前提下，次区域的贸易投资协议其涵盖面应包括关税措施、非关税措施、服务贸易、贸易便利化、投资及相关的金融、外汇、劳工及争端解决机制等内容，以利于促进投资，加大开发力度，也能够为各种企业参加次区域的投资提供法律保障。③ 中泰两国合作的法律机制首先必须以 GMS 层面的相关协议为基础，这样才能取得次区域其他国家的配合和支持。

（二）中泰两国双边协议层面

1. 框架协议

1999 年中泰两国签署了《中华人民共和国和泰王国关于二十一世纪合作计划的联合声明》，该声明提出，双方将对大湄公河次区域经济合作

---

① 参见卢光盛、邰可《大湄公河次区域金融合作与中国（云南）的参与》，《云南师范大学学报》2011 年第 6 期。

② 参见李玫《大湄公河次区域经济合作法律问题研究》，对外经济贸易大学博士学位论文，2007。

③ 参见李玫《大湄公河次区域经济合作法律问题研究》，对外经济贸易大学博士学位论文，2007。

（中、泰、老、缅、越、柬）框架下的次区域合作给予更大的重视和支持，这符合两国及本地区有关国家共同的长远利益。双方非常重视开辟连接中泰之间的水路、陆路和空中航线，并将在使用方面提供便利，以促进双方和有关国家间在贸易、投资、货运、服务、能源、通信和旅游等领域的合作。双方将在平等互利的原则基础上扩大贸易、投资、农业、工业、海运和科技领域的友好和互利合作。（1）双方认为有必要通过密切磋商和技术合作在宏观经济政策领域特别是金融领域进行紧密配合。（2）双方将密切合作，推动和扩大双边贸易，消除贸易壁垒，防止出现损害对方经济的倾销行为，改善生产流程和产品标准，尽可能对对方的出口产品予以优先考虑。（3）双方将鼓励和支持双向投资的增长，并履行现有的有关投资协议所规定的义务。（4）双方将推动和扩大工艺和技术交流，以提高农产品的质量、生产水平和附加值，并使检验条例和程序标准化，以促进双向进口。（5）在工业领域，双方将促进在专业技术知识、利用双方原材料和技术进行共同生产、工业区开发、工业港口和人力资源开发等方面的密切合作，特别要将重点放在中小型企业。（6）双方，特别是其有关企业，将通过技术合作和人力资源开发，支持在发展远洋船队和开展其他相关活动方面的合作。（7）在科技领域，双方将促进学术和技术交流，特别是科研成果商品化方面的联合研究和开发。双方将加强在文化、教育、卫生、体育、环保等方面的交流与合作。双方将积极促进旅游业合作。2012年签署了《中华人民共和国和泰王国关于建立全面战略合作伙伴关系的联合声明》，该声明提出，双方同意采取以下适当和必要的措施，共同推动两国全面战略合作伙伴关系不断发展：……（2）促进双边贸易便利化，争取到2015年实现双边贸易额1000亿美元目标。稳步推进在互利领域的双向投资。双方将继续推动使用本国货币用于贸易和投资结算，减少汇率风险对两国经贸合作的影响。（3）积极推动陆路和水路交通合作，特别是湄公河航运和高速铁路建设合作，推进地区互联互通建设，包括东盟与外部的互联互通。双方同意利用好包括昆明至曼谷公路、南宁至莫拉限公路和南宁至纳空帕侬公路等现有连接中泰的陆路交通网络。（4）推进两国旅游合作，提高旅游产品质量，推动环境友好型旅游产业发展。大力鼓励民间交往，夯实双边关系未来发展的根本和基础。……（6）加强农业、科技、海洋和环境领域合作，扩大双边农产品贸易，加强农业科技合作。进一步加强太阳能、风能和生物质能等清洁能源和能效领域的交流与合作。共同推动中泰气候与海洋生态联合实验室的建立和发展。（7）加强在水资源管理、洪涝等灾害的防灾减灾以及灾后重建等领域的交流与合作。……（12）继续推进大湄公河次区域经济合作，支持落实 2011 年 12 月通过的《大湄公河次区域经济合作新十年战略框架（2012～2022）》，为消除地区贫困、促进经济社会发展做出更大贡献。

2. 双边投资协议

1985 年中泰双方签署了《中华人民共和国政府和泰王国政府关于促进和保护投资的协定》，该协定在公平互利原则的基础上确立了双方企业投资的互惠待遇和最惠国待遇。

3. 双边税收优惠协议

1986 年中泰双方签署了《中华人民共和国政府和泰王国政府关于对所得避免双重征税和防止偷漏税的协定》，2000 年进行修订，签署了补充议定书。1990 年双方签署《中华人民共和国政府和泰王国政府关于互免国际运输收入间接税的协定》。2003 年 6 月，中泰两国签署了《〈中国—东盟全面经济合作框架协议〉“早期收获”方案下加速取消关税协议》，根据该协议，中泰两国自 2003 年 10 月 1 日起，在中国—东盟自由贸易区框架下提前实现中泰之间水果和蔬菜产品的零关税。也就是说，从 2003 年 10 月起，中泰两国的蔬菜、水果的平均关税从 15.1% 下调为 0。这些协议在中泰两国的合作中发挥了重要的作用：划分征税权，协调双方的税收利益；避免双重征税，消除跨国纳税人的不合理税收负担；加强双方的税务合作，防止国际逃避税；避免税收的国际歧视，保护纳税人的税收利益；促进双方贸易和投资，推动两国经济的发展。

4. 双边交通协议

1979 年签署的《中华人民共和国政府和泰王国政府海运协定》，1980 年签署的《中华人民共和国政府和泰王国政府民用航空运输协定》，是中泰两国关于海运和航空领域的双边交通协议。在公路和铁路运输方面，目前中泰两国主要依照次区域国家签署的《大湄公河次区域便利货物和人员跨境运输协定》、附件及议定书。《大湄公河次区域便利货物及人员跨境运输协定》是亚洲开发银行在 GMS 经济合作框架下进行的一项重要工作，旨在实现 GMS 6 国之间人员和货物的便捷流动，促进该区域经济的发展。

5. 环境与资源保护领域

2011 年签署的《中华人民共和国政府和泰王国政府关于可持续发展合作谅解备忘录》有一些原则性的建议。

（三）完善建议

（1）1985 年的《中华人民共和国政府和泰王国政府关于促进和保护投资的协定》签署时间较早，当时中国尚未加入 GATT 体系。如今，WTO 已取代 GATT，中国也成为 WTO 的一员。中泰同为 WTO 成员国，在遵守 WTO 规则的前提下可对该协定进行适当修改。

（2）交通领域，昆曼公路建设是目前次区域交通合作重点进行的一项内容。除道路施工外，重点是要加强昆曼公路建设的协调机制的完善、抓紧建立国际公路运行管理体制和研究确定能够保障两国长久利益的投融资方式。同时，为确保中、老、泰三国间汽车运输长期顺利开展，三国和亚行应事先签署合作协议，对后期道路养护和签署《中老泰汽车运输协定》等问题做出明确规定。①

（3）环境与资源保护。尤其是生物多样性保护、开发方面，两国可以加强合作，并通过双边协议协调。

---

① 参见李玟《大湄公河次区域经济合作法律问题研究》，对外经济贸易大学博士学位论文，2007。

泰国华人与台湾地区对"泰国四面佛"的宗教信仰初探

王怡蘋*

摘　要：泰国自古素以"黄袍佛国""千佛之国"美誉名扬世界，从13世纪中叶素可泰王朝建立后即尊佛教为国教，至今日信仰者更占全国6000多万人口的95%，在西方殖民潮兴盛时期泰国未受西方殖民统治，文化发展上的完整性以及佛教信仰的特色成为泰国自身独有的文化传承力。四面佛泰语名为"phra phrom"，他原为婆罗教创世的三主神之一梵天（Brahmā），佛教创立后成为护法神"二十诸天"之首，其宗教信仰在泰国的发展融合了婆罗门教与佛教，既具有泰国国家宗教（National Religion）传统发展的文化特色，在现代又成为传播至亚洲地区影响华人宗教信仰的外来神佛之一，此相关研究议题是探讨泰国国家宗教对内移民及对外传播时，对华人信众造成影响后，是否因此形成了另一种异于当地宗教信仰的新信仰文化，此为本篇论文的研究方向。

关键字：泰国四面佛　泰国华人　台湾　宗教信仰

前　言

在泰国佛教寺院有3万多座，僧侣有30万人，[①] 自古以来即有"黄

---

*　王怡蘋，华侨大学华侨华人研究院讲师。
① 朱振明：《当代泰国》，四川人民出版社，1993，第97页。

袍佛国"、"千佛之国"之美称。公元1238年泰族首领坤·邦克郎刀建立了素可泰王朝（Sukhothai）（1238～1438年），[①] 泰国学术界视其为第一个开始有文字记载的王国，也是泰国的黄金时期与"泰族文明的摇篮"时期；之后又经历了阿瑜陀耶王朝（大城王朝，1350～1767年）、吞武里王朝（统巫里王朝，1767～1782年）和曼谷王朝（却克里王朝，1782年至今），建国历史至今700多年来一直尊佛教为国教；1902年泰国制定了《佛教制度法》，此部法典构成了现代僧侣行政制度的基石，[②] 1932年时泰国宪法内则规定了"泰国国王，必须是佛教徒及佛教的护持者，才可以登基为王"[③]。在泰国民族国家建立的过程中，佛教随着王国共同发展，成为泰民族国家的三大支柱之一[④]。在西方殖民潮兴盛时期泰国未受西方殖民统治，文化发展上的完整性以及佛教信仰的特色成为泰国自身独有的文化传承力，此一特点亦是国内外学者专家重要的研究方向之一。

根据研究资料，泰国国内共有30多个民族，总计6000多万人口，其中泰族占人口总数的40%、佬族（寮国族）约占人口总数的35%、华族[⑤]（华裔人口）约占14%、马来族占3.5%，其余是高棉族、苗族、瑶族、汶族、克伦族、掸族、桂族、塞芒族、孟族、沙盖族等民族，是一个由多民族组成的国家。全国信仰佛教的信众不分民族，占了总人口6000

① 黄莺：《泰国民族宗教概况》，《国际资料信息》2003年第11期。坤·邦克郎刀建立的素可泰王朝仅记录了建立于1238年。
　资料来源：维基百科，http：//zh. wikipedia. org/wiki/% E7% B4% A0% E5% 8F% AF% E6% B3% B0% E7% 8E% 8B% E5% 9B% BD。在非信史年代，传说素可泰的开国君主是神话英雄帕峦王（King Phra Ruang），具备大智慧及法力，深受百姓爱戴，1208年登基，开启素可泰政权时代，但历史学家公认的说法是，1238年两名泰人将领坤邦钢陶及坤帕满成功独立，建立素可泰王朝，坤邦钢陶被拥立为印拉第王（King Sri Intratit），成为首任泰王。1365年至1378年，素可泰成为大城王朝的藩属国；直至1438年，素可泰最后一名君王逝世后，王朝所管辖的领土被收归为大城王朝的行政省。
② *Thailand*, *a Country Study*, edited by Barbara Leitch Lepoer, U. S. Government Printing Office, 1989, pp. 98 – 108.
③ Donald K. Swearer, *Buddhism and Society in Southeast Asia*, Chambersburg, Pa. Anima Books, 1981.
④ 段颖：《现代世界中的泰国佛教》，《东南亚研究》2012年第5期。"现代泰国的三大支柱为'国家/民族（nation）、佛教与国王。"
⑤ 〔泰〕江白潮：《二十世纪泰国华侨人口初探》，《东南亚》1992年第4期。"华侨及其在泰国出生的子女，他们都算是泰国国民，民族属华族，或称泰籍华人。"

多万人的95％，佛教的信仰文化体现在全民的日常生活与教育中，由此可知，佛教在民族的融合上不仅对泰国有着重要的影响，现在对于周边的国家与地区也产生了一定的信仰文化扩散；而 "泰国四面佛" 的宗教信仰在近现代由泰国向亚洲国家扩散，目前在亚洲华人生活的地区已拥有一定的华人信众基础，并逐渐形成了有别于当地主要宗教信仰的另一种信仰文化，因此本文择取融合了婆罗门教与佛教的 "泰国四面佛" 为信仰主体，试图探究泰国华人与台湾地区信众如何受到泰国四面佛信仰的影响，又如何接受，其信仰文化传播途径为何，移居泰国的华族现在以何种方式表现信仰，在台湾地区又体现了何种信仰模式等，试依此分析泰国国家宗教（National Religion）对于当地华人与亚洲其他地区的信仰文化传播的影响程度。

一 "泰国四面佛" 的信仰源流略述

泰国四面佛原是婆罗门教、印度教的神祇，佛教创立后成为佛教护法神 "二十诸天" 之首。[①]

距今3000多年，古印度的迦毗罗卫国（今尼泊尔南部境内）净饭王的王子悉达多（释迦牟尼）创立了佛教（梵文 Buddha‑śāsana 或 Buddhānuśāsana，巴利语 Buddha‑sāsana，英文 Buddhism），了悟佛法到圆寂之前，他从事了长达45年的传教活动，宣扬的教义主要为四谛、八正道、十二因缘、色空、轮回、因果报应等；到了公元前2世纪时阿育王的王子摩哂陀（Mahendra）亲自将佛教由印度本土南传入锡兰（今斯里兰卡），佛教的宗教信仰逐步扩散至周边国家，影响范围包括了现今东南亚的缅甸、泰国、斯里兰卡、柬埔寨、老挝、越南南部、中国云南边境等地区，据中国典籍记载当时泰国境内的孟人国家 "皆持佛，有数千沙

---

① 《金光明经·功德天品》制定了《金光明三昧法忏法》，再依此简略成《斋天科仪》为寺庙中祭天的仪轨，并依《金光明经·鬼神品》内所言选出20位天神，即二十诸天：大梵天王、帝释天、多闻天王、持国天王、增长天王、广目天王、金刚密迹、摩醯首罗、散脂大将、大辩才天、大功德天、韦驮天神、坚牢地神、菩提树神、鬼子母神、摩利支天、日宫天子、月宫天子、娑竭龙王、阎摩罗王。

门";按学者的研究泰国古名"金邻"、"金地"或"金陈",① 在最早的佛教文献《善见律毗婆沙》卷三中,记载"须那迦、郁多罗至金地国,……各竖立佛法";另由发掘出的佛教南传时遗留的文物遗迹也可证明,公元 2 世纪时佛教确已传入泰国,南传佛教又称为上座部佛教(巴利语 Theravàda),13 世纪素可泰王朝时期被尊为国教。②

四面佛又名四面神,原是印度神祇,是印度教、婆罗门教创造天地的三主神之一梵天(梵文 Brahmā),是由印度教和婆罗门教的意义"清净"不生不灭、"离欲"无所不在的最高实体观念演化,被视为永恒的、无限的,为宇宙的最高主宰、创世主,又被称为大梵天,③ 泰语名"phra phrom",phrom 为梵天之意,phra 则是加在神佛、帝王名词前以表尊敬的缀词。根据婆罗门教法典《摩奴法典》和印度史诗《摩诃婆罗多》内文记载的古印度神话认为"宇宙是出自漂流在混沌中的梵卵,梵天本为梵卵中的金胎,在漂流了一定的光阴后,用自身的意念神力将卵壳破为两半,一半为天、一半为地,之后他在天地之间陆续创造了地、水、火、风以及人类、一切生物、妖魔、语言、欢乐、愤怒、忏悔等,世界一切秩序都受梵天的控制,他自身即为一切存在的化身"。梵天的形象为红色,原有五颗头颅,端坐于莲花座上,后来在一次战争中被愤怒的湿婆以指甲砍掉了面向上方的一个头颅,④ 后只留下面对四个方向的头颅、四个身体、八只手,⑤ 手上分持经书(一说为《吠陀经》)、权杖、海螺、水壶(一说是盛着恒河圣水的碗)、三叉戟、莲花、法轮、套索(一说为弓)等,坐骑为一只天鹅或七只天鹅拉的车舆。在《梵天往世书》内载梵天过一

① 段立生:《从文物遗址看佛教在泰国的传播》,《东南亚研究》2001 年第 4 期。
② 黄莺:《泰国民族宗教概况》,《国际资料信息》2003 年第 11 期。
③ 马书田:《中国佛教诸神》,台北"国家图书馆"出版社,2004,第 310~314 页。
④ 梵天与湿婆神的战争起因为:他冒犯了印度教的另一大主神——毁灭神湿婆,因毗湿奴问梵天谁是创造宇宙的至高无上创造者。梵天答:"他即创造宇宙的至高无上创造者,所以毗湿奴也该崇拜他。"梵天的话令湿婆大怒,因为湿婆认为他才是创造宇宙的至高无上的创造者,愤怒的湿婆化身成为 Bhairava(意为恐怖的杀戮者)。在盛怒之下,湿婆用额头上的第三只眼放射出来的火焰,烧向了梵天朝上方看的那一面,并用左拇指的指甲割下了那颗首级,于是梵天只剩下了现在所常见的四张脸。
⑤ 在印度教中,多臂通常表示具有多重能力,多手表示多种特质,能够同时处理多种事情并展开多种活动。

天的时间等于地球的全寿命（人间世界存在的全部时间），其生命超过其他一切神的生命。在3～6世纪时，印度教的梵天造型已经出现四面四手了，而出现在印度支那的古文物显示，一直到6～11世纪的陀罗钵地时期，当地人信仰的梵天也有一面二手，到了12～13世纪时才多有四面四手的梵天造像出现，由泰国各地四面佛从脸和手的数量的造型来看并不固定，能见到四面四手和一面二手的，偶尔也能见到五面八手的（这是采用印度传说中五面梵天的造型），还是四面八手的造型居多。

佛教创建后，虽然反对婆罗门教的"种姓至上、祭祀至上、天神至上"的教义，但并不否认天神的存在，而是将之视为一切有情众生组成的一个部分，因此，梵天被吸纳成为佛教的护法神"二十诸天"之首，在释迦牟尼诞生和出城时，大梵天、帝释天等天神出现，向幼年、青年时的佛陀行礼与护持；另外他也鼓励苦行修炼时心灰意冷的佛陀，以及护持悟道后的佛陀于忉利天宫为母解说佛法的回程中，与因陀罗左右护驾佛陀走上宝石天梯。在佛教中他被尊称为"大梵天王"，是初禅天的天主，只掌管佛语中的一个小世界，即一个须弥山、四大部洲、日月，最外是大铁围山，最下到地狱，上则是六欲界天和色界初禅天，最上到大梵天，他则居住于其中。在藏传佛教的《吉祥积聚颂》中有"大梵天、大自在、遍入天"（为婆罗门教的三大创世神在佛教中的佛名），流通甚广的《地藏王菩萨本愿经》卷上《忉利天宫神通品第一》载有"梵众天、梵辅天、大梵天"[①]（初禅天），目前流传的佛教经书亦多记载有"大梵天"这一护法的佛教信仰。

梵天信仰虽源出于印度，但在印度的传布却不广泛，如今崇祀他的庙宇似乎仅留存于拉贾斯坦邦，较让人熟知；[②]而泰人对于梵天的信仰崇拜由来已久，虽一度不知是何缘由使梵天的信仰崇拜在中南半岛消退了，并被印度教中的"因陀罗"信仰取代了几百年，但在1951年曼谷市中心兴建爱侣湾酒店时，因工地时常发生事故，导致多年来一直无法如期完工，当时受托解决问题的銮素威参佩少将，建议恭请设立"梵天"坐镇，传

说具有"天眼"的銮素威参佩少将当时对大众说明"英明的曼谷王朝四世王的弟弟帕宾告壬驾崩后灵魂转世大梵天并附在爱侣湾的四面佛上"，此举果然顺利解决了问题，1956 年时饭店顺利竣工，因此梵天重新被信众崇拜至今，亦被视为梵天信仰在泰国的复兴。①

梵天同时为婆罗教的创世神与佛教护法所具有的两种神能也似乎糅合在一起，自古泰人认为，人出生后第六天梵天会将这个人的天命的命数刻在其额头上，在泰语中 phrom likhid 指天数，借自梵语，直译是"梵天刻痕"，此一神能应是偏重于他创造世界的宗教信仰观念；在佛教护法神的一面则体现在大梵天王居初禅天，掌管着人间荣华富贵和护持佛法之功德，他的四个面表现出"慈、悲、喜、舍"四梵心，《三藏经》内载"父母创造了子女的生命和世界，父母即是子女的梵天"，《三藏经》内的观点则是融合了婆罗门教、印度教的创世观和佛教教义为善者皆可成梵天，梵天在宇宙中不止一尊。由上述可知，在泰国今日所膜拜的四面佛，他在泰民族传统文化中的宗教信仰根基上再升华成"婆罗门教创世的梵天"加上"佛教护法的大梵天"，两者兼融为现在法力无边的"泰国四面佛"的国家宗教信仰。

二　泰国华人与台湾地区对"泰国四面佛"的信仰略述

（一）泰国华人的宗教信仰略述

位于东南亚的泰国是一个佛教国家，根据目前专家学者的研究，移居于泰国的华人在宗教信仰上的特点略述如下。②

（1）仰赖家乡原有的宗教信仰保佑：早期兴建的寺庙多附设在乡团组织下，如台湾会馆的代天宫、福建会馆的福莲宫、海南会馆的三清水尾

---

① 吴圣扬：《走进泰国四面佛》，《世界宗教文化》2009 年第 1 期。"1956 年，酒店顺利完工。开业后，随即铸造梵天神像安置在门前神坛上，也开启了梵天信仰在当代泰国复兴的序幕。"

② 郑志明：《泰国华人社会与宗教》（上），《华侨大学学报》（哲社版）2005 年第 4 期；郑志明：《泰国华人社会与宗教》（下），《华侨大学学报》（哲社版）2006 年第 1 期；潘少红：《延续与提升：泰国华人社会地位的演变》，《东南学术》2003 年第 2 期；段立生：《泰国的中式寺庙》，泰国大同出版社，1996。

圣娘庙、潮州会馆老本头公古庙、德教等，宫寺多是泰国华人共同聚资兴建，希望自己在离乡背井奋斗的异国环境中以相同的祭神活动延续家乡神明的庇佑，具有同样信仰的华人因此凝聚为当地华人社区，形成了华人发展的重要标志。

（2）华人信仰融入当地的宗教信仰：华人社会除了原乡的佛教（大、小乘佛教均有）、道教、民间信仰神灵等中式寺庙以及崇拜祖先设立宗祠并从事传统祭祀外，还有泰国当地的上座部佛教与地神信仰、国王崇拜、当地的民间信仰崇拜、四面佛信仰，泰国宗教传统节日，如每年泰历3月15日的万佛节、泰历8月16日到11月15日3个月的僧尼守夏节、泰历12月15日的水灯节，王室纪念日，如万寿节、泰皇登基纪念日等，华人多在入境随俗后一起从事庆祝与祭祀活动，而新一代的泰籍华人就读官办学校时，是需要学习泰语和佛教道德规范的，这与居住在原乡时属于个人宗教信仰的独自学习很不相同，更直接地改变了新一代泰籍华人原有的信仰方式。

（3）设立互助性的宗教慈善团体：华人在泰国专门从事社会服务与福利慈善的社团组织或社团宗教慈善机构，如华侨互助社、泰华孤儿院、明莲佛教社赠医处、德教赠医处、华侨报德善堂①、华侨妇女养老院、泰华佛教团体等，除了日常开办各项慈善事业外，也经常配合泰国政府组织联合救灾机构救助有需要的人。

由于泰国政府对待移居的华人态度友善，目前泰国华人之间的原乡文化交流，还是多依赖原乡的中式寺庙的宗教信仰、宗教祭祀和互助性宗教慈善团体活动等，除了追求信仰上的传统庇佑外，还维持了华人原乡文化的交流与传承，并于某个程度上促使当地泰人了解并接受华人的原乡文化。但随着时空的推移与当地教育政策的变化，新生代的泰国华人日渐趋向泰化。佛教是泰国的国教，其国家宗教信仰多成为日常生活的组成部分，非个别性的兴趣或精神取向追求，此种信仰文化与早期移居的华人信仰目的、方式具有一定的差异。

---

① 报德善堂成立于1910年，原是潮阳同乡崇拜大峰祖师的宗教信仰，因对祖师的崇拜而开办救济事业，后来成为泰国华人最大的慈善团体。

（二）台湾地区宗教信仰略述

研究台湾宗教信仰的专家学者，在对台湾居民构成的多元性（本土原住民、由大陆各省迁移的住民、国外住民、东南亚的临时性劳动人口等）进行时空筛选后，得出现在民间大部分基层人口所共同信奉的传统宗教和礼俗性的信仰，将其视为民间信仰（Folk Beliefs）或民间宗教（Folk Religion），[①] 在台湾为多神（Polytheism）崇拜，兹将民间信仰的神明略述于下。[②]

（1）自然界神明的崇拜信仰：如天公（玉皇大帝）、南斗星君、北斗星君、三界公（三官大帝，掌管天、地、水三界）、雷公、月娘妈、土地公、树王公、四海龙王、七娘妈、石头公、虎神、狮爷等，是将自然界的现象神明化的崇拜信仰。

（2）儒、道教的圣贤、英雄的人格神化的信仰：如关羽（关圣帝君）、林默娘（妈祖）、吴本（保生大帝、大道公）、郑成功（开台圣王、延平郡王）、孔子（至圣先师）、华佗（华佗先师）、介子推（开山圣侯）、钟馗（伏魔公）等，在台湾的庙宇内多有供奉，让信众祈愿参拜。

（3）远古传说神灵的信仰：有开天辟地的盘古大天尊、造人的女娲仙娘、神农大帝、伏羲仙帝、黄帝等。

（4）族群神、守护神的信仰崇拜：如广泽尊王、清水祖师、开漳圣王、三山国王、巧圣先师、西秦王爷、田都元帅等。

（5）其他：有佛教的释迦牟尼佛、三宝佛、药师佛、阿弥陀佛、观音大士、地藏王菩萨、四面佛、四大金刚等，和伊斯兰教的穆罕默德等。

多神的民间信仰崇拜构成了台湾的宗教信仰，而在信仰的态度与追求上，台湾信众祭祀参拜的动机除了祈求家人与自己福寿平安外，则多以"祈愿是否成真"与"灵验"的时效来看待神明或庙宇的香火旺盛程度，此亦可能成为信众未来是否继续参拜此神明或庙宇的因素，在台湾地区仅少数人会选择一神或一种宗教的单纯信仰，这与泰国的国家宗教观点非常

---

① 董芳苑：《台湾人的神明》，台北前卫出版社，2008，第16~18页。"一般来说，'宗教'可以分为六个种类，就是国际宗教、民族宗教、国家宗教、民间信仰、新兴宗教、类似宗教等等。"

② 林进源主编《台湾民间信仰神明大图鉴》，台北进源出版社，2005。

不同；除了考量神明、庙宇的灵验性外，董芳苑称台湾信众的"造神运动是世界一流的，任何宗教的重要神格一旦被斯土善男信女接收过来加以膜拜的话，不但其神格会随之改变，也都会变成'台湾化'（Taiwanization）"。说明了台湾信众有强化个别神明不同于原来神力的信仰，如"四大金刚"原是护持佛教的护法神，在台湾民间敬拜则以祈求"风调雨顺"的神格为庇佑信念。因此，关于"泰国四面佛"，在台湾信众的信仰上，不得不考虑是否受到爱侣湾饭店建设时发生的事件影响，与銮素威参佩少将的"天眼"神迹，促使台湾信众受其"灵验的神力"所感召，将其而纳入台湾多神信仰中的一尊祈求灵验的神佛。

调查资料显示，在台湾最早设立的四面佛寺庙，是1984年2月1日由台北市长春路六福客栈创办人庄福先生经泰国政府同意，由泰国请回台湾安设的金尊，至今已有30多年的历史，每日均有一定参拜人潮，在网络上还设立了"长春路四面佛部落格"扩散其信仰的影响力。现在，在台湾北地区如下所述的地址上都设立了四面佛的金身供信众参拜祈愿、还愿（共计63处），并教导了相关拜佛仪轨。①

1. 台湾四面佛一览表

（1）北北基地区（计19处）：

台北市长春路四面佛：台北市六福客栈后方（台湾第一尊对外开放祭拜四面佛）

台北市福禄寿四面佛：台北市民权东路二段行天宫旁巷子

台北市万华四面佛：台北市万华区富民路75号（万华果菜市场旁）

台北市林森四面佛：台北市林森北路407号（林森北路、五常街交叉口）

台北市佛首舍四面佛：台北市忠孝东路四段223巷50号

台北市佛恩舍四面佛：台北市林森北路398~4号

台北市佛临舍四面佛：台北市新生北路、民生东路交叉口，民生东路一段80号

台北市中山四面佛：台北市锦州街136号1楼，锦州街、中原街交

① http：//zh.wikipedia.org/zh-tw/%E5%9B%9B%E9%9D%A2%E4%BD%9B.

叉口

台北市地藏禅寺四面佛：台北市士林区延平北路七段 189 号

台北市诺那华藏精舍（台北总舍）：台北市松山区南京东路五段 63 号 13 楼之 1 号

新北市中和四面佛：台北捷运中和景安捷运站对面，新北市中和区景平路 381 号前（景平路南山路口）

新北市新庄好运佛堂四面佛：新北市新庄区中港路 308 号 8 楼

新北市新庄四面佛：新北市新庄区思源路 217 号（邮局旁）

新北市九份四面佛：新北市九份，峇里 Villa115 民宿前

新北市三重四面佛：新北市三重区五华街 19～2 号

新北市石门金刚宫四面佛：新北市石门区富基村崁仔脚 41～3 号

新北市淡水四面佛：新北市淡水区淡水区中正路 91 号后栋号

灵鹫山无生道场：新北市贡寮区香兰街 7 之 1 号（闻喜堂大殿）

基隆四面佛：基隆市中正区中船路 112 巷 30 弄 95 号内，基隆圣济宫旁

（2）桃竹苗地区（计 14 处）：

中坜四面佛：桃园县中坜市中北路二段 122～1 号（2012 年 1 月 12 日迎回台湾）

中坜慈惠四面佛：桃园县中坜市慈惠三街 14 号 1 楼

南侨观光工厂/南侨四面佛：桃园县龟山工业区兴邦路 35 号

福山亭四面佛：桃园县大溪镇信义路 1485 之 1 号

新屋隆泰四面佛：桃园县新屋乡清华村 13 邻北势 8 号

内坜仁爱路四面佛：桃园县中坜市成章一街 185 号（内坜车站前站附近）

新竹市中兴四面佛：新竹市林森路 32 号

新竹市佛映舍四面佛：新竹市信义街 41 号

新竹市普天宫四面佛：新竹市高峰路 306 号

新竹宝山四面佛：新竹县宝山乡大崎村宝山路 87 号

新竹县关西镇潮音寺四面佛：新竹县关西镇中丰路一段 80 巷 10 号

竹东修善堂四面佛：新竹县竹东镇东峰路 446 巷 29 号

苗栗火炎山面佛（宏观四面佛）：苗栗县苑里镇石镇里火炎山温泉1 号

苗栗明德水库四面金刚佛（明永堂）：苗栗县头屋乡明德村 2 邻 38 号

（3）中彰投地区（计 13 处）：

台中松竹路金圣宫四面佛：台中市北屯区松竹路 34 巷和北屯路 471 巷交接处

台中大墩四面佛：台中市西屯区大墩 19 街 66 号

台中一中四面佛：台中市北区锦新街 32 号

台中逢甲四面佛：台中市逢甲文华道广场，文华路 150 巷 23 号

泰国爱侣湾四面佛：台中市永春东 7 路与大墩 11 街路口

中台禅寺/普民精舍四面佛：台中市西屯区大容东一街 11 号

台中沙鹿八卦岩四面佛：台中市沙鹿区沙田路 43 之 11 号

彰化快官四面佛寺：彰化市石牌里石牌路一段 480 号

彰化田尾四面佛广场：彰化县田尾乡民族路一段 156 号

南投埔里圆觉弥陀村四面佛：南投县埔里镇中山路四段 83 号

大梵寺四面佛：南投县埔里镇信义路 898 号

诺那华藏精舍四面佛（南投）：南投县埔里镇中心路 49 号

南投四面佛：南投县中寮乡义和村竹坑巷 27 之 6 号

（4）云嘉南高屏地区（计 13 处）：

云林持明寺四面佛：云林县古坑乡草岭村草岭 17～1 号

嘉义新荣路四面佛：嘉义市新荣路 351 号

关子岭碧云寺四面佛：台南市白河区火山路 1 号（台南市白河）

台南四面佛：台南市崇明路 41 号

台南永康四面佛：台南市永康区永大路三段 209 号

高雄桥头四面佛：高雄市桥头区成功南路 233 号

高雄左营莲池潭四面佛：高雄市左营区莲潭路 20 号（左营莲池潭商圈）

高雄凤山青年四面佛精舍：高雄市凤山青年路二段 201 之 3 号

高雄博爱路四面佛：高雄市博爱一路 355 号，北平一路口

高雄佛闻舍四面佛：七贤路锦田街交叉路口

高雄佛延舍四面佛：中山路与兴中路交叉路口

屏东潮州泰京四面佛：屏东县潮州镇潮州路 800 号（潮州八大森林乐园内）

屏东万丹下蚶四面佛：屏东县万丹乡厦北村北顺路 32 号

（5）宜花东地区（计 4 处）：

宜兰四面佛寺四面佛：宜兰县苏澳镇永乐里永乐路 326 号

花莲摩尼寺四面佛：花莲县花莲市中福路 199 巷 22 号

台东富野饭店四面佛：台东富爷饭店旁边（台东县卑南乡温泉村龙泉路 32 号旁）

诺那华藏精舍（台东）：台东县台东市正气北路 215 巷 3 号

2. 敬拜四面佛的方法

婆罗门教中四面佛掌管人间的所有事物，其四面分别代表正面求事业、左面求爱情和姻缘、右面求健康、后面求财运。佛教教义则教导信众祈求升天，必须勤修大梵天四面的慈、悲、喜、舍四种功德。

据说四面佛喜欢万寿菊、兰花、玫瑰，故在泰国通常以万寿菊、兰花或玫瑰花按顺时针次序祭拜该神四面。若有祈愿灵验时，还愿的方式可承诺以七色花或还愿舞或木雕大象（依愿望大小）等答谢四面佛的应愿，当信众许下还神的诺言时，一定要清楚仔细，并且言出必行。

三　结语

从历史上看，泰国佛教的基础是整个社会文化教育的传播者和创造者，传统的医药、天文、历法、文学、语言等都以寺院为活动中心，受到佛教的一定制约，完全体现出佛教为国家宗教的信仰思维。居住斯土的泰国华人除了原乡传统上的宗教信仰外，对于"泰国四面佛"的神佛信仰，则偏向国家宗教信仰的方式，与台湾地区信众偏向个人化的祈求神明灵验、愿望快速实现的信仰模式很不相同，在确定"泰国四面佛"的灵验性后，从 1984 年开始以求得分灵的方式，30 年内在台湾设立了已知的 63 处四面佛金身寺庙，平均每年两座以上，在亚洲其他地区应实属罕见，除了1951年后泰国当地的"泰国四面佛"信仰复兴外，在现代的台湾地区似乎也可视为其再一次复兴了，此一现象也是未来研究泰国国家宗教文化影响亚洲华人宗教信仰之一题。

现代因旅游事业的发展和媒体、网络的快速传播，到泰国旅游的外国人多会到曼谷的爱侣湾饭店（已拆除）原设立的四面佛寺参拜或参观，四面佛的神迹与护法传奇在网络上也有多种版本流传，除了台湾地区广大的信众外，目前在亚洲华人生活的地区，如新加坡、日本、香港地区、澳门地区（已有庙宇设立）以及中国大陆等地，也逐渐形成了有别于当地宗教信仰的另一种信仰文化，使融合了婆罗门教与佛教的"泰国四面佛"独特的国家宗教文化，快速传播至亚洲地区，"泰国四面佛"成为影响现代华人的宗教信仰神佛之一。本篇研究方向仅为初探，尚有不足与研究材料未全面之处，谨以此向相关学者、专家提供值得关注与研究的方向。

泰国华人慈善组织的主要功能及其
对中国慈善组织的启示

——以华侨报德善堂为例

钟大荣　　王珊珊*

摘　要：本文对泰国华侨报德善堂的历史发展阶段进行梳理，归纳了其五个主要功能：扩大宗教慈善文化的社会影响；积极融入泰国社会；凝聚族群社会和扩大社会网络；创新社会改革，追求先进；与"文化原乡"——中国，保持良好关系，推动"中泰一家亲"。同时从报德善堂的案例入手，提出中国慈善组织发展的四个建议。

关键词：慈善组织　　泰国华人　　华侨报德善堂

一

"费尔巴哈把宗教的本质归结于人的本质。但是，人的本质不是单个人所固有的抽象物，在其现实性上，它是一切社会关系的总和"①，这种社会关系是利益的集合，"利益被升格为人类的纽带——只要利益仍然止好是主体的和纯粹利己的——就必然会造成普遍的分散状态，必然会使人们只管自己，使人类彼此隔绝，变成一堆互相排斥的原子"②，不妨将利

---

　* 钟大荣，华侨大学华侨华人研究院，博士、助理研究员；王珊珊，华侨大学华侨华人研究院硕士研究生。

　① 《马克思恩格斯选集》（第一卷），人民出版社，1995，第60页。

　② 《马克思恩格斯选集》（第一卷），人民出版社，1995，第24页。

益关系借以承载和表现的方式称为组织，如宗教组织、经济组织、政治组织、家庭组织、教育组织、慈善组织等；"人们在生产中不仅仅影响自然界，而且也互相影响，他们只有以一定的方式共同活动和互相交换其活动，才能进行生产。为了进行生产，人们相互之间便发生一定的联系和关系；只有在这些社会联系和社会关系的范围内，才会有他们对自然界的影响，才会有生产"，可见人类生存实践的展开需联合自己的力量及依赖力量的联系方式，即组织。不同的组织，因人生存的社会环境、自然环境及综合因素而呈现多样性。

海外华人慈善组织内蕴了几千年的农业文明传统，其调节人际关系的主要法则是天然情感和宗法血缘关系，这种人情式的交往模式作为传统文化的遗产至今还强有力地影响着海内外华人的交往行动，并由此影响了社会、政治、经济活动的发展。"老乡见老乡，两眼泪汪汪"，一句朴素的话语道出了海外华侨华人异乡生存的艰辛，同时也表明情感因素和人情关系在华人生存实践中发挥着重要的作用。中国传统的家庭是血缘、生活及情感缠织起来的蜘蛛网，① 在中国传统宗法制社会中，家族、乡族内往往有"恤患难"、"济贫穷"之类的规约，以求增强家族、乡族内部的团结，树立并增强对外界的威信。华人在移居海外时，大多将此类传统带到了移居地。在特殊的历史阶段身处异域，总觉得在当地根基不深，因此，无论是在殖民统治时期，还是在当地带有排他性的民族主义高涨的年代，无论是初抵异域一贫如洗之时，还是事业有成、腰缠万贯之际，那种贫富变幻无常、福祸瞬息可变的不安全感始终挥之不去。乡族内先发达者按惯例总是被荐为"乡贤"，既为"乡贤"，就有提携乡族中之后来者、援助乡族中之贫穷者的天然职责，当然，这也是历来为中华文化传统一再称道的美德。"乡贤们"自身往往十分心甘情愿地行此"善举"，一来有利于提高自己的名声地位，有助于联络乡族群体；二来万一自己有朝一日遇到麻烦，也希望能同样得到他人的救援……从表面上看，在那些传统色彩浓郁的海外华人社团组织中，富有者方能为"首"，布衣百姓大多只能为"众'，地位依然不平等。然而，在按照一定的地缘、血缘关系组建起来

---

① 殷海光：《中国文化的展望》，上海三联书店，2002，第102页。

的宗乡会馆内，无论是穷人还是富人都对同一祖先顶礼膜拜，都在同一神灵牌位前称兄道弟，叙排辈分，握手言欢，这种精神上的满足，往往弥补了彼此在社会政治经济方面的不平衡。而且，富有者在自己所属的一个或若干个宗乡会馆内为自己的同宗、同乡或同胞捐出"善款"，实施"善举"（其内容从救生恤死到年节祭祖，从扶危济难到设立常年"奖、助学金"），一方面使受惠者感恩不尽，从而使该组织具有更大的吸引力和影响力；另一方面捐款者本人也在赞誉称谢声中获得心理上的满足。贫富不均的阴影就是这样一次又一次地在充满家族乡族人伦亲情的举措中淡化。"因此，扶危济贫、相互依存，迄今仍为海外华人组团结社的重要动因之一。"①

泰国作为曾经中国移民最多的国家之一，目前有几百万的华人。② 在泰国华人社会历史发展上，出于相互守望、共同进步等原因，泰国华人成立了众多的血缘性、地缘性、专业性的组织。通过这些组织，既可以清楚地看到海外华人生存发展的共性，也可以看出泰国华人生存适应的特征。

本文所指的泰国华侨报德善堂，在泰国近现代华人慈善组织发展史上具有典型意义，向来为侨史研究工作者所关注。有关泰国华侨报德善堂的研究大致可分为三类。第一类，从大峰祖师信仰方面研究泰国华侨报德善堂。此类研究成果丰硕，如旅居泰国的历史学家林悟殊教授，历史地考察了大峰信仰的起源和传播及泰国华侨报德善堂中的大峰精神，其在论文《泰国大峰祖师崇拜述略》中，对泰国大峰祖师崇拜的起源、发展模式和崇拜现状与前瞻等，做了详细的梳理和研究；而林教授的专著《泰国大峰祖师崇拜与华侨报德善堂研究》，谢重光教授认为，是从一个全新的角度，以大量活生生的事实和有充分说服力的分析，论证了包括民间信仰在内的宗教信仰在现代社会可以发挥重大作用，应有一个重要的地位。郭志超在《泰国报德善堂的大峰祖师信仰和社会实践》中也说到，大峰祖师信仰仍是泰国善堂形制慈善事业的精神源泉。第二类，社团史、慈善团体

① 李明欢：《当代海外华人社团研究》，厦门大学出版社，1995，第136~137页。
② 泰国具有中国血统的人是否仍叫华人，泰国华人的总数大致有多少等，这样的问题争论已久，参见吴群、李有江《二战后泰国华侨华人社会的变化》，《云南师范大学学报》2004年第5期。

中与泰国华侨报德善堂有关的研究。泰国华侨报德善堂是泰国最大的慈善团体，凡是关于泰国华人社团史及泰国慈善团体的研究均有提及，如张映秋的论文《泰国"华侨报德善堂"史略——兼论郑午楼的社会道德观》。第三类，从泰国华侨报德善堂对我国慈善业的启示角度来研究。此类研究尚不多见，但逐渐兴起，如程芬的论文《泰国华侨报德善堂对我国发展宗教慈善的启示》虽有涉猎，但对中国宗教慈善业的启发论述稍欠丰富和深入，仅从慈善组织自身和鼓励宗教机构参与慈善两方面提出建议，缺少从政府和社会等角度的深层次分析。

综上，就泰国华侨报德善堂对中国慈善事业的启示等方面的研究，尚待学界进一步挖掘。本文拟采用较新的会馆资料，对泰国华侨报德善堂的发展时期重新界定，并尝试归纳其五个主要的社会功能，提出对中国慈善组织发展的四个建议。

二

泰国华侨报德善堂，其总部位于曼谷得胜县昭堪洛路 326 号，创立于 1910 年。它由早期的中国潮州移民所尊奉的宋大峰祖师庙慢慢演变拓展而来，现在华侨报德善堂多元化发展，体系不断庞大，和当初仅仅是特定族群的宗教信仰与小范围社会人群间的物质相助有天壤之别。从某个意义上说，今天的华侨报德善堂不仅是泰国华人慈善组织的代表，甚至堪称华人世界慈善事业的标志之一。华侨报德善堂除了有宋大峰祖师庙，以及华侨报德善堂本身外，还包括华侨医院、华侨中医院、华侨崇圣大学、华侨崇圣大学育社学院、泰国华文师范学院、曼谷无线电台、华侨报德善堂紧急救援队、华侨医院紧急救援队、华侨报德善堂龙山墓苑、华侨报德善堂崇庆皇上八秩圣寿公园等组织社团，有些看似业务区别很大，其实紧密相连，组成了一个庞大的华人慈善组织，影响着华人社会和当地社会。由于它的历史悠久，作用特殊，以致"报德善堂在人们的观念中，已经起了很大的变化，不再以单纯的'收尸善堂'视之，因为许多事实证明，这是一个有灾必救、有难即恤的重要慈善机构，而且不分国籍，不分地域，不分宗教，不分阶层，一视同仁，其重大的贡献，有口皆碑，全泰男女老幼，无不知道有个报德善堂，每当发生天灾人祸，必须立刻救援，几乎首先想起的就是报德善堂。此所以报德善堂在泰国社会具有崇高地位，获得各界人士的热烈支持，凡要捐款做善事，救恤贫病和遭遇意外的不幸者，首先想到的也是报德善堂"①。

华侨报德善堂之创立，肇始于1897年。出生于泰国的潮阳人马润，其原籍和平乡有宋大峰祖师庙，为乡人所信仰，而旅泰潮阳同侨，崇敬大峰祖师，于是由和平乡恭请祖师"金身"来曼谷，以供信徒膜拜。当时还没有庙址，仅设于马润拥有的永顺昌镜庄楼上，后来香火日盛，善男信女，出入不便，于是盖了简易篷寮以做庙址，再后来数易地方，并设坛供奉。在1910年，由潮籍侨民郑智勇、陈鹤珊、伍淼源等12位先贤，依据其所经营的公司或社团，聚合泰国华侨，在今天的地址正式创建庙堂。此为报德善堂的开创建基时期，主要任务是建祖师庙，为早期侨民提供精神信仰家园，进行物质救济，为贫苦罹难者收殓等。这时期报德善堂限于物质条件，服务对象较为单一，无法扩大推行其慈善行为。

之后，华侨报德善堂进入改组扩大时期（1932～1944年）。这时期的主要标志事件：（1）善堂改组成为公共慈善机构。1937年10月，报德善堂呈请泰国当局核准注册为慈善机构，变为泰国侨社有组织的合法社团。报德善堂的这次身份转换，让华人组织的自发性发生了质的变化，获得了法理性地位，为后来的科学化、系统化发展，奠定了基础。（2）创办华侨救护医院。泰国知名侨领蚁光炎先生担任善堂董事长后，不遗余力地推进堂务改革，为协助侨社抵抗日本发挥了重要作用。（3）二战期间的救济工作。1944年，盟军开展对轴心国的反攻，曼谷时遭空袭，报德善堂在董事长陈振敬的主持下，进一步发展救济事业，搬迁华侨医院，增开山庄坟场；当时，泰国中华总商会联合各侨团成立五队华侨救护队，报德善堂作为一支重要力量，在救护工作中因表现杰出，获得泰国政府与社会的广泛褒扬，这是该堂发挥影响力、进入人们视野的初始。

其后，华侨报德善堂转入发展安定时期（1945～1974年）。这时期的

① 《报德善堂两项深具意义的计划》，《中华日报社论》1990年12月20日，引自张克基等编《华侨报德善堂成立八十周年纪念特刊增订版》，华侨报德善堂办公厅，1990。

主要标志事件：（1）1946 年 6 月 3 日，泰国八世皇阿喃他玛希隆与其弟（即泰国现任九世皇普密蓬）等皇室成员，获悉报德善堂对中泰社会有卓越贡献，在视察曼谷华人区时，特意亲临该堂及华侨医院，并御笔签名和恩赐御款。由于泰国皇室在泰国社会具有无可比拟的崇高地位，这次善堂受皇室肯定，标志泰国社会已对其社会价值有了充分认可。（2）创立"赞助人股"，为该堂慈善基金稳定发展提供制度保障。报德善堂为加强各界热心人士联系，促进堂务，使外界对其赞助工作得以支持与监督，于 1960 年特设赞助人股，后又于 1965 年扩大为"征求赞助人委员会"，自此征求赞助工作更见推广，征得人数和金额相应增加。这一制度的开创，相当重要，为报德善堂日后扩大服务范围、稳健持续发展、提升社会影响，提供了雄厚的物质基础。表 1 为 1978 ~ 1988 年，报德善堂获得泰国社会普通个人慈善捐款额①统计。

表1 报德善堂获得泰国社会个人捐款

单位：铢

年　份	金额	年　份	金额
1978	4775034.79	1985	32239078.79
1979	10155932.79	1986	47041849.90
1980	15672132.79	1987	51135249.90
1981	19222041.79	1988	58769999.90
1982	23556581.79	1988	63745147.40
1983	26826031.79	总计	382575360.42
1984	29436278.79		

安定时期至今，报德善堂处于追求发扬光大的阶段。主要标志事件有：（1）流动医疗队成立，华侨医院大厦落成。1976 年，报德善堂成立"流动医疗队"，深入泰国内地各府，扩大服务范围；1979 年 5 月 8 日，高达 22 层的华侨医院大厦落成揭幕，标志医院终于成为现代化的全科医院。（2）决定扩建华侨学院为一所包括理工学院、商学院、文学院等的综合性大学，1992 年 3 月 2 日，泰国国家教育部批准泰国华侨学院升格

---

① 张克基等编《华侨报德善堂成立八十周年纪念特刊增订版》，华侨报德善堂办公厅，1990，第 49 ~ 54 页。

为泰国华侨崇圣大学；该大学立志成为亚洲的"中国学"中心。[①] 从这两点，可以看出报德善堂顺应当代社会发展潮流，继往开来，在坚持传统业务的同时，引入时代要素，成为特色多元、现代化的社会慈善组织。

简观华侨报德善堂百年史，作为泰国极负盛名的华人社会慈善组织之一，其成立、发展、壮大的过程，是华人社会互助成熟的过程，是华人融入当地社会的过程，也是当地社会认可华人社会组织，甚或是华社和泰国社会互为交融进化的历史。通过对报德善堂百年史的回顾，其主要功能可以简要归纳为以下五点。

1. 以宗教伦理的慈悲、博爱理念作为社团的建构、运行原则，扩大宗教慈善文化在华人社会和更广大范围的影响

据称，南洋华裔移民无论到什么地方，他们都没有忘记把故乡的神祇请来，并尽量建立和故乡相同的宗教和庙宇，而这也表明了一点，华人的社会组织和权力结构如果不是建立在宗教信仰的基础上，便是带着浓厚的宗教色彩。[②] 报德善堂是由早期的中国潮州移民所尊奉的宋大峰祖师庙[③]演变而来。从潮阳至泰国的乡人，接受了宋大峰祖师信仰的慈悲、博爱理念，初到泰国的先民，常有生存危机，自发地互为关照。日后，他们便将这一理念作为宗亲、地缘组织的建构和运行原则，互相支援，以图发展壮大。在报德善堂的发展关键点上，领导层往往能从宋大峰祖师的慈悲、博爱理念中获得"灵感"，从而具有远见卓识。报德善堂已故董事长郑午楼先生，在华侨医院创立五十周年纪念会上致辞时表示，"华侨医院是报德善堂附设之大众医院……报德善堂改组，新董事会成立，认为'救生'与'恤死'，应相辅而行，借以发扬大峰祖师行善的德意，所以创立华侨医院，并先办产科部……多年来，一再扩充，一再搬迁，最后才到了今天

---

① 《华侨报德善堂 100 周年纪念特刊》，泰国华侨报德善堂，2010。

② 林水檺、骆静山编《马来西亚华人史》，马来西亚留台校友会联合总会，1984，第 411、445 页。

③ 据说，宋大峰祖师是北宋年间人，进士出身，被授浙江绍兴县令，后弃官逃禅，然后入闽，再至潮阳。当时中国多事之秋，祖师看到烽火过后，且洪水频发，瘟疫流行，以致百姓遭殃，尸横遍野，于是招募乡民，施设义葬荒尸，除此之外，还造桥筑路，扶危济贫，博施济众。祖师圆寂后，乡人感其事迹，建大峰祖师善堂以祭祀之。

的现址，建起巍峨的二十二层大厦"①。由于报德善堂践行宗教慈悲、博爱理念业绩斐然，泰僧王颂缘拍央讪旺特别赞誉，"善有善报，恶有恶报，行善者必得善果。诸恶莫作，众善奉行。报德善堂从事的一切善举，必将获得相应的福报"②。

表 2 是华侨报德善堂在 1936～1986 年 8 次火化先友法会的统计，可以看出它在"恤死"、尊重生命方面，做出令人崇敬的业绩。③

表 2　火化先友法会一览

时　间	人　数	法会时间
1936 年 3 月	1028	3　天
1947 年 12 月	4095	5　天
1955 年 3 月	13044	5　天
1960 年 4 月	16123	5　天
1965 年 7 月	17240	5　天
1971 年 7 月	19241	5　天
1980 年 11 月	30584	5　天
1986 年 11 月	13459	7　天
总　　计	114814	

2. 获得主流社会充分认可，积极融入当地社会，以泰国为永远服务和自豪的家

1991 年，报德善堂董事长郑午楼在北京会见时任中国国家主席杨尚昆时讲道，"泰国是我们的婆家，中国是我们的娘家……我们爱'婆家的泰国'，因为大多数人生于斯、食于斯，受宗教及皇帝庇荫落地生根，安居乐业"④。在百年发展史里，报德善堂也几乎是这样做的。只要能了解

---

① 泰国春晖堂编著《郑午楼言论集》，1989，第 146 页。
② 张克基等编《华侨报德善堂成立八十周年纪念特刊增订版》，华侨报德善堂办公厅，1990，扉页。
③ 张克基等编《华侨报德善堂成立八十周年纪念特刊增订版》，华侨报德善堂办公厅，1990，第 115 页。
④ 《泰华联合救灾机构慰问团团长郑午楼在会见杨尚昆主席时致词全文》，见张克基等编《华侨报德善堂成立八十周年纪念特刊增订版》，华侨报德善堂办公厅，1990，第 279～280 页。

到、只要能运输到、只要有任何可能，报德善堂就会"迫不及待"地发动其慈善或服务的巨大网络，从医疗、教育、交通、救助等方面，尽显其融入社会，以泰国为家的认同感。由于报德善堂的杰出服务，其在泰国社会受到高度好评，特别是皇室对其的充分认可，是报德善堂的至高荣誉。表3为百年来皇室成员亲临报德善堂的主要事件。①

表3　皇室成员亲临报德善堂的主要事件

时　间	人　物	主要事件
六世皇时期	国务大臣披耶荣玛叻	奏请六世皇恩准拨款给报德善堂"收殓工作组"每年2000铢至今
1946 年	八世皇阿喃他玛希隆及皇弟（普密蓬）	御临华侨报德善堂、华侨医院
1979 年	九世皇（普密蓬）	主持华侨医院新建大厦揭幕
1992 年	九世皇（普密蓬）	御赐华侨学院改名为华侨崇圣大学
1994 年	九世皇（普密蓬），诗琳通公主	九世皇主持华侨崇圣大学揭幕，御赐奖助学金和纪念章给建校赞助者；公主楷书题词"崇圣报德"
2000 年	皇姐昭华干拉耶尼越他那	御临华侨医院，主持该院洗肾部门揭幕典礼
2003 年	诗琳通公主	御临华侨报德善堂参观文物馆
2005 年	诗琳通公主	御临华侨中医院主持揭幕典礼
2010 年	诗琳通公主	御临华侨崇圣大学，主持郑午楼博士文物馆揭幕典礼
2011 年	皇姐昭华干拉耶尼越他那	以个人财产及皇太后基金，先后10余次恩赐报德善堂11500000铢，用作济助灾区灾民

3. 凝聚族群社会，不断拓展社会网络，以繁荣壮大慈善事业

社会组织存在的根本，在于是否有利益关联者。从同一族群到不同族群的凝聚，必然会拓展组织的社会网络，从而使社会组织繁荣壮大。在泰国华人社会，大大小小的华人组织不计其数，但像报德善堂这样规模的不多见，而能不断繁荣壮大的则相对较少，许多泰国华人社会组织，经不住时间的洗礼，最后都退出了人们的视野。报德善堂通过其所属分堂，并联合其他华人社会组织，为泰国民众提供各种服务。例如，由华侨报德善堂

---

① 《华侨报德善堂100周年纪念特刊》，泰国华侨报德善堂，2010。

为领导组成的华侨报德善堂暨侨团报社联合救灾机构①（"联救"），其工作方式是，通过先由报德善堂搜集资料，如灾情程度、灾民多少、死伤多少，然后将详情通知联合救灾机构；如有华籍灾民，需更进一步了解他们是何籍贯，因部分同乡会对其同乡灾民将另行特别援助，但报德善堂则一视同仁，不分彼此。至于赈济灾款征集，由"联救"会议通过，各单位负担一定数额，然后各单位支付，如有欠缺，由报德善堂负责。

4. 畅新社会改革，追求先进，使华侨报德善堂始终处在上升的状态，保持了年轻的生命力

作为百年社团，报德善堂能始终处于发展上升的姿态，固然与其众多慈善人士的倾心支持有关，不过，归根结底是报德善堂自身能保持"健康体格"。就报德善堂而言，不论是为针对历史大环境做出的重大改革，还是为自身堂务完善而进行的日常工作，都可以看到，创新社会改革，踏实追求进步的理念始终被秉承，成为它顺应时代，永葆昌盛的秘籍。比如前面提到，在改组扩大时期，报德善堂为呈请当局核准注册为慈善机构，当时的组织领导于是在华社积极奔走宣传，以唤起侨社人士注意；在报端刊发辞职启事，获得了中华总商会等重要侨团支持，并提供宝贵意见。

5. 与"文化原乡"——中国，保持良好关系，推动"中泰一家亲"

对报德善堂的人来说，该组织文化的中国要素和泰国要素，无疑是同等重要的，不过，中国的角色特点在于"文化原乡"。中华文化的强烈宗亲意识稳固地维系着华侨华人与中国的关系。尤其是，华侨重视家庭、家族、家乡，甚至个人价值的体现很大程度上需要得到家族、家乡的认可，所谓"富贵不返乡如锦衣夜行"的观念，迄今仍为很多华人尤其是老一

---

① "联救"成员有：华侨报德善堂、泰国中华总商会、泰国中华会馆、泰国潮州会馆、泰国客家总会、泰国广肇会馆、泰国海南会馆、泰国福建会馆、泰国江浙会馆、泰国台湾会馆、泰国云南会馆、泰国广西会馆、泰国潮阳会馆、泰国潮安会馆、暹罗揭阳会馆、旅暹普宁同乡会、泰国澄海同乡会、泰国大埔会馆、泰国丰顺会馆、泰国饶平会馆、泰国惠来同乡会、泰国兴宁会馆、泰京天华慈善医院、中华赠医所、道德善堂、玄辰善堂、泰国世觉善堂、泰国崇德善堂、华侨互助社、泰国三山慈善院、暹罗龙华佛教社、大光佛教社、明莲佛教社、北榄天德善堂、中医总会赠医处、泰国中华佛学研究社、介寿堂慈善会、泰华各姓宗亲总会联合会、泰华佛教团体、泰华妇女慈善会、《星暹日报》、《世界日报》、《京华中原联合日报》、《中华日报》、《新中原报》、《亚洲日报》等，共46家泰国主要华人社团。

辈华人所奉行。报德善堂的人，既然以泰国为永远服务和自豪的家，他们处理这种强烈的宗亲意识采取的是"文化原乡"的方式，巧妙地处理了横亘于文化认同、情感认同、政治认同中的这种"麻烦"。前文提到，1991 年，郑午楼在会见中国国家主席杨尚昆时讲道，"泰国是我们的婆家，中国是我们的娘家……我们爱'婆家的泰国'，因为大多数人生于斯、食于斯，受宗教及皇帝庇荫落地生根，安居乐业"。但是，对"娘家的中国"这份深厚的感情也是无法割舍的。在中国内战期间，或是新中国成立后遭受自然灾害后，报德善堂都通过各种方式救济中国相关地方的民众，这大多与崇尚宋大峰祖师"有灾必救，有难即恤"的宗教慈善伦理文化紧密相关。颇为有趣的是，由于社会政治、文化环境不同，在过去一些时期，中国社会对海外华人宗教慈善机构的性质和活动了解较少，报德善堂的人到中国潮阳进行"文化省亲"之旅时，对当地的宗教人士乃至政府官员，非常耐心地说明宋大峰祖师在泰国华人社会中的影响，声明报德善堂由于对祖师的敬仰才有了慈善事业的巨大成功等，获得他们的一致认可。这种引导"文化原乡"人们思想开化的无意之举，也促进了"中泰一家亲"。

以上通过对华侨报德善堂几个主要历史阶段的梳理，分析其典型的五个功能，有助于理解报德善堂何以能成功走过百年，并对思考中国慈善工作的发展有较好的把握。

三

老吾老以及人之老，幼吾幼以及人之幼。这是人类社会最具普世价值的法则。是否崇尚慈善，践行慈善，可以作为衡量一个社会的文明发展程度的标尺。慈善组织是传播慈爱和善行的社会团体，道德和诚信是慈善组织的基本支撑点。现代慈善组织的良好运行具有积极的社会意义。首先，慈善组织是社会和谐稳定的有机组成部分，社会成员的需求彰显了慈善组织存在和发展的必要性；其次，慈善组织优化了社会结构，通过慈善组织社会化的方式重新配置社会资源，弥补了国家保障体系的不足；最后，慈善组织还是培育现代公民的重要场所。①

中国作为五千年文明礼仪之邦，有悠久的慈善文化。但当下中国慈善组织却陷入了前所未有的尴尬发展境地，尤其那些曾经在人们心目中"有分量"的慈善组织，或多或少都面临公信力危机，如中国红十字会与"郭美美事件"、宋庆龄基金会与"宋庆龄石像"、中国青少年基金会和"中非希望工程"等，一系列事件引人深思。

如何促进中国慈善事业发展这一论题，涉及面广，问题复杂，非本文所能解决。不过，透过泰国华侨报德善堂这一案例，可以就中国慈善事业发展提出以下肤浅建议。

首先，回归慈善事业的本原色彩，减少官方干预。慈善行为是发自个体内心的自觉行为，不应有外界过多的不必要因素干扰。从华侨报德善堂起源来看，宗教信仰的慈悲、博爱伦理是其组织践行的重要精神原则，体现了慈善私人化的性质。而且，华侨报德善堂向官方报备注册后，发展更为迅速。对比中国现实的情况，像慈善、环保等公益组织，只要一经官方注册，似乎便失去了生命力。与此相关的是，这些公益组织首先要向政府相关部门申请由其做业务主管单位成功后，民政部门才可能给予受理。可以预料到的是，由于政府部门并没有义务或责任做其挂靠单位，也更不愿意承担责任，所以公益组织大多是脱离于政府的视野。但另一方面，政府部门对没有备案的公益组织会给予严惩甚至取缔。因此，如何理顺政府这方面的职能，事关中国慈善事业的长远发展。

其次，加快中国慈善组织自身建设，从人员培养、制度完善等方面，促进慈善组织整体提升。华侨报德善堂通过成立"征求赞助人委员会"，为开展各种慈善服务获得资金提供制度保障；通过所属大学有关福利专业的设置，为慈善工作开展输送高端人才；等等。中国慈善组织应自觉加强学习，更新服务理念；同时，随着人口增长和社会福利问题不断增加，我国大中专学校也应加强慈善行业人才的培养，而不能只局限于传统的专业设置培养人才。

---

① 陈东利：《论中国慈善组织的公信力危机与路径选择》，《河北师范大学学报》2012 年第
1 期。

再次，在全社会营造良好的慈善文化氛围，为慈善组织的发展创造适宜的土壤。近年，随着人民物质财富的不断积累，在一些自然灾害发生后，社会上涌现出许多热心人士，让社会充满了爱。但是，不和谐的现象依然存在，部分民众可能相当坚信，与中国慈善有关的人要么是"作秀"的，要么认为很多受捐助者并没有困难，而是利用人们的同情心敛财，甚至慈善授受双方因故打起官司。此外，还有些与慈善相关的做法可能也引起人们的不满，比如通过行政手段将慈善作为一种特殊任务，进行摊派；不征询个人意见，克扣收入的一部分作为慈善基金；等等。这些匪夷所思的现象，玷污了慈善事业的本质，难以创造慈善事业发展需要的土壤。

最后，加强对外交流，尤其是向著名的海外华人慈善组织学习。由于有相同的文化渊源，海外华人慈善组织的成功经验具有较好的借鉴价值。可以请进海外华人慈善组织，与我国相关慈善组织进行合作，共同推进中国慈善事业的发展，同时中国慈善组织也可以"走出去"，和相关国家华人慈善社团开展各种形式的交流。同时，更多的工作在于，结合我国国情，解放思想，大胆运用海外华社慈善组织的成功法则，对束缚中国慈善组织发展的文化、法律、制度、社会等方面进行深入革新。期待假以时日，中国慈善组织能重新夺回民众的信任。

简短结论

泰国华侨报德善堂的精彩历史必将延续下去，它在泰国社会的影响和未来的走向，取决于自身承载的社会功能的践行。报德善堂百年堂史，更是一部华人社会发展史，记载了泰国华人从自力更生到由己及人的转变，和华人从落叶归根到落地生根的认同变化。

当下中国的一些慈善组织尽管存在一些问题，但报德善堂的成功范例，让人们在前进的路上重拾信心，相信中国慈善事业的明天一定会更好。

中泰佛教文化交流研究

郑　陶　苏朝晖*

摘　要： 中泰两国因其独特的地理毗邻关系和历史渊源，自远古时代就开始了政治、经济等方面的广泛交流，两国同属亚洲文化根基，文化交流更是频繁而广泛。本文对中泰文化交流的过程进行回顾，并总结文化交流硕果，进而以佛教文化为主，对中泰两国的佛教文化交流进行了阶段性的回顾分析，最后对两国未来的佛教文化交流提出了展望。

关键词： 泰国　中国　文化交流　佛教文化

一　引言

2013 年是中泰建交 38 周年，在两国领导人亲自关心与推动下，中泰关系一直保持着快速、健康的发展势头，为世界各国树立了良好的国家关系的典范。正如习近平主席指出的，"中泰关系是不同社会制度国家关系的典范"①。习主席在同泰国政界、商界和青年学生代表广泛接触时，共叙了"中泰一家亲"的传统友好情谊。② "中泰两国地理相近、血缘相亲"，这是现任泰国国王、泰国人民十分爱戴与尊敬的拉玛九世王普密蓬·阿杜德在他的圣谕中强调的。③ 在中泰关系中，文化关系是一个重要

---

*　郑陶，华侨大学工商管理学院 2012 级硕士研究生；苏朝晖，华侨大学工商管理学院教授。

① 中国广播网，http://china.cnr.cn/gdgg/201112/t20111224_ 508970059. shtml。
② 中国新闻网，http://www.chinanews.com/gn/2011/12 - 24/3556639. shtml。
③ 〔泰〕安阿农、〔泰〕罗莎琳：《中国文化对泰国文化的影响》，黄旺贵译，《国际学术交流》2008 年第 6 期。

的方面。自古以来，两国的文化交流伴随着政治、经济关系的发展而进行，并取得了令人瞩目的成果。

自 1975 年建交以来，中泰两国在文化方面的交往呈现多方面、多层次、多形式的交流局面，几乎涵盖文化领域的各个方面，故而对中泰两国文化交往的研究也呈现多方面、多层次、多领域的特点。单以华文教育为例，截至 2013 年，中国期刊网已经发表的关于泰国华文教育的研究文章就有 140 余篇。因此可以说，对中泰文化交流的研究相对于两国在政治、经贸方面的研究规模更大、成果更丰富、价值更突出。

二　中泰两国的文化交流

泰国是一个泛泰主义国家，泰国国民统称泰族，但是泰国泰族的概念与我国一般所称的泰人是不一样的。在泰国，构成泰族的种族有很多个，包括了泰人、华人、马来人，以及北部山区的佤、拉祜、苗等山民。由于今天生活在东南亚的泰人在历史上都是源于云南并迁徙到各地的，因此他们都有着共同的渊源关系。[①] 由于傣—泰民族先民的迁移与壮大是以文化的复制为基础的，因而在今天的东南亚、南亚傣—泰民族居住区域，不仅有民族同源的关系，也有基本共同的文化特征。泰国学者黎道刚先生认为泰国泰族是一个泰文化体，文化的影响比血缘的影响大。[②]

由此看来，中泰两国作为一衣带水的邻国，除了民族、政治、经济等方面的交往外，文化交流更是源远流长。根据文献记载，两国至少从中国的秦代开始就有了互访、贸易上的往来，而在这些互访之中，中泰之间的文化交流也随之进行。后来虽然经历了各种变迁，但是两国的文化交流仍然取得了长足的发展。

（一）萌芽时期

早在泰国曼谷王朝建立之前，中泰两国官方就已经互派使者出访，而文化的交流正是伴随着官方的互动展开的。泰国的统一王国素可泰王国兴

---

① 泰人迁入印度的历史见何平《从云南到阿萨姆——傣—泰民族历史再考察与重构》，云南大学出版社，2001。

② 泰国学者黎道刚先生 2001 年 10 月 19 日在云南省社会科学院的演讲。

起后，与中国元朝建立了密切的关系。通过朝贡贸易，双方交换的商品日益增多。泰国的工匠学习了中国的制瓷技术后，在宋加洛烧制出了类似中国浙江龙泉窑的仿宋瓷器，也就是如今闻名遐迩的"宋加洛"瓷器——这是早期中泰文化交流结出的一个硕果。

（二）发展时期

曼谷王朝建立之后，伴随着大量华人移民到泰国，中国古典文学作品、建筑艺术、雕塑、绘画、戏剧、音乐等在泰国得到进一步的传播。在拉玛一世时期，中国古典小说《三国演义》和《西汉通俗演义》就已经有了泰译本，足以见得当时两国文化交流之兴盛。同时期，华文教育也开始在曼谷地区发展，1927年3月，拉玛七世国王及王后亲自巡视了曼谷地区的四所华文学校，并发表了演说，指出华文学校不仅教授中文，还开设泰语课程教授有关泰国的知识，这可以使华人子女了解泰国人民的各种风俗习惯。从这个意义上看，华文学校的开办，必将更进一步地促进华人与泰人之间的团结。

（三）当代文化交流的空前时期

随着中国经济的崛起和中泰关系的发展，近10年来泰国各界兴起了一阵"学汉语热"。上自泰国王室，下至普通百姓，许多人加入学习汉语的行列。泰国的"学汉语热"和中泰汉语教学合作不断升温，为中泰文化交流增加了强大的动力，极大地推动了中泰关系的发展。特别值得指出的是，中国在泰国一些大学中建立的孔子学院成为中泰文化交流的生力军。泰国的孔子学院的数量在东南亚地区排名第一。

另外，中泰文化领域的合作层次不断提升，制度化的交流机制已经形成。自1975年7月1日中泰建交以来，在中泰两国政治关系日益密切的环境下，两国在科技、文化、教育、体育等领域的交流与合作稳步发展。双方签署了《科技合作协定》（1978年）、《旅游合作协定》（1993年）、《文化合作谅解备忘录》（1996年）、《关于高等教育合作谅解备忘录》（1999年）、《文化合作协定》（2001年）、《关于相互承认高等教育学历和学位的协定》（2007年）、《教育合作协议》（2009年）等。这些协定、备忘录和执行计划的签署有力地推动了中泰文化交流的发展。目前，中泰两国在文化、艺术、教育、卫生、体育、宗教、图书、出版等方面的交往频繁，文化团组互访每年超过 200 起。① 双边多层次、多领域的互访是中泰文化交往史上前所未有的。可以说，中泰文化交流已经步入了繁荣发展的阶段。

（四）中泰文化交流的成果

中泰文化交流几乎涵盖了文化领域的各个方面，交流形式则多种多样，基本上形成了全方位的文化交流。

在华文教育方面，随着中泰友好关系全面发展，泰国华文教育呈现生机勃发的局面。自 18 世纪中叶，华文教育在泰国萌芽以来，经历了几个世纪的发展、停滞、扼杀、复苏、振兴，终于迎来了欣欣向荣的场景。泰国勿洞市市长陈进森说，中国和平崛起带来中文地位的大幅攀升，相信中文有朝一日将成为东南亚以及全世界的强势语言。② 泰国诗琳通公主已经成为泰国人学习汉语的楷模，感召和激励着泰国人学习中文的热情，对泰国华文教育起了极大的推动作用。对于泰国兴起的"中文热"，中国驻泰大使张九桓称为"诗琳通公主现象"。

在艺术交流方面，中泰双方各艺术团的互访组成了两国文化交流不可或缺的重要部分；两国相互引进优秀的文艺影片，泰剧及泰国电影在中国国内广受好评，例如《初恋这件小事》《爱很大》等小清新类电影在中国青年群体中引起强烈反响；而中国国产电影如《泰囧》有力地促进了中国国人对泰国的了解，对于双方语言文化的交流起到了一定的积极作用；中泰两国的优秀文学作品的互译和传播，加深了双方民众的友谊与了解，并对两国的学术交流、教育筹办等合作奠定了扎实的基础。

在旅游业方面，中泰已相互成为重要旅游客源国。据泰国旅游和体育部统计，2012 年中国赴泰游客数量超过 270 万人次，2013 年第一季度到泰国旅游的中国游客人数超过 100 万，相比上年同期增长 93%。中国已经超越马来西亚，成为泰国的第一大旅游客源国。泰国由于受到一些文学著作，如《三国演义》的影响，或者是出于对四季变化的好奇心，前往中国四川、东北等地旅游的游客也络绎不绝。

---

① 王晨：《中泰文化交流管窥》，2008 年中泰联合研讨会演讲，2011 年 8 月 30 日，中国宋庆龄基金会。
② 香港《文汇报》2006 年 3 月。

在文化产品贸易方面，中泰两国贸易规模快速增长。每年一度在广西南宁落户的中国—东盟博览会对两国的贸易往来发挥了巨大的推动作用。如表1所示，2001~2010年两国文化产品贸易中，中方多处于顺差，重点文化产品的贸易占双边货物贸易总额的0.5%，不过，进出口不平衡。

表1　2001~2010年中国对泰国文化贸易相关数据

年份	双边货物贸易总额（亿美元）		HS编码中的部分文化产品贸易额（万美元）										来华旅客（万人次）
			3705（摄影作品等）		3706（电影胶片等）		49（印刷品、打字稿等）		8523（录制信息的媒体等）		97（艺术品、收藏品等）		
	出口	进口	出口	进口	出口	进口	出口	进口	出口	进口	出口	进口	
2001	23.4	47.1	—	—	—	2.5	27.4	138.7	46.2	142.9	2.7	0.8	29.8
2002	29.6	56.0	—	—	—	—	300.3	32.8	43.5	301.8	4.3	2.8	38.6
2003	38.3	88.3	—	—	—	—	367.4	46.7	118.8	307.1	4.4	0.4	27.5
2004	58.0	115.4	—	—	—	2.2	727.1	69.5	217.5	300.7	5.4	4.9	46.4
2005	78.2	139.9	0.2	—	—	—	566.7	32.8	7320.4	524.8	6.3	2.3	58.6
2006	97.6	179.6	0.2	—	—	—	832.3	57.2	12711.0	488.0	8.8	4.9	59.2
2007	119.7	226.6	—	0.6	—	2.3	1011.0	61.2	24784.1	473.6	12.4	64.9	61.2
2008	156.1	256.5	—	0.1	0.3	6.0	1018.4	66.8	25335.0	577.2	13.9	28.8	55.4
2009	249.0	249.0	—	—	—	2.9	476.5	66.2	24835.0	725.6	27.0	14.1	54.2
2010	197.5	332.0	—	0.1	—	0.3	780.3	92.5	30425.1	2374.5	20.8	7.3	63.6
合计	931.5*	1690.4	0.4	0.8	0.3	16.2	6107.5	664.4	25836.6	6216.2	106.0	131.2	494.5

＊数据疑有有误，应为1047.4。

资料来源：李红等：《国际文化合作的经济分析——以中国—东盟区域为例》，中国社会科学出版社，2012，第79页。

三　中泰佛教文化的交流

关于宗教对文化的影响，蒂利希（Tillich）早就指出："作为终极关切的宗教是赋予文化意义的本体，而文化则是宗教的基本关切表达自身的形式总和。简言之，宗教是文化的本体，文化是宗教的形式。"①

---

① Paul Tillich, *Theology of Culture*, Oxford University Press, 1964，p. 42. 蒂利希，美国籍神学家、基督教存在主义者。

　　泰国素有"佛教王国"的美誉。自 13 世纪至今，佛教一直是泰国的国教，泰国的政治制度、文化艺术、经济贸易、民俗风土、城市建筑、道德理念等社会生活的各个方面深受佛教文化的影响。泰国宪法规定，"国王必须为佛教徒，且为佛教之保护者"，同时国王也是佛教最高赞助者。泰国的每个男子，一生中必须出家一次，就是王族也不例外。

　　如今，坐落在泰国各个地区的众多的佛教寺院、学校成了泰国青年人接受传统文化教育的重要场合和基地，佛教的伦理思想、哲学观念被一代代的泰国人所接受，对社会各阶层的生活和文化产生了广泛深远的影响。

（一）佛教文化交流初期

　　佛教文化最早由印度传入泰国，后来泰国华人信奉的汉传佛教也对泰国佛教特色的形成起到了推动作用。

　　作为南传上座部佛教的泰国佛教，大致在汉朝以后，开始与我国东南沿海地区的汉传佛教有了交往。三国时期，吴国派往东南亚各国的使者回国后，朱应著有《扶南异物志》，康泰著有《吴时外国传》《扶南土俗》等，除了记录使者们出访时的奇闻逸事、风土人情、民俗民风，还曾提及泰国早期的婆罗门教和佛教信仰情况。

　　后来各朝代均有学者撰写相关著作，如西晋的《三都赋》、南朝宋的《扶南记》等。根据各时期的著作，学术界一般认为，佛教正式传入泰国是在公元前 3 世纪。

（二）频繁交流时期

　　魏晋南北朝时期是中国佛教文化交流最频繁的历史时期。中土、天竺、西域、东南亚各国的佛教徒往来频繁，极大地促进了中国佛教文化事业的发展。公元 2 世纪末到 6 世纪之间，虽然泰国大部分地区处于扶南（即今柬埔寨）的统治之下，但是佛教受到了扶南王朝的护持。作为东南亚海上交通枢纽的泰国，对佛教文化的传播和弘扬曾起到非常重要的作用。

　　南北朝时期是我国佛教译经弘法的极盛时期，扶南国不仅直接派遣高僧通过海路来中国传译佛经，而且扶南国还是当时印度和东南亚各国僧人往来中国的海上必经之路。据史料记载，当时来往于中国的僧人，行程可考的就有 10 余人，其中三人是扶南国僧人，他们就是著名的僧伽婆罗、曼陀罗和须菩提。三位高僧曾先后到我国弘扬佛法、传译佛经，对中泰两国佛教文化的交流以及增进两国人民的友谊做出了积极贡献。

从有关史料来看，中国与扶南国都十分看重互派使者与佛教文化交流。扶南国派来的使者与僧人就有不少。从公元3世纪至6世纪下半叶，据不完全统计，扶南国以及泰国当时其他小邦国派使臣来中国约有15次，其中不少奏表都盛赞中国敬仰三宝、佛法昌盛。

（三）平稳发展时期

大约在公元6世纪下半叶，在泰国南部地区又出现了赤土国、盘盘国和堕罗钵底等一些小国家。尽管这些邦国各自为政、互不统属，但都与中国保持了密切的经贸往来和佛教文化交流。

隋代文献《隋书·赤土传》，唐代《旧唐书》、玄奘法师的《大唐西域记》、义净法师的《南海寄归内法传》和《大唐西域求法高僧传》，宋朝《诸藩志》和《岭外代答》等文献中，或是提及婆罗门教和佛教在泰国并行发展，或是记录中国僧人游历泰国的经历，或是记载大乘佛教在泰国的兴盛发展。

元朝时，今天的泰国分别为暹国和罗斛国。元初蒙古曾发兵入侵泰国。公元1289年罗斛派遣使臣出访元朝，与中国通好。其后不久，暹国也与元朝恢复了正常关系。此后，元朝和这两个国家往来频繁，海上贸易十分兴盛。

明代中国史料一般称泰国为"暹罗"。这一时期中国的海上贸易以及与东南亚各国的交流更加频繁。随着明王朝派遣三宝太监郑和七下西洋出访东南亚各国，明朝与泰国的关系也不断得到加强——屹立在大城府的"三宝公庙"就是中泰友好历史的见证。

据不完全统计，在明代270多年中，泰国阿瑜陀耶王朝（亦称大城王朝）派遣使节出使中国共有112次，特别在明朝初年，几乎年年都有使团，如1373年一年就达6次之多。郑和多次出访东南亚，尤其是暹罗国，无疑极大地促进了两国文化事业的进一步发展。清初以来，尤其是17世纪以后，我国东南沿海地区大批华人移居泰国，对该国政治、经济、文化产生了全面影响。19世纪中叶，曼谷王朝为了弘扬佛法，大兴土木，修建寺院佛塔，曼谷成了泰国佛塔之都，其中不少佛教建筑和宫廷建筑都有浓厚的中国传统建筑印迹，例如郑王寺、素塔寺。

华人移居泰国的同时，也将历史悠久的汉传佛教带入了泰国。19 世纪下半叶，我国广东籍僧人续行法师到泰国讲经说法，筹资兴建了第一座汉传佛教寺院——大乘院龙福寺，后来又相继修建了龙莲寺、龙华寺，这三座寺庙被泰国人民尊奉为"三龙古寺"。

（四）近当代佛教文化交流

清朝末年，泰国华人移民人数不断增多，20 世纪 30 年代就达 70 余万人。到 20 世纪 90 年代，据泰国官方统计，华人已达 400 多万。华侨人数的大量增加，使得汉传佛教在泰国得到迅猛发展和弘扬。泰国大乘佛教的兴盛和繁荣是与中泰两国佛教徒的共同努力分不开的，其中泰国华裔法师们做出了重大的贡献。泰国著名佛教学者陀达沙就是一位华裔，他曾将中国佛教禅宗要籍《传法心要》和《坛经》译成泰文，把中国佛教文化介绍到泰国佛教界。

新中国成立后，中泰两国关系步入正常发展的时期。尽管那时两国还未正式建交，但两国佛教界一直有交流和往来。而自 1975 年 7 月 1 日两国建交以来，时任国务院副总理的邓小平称赞此举"在中泰关系史上揭开了新的篇章"。随着两国关系的不断发展，两国佛教友好交往也逐渐增多。

20 世纪 80 年代泰国宗教界就向中国的昆明、西双版纳等地赠送佛像。

1989 年 7 月，中国佛教协会在北京灵光寺举行了迎奉泰国佛像法会。

1993 年 6 月，泰国僧王颂德·帕·耶纳桑文到中国访问。僧王是泰国佛教界的最高领袖，他的访华是泰国历届僧王对中国的首次访问。特别值得一提的是，1994 年 11 月，供奉于陕西省西安法门寺的佛门圣物佛指舍利运抵曼谷，在泰国供奉 85 天，拜祭者超过百万，普密蓬国王亲自前往参拜。

2002 年 12 月，中国政府为庆祝泰国普密蓬国王 75 圣寿大吉，同意佛牙舍利再赴泰国佛教城临时供奉 76 天。供奉期间，400 多万泰国民众前往佛教城举行各种各样的参拜活动。泰国王储代表普密蓬国王前往参拜，泰国佛教最高领袖僧王两次参拜，泰国枢密院主席、国会主席、上议院主席、政府总理及内阁主要成员，以及众多议员都前往参拜，盛况空前。

2008 年 2 月，中泰两国佛教界在湖南望城洗心禅寺隆重举行四面梵天像安座暨祈祷世界和平法会。中国佛教协会会长、洗心禅寺方丈一诚长老，中国佛教协会副会长、湖南省佛教协会会长圣辉法师和洗心禅寺、麓山寺僧众、泰国佛教代表团团长、泰皇一世慈善基金会主席连俊荣先生，泰国僧王事务执行委员会主席颂德·帕·菩塔瞻长老秘书塔西朋法师等泰国佛教代表团 69 位成员（含 19 位高僧），以及湖南省、长沙市、望城县各界嘉宾、四众善信 1000 余人参加了法会仪式。

2011 年 9 月，由泰国摩诃朱拉隆功佛教大学举办的第一届泰中佛学会议在摩诃朱拉隆功佛教大学大城校区举行。会议以"跨文化的佛教：佛教教育之今日"为主题。中国驻泰王国大使馆文化参赞秦裕森、北京大学宗教文化研究院副院长李四龙教授、中国人民大学佛教与宗教学理论研究所宣方教授、中国重庆华岩寺方丈道坚法师等中国嘉宾与摩诃朱拉隆功大学的师生 200 余人出席会议，一同探讨当代中泰两国的佛教教育。

2013 年 2 月，由摩诃朱拉隆功大学主办、泰国中国文化中心和重庆华岩基金会协办的第二届泰中佛学会议在曼谷中国文化中心隆重召开，朱拉隆功佛教大学校长梵智法师，中国重庆佛学院副院长、华岩文教基金会理事长、华岩寺方丈道坚法师，中国驻泰国大使馆文化参赞秦裕森，曼谷中国文化中心主任蓝素红，中国社会科学院学部委员魏道儒教授，泰国朱拉隆功大学人文学院院长 Prapod 教授等中泰两国高僧、知名学者、社会名流约 300 人出席此次会议。

四　中泰佛教文化交流的展望

中泰佛教文化交流发展的历史表明，传承与创新是其历史长期演变的基本内涵，一种是佛教文化的世代延续，另一种是佛教文化的辞旧迎新。在中泰两国未来的佛教文化交流中，这两个关键词能否把握得当，将是两国为继续增进佛教文化交流而努力的关键所在。

（一）面临的挑战

在未来中泰两国关系的不断发展过程中，两国佛教文化需要不断在时间和空间上继承传播，所面临的矛盾或困难大致如下。

1. 瞬息万变的国际形势对两国佛教文化的冲击

历史演变、时代前进带来的社会形态的变化，当代社会交通变得更发达，世界性的语言交融，英语主导的世界格局，不同地区民众观念的传播和思想的影响，往往在短期内就遍及世界的每一个角落，进而对佛教文化产生冲击。

2. 佛法人才的缺少及断层对两国佛教文化的传承产生的巨大影响

佛教文化的传承是指佛教文化的传播、流传、承袭、承继，在理论上涉及坚持与发展、传统与现代、古代性与当代性、恒久性与时代性、原教义与新学说等重大问题，需要教内外学者深入思考、探索和总结。传承中的问题是指我国的人才太少，纵然有少数的人才，但没有办法集中使用，也谈不上因材施用。我国国内不容易造就高级的弘化人才，也没有足够的专业行政人才。虽然今天的自由中国的僧团之中，已有数位博士、数十位硕士，学士则已相当普遍，但是他们大致上都是学非所用，或者是英雄无用武之地，因为缺少时代的远见，似乎对于时代潮流的因应也缺乏勇气和魄力。

3. 两国各自和共同的佛教文化遗产遗址的保护

中国古代《扶南记》中提及金邻之国，遗憾的是这部著作也早已佚失。北魏郦道元《水经注》使我们了解到泰国早期的佛教历史。如何保护渐趋消亡的佛教的非物质文化遗产，如古代著作、天宁寺梵呗唱诵、日喀则扎什伦布寺羌姆（一种藏传佛教舞蹈）等是两国佛教文化保护需要共同应对的问题。

4. 现代物欲社会对两国佛教的冲击

现代物欲体现在人与自我的关系上，现代人们物质生活水平空前提高，而人的道德素养并未相应提升，其中享乐主义、本本主义对佛教信仰冲击很大。

（二）发展的机遇

中泰两国佛教文化交流的机遇，主要源自社会历史的变化，时代的前进和人的精神需求的变化。

1. 社会发展促使佛教文化创新，如新派别的形成、义理学说的创新等

两国佛教文化碰撞，促使佛教文化不断创新，佛教文化的创新则是指佛教文化在发展过程中如何去排除旧的而创立新的。传承与创新是佛教文化发展的两个基本样式。其中创新在实践上涉及佛教文化如何面对、回应人类社会基本矛盾的新变化。当代这些矛盾的变化首先体现在人与人（即人与他人、社会、民族等）的关系上，紧张、摩擦、冲突乃至局部地区的战争，层出不穷；其次体现在人与自然的关系上，气温上升、资源短缺、环境污染、生态失衡，危及人类的生存安全。佛教文化如何为缓解人类上述两大矛盾提供积极的思想资源，为人类的价值取向及思维方式提供参照，实是顺应历史而应该担当起来的重大的历史任务。

2. 现代社会科技发展从深度和广度两个方面加速了佛教文化的传播

现代社会带给佛教传播的希望，是在当代这个开放的社会里，通过各种现代化大众传播工具，将佛法有效、普遍和迅速地传送到千千万万人的耳目中去。各种规模的佛教活动，包括从大场面的佛学通俗讲座到一般寺院的法会活动来看，数十人、数百人到几千人不等，佛教的人数在急剧增加中；另外，促进了佛教出版物（包括各种类型的刊物）在数量、深度、交叉学科方面的增长。众多佛教书籍出版印刷公司之间的竞争，使得佛教资料书籍有了更精美的封面、装订、插图、美工，这对于佛教文化传播是极其有利的。

3. 两国佛教文化达到了空前的交流

泰国素有"佛教王国"与"黄袍佛国"之称，佛教在泰国具有国教的地位，它不仅被认为是社会的中流砥柱，同时其价值观念也是维系每个家庭、社会团体的道德规范。泰国总人口的95%都是佛教徒。而佛教传入中国是在公元1世纪前后，在中国有近2000年的历史，经过长期的发展演变，其分为汉语系佛教、藏语系佛教（俗称喇嘛教）和巴利语系佛教（亦称上座部佛教）三大支派。随着现代社会科技的发展，两国从佛教文化交流的规模、层次、书籍方面来说可以达到空前的交流。

可以大胆地推断，对于两国佛教文化的发展，一个有效的途径就是佛

教本土化，本文即指佛教泰国化、佛教中国化。这样既符合佛教文化的核心价值，又能够结合时代特点、适应广大人民的精神需要，又有助于推动佛教文化的交流发展。

（三）挑战和机遇的联系

挑战和机遇并非绝对对立、互斥的关系，而是相辅相成、对立统一的。

挑战是机遇的诱因前提，机遇是挑战的新鲜血液。二者对立统一的关系，要求中泰佛教文化在将来的交流、发展过程中，必须展开良性的互动，扶持前行。

参考文献

［1］中国广播网，http：//china. cnr. cn/gdgg/201112/t20111224_ 508970059. shtml。

［2］中国新闻网，http：//www. chinanews. com/gn/2011/12 - 24/3556639. shtml。

［3］何平：《从云南到阿萨姆——傣—泰民族历史再考与重构》，云南大学出版社，2001。

［4］陈荣岚：《全球化与本土化：东南亚华文教育发展策略研究》，厦门大学出版社，2007。

［5］李红等：《国际文化合作的经济分析——以中国—东盟区域为例》，中国社会科学出版社，2012。

［6］蒋满元：《东南亚政治与文化》，中南大学出版社，2012。

［7］中国中外关系史学会等：《中国与周边国家关系研究》，中国书籍出版社，2013。

［8］余益中、蔡昌卓、颜小华等：《东盟宗教》，广西师范大学出版社，2013。

［9］张志刚：《关于宗教的社会作用或文化功能的再认识》，《当代中国民族宗教问题研究》2010 年第 6 期。

［10］郑晓云：《傣泰民族先民从云南向东南亚的迁徙与傣泰文化圈的形成》，《中国与周边国家关系的研究》2013 年第 3 期。

［11］雷华：《论中国古典文学对泰国文学的影响》，《东南亚纵横》2002 年第 6 期。

［12］桑吉：《中泰两国的佛教文化交流》，《佛教文史》，2003。

［13］〔泰〕安阿农、〔泰〕罗莎琳：《中国文化对泰国文化的影响》，黄旺贵译，《国际学术交流》2008 年第 6 期。

［14］李欧：《泰国文化的中国源流》，《南风窗·双周刊》2010 年第 3 期。

［15］朱振明：《中泰关系发展中的一个亮点——中泰文化交流》，《东南亚南亚研究》
　　　2010 年第 4 期。

［16］孙敏：《中泰旅游发展与文化传承》，《旅游经济发展》2012 年第 1 期。

文学、教育

从泰语和中文教学看中泰两国关系之发展

段立生　赵　雪*

摘　要：中国的泰语教学和泰国的中文教学具有悠久的历史，它的兴衰和发展，实际反映了两国关系的发展史。公元1～15世纪，两国的交往主要靠"重译"，即通过第三种语言转译。直至公元1578年明朝政府在四夷馆中开设暹罗馆，中国才有了官办的泰语教学。20世纪成立的南京东方语专是近现代中国泰语教学之滥觞。泰国的中文教学始于阿瑜陀耶王朝时期，二战以前泰国华校亦是照搬中国学校的办学模式。二战以后泰国政府限制中文教学，致使泰国通晓中文的人才出现断层。中泰建交后两国的政治、经济、文化交流日益发展，促进了中国的泰语教学和泰国的中文教学的迅猛发展，具体的调查数字说明中泰双语教学的蓬勃兴旺，由此反映两国战略合作伙伴关系的发展。

关键词：中泰关系　泰语教学　中文教学

　　语言是民族文化的载体，是人与人之间进行相互交流和沟通的工具。对于两个使用不同语言的国家和民族来说，要想建立正常的联系和交往，首先就必须学习、了解和掌握对方所使用的民族语言。只有具备了语言翻译这个最基本的条件，才谈得上进行政治、经济、文化等诸方面的交流，才能维系良好的外交关系。同时，两国之间友好关系的深度和广度，亦是跟两国之间对于对方语言文化的学习、了解和掌握的深度和广度成正比的。就是说，我们可以从中国的泰语教学与泰国的中文教学的演变历程来

＊　段立生（1944～　　），男，云南大学教授，主要从事泰国历史文化、东南亚宗教研究；赵雪，云南大学泰国研究中心助教。

看中泰两国关系之发展。

一　公元1～15世纪中泰交往靠"重译"

早在公元1世纪中泰两国之间就开始了联系和交往。根据中文古籍的记载，在公元1～5年的汉朝时期，中国使节从广东乘船，经越南、柬埔寨，渡暹罗湾，步行越过克拉地峡，然后乘船至印度。《汉书》卷83说："自日南障塞徐闻、合浦，船行可五月，有都元国；又船行可四月，有邑卢没国；又船行可二十余日，有谌离国；步行可十余日，有夫甘都罗国；自夫甘都罗国船行可二月余，有黄支国，民俗与珠涯相类。"从地望上分析，谌离国和夫都甘罗国皆在马来半岛的克拉地峡附近，属今泰国领土范围内，应是泰国境内的早期城邦国家。

公元230年吴国官员朱应、康泰奉命出使东南亚，归来后朱应著《扶南异物志》，康泰著《吴时外国传》，其中提到现今泰国佛统一带的金邻国。暹罗湾古称金邻湾，就是因金邻国得名。

公元5世纪，马来半岛南部存在一个盘盘国。《新唐书》卷222说："盘盘，在南海中，北距环王，限少海，与狼牙修接，自交州海行四十日乃至。"盘盘国与当时中国的唐朝建立了外交往来。"贞观中，遣使朝。"

与盘盘国存在的同时，在宋卡、北大年一带有一个赤土国。《隋书》卷82载：隋大业三年（607）炀帝派常骏、王君政出使赤土。常骏一行从南海郡乘船，昼夜兼程，一月余达赤土界。"其王遣婆罗门鸠摩罗以舶30艘来迎，吹蠡击鼓，以乐隋使，进金镈以缆骏船。"后来，赤土国王还命王子那邪迦随同常骏等回访中国，受到隋炀帝的接见和封赏。

公元6世纪，泰国中部佛统一带出现了堕罗钵底国，又称堕和罗国。《旧唐书》卷197载："堕和罗国，南与盘盘，北与迦舍佛，东与真腊接，西临大海。去广州五日行。贞观十二年（638）其王遣使贡方物。"

公元10世纪，中国宋代的文献里出现了三佛齐国。赵汝适在《诸蕃志》三佛齐条说："三佛齐间于真腊、阇婆之间，管州十有五。"虽然这个国家的中心在苏门答腊岛上，但有一部分领地深入马来半岛，即现今泰国的版图之内。泰国素叻它尼和斜仔，至今仍保留三佛齐时代建的佛塔和其他文化遗址。

公元 13 世纪，泰国北部南奔存在一个孟族建立的哈利奔猜国，中国史称女王国。这个国家见于樊绰的《蛮书》。南诏曾派 2 万军队去征服它，但被它打得大败。据说这个国家建于公元 7~8 世纪，是一位名叫占末苔维的孟族公主建立的，传至公元 1292 年被兰那泰所灭。

以清迈为中心的兰那泰是泰族建立的城邦国家，中国古籍称为八百媳妇国。《明史》卷 315 说："八百媳妇者，其长有妻八百，各领一寨，故名。"中国古籍还记载了兰那泰于明嘉靖年间为缅甸所并的情况。

公元 13 世纪的素可泰王朝，是泰族战胜高棉族统治后建立的泰国历史上第一个统一全国的中央王朝。中国称为暹。周达观的《真腊风土记》、汪大渊的《岛夷志略》、元《大德南海志》等著作都提到过这个国家，《元史》记载了素可泰与元朝的密切交往。

大约与暹国存在的同时，在湄南河下游的华富里存在一个罗斛国。后来罗斛国日益强大，并有暹地，中国史称罗斛灭暹，这就是公元 1349 年建立的被称为暹罗国的阿瑜陀耶王朝。

明永乐至宣德年间（1405~1433 年）太监郑和奉命七下西洋，曾多次到达暹罗。同行的马欢、费信、巩珍分别写了《瀛涯胜览》《星槎胜览》《西洋番国志》三本书，详细介绍了阿瑜陀耶王朝的情况。截至这个时期，中国都没有官方培养的泰语翻译，包括泰语在内的东南亚各国语言以及中国南部少数民族的语言非常难懂，完全靠"重译"来沟通，即通过第三种语言进行翻译。随郑和下西洋的马欢就是一位通晓阿拉伯语的翻译，他在《瀛涯胜览》序中说："以通译番书，亦被使末。"15 世纪时，伊斯兰教徒控制了海上贸易，阿拉伯语成了世界的通用语言，很多东南亚国家使用的小语种都是先译成阿拉伯语，再转译为中文的。迟至明万历年间，暹罗送来的国书，都由回回馆（阿拉伯语）"带译"。弘治十年（1497）十月，"暹罗国进金叶表文，而四夷馆未有专设暹罗国译字官，表文无能译办"。大学士徐溥将这个情况报告皇帝，明孝宗才下令："既无晓译通事，礼部其行文广东布政司，访谙通本国语言文字者一二人，起送听用。"[1]但由于种种原因，此事一直没有落实。直到万历六年（1578）大学士张居正提议，在四夷馆内增设暹罗馆，将前一年来京的暹罗使者握闷辣、握文铁、握文贴、通事握文源"并留教习番字"，"考选世业子弟马应坤等十名送馆教习"[2]。正式开启了中国官方主办的泰语教学事业。

二　四夷馆的泰语教学

四夷馆是中国第一所官办的教习国内少数民族及周边国家语言文字的学校，创办于明永乐五年（1407），地址原在南京石门外，后随明成祖朱棣迁到北京。最初只设鞑靼、女真、西番、西天、回回、百夷、高昌、缅甸等八馆，正德六年（1511）增设八百馆，万历六年（1578）增设暹罗馆。其中百夷馆是教习西双版纳傣族的文字，八百馆教习以清迈为中心的兰那泰文，暹罗馆教习现代泰国使用的泰文。

四夷馆的学员皆从世家子弟中选拔，学习期间享有官爵和俸禄，学成之后充当译字生。四夷馆的教员则是从来华朝贡的贡使中挑选，其中不少是移居外国的华人。负责四夷馆的官员称为提督，一位名叫王宗载的提督写了一本书《四夷馆考》，记录了许多有关四夷馆的重要史料。

暹罗馆的设置无疑是为适应日益密切的中泰关系发展的需要。正如《重修翰林院四夷馆碑记》所言："译习之学，可以数年不用，不可一日不备也。"[3]根据《明实录》的统计，在明朝存在的270多年内，明朝使节到暹罗19次，暹罗使节到中国110次，两国使节的来往，较以往的任何时代都频繁。明洪武十年（1377）朱元璋将一枚镌有"暹罗国王之印"字样的金印颁赠给阿瑜陀耶国王，这是中国官方第一次对这个国家使用"暹罗"这个称呼，直到1932年后才改称泰国。

另外，暹罗馆的设置又进一步增进了两国的相互了解。四夷馆提督王宗载"课余之暇，因令通事握文源且述彼国之风土物产"，并将了解到的情况记录在他的《四夷馆考》一书里。从这本书里，我们可以了解到暹罗到中国的海路航程。暹罗的物产有：食货、布、花木、禽、兽、鱼、蔬菜等。暹罗的官制分为九等：一曰握哑往、二曰握步喇、三曰握莽、四曰握坤、五曰握闷、六曰握文、七曰握板、八曰握郎、九曰握救。暹罗的行政区划分为：大司库九、府十四、县七十二。老百姓"无姓有名，为官者称为握某，为民者称为奈某，最下称隘某"。"小民多载舟至各国商贩，市物少则用海叭，多则用银。""其所用瓷器、缎绢皆贸自中国者。"

中国和暹罗有了语言方面的直接交流，无须再通过第三种语言转译，大大促进了两国之间的相互了解。

明朝灭亡后，清朝从顺治元年（1644）至宣统三年（1911）统治中国，正值暹罗阿瑜陀耶王朝后期至曼谷王朝初期。中暹两国的政治、经济、文化交流更加密切。暹罗方面主动向清政府提出恢复暹罗与明朝固有的朝贡关系。所谓朝贡，就是暹罗承认属国的地位，定期带着礼物来中国进贡。中国方面照例要给"赏赐"，按照天朝"怀柔远人"与"厚往薄来"的原则，"赏赐"物品的价值远远高于进贡的物品。因此，所谓朝贡，实际上是朝贡国单方面获利的官方贸易。而且，随贡船带领的商品，还可以减免关税，在广州就地销售。暹罗方面对于朝贡很感兴趣，按规定三年一贡，实际执行起来却是每年都有贡船来。第一年称为"探贡"，即先派几只船来试试看；第二年为"正贡"，由贡使正式带着船队来；第三年再派船来接贡使。每次带来货物的批量都非常大，"虽云修贡，实则慕利"。

除了朝贡式的官方贸易外，私人贸易也有长足发展。特别是康熙二十二年（1683）清朝政府开放海禁，准许沿海居民到暹罗贩米，解决国内出现的粮荒，正式开启了中暹大米贸易。由此，形成了近代一次大规模的移民高潮。《嘉靖一统志》卷552暹罗条说："澄海县商民领照赴暹罗国买米，接济内地民食，虽行之已逾四十余年，但此项米船，据称回棹者，不过十之五六。"

在这种情况下，仅仅依靠清朝官办的四夷馆来培养泰语翻译人才是远远不敷使用的。据《四夷馆则》载，四夷馆六年一考，每次招收40~50人，最多一次招收学员94人，其中泰语译字生不过十来名。由于多是世家子弟，免不了有部分不肯用功读书的纨绔膏粱，所以《四夷馆则》规定："诸生学业荒废，怠累考俱下，列为下等，遇会考之日通算量行裁，抑或罚月日，或不准授冠带，以儆下驷。"[3]四夷馆基本上是采取科举制的办法来培养译字生。"初入馆者，照坐监例，食粮习学，俟三年后考中者，与粮一石，家小粮俱仍旧。又过三年，再考中者，与冠带。俟至九年考中优等者，授以从八品职事，习译备用。其初试不中及再试中否，俱照子弟例施行。三试不中者，送回本监别用。"[3] 由此看来，经过九年培养，三次考试通过后，才能享受八品官衔，成为宫廷使用的译字生。

四夷馆的泰语教学方法，最初采取全日制的"逐日进馆"，崇祯元年（1628）改为"三、六、九日进馆"。这样每月只需进馆学习 11 次，即点 11 卯，"二卯不到，记矿业簿。四卯不到者，记旷仍扣食粮。十一卯全不到者，即时参呈内阁停食作旷满日，不准收考"[3] 至于教材，则由教习自己编选。笔者曾见到一本当时使用的字典，仅收数百单词，用中文注音。比如说，泰语的"天"，中文注音"法"；"地"注音"佩丁"。教材十分简陋。

至于民间贸易往来需用的翻译人员，则靠华侨移民充当。第一代移民无疑是通晓中文的。当他们移民暹罗一段时间后，慢慢地学会了一些泰语，也就可以充当翻译。但是，在暹罗出生的第二代、第三代华人，他们首先是在当地社会环境中学会泰语的，在家里受一点儿中文熏陶，然后到华校系统学习中文。所以，伴随大批华侨移民暹罗，泰国的中文教学便自然提上了历史的日程。

三 泰国早期的中文学校

暹罗华人社会的形成，是泰国早期中文教学得以实现的社会基础。美国学者威廉·斯金纳（G. William Skinner）估计说，公元 17 世纪，暹罗京城有 4000 名华人，全暹罗有 10000 名华人。[4] 泰国学者沙拉信·威腊蓬在他提交给美国哈佛大学的博士论文《清代中泰贸易演变》中说："1690年代初期，在大城（阿瑜陀耶）的中国人已经达 3000 人，在暹罗其他地区的中国人数目可能更多。似此可观数字使人可以了解当时的对外贸易几乎全在中国人经营之内，因为事实上是，全暹人口不会超过 200 万人。"[5]

众多的华人移民聚居在一起，形成华人社区。明朝黄衷的《海语》说："有奶街，为华人流寓者之居。"笔者亲临实地考察，奶街并不是一条街，而是大城外的一条名叫奶街（读若 gai）的一条小河，河两岸住满华人。曼谷的大皇宫、三聘街一带，也是著名的华人社区，一直沿袭至今成为曼谷的中国城。居住在华人社区里的人很容易保持原先的语言、服饰和生活习惯。特别是明清时期，中国实行的是以血统决定国籍的《国籍法》，只要你有华人血统，包括子孙，都是永久的中国人。因此，二战以前旅居泰国的华人都自认是中国人，他们办华校对子女施行中文教育，是把中文当作国语或母语来看待的。二战以前，泰国的华校多达294所，皆是由华人投资、华人管理、华人任教并用中文教学的学校。这些华校无异于把中国的学校照搬到泰国。华校培养的大批泰国出生并精通中文的华人，支撑起两国间进行友好交往的桥梁。

第二次世界大战时期日本占领泰国后，亲日的銮披汶政府下令封闭华校，使华校剩下为数不多的几所，并通过限制中文教学的时间，用泰文作为教学语言等手段，把华校变得跟泰国的一般学校没有什么区别。长达半个多世纪的强迫同化政策，使得战后出生的泰国人中几乎找不到通晓中文的人。泰中关系陷于停顿。

第二次世界大战结束后泰国华校才得以复办，到1948年猛增至374家。但是到了第二年，泰国教育部饬令所有华校停办初中部，华校教育转入低潮。20世纪60年代，全泰国仅剩华校120家。新中国成立后，由于泰国追随美国反共排华的政策，中文一度招致歧视。

四　从东方语专到北大东语系

近现代中国的泰语教学始于民国时期创建的南京东方语言专科学校，由研究泰国历史文化的著名学者姚枬先生担任校长。抗日战争时期一度由南京迁往昆明。新中国成立以后并入北京大学东语系，由季羡林教授担任系主任，直到"文化大革命"结束。

1962年笔者考入北京大学东语系泰语专业学习，全班只有13名同学。在此之前，泰语专业也只招收过2~3届学生，毕业人数不超过20人。那时候中泰没有外交关系，再加上"文化大革命"的影响，1962级的泰语专业学生，一半以上被迫改行。可以说，那是中国泰语教学的低潮时期。

与四夷馆时代的泰语教学相比，北京大学东语系的教学质量显然是高了许多。泰国专家西提猜先生负责高年级的教学，低年级的课则由回国华侨范和芳、侯志勇、郑先明担任。还有前几届毕业留校的潘德鼎等老师。学生皆是从全国挑选来的尖子，学习刻苦用功。有的同学甚至连晚上说梦话都用泰语。我们班 1962 年入学，1966 年便遇上"文化大革命"，实际只学了三年。隔了 17 年没用，1983 年我应邀到泰国清迈大学讲学，连我自己都没想到，开口还能讲泰语。这完全是拜我的老师之赐。北大东语系培养了许多优秀人才，包括中国驻泰王国特命全权大使、经济参赞、武官，以及从事泰国语言、文化、宗教、历史、文学、经济等方面教学、科研的骨干和专家。

1975 年中泰建交后对泰语翻译人才的培养提出了新的和更高的要求，这是形势发展的需要，也是历史发展的必然趋势。

近年来，中泰两国经贸关系迅猛发展，呈现前所未有的良好趋势。2010 年中国—东盟自由贸易区全面建成，泰国对从中国进口的 90% 的产品实行零关税，中国对从东盟进口的 93% 的产品免征关税。中国成为泰国的第一大出口国，是泰国的第二大贸易伙伴。中泰双边贸易具有极大的互补性和广阔的发展前景。在经济互利的平等原则下，中泰两国建立起全面战略合作伙伴关系，高层的政治交往日益频繁，文化交流日益密切，民间往来日益增多，旅游观光日益兴旺。这种情况，决定了两国必须加速推进双语教学，即中国必须培养更多的通晓泰语的专业人才，泰国也必须加快培养更多的通晓中文的专业人才，才能适应目前形势的发展。

五　中泰双语教学现状

1. 目前中国的泰语教学情况

从 1975 年中泰建交至 2013 年的 38 年间，中国泰语教学的发展速度和规模远远超过了过去的 2000 多年。它彰显了中泰友好关系在新的历史条件下日新月异的发展。中泰建交之前，整个中国开设泰语教学的学校只有为数不多的几所，它们是北京大学、北京外国语专科学校、广州外国语学院、北京外国语学院等。培养出来的学生人数不多，还有一部分毕业生因没有专业对口的单位而被迫改行。现在除了北京、广州、西安等城市外，广西、四川、云南等省区也办起了许多教授泰语的学校，包括大学的泰语系，一直到高中、初中和职业专科学校，都办起了泰语班。如果要统计整个中国目前的泰语教学情况，是一个需要花费很大气力的复杂工程，我们仅以跟泰国毗邻的云南省为例，进行调查统计，便可以管窥豹（见表1）。

表1　云南省开设泰语以及泰语相关专业的学校统计

编　号	学校名称	开设专业	学习人数
1	云南财经大学	财务管理（泰语方向）本科	250
		泰语（本科）	26
2	云南民族大学	泰语（本科）	320
		泰语（硕士）	90
3	云南师范大学	泰语（本科）	120
4	西南林业大学	泰语（本科） 林学（3＋1）本科	87 181
5	大理学院	泰语（本科）	152
6	曲靖师范学院	泰语（本科）3＋1 泰语（专科）2＋1	75 140
		工商管理（本科）2＋2 会计（专科）1＋3	278 211
7	红河学院	泰语（本科）	141
8	玉溪师范学院	泰语（本科）	117
9	楚雄师范学院	泰语（本科）	80
10	云南师范大学商学院	泰语（本科）	177
11	云南师范大学文理学院	泰语（本科）	269
12	云南工商学院	英语（英泰双语）本科	66
13	云南司法警官职业学院	应用泰国语（专科）	76
14	昆明冶金高等专科学校	应用泰国语（专科）	67
15	云南国土资源职业学院	导游（泰语导游）专科	51
16	云南交通职业技术学院	应用泰国语（专科）	13
17	云南农业职业技术学院	应用泰国语（专科）	42
18	西双版纳职业技术学院	应用泰国语（专科）5年制 应用泰国语（专科）3年制	107 92
19	云南热带作物职业学院	应用泰国语（专科）	96

续表

编　号	学校名称	开设专业	学习人数
20	云南国防工业职业技术学院	应用泰国语（专科）	166
21	云南旅游职业学院	应用泰国语（专科）	28
22	昆明大学	导游（泰语方向）专科	52
23	云南经济管理职业学院	应用泰国语（专科）	75
24	云南经贸外事职业学院	应用泰国语（专科）	67
25	云南开放大学	泰国语（专科）	166
26	昆明理工大学城市学院	英泰双语（本科）	30
27	昆明市第二十七中学	泰语班（高中）	60
28	昆明市第二十九中学	泰语班（高中）	66
29	昆明市外国语学校	泰国语（职高）	71
30	昆明市五华实验中学	泰语班（高中）	60

注：本表格收集数据截至2013年7月，不包括2013年9月起开始招收泰语相关专业的学校。

根据表1，云南省开设泰语相关专业硕士阶段的共1所学校，学生共90人；开设泰语相关专业本科阶段的共16所学校，学生共1850人；开设泰语相关专业专科阶段的共17所学校，学生共1449人；开设泰语相关专业高中阶段的共4所学校，学生共257人。

截至2013年7月，云南省共有30所学校开展泰语以及泰语相关专业，学习学生共计3556人。

为了检验和认定泰语学习的成果，云南大学泰国研究中心与泰国朱拉隆功大学合作，于2012年5月在昆明举办了第一次泰语水平考试（CUTFL），这是跟英语托福考试（TOFEL）和汉语水平考试（HSK）一样，由泰国官方正式认可的泰语水平考试，并由泰国朱拉隆功大学诗琳通泰语中心颁发证书。这不仅使中国的泰语教学逐步纳入正规化、规范化的轨道，也有利于学生的升学和就业。第一次泰语水平考试计有38名学生参加，第二次（2013年5月）发展到60人。参考人数和成绩均有大幅度提高。

2. 目前泰国的中文教学情况

1975年中泰建交后，泰国开始出现学习中文的热潮，泰国政府也一改过去的做法，允许各大、中、小学开设中文课程。20世纪90年代，泰国的华人企业家在郑午楼先生的领导下，筹资创建了泰国华侨崇圣大学。

这是当今泰国乃至全世界唯一一所由华人出资创建的私立大学，"其中为商场上急切需求之华文华语人才，尤为圣大重点教育之一"[6]。当然，华侨崇圣大学已经不是二战以前的华校，它跟泰国的一般大学一样，隶属于泰国大学部领导，除中文系可以用中文讲课外，其他系一律用泰语教学。另外，还创办泰国华文师范学校，免费培训来自泰国各地的中、小学华文教师。经考试合格后，颁发华文教师合格证书。

在中国"汉办"与泰国教育部的密切合作下，孔子学院如雨后春笋般在泰国出现，极大地促进了泰国的中文教学。根据第一手的统计资料，目前泰国孔子学院的分布情况如表2所示。

表2　泰国孔子学院统计表（截至2013年7月）

名　称	所处地区	成立时间	中方合作院校
孔敬大学孔子学院	孔　敬	2006年8月3日	西南大学
皇太后大学孔子学院	清　莱	2006年11月4日	厦门大学
清迈大学孔子学院	清　迈	2006年12月18日	云南师范大学
曼松德·昭帕亚皇家师范大学孔子学院	曼　谷	2006年12月19日	天津师范大学
宋卡王子大学普吉孔子学院	普　吉	2006年12月24日	上海大学
泰国玛哈沙拉坎大学孔子学院	玛哈沙拉坎府	2006年12月25日	广西民族大学
川登喜皇家大学素攀孔子学院	素攀府	2006年12月27日	广西大学
勿洞市孔子学院	勿洞市	2006年12月28日	重庆大学
宋卡王子大学孔子学院	宋　卡	2006年12月29日	广西师范大学
朱拉隆功大学孔子学院	曼　谷	2007年3月26日	北京大学
农业大学孔子学院	曼　谷	2008年7月7日	华侨大学
东方大学孔子学院	春武里	2009年9月15日	温州医学院和温州大学

3. 简短的结论

综上所述，中国的泰语教学和泰国的中文教学具有悠久的历史，它的兴衰和发展史，实际是两国关系的晴雨表。中泰两国友好关系的建立和发展，决定了两国必须培养语言互通的翻译人才。从公元1世纪至15世纪，两国的交往主要靠"重译"，即通过第三种语言转译。直至1578年明朝政府在四夷馆中开始暹罗馆，中国才有了官办的泰语教学。这种用科举制度来培养译字生的方法一直沿袭至清朝末年。20世纪成立的南京东方语专是近现代中国泰语教学之滥觞，新中国成立后并入北京大学东语系。北大东语系培养了一批泰语方面的专业人才。但在 1975 年中泰建交之前泰语教学的规模不大，培养出来的人才有限。泰国的中文教学始于阿瑜陀耶王朝时期，大批华人移民暹罗并在当地形成华人社会是泰国华文学校得以创办的基础。二战以前的泰国华人自认是中国人，泰国华校亦是照搬中国的学校。二战期间日本占领泰国后一度关闭华校。二战以后泰国政府限制中文教学，致使泰国通晓中文的人才出现断层。

　　1975 年中泰建交后两国的政治、经济、文化交流日益发展，形势发展的客观需要促进中国的泰语教学和泰国的中文教学的迅猛发展。目前形势喜人。本文通过对中国特别是云南省开设泰语教学的学校、专业、师生人数的调查统计，以及泰国 12 所孔子学院的调查统计，用具体的数字和生动的事例说明中泰双语教学的蓬勃兴旺，由此反映两国战略合作伙伴关系的发展。

参考文献

［1］《孝宗弘治实录》第 129 卷，国立北平图书馆红格钞本缩微卷校印本《明实录》第 44 册，台北中研院历史语言研究所，1962。

［2］王宗载：《四夷馆考·卷下》，东方学会，1924，排印本。

［3］吕维祺：《四夷馆则》，载沈云龙主编《近代中国史料丛刊》（三编第四辑），文海出版社，1987。

［4］ G. William Skinner, *Chines Society in Thailand*, New York：Cornel University Press，1957.

［5］〔泰〕沙拉信、威腊蓬：《清代中泰贸易演变》，张仲木译，《中华日报》（曼谷）1984 年 10 月 18 日。

［6］郑午楼：《圣大建校计划三阶段》，载段立生主编《郑午楼研究文丛》，中山大学出版社，1994。

泰北华文学校华文教材使用
现状、问题及对策

胡建刚*

摘　要：基于泰国北部华文民校联谊会对 14 所华文民校华文教材使用情况的调查，论文概括了泰北华文教材使用的特点，分析了其华文教材使用中存在的主要问题，并结合华文教学本身的发展趋势，就其华文教材的发展方向提出了意见和建议。

关键词：华文教育　华文教材　泰北华文民校

华文教材是华文教学"三教"的核心要素之一。华文教材的科学编写与合理选用，既是华文教育所在地华文教学性质与特点的反映，也是华文教学质量的重要保证。

基于历史原因，泰北一直是泰国华文教育的重镇，泰北华文民校更是推动泰国华文教育发展的重要力量。对泰北华文民校的华义教材使用情况进行考察，描写其现状，分析其问题，指出其今后发展的方向，对华文教育的可持续发展具有现实意义。本文根据泰北华文民校联谊会 2012 年对其所属的 14 所华文民校所进行的华文教学情况调查，着重分析泰北华文学校华文教材的使用现状及问题，并提出了相关的发展对策。

根据泰北华文民校联谊会的调查，经对相关材料的统计分析（见表 1、表 2、表 3），当前泰北华文民校华文教材的使用具有以下特点。

（1）泰北华文民校幼儿园阶段的华文教学大都无固定教材，在幼儿

---

* 胡建刚，华侨大学华文教育研究院副教授。

园阶段开设了华文课的 11 所华文民校中，使用固定教材（含自编）的只有 4 所，且所用教材各不相同，见表 1。

表 1   泰北华文学校幼儿园阶段华文教材使用一览表

学校名称	汉语教材	课时量/周
难府新中学校	有汉语课，无教材	2 节
清莱网攀公立中华学校	有汉语课，无教材	2 节
清莱美赛县光明华侨公立学校	《幼儿汉语》（暨南大学出版社）	14 节
素可泰府宋加洛培民学校	有汉语课，无固定教材	2 节
素可泰府孔东培华学校	有汉语课，无固定教材	1 节
素可泰府光中学校	有汉语课，无固定教材	3 节
达府达光学校	大班有汉语课，无固定教材	1 节
彭世洛醒民学校	无汉语课	无
披集府挽汶纳公立同济学校	无汉语课	无
披集府竹板杏华侨学校	无汉语课	无
帕府公立中兴学校	有汉语课，无固定教材	4～8 节
清迈崇华新生华立学校	自编教材	10 节
达府美速智民学校	小班、中班，《彩虹华文教室》，1～2 册，PELANGI 出版社； 大班，《幼儿汉语》，1～2 册	5 节
南邦育华公立学校	《汉语》，小、大班，共用 3 册	8 节

（2）泰北华文民校在小学阶段的华文教学中大都使用《汉语》（暨南大学出版社），14 所民校中有 13 所以《汉语》作为核心教材，见表 2。

表 2   泰北华文学校小学阶段华文教材使用一览表

学校名称	汉语教材	课时量/周
难府新中学校	《汉语》第一册	3 节
清莱网攀公立中华学校	《汉语》（第二版），一至六年级，1～6 册	7 节
清莱美赛县光明华侨公立学校	《汉语》及配套《说话》，一年级两册，上完 12 册	14 节
素可泰府宋加洛培民学校	《汉语》，每一年级对应一册，共用 6 册	2 节
素可泰府孔东培华学校	一、三年级用《体验汉语》1，二、四、五、六年级用《汉语》1	3 节
素可泰府光中学校	《汉语》，每一年级对应一册，共用 6 册	5 节

续表

学校名称	汉语教材	课时量/周
达府达光学校	《汉语》，每一年级对应一册，共用6册	5节
彭世洛醒民学校	《汉语》，每一年级对应一册，共用6册。而且一、二年级分别辅以《体验汉语》1、2册	一至四年级10节；五至六年级5节
披集府挽汶纳公立同济学校	《华语课本》（泰国华民校协会编写）1~6册；《汉语》1~6册。一个年级对应两本书的各一册，都各用6册，共12册	4节
披集府竹板杏华侨学校	《汉语入门》1~6册，每一个年级对应一册	3节
帕府公立中兴学校	《汉语》，每一个年级对应一册，共用6册	10节
清迈崇华新生华立学校	一年级用自编教材；二至六年级用《汉语》，共用1~5册	8节
达府美速智民学校	一年级《汉语拼音》《汉语》1册；二至四年级每年2册；五至六年级每年1册；8册和9册	一至四年级10节；五至六年级5节
南邦育华公立学校	《汉语》，每一个年级对应一册，共6册	8节

（3）泰北华文民校在初中阶段华文教学中也主要使用《汉语》（暨南大学出版社），在开设了初中阶段华文课的7所民校中，有5所使用《汉语》（暨南大学出版社），其余2所使用《快乐汉语》（人民教育出版社），见表3。

表3　泰北华文学校初中阶段华文教材使用一览表

学校名称	汉语教材	课时量/周
难府新中学校	《汉语》第一册	4节
清莱网攀公立中华学校	《快乐汉语》（人民教育出版社），一个年级一册	7节
清莱美赛县光明华侨公立学校	仅初中一年级有汉语课，上《汉语》《三常》	14节
素可泰府宋加洛培民学校	无初中	无
素可泰府孔东培华学校	无初中	无
素可泰府光中学校	无初中	无
达府达光学校	无初中	无
彭世洛醒民学校	无初中	无
披集府挽汶纳公立同济学校	无初中	无
披集府竹板杏华侨学校	《快乐汉语》（人民教育出版社）	2节

续表

学校名称	汉语教材	课时量/周
帕府公立中兴学校	无初中	无
清迈崇华新生华立学校	《汉语》6～8 册，一个年级一册	无
达府美速智民学校	《汉语》10～12 册	5 节
南邦育华公立学校	《汉语》10～12 册，一个年级一册	8 节

（4）泰北至今有 3 所华文民校开设了高中阶段的华文课程，使用的教材都为《汉语教程》，见表 4。

表 4　泰北华文学校高中华文教材使用一览表

学校名称	汉语教材	课时量/周
清迈崇华新生华立学校	《汉语教程》	8 节
达府美速智民学校	《汉语教程》	9 节
南邦育华公立学校	《汉语教程》《三常》	9 节

（5）泰北华文民校主要在高中开设文化课程，而且主要使用国侨办组织编写的《三常》作为文化教学教材。

综合以上考察与分析，我们可以发现，泰北华文民校华文教材的使用存在以下问题。

（1）绝大多数华文民校使用《汉语》教材，而且基本上是一学年学完一册，但在有效的教学学时总量上却差异极大。在一学年上完一册《汉语》的华文民校中，每周学时最高的达 10 节，如帕府公立中兴学校；一般的是平均每周 7 节，如清莱网攀公立中华学校；而最少的每周却只有 2 节华文课，如素可泰府宋加洛培民学校。学时量的差异，必然导致学生对语言知识和能力的掌握程度的差异，也会对华文民校之间的协作与交流造成影响。

（2）在同一所学校里，华文教材衔接不合理。如达府美速智民学校、南邦育华公立学校的华文教学从幼儿园阶段就开始了，到初中毕业时，这些学校的学生已经把《汉语》全部 12 册都已经学完了。而进入高中后，却又开始使用针对汉语零起点的外国人编写的对外汉语教材《汉语教程》。《汉语教程》是给成年零起点外国人学习汉语编写的教材，尤其是其第1～2册。在高中阶段使用《汉语教程》，是对这些华裔子弟之前华文学习的否定，也是对华裔子弟学习资源和能力的浪费，更会对华裔子弟的华文学习热情与兴趣造成打击。

（3）部分华文民校同时使用两套以上华文教材，造成教师教学和学生学习的困扰。如素可泰府孔东培华学校，在小学阶段的一、三年级使用《体验汉语》，而二、四、五、六年级则使用《汉语》，二者交替使用，势必造成教学体系的不连贯，教学重点和理念的不一致；而披集府挽汶纳公立同济学校，则在有限的每周4节课的华文教学学时中，同时使用泰国华文民校协会编写的《华语课本》1～6册和暨南大学出版会的《汉语》1～6册，这就势必严重增加学习者的学习负担。

（4）部分开设了高中阶段华文学习课程的华文民校，如南邦育华公立学校，则使用的仅仅是按常识性读物编写的《三常》，将其作为文化课教材，这也反映了泰北华文教学文化教材的缺失。

为能以华文教材选用为抓手，促进泰北华文教育的可持续性发展，笔者提出以下发展建议。

（1）完善华文教育教材体系。泰北华文民校协会应发挥作为有影响力的华文教育地域性组织的统筹协调作用，从教材的编写、选用和使用着手，加强华文教材的体系建设，并最终建立有序的华文教学衔接机制。

（2）在确定华文教学性质的基础上，着手制定从幼儿园到高中阶段的具有可操作性的统一的华文教学大纲，含语言大纲和文化大纲。

（3）在大纲制定的基础上，各校可以根据自身的需要，着手编写相应的教材。也可以华文民校协会的名义，联合中国的汉语教学专家，编写协会的统编教材。

（4）当前应以《汉语》为基础，根据当地学生的实际接受情况，制定《汉语》各册所需要的基准课时数。在此基础上，根据各校所安排的华文课时数量的实际情况，确定每一学年对《汉语》教材的教学内容体量，以便各校之间建立可衔接的教学机制，方便不同学校之间学生的交流。

（5）高中阶段应放弃选用《汉语教程》，可改用国务院侨办专为海外华文初高中教学编写的《中文》（初中版），衔接性可更强一些。

（6）着手组织编写衔接性强的高中阶段使用的华文教育文化教学教材。以华文教材体系建设为切入点，进行某一个国家或者某一个地区的华文教学体系建设，具有很大的现实意义。只有把教学体系建设好，把华文教育各阶段的教学环节衔接好，华文教育才能有效提高教学质量，提升教学效率，从而获得更大的发展空间。

参考文献

［1］泰国北部华文民校联谊会编《汉语教学资料汇编》，2013。

［2］蔡丽：《印尼正规小学华文教材使用及本土华文教材编写现状研究》，《华文教学与研究》2011 年第 3 期。

［3］贾益民：《华文教材教法》，暨南大学出版社，2012。

［4］孙浩良：《海外华文教育》，上海人民出版社，2007。

［5］傅增有：《泰国华文教育历史与现状研究》，《华侨华人历史研究》1994 年第 2 期。

［6］周聿娥：《东南亚华文教育》，暨南大学出版社，1995。

论中文教育节目在泰国卫星
电视频道的传播*

——以《你好 BTU》为例

郭艳梅**

摘　要： 随着中国国力的增强，中文已经成为一种非常重要的、促进中国与其他国家和民族关系的工具。目前在泰国有超过 100 万人在学汉语。充分利用电视媒体和互联网制作卫星中文教育节目，让东盟国家，尤其是对中国文化感兴趣的泰国人民，都可以通过互联网和电视来收看中文教育节目，可以有效地进行中国文化的传播。

关键词： 中文教育节目　栏目　传播　媒体

2013 年 8 月 14 日，在泰国曼谷吞武里大学 BTU 电视台举行的中文教育节目《你好 BTU》开播仪式，吸引了很多泰国和中国友人，它标志着第一个中国高校和泰国高校联手制作的中文电视节目的诞生。在近一年的节目筹办准备中，《你好 BTU》的节目内容、节目制作过程、节目运作规律等成为人们关注的焦点。本文以《你好 BTU》为例，分析中文教育节目在泰国卫星电视频道的传播。

---

* 2012 年度华侨大学校级本科教学质量工程项目基金资助"创建新时期新闻传播专业实践教学与创新人才培养模式改革"。

** 郭艳梅，女，国立华侨大学文学院新闻系主任、副教授，哈尔滨师范大学毕业，主要从事电视新闻传播、影视艺术研究。

中国华侨大学与泰国曼谷吞武里大学领导为《你好 BTU》主持开播仪式

一　中文教育节目在泰国运作的背景分析

1. 目前泰国开展汉语学习的情况

当今社会，英语已经是世界第一大通用语，汉语正紧随其后蓬勃发展。但是在东盟十国中还没有一个真正通用的语种，目前每个国家都在使用自己本国的语言。随着中国国力的增强，特别是中国—东盟自贸区成立后，中泰两国合作日益深入，中国已经成为刺激区域经济活力的重要力量。"中国热"在泰国不断升温，两国之间官方与民间的往来愈加频繁，中国商品、中国人、中国旅游、中餐馆等有关中国的词语随处可见。越来越多的泰国人开始对中国产生极大的兴趣，学习汉语和中国文化在泰国已经是一种时尚。种种原因使得泰国急需熟悉中文和懂得国际合作的人才，这种形势也将带来泰国国内中文人才市场的巨大需求和改变。跨文化传播是一种非常重要的促进中国与其他国家和民族关系的工具，是实现中泰交往的重要手段。目前在泰国有超过 100 万人在学习中文，中小学校开设了汉语课程（泰国国内的 2300 所中学均开设了中文课程），当地华人开办了中文学校和中文补习班，中国国家汉办在泰国建立了多所孔子学院和孔子课堂，国务院侨办在泰国开展了多个中文教育合作项目。例如，泰国曼谷的向日葵国际语文学校，是由华人创办的，中文教育课程从幼儿园贯穿到小学和中学，学习中文的学生中既有在泰国的华人子女，也有非华人子女，教授中文的教师有 10 余个，多是中国国家汉办的汉语教育志愿者和中国著名大学的对外汉语专业研究生；泰国曼谷的侨英学校、培知公学、孔堤公学等学校都把中文课程作为中小学生的必修课；泰国闻名遐迩的农业大学，也把中文课程列入本科生的必修课；泰国最著名的大学——朱拉隆功大学的中国汉语志愿者，也每周有两次被聘请到泰国移民局专门为泰国政府官员教授汉语。

2. 在泰国开展中文教育节目的意义

计算机技术、宽带技术的飞速发展，推动着媒体行业的变革。以网络视频、互联网电视为代表的新媒体的兴起，给传统中文教育节目制作带来很大的挑战。依靠当前发展迅猛的新科技，充分利用电视媒体和互联网制作卫星中文教育节目，让泰国人民都可以通过互联网和电视来收看中文节目，进行汉语学习，是促进汉语成为未来东盟通用语言的一种有效手段。电视媒体具有声、光、影结合的特性，因此电视中文教育相比传统的课堂教学，更具有可视性、形象性和生动性。把汉语教学内容与中国历史和文化介绍结合在一起，更能发挥出电视媒体的独特优势。如果上星卫视与互联网联动，更是为中文教育节目传播插上了腾飞的翅膀。中国文化可以通过电视、网络、手机等媒体，形成广泛的影响力，人们可以随时随地观看到中文教育节目。中国华侨大学与泰国曼谷吞武里大学两所高校联手合作，利用 BTU 电视台上星卫视制作中文教育节目，开展新媒体汉语教学，这种运作方式在整个泰国还是首次。

二　BTU 卫星中文教育节目的创新策略

（一）BTU 卫星中文教育节目的策划

1. BTU 电视台概况

BTU 电视台原名 TOP STAR，由在泰国的华人创办，频道定位是以旅游、娱乐为主，在当地较有名气。后由电视台其中的一个大股东——曼谷吞武里大学的主席将 TOP STAR 电视台股份全部收购，现成为泰国曼谷吞武里大学的上星卫视，并更名为 BTU 电视台。节目制作和播出的专业设备齐全，节目制作人员全部为外聘的专业人员。更名后的 BTU 电视台节目定位以教学和教育节目为主，节目不但通过上星卫视进行播放，也通过互联网进行广泛的传播。

2. 了解和熟悉泰国文化的独特性

泰国文化与中国文化都同属典型的东方文化。两国文化在各自的历史发展进程中，都吸收其他民族文化的营养与精华，形成一种海纳百川的文化现象。泰国人具有东方人的细腻、含蓄、理性、意志、感觉和直觉，他们注重整体和联系。但是基于不同的自然环境、生活方式和历史进程，泰国与亚洲其他国家和民族相比，在历史、地理、风土人情、传统习俗、生活方式、文学艺术、行为规范、思维方式、价值观念等方面又呈现迥然不同的面貌。因此，了解两国民族文化背景及其之间的差异，把文化因素运用到中文教育节目中，更有利于泰国人对汉语乃至中华文化的理解和接受。我们只有了解泰国和中国两个不同民族文化的特性，熟悉泰国文化和中国文化的具体差异，才能保证中文教育节目在泰国本土化运作的成功。

3. 中文教育节目设计要泰国本土化

语言和文化不能分家，汉语教学与中华文化也应该紧密结合。学习中文不应该只停留在语言教学上，语言在教学中同样要加强文化因素的传授。泰国有相当一部分学生在学校仅仅是学习汉语，觉得掌握汉语的听、说、读、写能力就够了，别的方面没有太多的考虑。他们跟中国人也能进行一般的交流，但是人文方面知识非常欠缺，这是由于泰国很多学校没有开设中国古代的思想、文化、历史等相关课程，把学习中文只当作一种语言的学习，导致学生知识面狭窄，结果在交流中就必然存在很多障碍。因此，中文教育节目的设计要进行泰国本土化，既能够在节目中直观地学习汉语，也能够在节目中了解中国丰富的文化。

（二）BTU 卫星中文教育节目的形式与内容

BTU 卫星中文教育节目的大栏目名称为《你好 BTU》，每期 40 分钟。小栏目共有 7 个，教学栏目为 20 分钟，每期固定播出，其他每个小栏目 8～10 分钟；除了教学栏目固定播出外，其他小栏目作为灵活编排的不定期组合栏目。

《你好 BTU》栏目头

《你好 BTU》 主持人画面

1. 教学栏目《跟我学》

语言是文化的一个重要组成部分，《跟我学》栏目以汉语教学为主，学剪纸、包饺子、写书法等动手操作为辅。内容注重汉语教学和口语的练习，在教中学，在做中学，在实践中提高，演播室和课堂现场结合；汉语教学走进真实的汉语课堂，让观众可以跟随摄像机镜头坐在课堂里，在中文教师的带领下，逐字、逐词、逐句学习汉语，灵活运用汉语。它既适合完全没有接触过汉语的零基础汉语学习者，也适合已经有了一定汉语基础的电视观众。剪纸、包饺子等作为极具中国特色的手工技艺也是让观众走近中国、了解中国所必不可少的组成部分。节目嘉宾既有可能现场教授如何剪出一张精致的中国民间剪纸，也有可能带领观众见证中国饺子的诞生。节目以丰富多彩的内容和形式让观众学得有趣、学有所用。

《你好 BTU》子栏目——《跟我学》

2. 文化栏目《中国风》

以介绍中国文化、艺术、传统思想、历史为主，主要是采用演播室嘉宾访谈形式，结合视频、PPT 等辅助教学资料。《中国风》栏目的嘉宾除了有对中国文化、艺术、历史、思想颇有研究的学者外，还有对中国上下五千年有自己独到见解的中国"80 后""90 后"。栏目主要采用演播室嘉宾探讨互动的形式，邀请多位中国资深学者做客节目现场，他们将围绕中国的文化、艺术、历史、思想等方面进行深度讨论。在这里，中国几千年的厚重文化不再是刻板的文字描述，而是缓缓打开的历史和文化的卷轴。

《你好 BTU》子栏目——《中国风》

3. 娱乐栏目《光影回眸》

通过对中国影视歌成品节目的改造，做到经典影视、明星、时尚歌曲相结合，节奏比较轻快，以中国影视剧原声为主，集中经典片段讲解，让观众在最短的时间内看到经典影视作品里最精彩的内容，在娱乐中感受到原汁原味的中国语言和生活环境，欣赏到地道的中国影视歌文化特色。

《你好 BTU》子栏目——《光影回眸》

4. 纪实栏目《微记录》

以短纪录片为主，内容主要是对中国国内的中国人生活记录。尽量采用客观的视角，展示有代表性的中国人的故事，突出故事性和人物的情感，并且尽可能保持作品的原创性。纪录片不同于虚构的剧情片，它以特有的客观真实，带给人灵魂上的震撼。没有视觉特效的炫目，没有帅哥美女的演绎，但是它以真实的视角带领观众走进普通中国人的世界。

《你好 BTU》子栏目——《微记录》

5. 旅游栏目《畅游中国》

以介绍中国旅游、风光、美食等内容为主，主要是对成品节目进行改造。例如介绍长江、长城等中国典型性的人文和历史景观，此外还有丰富的中国美食内容，在视觉和感觉上吸引观众的目光，让观众对中国有更多的视觉体验和感受。节目带观众在游玩中吃，在文化体验中游玩，享遍中国风光与中华美食。

《你好 BTU》子栏目——《畅游中国》

6. 本土原创纪实栏目《华人谱》

在世界各地，海外华人共有 5000 万；在泰国，华人人口超过了 700 万。此栏目主要是拍摄在泰国华人的故事，这是在泰国本土原创的人物短片，目的是达到节目与泰国本土观众的互动，扩大中文教育节目的影响，也为 BTU 电视台打造一个对外展示华人风采的平台。

《你好 BTU》子栏目——《华人谱》

7. 访谈栏目《BTU 会客厅》

以拍摄来到泰国曼谷吞武里大学的重要嘉宾的访谈为主，展示嘉宾们交流不同领域里的见解，探讨彼此不同的观点。栏目话题小到嘉宾对 BTU 电视台的建议，大到对东盟自贸区发展前景的展望，嘉宾们精彩观点的碰撞也能令观众耳目一新。

《你好 BTU》子栏目——《BTU 会客厅》

此外演播厅设计也做到创意独特，采用画轴、屏风、书法、印章等具有中国传统艺术气息的元素，既有标志性、符号性，便于记忆和识别，又具有文化和艺术价值，达到人们思想的共鸣和审美的分享。

《你好 BTU》演播厅效果图

（三）《你好 BTU》中文教育节目的制作

1. 为节目开播制作的特别节目

中文教育节目既不像新闻节目那么有时效性和信息量，也不像娱乐节目有很强的娱乐性，因而教育节目的受众比较有限，节目想在 40 分钟内锁定观众有一定困难。BTU 中文教育节目开播仪式比较隆重，出席的重要嘉宾来自泰国和中国的多个领域和重要部门，这使得作为开播仪式上播放的第一期节目的制作有一定难度。如果开播仪式上播出完整的以教学为主要内容的节目，很难让来自不同领域的嘉宾耐心看完时长为 40 分钟的节目，尤其涉及教学内容的栏目，在时间上更是对到场的嘉宾的一个考验。于是节目组专门制作了第一期特别节目，节目的三个主持人全部出镜，介绍节目的定位、节目的内容，对每个子栏目又都做了精彩的片花和片段剪辑，对 7 个子栏目的栏目头进行了精心的制作；采访了该项目相关的泰国和中国的合作者，采访了在泰国中小学校学汉语的学生，也在曼谷街头巷尾采访了普通百姓。特别节目每个部分做到剪辑流畅简洁，保持比较明快的节奏，让观众在不知不觉中看完第一期 40 分钟的特别节目，并且不会产生乏味之感。除了为《你好 BTU》开播制作的特别节目，今后也会在中国春节、中秋节、节目开播一周年等有特别纪念意义的时间，专门为一个特别的主题量身制作特别节目，以期适当改变节目的形式，增加节目内容的特别意义和分量。

2. 常规节目加大教学内容的比例

常规节目是《你好 BTU》的主要节目形态。《你好 BTU》的常规节目形式是：每期节目以教学内容为主要内容，每期节目以一个教学栏目《跟我学》为固定播出的子栏目，分别与文化栏目《中国风》、娱乐栏目《光影回眸》、纪实栏目《微记录》、旅游栏目《畅游中国》、本土原创纪实栏目《华人谱》、访谈栏目《BTU 会客厅》中的两个子栏目进行灵活组合。在时间安排上，节目总时间为 40 分钟，教学节目约为 20 分钟，另外两个子栏目时间分别为 8 分钟左右。这样在一个统一的教学目标下，将教学内容与中国文化内容紧密结合，课堂内与课堂外结合，充分发挥卫星电视进行中文教育的独特优势。

三　结论

当前各国民众学习汉语和中国文化的需求日趋多样化，内容涉及从经贸合作到人文交流等多个领域，人员从大、中、小学生到社会成人等不同年龄层次。中国华侨大学与泰国曼谷吞武里大学合作的卫星中文教育节目，适应这种社会发展的新形势，以突出汉语特色教学为导向，把传统媒体与新媒体技术结合起来。从中泰民族文化背景出发，在深入研究两国文化之间差异的基础上，制作泰国本土化的中文教育节目。介绍中国的历史、中国的文化、当代的中国，充实教学内容，丰富文化活动，扩大中文教育节目的服务领域，拓展中文教育的广度和深度，更好地满足东盟各国尤其是泰国汉语学习者的多样性需求。这种卫星中文教育节目方式与泰国其他的中文教育形式形成互补，有利于中文教育在泰国正确、稳定、健康发展，对中泰两国人民来说大有裨益。随着新媒体传播的普及，中国文化也必将越来越多地被世界人民认同和接受。

参考文献

［1］赵金铭主编《汉语可以这样教——语言的技能篇》，商务印书馆，2006。

［2］巴功·林巴努颂：《从语言到文化，培养更多的中国通》，《孔子学院》2012 年第 1 期。

［3］新华社驻曼谷记者：《吸引中国旅客——泰国主打贴心花样牌》，《泰国风》2012 年第 8 期。

［4］朱志平：《交际能力培养与海外中小学汉语课程及教学设计》，《孔子学院》2012 年第 6 期。

［5］王健：《跨文化传播实践中的地域、种族和语言分隔》，《东南传播》2012 年第 4 期。

新媒体背景下泰国传统媒体
汉语教学节目的生存之道[*]

郭艳梅^{**}

摘　要：进入新媒体时代，新媒体教育以独特优势，突破了传统媒体教学中的演播厅、教室、校园乃至国界的束缚，成为一种新型的现代教育方式，传统媒体的汉语教学节目面临着前所未有的压力与挑战，同时也有了新的发展机遇。当前卫星电视和网络已在泰国普及并得以迅速发展，传统媒体需要创新泰国本土汉语教学节目，制作既符合本土大众学习方式又适应新媒体传播特点的汉语教学节目，这对打造面对东盟国家开放的汉语学习平台有着极其重要的现实意义。

关键词：汉语教学　新媒体　传统媒体　节目

21 世纪人类进入信息时代，这给现代教育以更大的发展空间。以计算机网络以及卫星数字通信技术为支撑的远程教育已经成为现代教育的发展趋势，传统教育正面临巨大的挑战。新媒体教学以自由灵活、资源共享等独特优势，突破了传统媒体教学中的演播厅、教室、校园乃至国界的束缚，走进了人们的生活，成为一种新型的现代教育方式，当前世界很多国家的媒体及相关教学单位正积极开展以卫星广播电视和计算机网络形成的系统的远程教育。在东南亚国家泰国，汉语热已经持续多年，随着卫星电视传输、网络信息技术迅速普及，人们对汉语的学习方式由学校到电视媒

---

* 2013 年华侨大学本科教育教学改革重点立项项目"新媒体背景下新闻专业实践教学的创新"（华侨大学教务〔2013〕66 号）。

** 郭艳梅，华侨大学文学院副教授。

体再到网络视频教学，汉语教学模式在不断变化更新。面对新媒体汉语教学的挑战，传统媒体汉语教学需发挥自身独特的媒体优势，在新媒体背景下更好地生存和创新，在竞争中求发展。本文针对泰国本土传统媒体汉语教学开展情况，探讨泰国传统媒体汉语教学节目的生存和创新之道。

一　泰国的汉语热持续升温，但局限在传统汉语教学模式

1. 泰国汉语热已多年持续高温

随着中国经济的发展，中国在世界的地位在不断提升，中国人现在已经遍布世界各地，特别是东南亚地区聚集了很多华裔。中国作为东盟十国的好伙伴，同东盟多个国家在政治、经济、社会、文化等多个领域都有密切合作，在国际事务中也是相互支持、密切配合，所以汉语的重要性日渐凸显。在泰国不论在哪里都可以见到中国人，听到中国话，吃到中国菜。泰国人越来越认识到学习汉语的便利和乐趣，学习汉语的热情逐年递增。学习汉语的人数由三四年前每年几十万人，增加到现在每年有 100 余万人。泰国汉语教学的开展同东南亚其他国家相比算是比较突出的，但是目前泰国传统媒体的汉语教学节目还是十分有限，泰国汉语教学的网络远程教育还处于起步阶段。

2. 目前泰国汉语教学多采用传统教学方式

泰国的传统教育主要分布在幼儿园、中小学课堂、大学本科生专业必修课和选修课、汉语专业研究生硕士班（包括脱产和不脱产）、社会上的汉语教育培训班（包括中国国家汉办在泰国的 12 个孔子学院和 13 个孔子课堂汉语培训班、泰国本土五花八门的华文学校、华文补习班）等。泰国一些有经济实力的华人开办的国际语文学校，也把中文课作为自己学校一门重要的外语课，汉语课程从幼儿园贯穿小学、初中和高中阶段的学习。例如，泰国龙仔厝府的私立学校——向日葵国际语文学校，汉语教学在幼儿园、小学、初中、高中都作为必修课，他们学汉语从娃娃抓起，还与泰国曼谷吞武里大学的卫星电视中文节目《你好 BTU》合办了汉语教学栏目——《跟我学》，将传统的汉语教学课堂搬上电视屏幕。隶属曼谷教育局的公办学校——培知公学，多年来把汉语作为学校初中、高中的必

修课，汉语教师有中国国家汉办、侨办派出的汉语教师和志愿者，也有泰国本土招聘的中文教师，学校里每天都设早课来进行汉语对话训练，他们的汉语活动也经常与中文节目《你好 BTU》进行互动。泰国曼谷的曼松德昭帕亚皇家师范大学孔子学院长期承担泰国民教委、基教委、曼谷市教育局中小学本土化汉语教师的培训工作，7 年来培训泰国本土汉语教师近万人次，仅 2013 年一年开展本土汉语教师培训 52 场，培训人数达到 5731 人，相比上一年同期增长 180%；该孔子学院也联合曼谷吞武里大学的上星电视中文节目《你好 BTU》拍摄中文教学活动，直接为中文节目《你好 BTU》提供与节目相关的中文教学活动。虽然在泰国开展汉语学习的学校比较多，但是很多学校的汉语教学还多停留在传统的教学模式，是一种局限在固定场所、面对面的授课方式，甚至泰国北部如清迈等城市的学生，每个周末要特意赶到曼谷的培训点来学习汉语。泰国汉语热多年持续升温，汉语教学的市场需求很大，学校学习汉语的学生多，教汉语的教师少，传统媒体教学节目数量有限，新媒体汉语教学项目刚刚起步，还跟不上泰国现有的汉语学习的需求。

二　泰国电视媒体发展与汉语教学节目发展不均衡

（1）泰国电视台的体制基本都是私有制，近年泰国有线电视和卫星电视发展迅猛，目前泰国大大小小的电视台有近 200 个，主要有泰国第 3 电视台（CH 3）、泰国第 5 电视台（CH 5）、泰国第 7 电视台（CH 7）、泰国第 9 电视台（CH 9）、泰国 第 11 电视台（CH 11）、泰国中文电视台（TCTV）、泰国独立电视台（TITV）、Thai PBS channel 等。其中泰国第 3 电视台的老板是华人，他强调给观众收看中国电视剧，由于当时流行播放中国古装剧，于是很多泰国人由喜欢看《包青天》、《三国演义》、《还珠格格》和《西游记》等中国古装剧到逐渐喜欢上汉语和中国文化；泰国中文电视台是在中泰两国政府直接支持下成立的，是东南亚唯一的双语（中文、泰文）电视台。上述媒体虽然播出中文节目或者中国的电视剧，但电视汉语教学节目非常少。泰国有一半以上的老百姓热衷于通过有线电视和卫星电视收看节目，由于不同卫星天线收看的节目和频道有所不同，因此出现了一方面汉语热在泰国持续升温，汉语学习的市场需求很大，另一方面传统媒体和新媒体的汉语教学节目却非常缺少，不能满足市场需求的矛盾现象。

（2）泰国传统媒体汉语教学节目多分布在泰国的教育电视台或教育频道。皇家御计划汪盖刚翁卫星远程教育电视台（Distance Learning Television Station Wangklaikangwon School）是为庆祝泰国普密蓬国王登基 50 周年而建立，该电视台全天 24 小时播放教学节目。1997 年该电视台在泰国第一个开办电视汉语教学节目《泰中文化》，开创了泰国电视汉语教学的先例。该汉语教学节目每周 1 期，每期 50 分钟，目前已经播出 17 年，在泰国有超过 3000 所学校近 300 万学生和社会人士收看此节目。该电视节目首位汉语课程的策划者、编写者和主讲者为泰籍华人卢瑷珊老师，这位主讲教师 17 年来一直坚持中泰双语教学。由于该节目是免费的双语教学节目，并且是泰国皇室的重点教育项目，所以吸引了众多泰国学生甚至社会高层的关注和学习。

《泰中文化》卢瑷珊老师在汉语教学现场

2013 年 7 月，收视率位居泰国前茅的泰国第 7 电视台，在每周三的黄金时段 16∶50 开播一档汉语教学节目——《带你快乐学汉语》，该节目是由泰国曼谷吞武里大学投资，每周播出 1 期，每期时长为 1 分钟，节目由一男一女两个主持人主持，多在外取景拍摄，每期教一句通俗实用的汉语。该汉语教学节目定位针对年轻观众，形式灵活多样，风格时尚清

《泰中文化》卢瑷珊老师在授课

新，内容短小实用，从节目策划到节目主持人和节目制作完全是泰国媒体人，节目完全按照泰国本土观众的欣赏习惯来打造。

《带你快乐学汉语》节目主持人

《带你快乐学汉语》节目

　　2013 年 8 月，泰国曼谷吞武里大学卫星电视台的中文节目《你好 BTU》正式开播。该节目是由中国华侨大学与泰国曼谷吞武里大学合办的中文教育节目，节目采用中文配音、泰文字幕形式播出，开播时由 7 个板块节目组合（分别是《跟我学》、《中国风》、《畅游中国》、《光影回眸》、《微记录》、《华人谱》和《BTU 会客厅》），每期 40 分钟，汉语教学板块《跟我学》为固定播出的主打栏目，与其他多个小栏目组合，节目面向东盟国家播出，受众约 500 万人。由于该节目是中泰双方合作项目，节目主创人员皆为中国华侨大学新闻专业人员，所以节目有着浓厚的中国色彩。

《你好 BTU》栏目主持人

《你好 BTU》之小栏目《中国风》

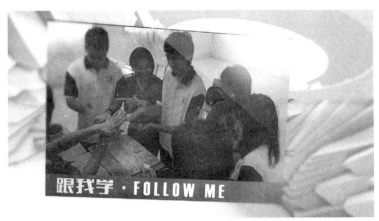

《你好 BTU》之小栏目《跟我学》

《你好 BTU》之小栏目《畅游中国》

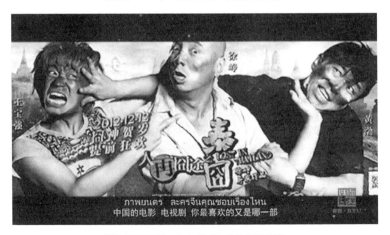

《你好 BTU》之小栏目《光影回眸》

《你好 BTU》之小栏目《微记录》

《你好 BTU》之小栏目《华人谱》

《你好 BTU》之小栏目《BTU 会客厅》

（3） 泰国网络汉语教学刚刚开始，步履缓慢。2014 年 1 月 10 日汉语水平网络考试在泰国曼谷正式开始启动，这种考教结合、以考促教、以考促学的汉语教育新形式撬动了泰国当地汉语教育体系。随着科技的进步、卫星电视传播在泰国的普及与高速发展，电视与网络相互结合已成为媒体融合的必然，汉语教学也将利用卫星电视和网络的优势，多方位互动，形成具有现代特色的远程教育。2014 年 4 月中国国家汉办的远程教育中心在世界最大的社交网络平台 FaceBook 推出 HSK 在线辅导，将会促进泰国汉语在线教学的发展。

2014 年 1 月 10 日 HSK 网考启动仪式 （泰国曼谷）

2014 年 3 月 19 日 HSK 网考现场 （泰国曼谷）

三　泰国传统媒体汉语教学节目针对
新媒体冲击的应对策略

随着计算机、智能手机、平板电脑的普及，人们可以轻而易举地实现随时随地通过新媒体进行汉语在线学习，未来将有越来越多的受众通过移动媒体平台接受在线教育。新媒体汉语教学已经对传统媒体汉语教学的生存形成巨大的冲击，那么传统媒体汉语教学该如何应对新媒体的挑战呢？

（1）卫星电视汉语教学与网络等新媒体汉语教学优势互补，做到传统媒体汉语教学与新媒体汉语教学融合创新。在泰国不但网络运营成本高，而且网络教育资源还存在严重不足的问题。虽然网络能够轻而易举地实现视频点播，但是毕竟现有新媒体传播平台缺乏制作高质量视频的能力。卫星电视有成熟的制作视频技术和专业水准相当高的节目创作团队，如果卫星电视与新媒体能够联合，充分发挥它们各自的硬件条件、制作能力和传播平台优势，再调动学校丰富的教学资源，打破网络、卫星电视、传统教学的界限，在教学质量、教学内容、师资、品牌等方面打造独特的汉语在线教育特色，传统媒体汉语教学节目借力新媒体优势，做到一次生产汉语教学节目精品，多次、多个渠道播出，那么每个汉语教学节目的功能就会被最大化地发挥出来。曼谷吞武里大学的中文教育节目《你好BTU》不但可以在卫星电视播出，同时也在网络平台播出，拥有智能手机的用户可以使用手机随时随地点击收看《你好BTU》，这种由中泰两国大学联手合办，把卫星电视、网络平台、学校教学资源整合起来的汉语教学节目，无论在泰国还是在中国都是首创。未来在泰国如能发挥电视媒体制作汉语教学视频节目的优势，协同中国国家汉办汉语教学资源，打造适合泰国本土新媒体视频播出的汉语教学节目，将会给泰国汉语学习者提供更多、更便捷、更优良的汉语学习方式。

（2）发挥电视媒体优势，让汉语学习与汉语应用结合起来。现代观众看节目喜欢快节奏、读图式、故事化的观赏方式，因此汉语教学节目不能仅仅局限于教室或是演播厅讲解，需要不断进行新的改版以适应观众的学习兴趣。泰国第7电视台《带你快乐学汉语》节目，女主持人由泰国的影视明星担任，节目每期只教授短短一句汉语，节目直接面对年轻的汉语学习者，注重节目的时尚包装和丰富的外景拍摄，娱乐性比较强。汪盖刚翁卫星远程教育电视台的《泰中文化》节目，采取中泰双语教学方式，针对汉语学习者进行长期的、系统的教学。该电视汉语教学节目专门为无法收看节目的社会贫困学生免费赠送教材和教学光盘，大大推动了泰国汉语学习的平民化。2014 年 4 月泰国曼谷吞武里大学的卫视中文节目《你好 BTU》进行改版，节目仍由原来的 7 个板块组合，但是节目时间由原来的 40 分钟缩减为 25 分钟，汉语教学栏目《跟我学》比例加大，由原来的 8 分钟扩展为 10 分钟，节目更注意教授实用性比较强的汉语对话，

改版后的《跟我学》主讲教师授课

改版后的《跟我学》情景模拟拍摄现场

根据教学内容设计情节、人物和环境，将汉语教学内容进行场景模拟拍摄，从视觉和听觉上给学习者以真实的体验。

《你好 BTU》的影视栏目《光影回眸》有重点选取与该期教学内容相关的影视和歌曲片段，重点突出语言段落，把以讲解和教授为主的抽象内容变为在语言环境中具体的、形象的模拟，这样既发挥了电视媒体的优势，同时又寓教于乐，收到比较好的教学效果。

改版后的《光影回眸》节目截图

以上列举的三个传统媒体汉语教学节目针对多元化、多样化、多层次人群的需求来设计不同课程和教学方式，提升了汉语学习效果，也为传统媒体汉语教学锁定了忠实的用户群。

（3）实现价值提升，把汉语学习与中国文化传播相结合。在泰国一般汉语学习者多半是为了参加考试（HSK、YCT）、留学、做生意和提升职业技能，其中有近 1/3 是泰国本土教师，包括公立学校、私立学校和一些华文补习班教汉语的教师；另有一部分人学习汉语是出于自己的兴趣和爱好，为了解中国、看中国影视剧或充实日常生活；此外还有一些孩子家长出于对儿童早教需求，让幼儿从娃娃时期开始学汉语。近年泰国政府规定在泰国中小学普遍开设中文课程，汉语学习被硬性规定进入泰国中小学的课堂，因此汉语学习与中国文化学习已经不可分割。汉语教学与中国文化学习如果结合得好，会让汉语学习者在轻松愉快的交流中体验汉语的魅力，在对中国文化的理解中提高汉语的能力。中文节目《你好 BTU》的教学栏目《跟我学》与文化栏目《中国风》相呼应，每期学习语言的同时，把语言置放在应用的环境中，比如教学节目《跟我学》里出现吃饭一词，可能会延伸到中国饺子，接下来会在后面的《中国风》里介绍中国饺子的来历，中国人对饺子的特殊情结，随后的《畅游中国》栏目里可能会介绍中国的美食文化；教学节目《跟我学》里可能讲到喝茶，在后面的栏目《中国风》里可能会介绍中国的茶文化和进行茶艺表演。这样策划每期节目集中有一个主题，语言传授与多样文化活动结合，既是汉语节目在泰国的本土化制作，又体现地道的中国特色。"汉语桥"世界大学生中文比赛的泰国赛区活动、泰国华人举办的丰富多彩的中国文化活动、中小学生书法大赛和中华才艺表演等活动都可纳入《你好BTU》的拍摄范围，让观众了解中国文化与社会，培养学生学习中国文化的兴趣，在人文、艺术等方面传播中国文化，让汉语教学节目变得更生动、更立体。

曼松德大学孔子学院本土汉语教师茶艺培训现场

向日葵国际语文学校2013年迎新春中文活动现场

　　泰国是一个发展中国家，经济发展存在不均衡现象。曼谷及其周边地区经济比较繁荣，泰国南部、北部和东北部边远地区经济发展迟缓。泰国

三仓商业学院孔子课堂2013"汉语桥"世界中学生中文比赛泰国赛区现场

的汉语热虽然遍布全国，但是网络运营方面存在网络用户带宽窄、速率低、收费比较高的问题，这给传统媒体汉语教学留有很大的发展空间。如能做到传统媒体与新媒体融合，充分发挥互联网、卫星电视、学校教育的优势，将汉语教学的中国制造变成泰国本土化生产，创造出符合时代发展需求的国际化、大众化、终身化的新型教育模式，将是未来泰国汉语教学和中文教育的发展道路。

参考文献

[1]《汉语网络考试与培训》，《孔子学院》2013 年第 1 期。

[2] 素林：《东盟是协调解决东南亚事务的平台》，《东盟商界》2011 年第 2 期。

[3]《从语言到文化，培养更多的中国通》，《孔子学院》2012 年第 1 期。

泰华作家的公共交往与泰华文坛的新"亮点"

—— 以《大众文艺》近三年（2010～2012 年）发表情况为分析样本[*]

陈庆妃^{**}

摘 要：20 世纪 90 年代以来泰华文学的发展陷入低谷，面临作家与读者严重断层的窘境。泰华文艺社团与作家鼎力守护文学传统，通过传统的文人雅聚方式提高艺术技巧，探索适合泰华文学的新文体，并以泰华作协为核心，广泛地参与国际华文文学活动，寻找新的崛起契机。

关键词：泰华文坛　公共交往　新亮点

20 世纪 90 年代以来，泰华各界对泰国华文文学、泰国华文报纸甚至对泰国华人社会的存续问题都抱持忧虑。"泰华作家老化，有黄无青。"（司马攻）截至 1998 年，泰华作协 139 名会员，平均年龄已在"60 岁"以上，21 名理事，平均年龄为 62.4 岁（曾心）。"由于近期泰国的华人社会正在发生重大变化，传统的、潮州人占华人总数八成以上的架构正在悄悄改变，他们大多融入主流社会成为泰国人。……种种因素造成华文媒体生存的恶劣局面，副刊也面临萎缩，本地作者投稿稀少的困境。"[1]泰国

---

* 据暨南大学馆藏《新中原报》的统计数据，2010～2012 年《大众文艺》总计出版 391
期，其中 2010 年出版 138 期，2011 年出版 137 期，2012 年出版 116 期。佚失的部分为：
2010 年的第 12、22、34、63、84、93 期，共 6 期；2011 年的第 45、46、50、55、60、
65、135 期，共 7 期；2012 年的第 47 期，共 1 期。根据前后期内容和时间来推断，2011
年的第 50、60 期应该不存在，估计是序号编排的失误所致。因此，三年中佚失的数量
应该是 12 期，约占总数的 3%。

** 陈庆妃，华侨大学文学院副教授，研究方向为中国现当代文学、海外华文文学。

知名学者江白潮先生对泰华社会的研究结论更是引起较大的反响，他甚至认为泰华社会是非实质性的存在，这样的论断存在比较大的争议。但江白潮先生对泰国华侨族群自 70 年代起的变化的研究却颇有见地，他将其四个主要表征归结为"四化"，即华侨人口年龄老化，后代子孙迅速泰化，华族语文危机严重化，落地生根的观念普遍化。同时，他也指出，除汉语言文字由于其经济价值随着中国经济的发展逐步提升而可能出现转机外，其他"三化"不可逆转。① 只是江先生尚未意识到语言文字才是一个族裔共同体存续的根基，它的变化可以引起其他"三化"的改变，尽管这个变化过程非常缓慢，具体成效还有待观察，但非常值得长期深入研究。鉴于华文文坛与泰华文学社团以及华文媒体的紧密关系，本文将三者结合，从一个侧面分析泰华社会的新变化。

泰华文艺社团与作家的公共交往

"华人社团是华人休息娱乐、交流思想感情、实现理想与价值的重要场所，社团可以增加泰国华人之间的互动机会，是泰国华人的公共空间。"[2]无论是老侨还是新侨，华人都需要建立自己的社会、文化交往空间，在陌生的社会建立一个想象的共同体，结社既是一种生存的需要，也是心理需求。传统的海外社团主要以地缘、血缘、业缘、慈善宗教为结社的纽带，以文化、学术、教育、休闲娱乐为主的社团的快速发展显示了海外华人生存状态的新变化。潘少红博士的论文《泰国华人社团史研究》资料翔实，但主要针对传统海外社团深入研究，对泰华文艺社团却是着墨不多。

泰国华文作家主要以泰华作家协会（前身为 1983 年成立的泰华写作人协会）为中心，形成自己的交往空间。泰华作协是一个会员众多但相对松散的文艺社团，经常以国别性的文化组织名义参加各种国际性的活

---

① 江白潮：《论泰国华侨社会非实质存在》，最早刊发于盘古银行的《经济参考资料》1981 年第 11 号，后刊于云南省东南亚研究所《东南亚》1990 年第 1 期。中山大学东南亚研究所王伟明在《东南亚研究》1990 年第 4 期中刊发《论泰国华人社会实质性存在——与江白潮先生商榷》一文进行反驳。

动，如组织访华团，走出湄南河，进行文化交流。出席世界华文文学研讨会、世界华文微型小说研讨会、海内外潮人作家研讨会以及"亚细安华文文艺营"等活动。同时，他们也积极请进国外的作家、学者，包括中国作家代表团以及台湾诗人痖弦、余光中等文艺界人士。在曼谷相继主办"第二届亚细安华文文艺营""第十二届亚细安华文文艺营""第二届世界华文微型小说研讨会"等国际性的文艺活动。2010 年 10 月 15～17 日，泰华作协可以说精锐尽出，由司马攻、梦莉领衔，组成工作委员会，借助报纸副刊的宣传，在曼谷成功举办了"第十二届亚细安华文文艺营"。泰华作协长期的努力打破了长期以来泰华文坛比较保守的形象，使泰华文坛成为继新、马之后东南亚华文文学的重要中心。另外也体现了"亚细安华文文艺营"文化"软实力"的效应："不但影响了有关国家的华文文学的发展，也使世界各地的华文文学工作者对东南亚文学有所认识、注意与重视。加强了东南亚华文文学在世界华文文坛上的地位。"[3] 即使 90 年代以来，泰华文坛由于泰华教育的断层而造成青黄不接的局面，作协仍然坚持守护文学传统，以待新的崛起。

泰华作协负责组织这些大型的文化活动，代表泰华文坛对外的集体形象，而泰华作家文友之间的日常交往常常以规模较小但联系更紧密的结社方式进行。"小诗磨坊"是成功的范本，也将对泰华文学的新崛起有启示作用。

小诗磨坊采取的是传统中国文人的交往方式——雅聚。小诗磨坊成立于 2006 年，是类似诗社的诗歌创作与研究组织。诗人们聚会的地点是小诗磨坊发起人之一，泰国著名微型小说作家、诗人曾心家的"小红楼"。"小红楼"有 400 多平方米的庭院，摆放着 200 多盆景，庭院中有个六角亭子，亭内有红木匾额"小诗磨坊亭"，由台湾诗人林焕章题写，泰国诗人、书画家苦觉镌刻。"亭畔有水池，水池有锦鲤，还有几株荷花点缀其中，宜诗宜画宜摄影。"[4] 俨然一个传统中国的江南园林。小园的主建筑是曾心自己设计的二层小楼，室内有"小红楼艺苑"的题匾，为台湾著名书画家孔依平的墨宝，书法作品"精彩在多磨"乃中国驻泰国前任大使张九桓书写，"艺景心园"则是北京大学书法家翁图教授所题。慕名造访此地的诗人、作家、评论家除了中国大陆和港澳台的，还包括东南亚的。如刘再复、吕进、龙彼德、陈慧瑛、舒婷、陈仲义、刘登翰、凌鼎年、毛翰、倪金华、范军、曹安娜、计红芳、高伟光、陶然、夏马、钟子美、孙重贵、许绍华、许均铨、朵拉、小黑、寒川、孙德安、苏清强、秦林、何乃健等，他们在"小红楼"留下许多珍贵的题签。

在小诗磨坊的诗友之间，他们以性情相交，相互欣赏，相互评论写序，将艺术生活化、生活艺术化。林焕章结识诗书画俱佳的苦觉的过程就很有戏剧性，最初，苦觉叫"苦觅"，常常投稿而每投必中，很受欢迎，但因一手"龙卷风"的字，打字员将"苦觅"错打为"苦觉"。苦觉要求订正，而林焕章却建议将错就错，改名为"苦觉"，于是苦觉从善如流，成为得道的觉者。苦觉的诗浪漫空灵而富有童心，他有异于常人的禀赋，这得益于多年的修为。① 诗友之间以诗相交、以诗相悦，以"小诗连线过新年"，互赠压岁诗是他们的雅趣。② 或是举办一场"春宴"，喝上一杯春酒。③ 或以 2011 年的水灾为题，以小诗连线的方式集体创作。"写了洪水，树与佛、佛与人。因切入角度不同，视野各异，同一个磨坊，流出来的浪花，栽种出来的小花小草，各有各的形象，各有各的颜色。"④

"泰华社会一直是一个传统伦理观念极深的保守社会，中国儒家思想已深植华人心里，迄今不坠。"另外，"华侨在泰国一向以经商为主，华侨社会形态早已局限为一个商业为主的社会，华人活动无形中形成其一定的社会范畴。"[5]文人雅聚与商务交往本质上是冲突的，它们走在非功利与功利主义的两个极端。但是现实的生存需要与传统士农工商思想，为他们"以商养文"的生存模式提供了合理的解释。泰华文坛泰斗级的作家司马攻、梦莉等，都是商界的成功人士，小诗磨坊的主人曾心先生则是一个在医界很有建树的医生。尽管泰华文学生存环境 90 年代以来有值得忧虑的地方，但传统文化的精神纽带始终成为泰华文坛突破困境的动力

---

① 林焕章：《索寻浪漫与空灵——读苦觉的小诗集》，《新中原报·大众文艺》2011 年第 33 期。
② 苦觉：《爆竹为我预备了春雷——小诗连线过新年》，《新中原报·大众文艺》2011 年第 33 期。
③ 苦觉：《春宴》，《新中原报》2011 年第 100 期。
④ 岭南人：《水树佛——〈小诗磨坊〉小诗连线》，《新中原报·大众文艺》2012 年第 40 期。

来源。

小诗磨坊成立以来，每年出版一本《小诗磨坊》合集，至今已出版 6 辑，第 7 辑正在酝酿中。诗集由发起人之一、台湾诗人林焕章主编，分别由中国作家、学者龙彼德、计红芳、吕进、刘登翰以及台湾诗人张默、白灵写序。小诗磨坊的结社方式虽以泰国的 11 位诗人作为主要成员，① 但实际参与其中的人员已经远远超出了泰国文坛，在整个世界华文文学圈都产生了影响。

以志趣相投为结社出发点的雅聚方式，需要通过有效的传播来扩大影响。报纸副刊是现代文人的公共交往平台，以报纸副刊为依托，成为现代文人扩大其影响力的重要途径。报纸文艺副刊对泰华文学的重要性，正如司马攻所说的，"我从事文学创作三十年，三十年来我所写的文字，百分之九十发表于泰国华文日报的文艺副刊上。文艺副刊有人称'园地'？我的文字寄生其中也。如果没有中文报，如果有中文报而其中没有'园地'，寄生草就无法寄生。"[6] 小诗磨坊的影响力，除了小诗创作本身的艺术成就外，与泰华作协的支持、与报纸副刊的传播推广是分不开的。

《小诗磨坊》诗集的出版与发行都会邀请国外的作家学者参与。在留学中国总会大学校友总会文艺写作学会举办该年度《小诗磨坊》诗集发布会及小诗研讨会，同时举办文学讲座会和新书发布会，并请为诗集写序的学者、作家做主讲嘉宾，迄今为止已经举办了 6 次，每次出席者都达 200 名左右，颇具影响力。以《小诗磨坊》第 6 辑为例，2012 年 7 月 8 日，泰国留学中国总会大学校友会总会文艺写作学会主办"学会 5 周年庆文学讲座，暨《水过无痕》《2012 小诗磨坊》新书发布会"。邀请了中国大陆著名的海外华文文学研究专家刘登翰教授、微型小说家凌鼎年以及台湾地区著名诗人林焕章主讲。讲座的题目分别是《华文文学的大同世界》、《微型小说的素材、构思与想象力》和《细读品尝泰华小诗集》。为

---

① 小诗磨坊成立之初是 8 位成员，所谓的"7 + 1"。林焕彰和曾心是发起人，成员（按年龄排列）有岭南人、曾心、林焕彰（台湾）、博夫、今石、杨玲、苦觉、蓝焰。因 7 位在泰国，1 位在台湾地区，故称"7 + 1"，象征着"八仙过海，各显神通"，共同探讨六行内小诗美学的新诗体。2011 年在庆祝"小诗磨坊"成立 5 周年之际，成员又增加 3 位（晶莹、晓云、蛋蛋），使队伍年轻化和更加壮大。

了营造更好的文学氛围，达到更好的宣传效果，《大众文艺》从 7 月 2 日的第 57 期开始，直至 9 月 12 日的第 83 期，持续发表相关的文讯、作品与评论文章。第 57 期是刘登翰作品专辑，同时发布文讯；第 58 期是凌鼎年微型小说专辑与文讯；第 59 期有《水过无痕》的序和后记；第 61 期有刘登翰的散文《生命的一种境界》；第 62 期有凌鼎年的微型小说《殉节》；第 65 期有凌鼎年微型小说《校对高手鲍善安》；第 68、69 期分别发表刘登翰的《小诗大世界——序泰华"小诗磨坊"第六辑》（上）（下）；第 70 期有凌鼎年《记泰国"小诗磨坊"聚会处》；第 71、72、73、74 期有凌鼎年的《泰国六日记》；第 81、82、83 期分别刊载林焕章《让你惊喜的独特表现——细读品尝〈泰华小诗集〉》（上）（中）（下）；第 82 期还有凌鼎年微型小说《太师饼的传说》。尽管活动本身只有 6 天，但借由报纸副刊的传播效应，将名家的创作范例与学者的理论指导惠及更多的作者与读者，同时提升了小诗磨坊的知名度。

泰华文坛新"亮点"[①]

借助于泰华作协的平台，小诗磨坊扩大了对外参与面。小范围进行的小诗创作与诗艺切磋，有利于提升小诗创作的艺术水平。经由报纸副刊的及时传播，将小诗磨坊的影响力延伸到泰国乃至东南亚之外的整个华文文坛。小诗磨坊因此成为当下"云雾弥漫的泰华文坛"的三个"亮点"之一，甚至可以说是最亮的一点。

曾心认为，20 世纪 90 年代末，泰华文学处于一个重要的交接期，"第一代已无人创作，第二代也大多进入老年，而能够接班的年轻作家群尚未形成"[7]。但进入 21 世纪，泰华文坛在汉语热的影响之下，出现了三个"亮点"。关于泰华文坛新"亮点"的观点是曾心于 2010 年提出的，并未进行充分的论证，但这一观点从近三年《大众文艺》的发表情况来看，还是较有说服力的。

---

① 《大众文艺》2010 年第 110 期发表曾心《当前泰华文坛三个"亮点"初探》一文。本文采用这一说法，但觉得分类不够规范，且尚未进行充分的论证。并且认为以文体创新，和写作群体的变化两个方面讨论"亮点"更合适。

第一个和第二个"亮点"，主要涉及泰华新生代写作人的培养。2002年泰国留学中国总会大学校友总会成立后，成立了"留中出版社"，为校友出版新书，也扶持一些老作家的作品的出版，先后出版了《留中岁月》、《湄南情怀》、《窗内窗外》、《平台试步》、《湄南漫步》、《河边风景》和《椰林放歌》等7本文集。这些文集的作品，部分也被报纸副刊转载刊登，或与其他文学活动一起被宣传推广。目前，留中总会已有100多个成员，动笔写文章，逐年趋向年轻化，一支既有本土情结又有母土韵味的泰国留学中国大学生写作群体正在逐步形成。

2007年7月，中国华侨大学与泰国华侨崇圣大学联合举办"中国现当代文学硕士研究生班"，开设"泰华文学"课程，首次把"泰华文学"搬上泰国大学讲坛。这是泰国文学史上第一次出现一支颇有潜力的本土研究队伍，令人瞩目。2010年《大众文艺》第2、10期是中国现当代文学班同学写作的专版，发表文章10篇；第3期发布第三届中国现当代文学研究生班与泰华作协座谈会情况；第4期黎毅的《海外华文的火苗——作协与准硕士生开座谈会琐事记》，概述了50多人会谈的经过，详细描述了黎毅与其中一位同学的写作交流与讨论的过程；第31、32期发表中国现当代硕士生泰国学生郑燕燕的论文《比较中国冰心与泰国梦莉——表达爱的不同方式及其原因》；第43期转发《泰华文学》文章——方明的《何谓本土 何谓外来》。本土和外来的讨论，涉及作家、研究者的身份认同，问题比较敏感。讨论缘起于2009年11月29日，崇圣大学第4期硕士班的同学访问泰华作协，想要取得一些作协的资料，撰写硕士毕业论文。在访问座谈的过程中，一位来自中国的同学提出：何谓本土文艺？何谓外来文艺？要怎样厘清才能不纰缪？由于泰华文坛本身也存在本土写作者与外来移居写作者共处的格局，这一问题引发作协作家的热烈回应。

"与新马华文文学相比，泰华文坛的文学论争既不剧烈，也不持久，且没提出鲜明的'爱国主义'口号。泰华新文学的本土化从一开始就以作品为客观依据，并以泰国文学的本土化为背景。"[8] "泰华文学是中国文学的继承和重建，它的继承是立足于泰国的继承，并在现实的基础上重建。泰华文学要在泰国的土地上植根，就必须承认现实。承认泰华文学是泰国文学的一部分，而不是中国文学的支流。"[9]

基于这样的共识，以及历史传统、宗教文化，包括泰国温和的民族性等诸多原因，泰华文坛与泰国华人社会一样，对泰国社会有普遍的认同感。因此，对于本土或外来的区别，泰华作家都以开放包容的态度面对：凡是在本土生活，无论时间的长短，且其作品反映的是在地的"气味"，都属于本土的作品。泰华作协这样的态度，对非本土研究者来说，无疑消除了他们研究的疑虑，更有助于研究的深入。

在提携后进、培养新生泰华写作力量上，泰华文坛还有更宽广的视野。《大众文艺》2010 年第 15、41、49、65 期，连续刊登 Srinakharinwirot 大学人文学院中文系三年级学生习作。2012 年第 54、61、75、76、77 期，刊登新一代留中青年学子的习作，如张思濛的《温暖的假期》《每个人的选择》、曹淑媛的《留学生眼中的仁——〈论语十一篇读〉叙读后感》、谢天才的《我与汉语的不解之缘》等。这些青年学子不少目前还就读于中国的暨南大学、华侨大学等高校。

第三个"亮点"就是小诗磨坊。除了国内的发展模式，小诗磨坊还在新浪网开了博客，图文并茂地介绍小诗磨坊成员的作品和有关小诗评论，为小诗的传播开辟了新空间。到目前为止，泰华小诗磨坊参加了 100 个圈子，成为 70 个圈子的资深圈友，这是泰华文学史上以小诗体形式向社会大众进军、向时间和空间进军的新现象，展示了自己的实力和发展前景。

归纳而言，泰华文坛的新"亮点"既体现在写作群体的变化上，也体现在文学体裁的创新上。中国学者赵朕将散文、微型小说与小诗视为"泰华文学的三次新崛起"①。泰华小诗磨坊成员虽以诗驰名，但在"闪小说"创作上，成就也不小。2012 年泰华文坛主打"闪小说"。泰华作协为了推动闪小说在泰华稳健发展及小诗的更进一步繁荣，2012 年 1 月 8 日在曼谷举行"泰华闪小说、小诗研讨会"。会长梦莉在发言中谈到，在快节奏的现代社会中，"小诗和闪小说便较占优势。小诗、闪小说虽是两个不同的文类，但它们也有诸多相似的地方，如：篇幅短小精悍，行文跳跃，灵动，言有尽而意无穷，因此，把这两个文类同时来进行探讨、研

① 相关论述参见赵朕《泰华文学的三次新崛起》，《世界华文文学论坛》2008 年第 4 期。

究"[10]。2011 年 5 月司马攻发表了 8 篇闪小说，并写了《什么是闪小说》一文，引起了读者的关注和作者的兴趣。岭南人、杨玲、晶莹等几位首先响应，并得到作协会长梦莉的支持，泰华的闪小说很快发展起来。短短几个月时间，由泰华作协主办，寄刊于《亚洲日报》的《泰华文艺》副刊（主编杨玲）已发表 300 多篇闪小说。泰华作协会刊《泰华文学》第 59 期力邀杨玲、晶莹为主编，为了更系统地介绍泰华闪小说，特辟了个"泰华闪小说专辑"，收 26 位泰华作者的 98 篇闪小说。司马攻推出泰华第一本闪小说集《心有灵犀》，"这是海外第一部华文闪小说集，也是海外第一部华文闪小说个人专集，在海外华文闪小说史上具有开创意义"。[11]泰华作协出版《泰华闪小说集》。泰华闪小说强劲的起步，为泰华文坛带来了活力和生气。

创作的繁荣，还需要理论的及时跟进。研讨会收到的论文有司马攻的《我与闪小说》、岭南人的《闪说闪小说》、曾心的《谈六行以内的小诗创作》、晶莹的《闪小说初探》、方明的《闪小说的我见》、杨玲的《说说泰华闪小说》、莫凡的《艺苑相竞，各有千秋》、晓云的《我对闪小说的一点认识》。这些论文随后刊登于《大众文艺》2012 年第 28、29、34、35、36 期，其他的有关于闪小说的评论还包括第 16 期邓尧的《从认同角度论泰华闪小说》、第 30 期香港钟子美的《谈闪小说，小说及精神家园》。

在国内文坛积极倡导闪小说的同时，泰华作家积极与闪小说发源地——中国的同好进行交流。《大众文艺》2012 年第 63 期推出中国闪小说学会会长马长山的闪小说专辑，第 64 期推出冷月潇潇的闪小说专辑，并发布文讯：为推动泰华闪小说进一步繁荣发展，由泰国华文作家协会主办、留学中国总会大学校友总会文艺写作学会协办的"闪小说"讲座会，邀请中国著名闪小说家马长山（中国闪小说学会会长）、冷月潇潇（程思良，中国闪小说副会长兼秘书长）主讲，并举行新书发布会，介绍泰华作协出版的两本新书：《泰华闪小说集》和《泰华小诗集》。泰华作家协会会长梦莉，留学中国总会大学校友总会文艺写作学会会长赖锦廷出席。2012 年 7 月 26 日~9 月 15 日，中国闪小说学会组织了泰华作家协会永远名誉会长司马攻先生《心有灵犀——闪小说 140 篇》的网上研讨会，评论文章，由程思良遴选汇编为《智慧的闪光——〈心有灵犀〉评论选》，于 11 月由泰华文学出版社正式出版。此书乃"第一部正式出版的华文闪小说评论集，填补了华文闪小说发展史上的一块空白"[12]。

泰华文坛新"亮点"之所以得以形成，与泰华文坛"文人相重"的和谐交往模式密切相关。泰华作协、留学中国总会、报纸副刊与小诗磨坊之间，存在成员的高度重叠。小诗磨坊的 11 位成员中，岭南人是作协顾问，曾心是泰华作协和留学中国总会的秘书长，林焕章是《世界日报》文艺副刊的编辑，杨玲是《新中原报》文艺副刊《大众文艺》的编辑，也是作协副秘书，晓云任作协副秘书，博夫、晶莹是理事。在用稿方面，《大众文艺》、作协文学期刊《泰华文学》与留学中国总会大学校友总会文艺写作学会出版的书籍之间，相互采用或转发对方与自己活动主题相关的作品或评论文章。此外，各文艺组织及其成员，在国际国内文艺活动的举办上通力合作，才有泰华文坛现在的局面。

结　　语

80 年代至 90 年代初，曾是泰华报纸副刊，也是泰华文学的黄金时代。"在这段黄金时期中，老、中、青文艺作者，组成一支百余人的写作队伍，在'泰国华文作家协会'的领导下展开数次小说、散文、诗歌比赛，在平常的日子里，泰华文艺作者们，也在有利的环境下，热烈地写作，口号是：'走出湄南河'，许多优秀的作品除了充满泰华各报文艺副刊外，还不断地在中、新、马……各地的文艺刊物上发表，开始实现'走出湄南河，奔向世界'的第一步。"[13] 已经走出湄南河的泰华文学，如今既要调整并顺应 20 世纪 90 年代以来泰国华人社会等外部环境的变迁，也要从文学内部寻找适应时代需求的新文体。在新移民进入、新投资热出现、华文教育兴盛与华文媒体"复活"的背景之下，顺利度过泰华作家与读者新老交接的阵痛期，寻找新的崛起的契机。

只有跨越泰华文学的历史断裂带，将泰华文坛新的"亮点"转化为艺术创作新的高度，泰华的写作前景，才可能如泰华资深作家陈博文所言："非常欣喜看到在本土出生，和来自中国的青年文化人加入泰华文坛，为泰华文坛增添新生代的写作人才以见证泰华文坛未来将更活跃，也看到泰华文坛的前途。"[14]

参考文献

［1］彭伟步：《论泰国华文报纸副刊的变迁与困境》，《东南亚纵横》2010 年第 2 期。

［2］庄国土等：《近 30 年来东亚华人社团的新变化》，厦门大学出版社，2010，第 121 页。

［3］〔新加坡〕李龙：《"亚细安华文文艺营"的软实力效应》，《大众文艺》2010 年第 64 期。

［4］凌鼎年：《艺苑情韵——记泰国"小诗磨坊"聚会处》，《大众文艺》2012 年第 70 期。

［5］符征：《泰华文艺的传统精神》，引自《待垦的土地》，《世界日报》1986 年第 297 期。

［6］〔泰〕司马攻：《寄生草》，《亚洲日报》1997 年 8 月 6 日。

［7］〔泰〕曾心：《泰华文学的交接期》，《世界华文文学论坛》2002 年第 1 期。

［8］庄钟庆主编《东南亚华文新文学史》，人民文学出版社，2007。

［9］〔泰〕司马攻：《桴鼓相应，将伯助予》，《八十年代泰华文学专辑序》，《新中原报》1991 年 3 月 22 日。

［10］〔泰〕梦莉：《为推动泰华文学繁荣发展文坛多姿多彩》，"泰华闪小说、小诗研讨会"致辞，《泰华文学》网站，http：//www.thaisinoliterature.com/index.php。

［11］［12］程思良：《五湖四海齐闪耀——2012 年闪小说发展概览》，天涯社区，http：//bbs.tianya.cn/post－942－2829－1.shtml。

［13］〔泰〕曾心：《泰国华文报纸的文艺副刊》，《香港文学》1992 年 6 月，转引自周南京主编《华人华侨百科全书》（文学艺术卷），中国华侨出版社，2001。

［14］〔泰〕方明：《何谓本土　何谓外来》，《大众文艺》2010 年第 43 期。

泰国华文诗歌创作中的
中国诗性智慧研究

沈　玲*

摘　要： 泰华诗歌在发展过程中受到五四新诗、台湾现代诗和大陆朦胧诗等影响，但就其精神内核来看，在泰国华文诗歌的汉字书写中承载着中华民族的文化传统、美学精神，蕴藏着属于中华民族传统的诗性智慧。其中，儒家诗教观念是泰华诗歌意绪表达的内在支撑，中国古典诗学传统是泰华诗歌言说方式的审美追求。泰华诗人对中国诗学传统的承续并不是僵化的。尽管说泰华诗歌创作中明显地体现出中国传统诗性智慧，但并不等于说包括泰华诗歌在内的泰国华文文学是中国文学的一部分。

关键词： 泰国华文文学　泰国华文诗歌　中国诗性智慧

一

　　泰国华文文学的发展经历了一个由低潮到活跃的变化。从 20 世纪 20 年代初开始酝酿，经过三四十年代的黑暗时期和五六十年代繁荣发展时期，到了 60 年代中期以后，随着泰国华人华侨政策的改变，泰国华文文学又一次陷入低潮。但随着 1975 年中泰建交以及随后东盟的崛起，中泰两国在政治、经济、文化各方面交往日渐活跃，泰华文学也渐渐走出低谷，并努力朝着多样化方向发展。与之相应，泰华诗歌的发展也并非一帆

---

　　* 沈玲，女，华侨大学华文学院副教授，文学博士。

风顺。大体而言，20 世纪 20 年代为诗歌的萌芽期，"三十年代初期就已经有数本新诗集在泰国出版，计有林蝶衣的《破梦集》、《桥上集》（一九三三年），符开先的《萍》（一九三四年），以及黄崇治的《青萍集》"[1]528~529。二战后泰国文坛诗风兴盛，60 年代中期以后一度消颓，七八十年代后新体诗创作日渐兴盛。90 年代以来，泰华文坛散文创作成为较为强劲的文类，但泰华文坛的作家多是各种文体兼擅，泰华诗歌创作仍处于平稳发展之中。

诗性智慧这一概念首见于维柯的《新科学》一书。在此书中，维柯从原始人认识世界性智慧，"诗性的智慧，这种异教世界的最初的智慧，一开始就要用的玄学就不是现在学者们所用的那种理性的抽象的玄学，而是一种感觉到的想象出的玄学，像这些原始人所用的。这些原始人没有推理的能力，却浑身是强旺的感觉能力和生动的想象力。这种玄学就是他们的诗，诗就是他们生而就有的一种功能"[2]182~183。诗性智慧文化是人类的第一个文化形态，人类文明早期都经历过诗性智慧文化，中国文明同样是一个经历了原始民族诗性思维的文明，但"中国的诗性智慧在本质上是一种不死的智慧"[3]22。中华文明的持续性、汉字的表意性、中国人重直观体验与顿悟的认知方式又使得中国的诗性智慧中内蕴着理性智慧，换言之，中国的诗性智慧不单单具有维柯意义上的原始思维，还有逻辑思维，只不过它外在的表现形式常常是诗意的、诗性的。本文借用维柯的概念，以中国诗性智慧概括泰华诗歌创作中体现出的受中国诗学思想（主要是儒家诗教观念）支配、有着中国古典诗学审美追求的特质。

泰华文学与中华文化关系密切，中华文化在多方面影响着泰华文学，其中原因除了中华文化本身具有的强大魅力和吸引力之外，很重要的一点是创作主体的根性意识和由此而来的对本民族传统的坚持。回顾泰国华文文学的发展历史可以发现，泰华文坛创作主体最初以华侨为主，再到华侨与华人共同参与，到今天泰国华人成为活跃的创作力量。有研究者指出，"1926 年后是华侨文学萌芽的年代，是在'五四运动'催生之下出席的年代"[4]5。"泰华文学能够在泰国的土地上开花结果，除了一些在泰国出生作者的努力之外，每一个时代都有不少从中国移民来的青年投进写作队伍。四十年代中期，由中国南来的青年知识分子特别多，其中有不少投进写作队伍。"[1]582他们为泰国华侨文艺注入了新生力量。1939～1945年，因战争等原因，泰国文坛的作家们或避世，或回中国，或放弃写作，创作人才一度凋零。不过"五十年代、六十年代的新移民，或者是回归的'新唐'，他们加入写作圈的为数也相当可观。目前泰华文坛的创作队伍，这两个年代的作者占了一个很大的比例。七十年代的新移民作者减少了一些。八十年代呢？更少了。土生土长的作者似乎是没有"[1]582。可见，泰华文坛既有中国来泰避战的"新唐"作家，又有泰国本土成长的"老唐"作家，而两派作家在创作上虽然因理念不一存在分野，但彼此交流、互相融合已成必然趋势。因此，随着作家身份的转变，泰国华文文学经历了一个从华侨文学向华人文学转变的过程，但无论是华侨文学还是华人文学，包括泰华诗歌在内的泰国华文文学的创作主体仍是有着同根同源文化的同一族群。

而文学作为一种表现的艺术，"表现首先是属于想自我表现的自然，并在作品中找到了自我表现的途径。这些作品本身也是具有表现性的，是自然所启发的。作品给我们打开的独特世界是自然的一种可能；在实现这种可能时，作品给我们带来了一个实质的信息；艺术家作为一个曾经感到这一信息的人，也从中表现了自我"[5]116。因此也可以说，以泰国华侨华人身份进行的诗歌写作也是表现作家自我的一种手段，这种表现中自然带有源于同一族群的文化与美学内蕴。

另外，从语源来看，泰国华文文学是泰国华侨华人以汉字书写的文学，而语言与文化有着密不可分的关系，语言既是文化的一个构成部分，又作为文化的载体，承担着记录、传播文化的功能。"新的艺术，没有一种是无根无蒂，突然发生的，总是承受着先前的遗产。"[6]381泰华诗歌是用汉字写成的文学作品，对泰华诗人来说，"尽管故乡的路条已改/故乡的方向没有改/青山葱秀连绵/溪流清急蜿蜒/林野肥沃丰裕/胎育着幸福的人民//尽管故乡的人事已变/故乡的土质没有变/高龄的老树已消逝/披上壮秀如童子军的新橡林/油灯茅舍已无存/奠下水泥木屋和电灯//尽管严父慈娘已逝/故乡的史迹没有逝/那一所播种华文的陋室/那一段中华礼教的熏陶/把故乡酝酿成/今日的方块诗"[7]84～85，故乡已然远去，但承载传统的方块字仍在，泰华诗人用祖先留下的方块字抒写对故乡对传统的热爱与怀念。泰华诗歌在发展过程中受到五四新诗、台湾现代诗和大陆朦胧诗等的影响，但就其精神内核来看，在泰国华文诗歌的汉字书写中承载着中华民族的文化传统、美学精神，蕴藏着属于中华民族传统的诗性智慧。

二

具体而言，泰华诗歌中的中国诗性智慧主要表现在以下两个方面。

第一，中国儒家诗教观念是泰华诗歌意绪表达的内在支撑。

中国儒家诗教观念本身就是一个包容性强的生长性概念，先秦两汉时期的诗以言志说、兴观群怨说、温柔敦厚说，魏晋时期的诗以缘情说，唐宋的文以志道、文以明道、文以载道说以及以诗代史等都可纳入儒家诗教传统。泰国是一个普遍信仰佛教的国家，佛教对泰华诗坛有影响，比如1945年，泰国中华佛教研究会诸人成立了"标指诗社"，该诗社"以禅为诗，以诗协禅"进行创作，泰华诗人偶尔也在诗中写佛教活动，不过综观泰国华文作家的诗观和诗作，尽管泰华诗人是在异域的土地上进行创作，但泰华诗歌的意绪表达主要仍是受中国儒家诗教观念的影响与支配。

首先，在对创作主体的要求上，以道德为主。

中国儒家文艺思想认为在诗品与人品二者之间，人品决定诗品，要求作家要有崇高的道德修养，只有作家有良好的道德修养才能写出好的作品来，而好的作品一定要有浩然之气。泰华诗人同样认为："作家的思想品德和他的作品有密切的关系：诗品是人品的反映。""有一些人品不正的人写出一些'正品'的诗或文章来，总有些破绽，终有一天被人看出其虚伪的面目来。什么样的人，就有什么样的诗。"[1]368因此，"作为一位当代的文艺作家，我们是应当有一颗明辨是非的心，不迷惑、不出卖灵魂，有所选择，有所坚持"[8]27。

其次，在创作主旨上，要求诗歌反映现实，关注现实。

儒家特别注意文学的社会功能。孔子《论语·阳货》中曰："诗可以兴，可以观，可以群，可以怨；迩之事父，远之事君；多识于鸟兽草木之名。"孔子认为，诗歌可以激发人的情志，可以观察社会，可以结交朋友、团结人群，可以批评政治得失，表达对社会不合理现象的不满。这虽然说的是《诗经》的社会作用，但实际上也是对诗歌这一文学体裁所具有的认识、审美、教育等社会功能的主张。孔子开启了现实主义文学批评理论的源头，中国的文学创作大都要求文学发挥应有的社会功用，关注现实，反映现实，批判现实。泰华文学创作一开始即受五四运动精神熏陶，强调用现实主义精神进行创作，诗歌也不例外。现代主义是泰华诗歌的起点，现实主义则是泰华诗歌创作的主流。即便泰华诗歌渐渐转向书写个人的情感，但作家始终未曾忘怀现实，泰华作家李少儒说："诗可以分：治世的歌颂，乱世的呼吁，愤世的讽刺。""在文学价值上说，歌颂的文学价值，比不上乱世与愤世文学的内涵与张力。"在那些描述个体情感的文章中仍不时流露出作者对社会、人生和人性的关怀与反思。像李少儒、司马攻、林牧、夏煌、老羊、曾心等人的诗歌皆是如此。

"在风雨如晦的日子里/我沉重地拿起如椽的笔/把心灵的重压/化作浓情热血/去倾吐弱者的辛酸不幸/去揭露世间的丑陋不平//我没有无病呻吟的闲情逸致/更没有吟风弄月的悠闲雅兴/我仅知道我拥有一颗爱心/我仅知道我应忠于华夏诗歌精神/当世间还有多少悲凄的眼泪/当弱者还在渴求善心与同情//""在传统文化被糟蹋践视的危机中/有人正把祖宗的词语碎骨分尸/忘记自己的属性而拼命学'洋八哥'/狂热地把脏似垃圾的文化崇拜模仿/我坚信文化的传统应忠于本国的传统/诗歌应属于人民大众与时代声音//"[1]83这是泰华诗人林牧 1999 年写下的诗《我的歌》，可以看作他自己诗歌创作理想与主张的剖白，也是他文学观念的诗意体现。诗人认为诗歌属于大众，属于人民，属于时代，作为一个有爱心与良知的诗人，在面对社会黑暗与不公的时候，要用笔去倾吐弱者的不幸，揭露世间的丑陋与不平，这才是华夏诗歌的精神与传统。在他看来，不仅仅是诗歌如此，一切文艺创作都应该遵守这种精神，"追求高品质的'泰华文学'"。他说："如以文学的广义及所含的深意而言，文艺的创作，不论时代如何变化、历史的发展如何，还是离不开人生的启蒙角色及社会的教育功能。""文学是社会的投影，是历史发展的实象记录，是社会的良心，是时代的呼声，是追求真理、表达理想、灌溉灵魂、观察世态、探索生命的精神世界上层建筑。因此，一位有宏观思想、热爱真理热爱人类的作家，不能存有一种闭门造车的心态；他必须深入生活，面向人生、面向时代，热情颂扬美好事物，站在时代的前端，并拥有一个坦荡胸怀及宏观思想，……写些反映生活、具有欣赏价值又具有趣味性、有时代感及社会功能、富有地方色彩的高品质'泰华文学'来吧。"[1]28林牧对文学的社会功能有着深刻的认识，与其主张一致，他的诗作多是为人生为社会而作的，有对光明的歌颂和对黑暗的批判。

再如泰华诗人夏煌也是位非常关注现实的作家，他的笔触较多地深入生活在社会底层处于弱势的人民。像《卖笑生涯》《污莲泪》写出卖灵与肉的妓女，"为了生存活下去，/我卖，/要寻刺激和欢乐，/你买！/这个人间呵，/就是估我卖你买的世界！//天灾加人祸，再加强权/生活、饥饿逼得我们走投无路/什么叫人羞耻？/什么叫人的尊严？/它能值几个钱？/能不能换个面包，/让我果腹过一天?!/啊！/说我们自甘情愿！/自甘堕落自作贱！/请你告诉我：/是谁逼使我们，/过着万人糟蹋万人虐！/"[9]55~56这些可怜的女子"逢人嘻口笑，媚眼瞄"，"左右穿梭送吻又送抱"，"仿春俏，卖灵肉"，"人前强欢笑，/背人偷拭泪潸潸"，千万般无奈，只是因为那一年"天灾洪患过了又干旱，/赤地千里哀鸿号！/弟妹年幼堂上双亲老，/三餐难觅一餐饱。/全家生活全靠自己一肩挑"。遇上天灾生活本已不易，再加人祸，"人肉贩子噬人魔；/尽把纯真稚女来拐骗。/甜言蜜语又诱又骄，/一纸卖身契约签订了。/从此奴隶生活不由己，/要挖要割任人宰；/皮鞭、火炙、惨打无人告，/忍辱含羞逼卖笑！"[9]64~66再如诗《胶工之歌》写为了生活、为了一家温饱，割胶工们不得不从半夜三更割到太阳高高升起，从山坳割到山垄上，再从山垄顶割下到山坳。《洪水浸京华》写城市洪水后普通百姓的悲苦喜乐。《渔家乐渔家苦》写海上渔家户潮来潮去辛苦捕鱼，却过着"雨打船棚水漏屋"，"蚊蚋成夜欢歌笑/尽情肆虐吮血饱"的生活。

最后，在诗歌的审美境界上，视善为最高层次的追求。

在儒家思想长期占统治地位的中国古代，虽然也有庄子一派求真的美学追求，但儒家善的追求，或者说道德追求仍是包括文艺在内的最高审美追求，也是最终追求。泰华诗人早已通过创作认识到诗歌的最高审美追求是求真、求善、求美，如老羊写道："诗神说：诗歌的灵魂，是真，善，美。""没有真善美，就没有艺术。没有真善美，就没有诗歌。真善美，联结一致，相互相因，协调和谐。以真求美，真美而达善。"[10]280 从哲学层面来看，真代表知识理性，善代表道德，表现在艺术创作中，即作品中既要有知识，又要有美感，还要符合道德规定。而在真善美三者之间，诗歌创作追求知情意的统一，但最高目的是求善。就这一点来看，泰华诗人的审美追求不同于西方，而是沾染上了传统中华文化的色彩。

诗歌是表现性的形式之一，是表达情感的艺术。《毛诗序》说："诗者，志之所之也，在心为志，发言为诗，情动于中而形于言。"意即诗歌因情感激发而作，呈现的是人的心灵世界，包括情感、怀抱与理想。中国古人所谓的诗缘情或诗言志正是在抒发情志这一点上获得了统一。泰华诗人对诗歌的抒情性特征认识得非常清楚，也非常重视诗歌情感的表达。就泰华诗歌的创作实际而言，泰华诗歌是抒情为主的作品。正如诗人林牧在《我的歌》诗中吟唱的："在浩瀚的文学海洋中／我艰辛地把苦涩的诗句抒写／我没有冀求获得人们的赞语／也不曾希望夺取桂冠的野心／我仅希望能表达善意与纯真／诉说心中的忧患和郁闷感情……"[8]82 诗人们用文字诉说爱情、友情、乡情、亲情、人情、离情等属于全人类共同也是共通的情感，但无论泰华诗歌的主题多么丰富，艺术上的抒情性始终是泰华诗歌的一大特征。

泰华诗歌中，再现客观现实的诗歌明显少于表现作家心灵的诗歌，叙事性作品的数量明显不如抒情性作品。旧体诗中律诗、绝句的数量大大超过长于叙事的古诗等，新体诗更是表现明显，即便是一些反映现实、有着鲜明现实主义传统的诗歌，泰华诗人更爱直抒胸臆而非客观冷静地进行叙述，间或相杂议论，但无论是抒情性诗作还是叙事性诗作，泰华诗歌中的情感表达多是和缓的、有节制的，较少不能自已、强烈直接如火山般喷薄而出的表达。

在泰华诗人看来，诗歌的真善美必须筑基于诗所要表达的情感。"感情，是诗歌的生命。没有感情，诗歌的真善美又何所自？没有感情，诗歌还能成为诗歌吗？诗歌的感情，必须真挚。虚假的，做作的感情，只能引起读者的反感。""诗歌的感情，是诗人个人的感情。感情注入于诗中问世，这感情便不仅是诗人一个人的了。""诗歌的色彩，是诗人用自己的心血调配的。"[10]281 这就是说，情感是决定诗歌真善美的重要条件，而且诗中的情感应该是真实的，属于作者个人的情感，诗人的创作也是真情流露之下的创作。

第二，中国古典诗学传统是泰华诗歌言说方式的审美追求。

泰华诗歌在地域上属于泰国文学，但从渊源来论，就如泰国作家司马攻所说："虽然泰华文学属于泰国文学的一部分，但事实上，如果泰国的华文作者仍继续用华文来从事创作的话，就不能脱离中国的文学传统，避免不了受中国文学的影响，尤其是在词汇以及风格和体裁方面。泰华文学必须充分利用母体文化的文学财富，以及新的创作手法，这条文学的源泉是不能分割的。"[1]526~527 泰华诗歌同样不能脱离中国诗学传统。

从形式看，泰国华文诗歌可以分为旧体诗和新体诗两种，总体而言，新体诗创作盛于旧体诗，但是这不表示泰华诗坛放弃了对诗歌言说方式的审美追求，放弃了旧体诗的创作。比如曼谷的华文诗歌创作，其中"诗赋之盛，可以分为战前与战后两个时期，战前诗风之盛，始于《华侨日报》辟有《华园诗坛》，而战后则为《世界日报》创刊的《湄江诗坛》。……战后泰华人才济济，风起云涌，比之《华园》时期尤有过之而无不及"。据研究者初步统计，此时约有 267 人以上的旧体诗诗人，出版了 17 本旧体诗著作。[4]126 而泰华诗学社 13 周年庆祝中秋筹备会上，作家李少儒则提出了容纳新体诗的主张，并得到通过，由此有了泰华诗坛历史上第一次新旧诗联袂大诗展，当时有旧诗 100 多首，新诗 30 多首。有人曾感叹："为什么新诗的前途，经过将近六十年了，还是如此的暗淡，不能取代旧体诗的位置呢？其症结之所在，便是新诗到现在还找不出一个路子来，旧体诗有历史为凭据；而词句的优美，境界的高远，声调的铿锵，可以令人神往。"[4]126 泰华诗歌继承中华诗学传统最直接的表现就是袭用古典诗词语句、音律和意境。因为泰华诗人意识到"中国的古典文学中有很多超越时空的名作，都有它富于气魄的涵盖性——发挥词句基型简单的组合，概括地，涵盖大幅度的人具象和繁复的意象，穿越现实的感受与想象，在无限的时空间展现一个又一个壮大的景容和概念。"[11]9 所以他们在创作中自觉或不自觉地借用中国传统诗词或袭用中国传统诗词意境。泰华旧体诗创作自然遵循着中国古典诗学传统，新体诗创作则没有如旧体诗那样有严格的格律、韵律等形式方面的规定，如若抛开那些本身就以古典诗形式写成的诗歌不谈，泰华新体诗中仍有不少古典诗词的韵味。

以泰华诗人陈博文的新体诗为例，如他的《桴屋》一诗："何必为天地悠悠而怆然！／不要说这是苍凉绝境，／似梦似幻，／正是一处隐逸的归宿。／看那疏枝衰草，／竹屋茅檐，／应是适意的栖止。／算了吧！／人生就是梦幻，／不要把梦幻嵌上悲哀，／拾取那朦胧隐约，／烟笼寒水！／雾锁秋江！／如此冷寂意境，／化成柔柔诗意。／／"[12]228 短短一首小诗，化用了陈子昂《登幽州台歌》"念天地之悠悠，独怆然而涕下"、杜牧《夜泊秦淮》"烟笼寒水月笼沙"、秦观《满庭芳·山抹微云》"山抹微云，天连衰草"、辛弃疾《清平乐·村居》"茅檐低小，溪上青青草"、吴文英《齐天乐·赠姜石帚》"雾锁林深，蓝浮野阔"等句，而且整首诗营造出的画面又让人不禁联想到陶潜的竹篱草舍和杜甫的成都草堂。他的另一首《重临芭堤雅》："堤边的凤凰花灿烂似火／又匆匆过了仲春季节／剪剪东风，吹醉游人甜梦！／云山映海！／浊浪堆雪！／风光依然旖旎。／虽是旧地重游，／但楼空人去。／往日的依偎，暗香宛在，／记得握别时，两情依依。／曾几何时？／顾影已成陌路，／忆旧情怀，好似春江流水，／然云山千叠，再晤必难。／就算有朝重见，／镜中花，水里月，／徒增黯然神伤。"[12]236 这是诗人重回旧地后追忆往昔欢乐相聚场面而作的诗，诗人在诗中糅合北宋范仲淹《岳阳楼记》"阴风怒号，浊浪排空"和苏轼《念奴娇·赤壁怀古》中的"惊涛拍岸，卷起千堆雪"成"浊浪堆雪"句，还灵活化用了唐人崔颢《黄鹤楼》中的"此地空余黄鹤楼"、林逋《山园小梅》"暗香浮动月黄昏"、柳永《雨霖铃》"执手相看泪眼"、李煜《虞美人》"恰似一江春水向东流"等古典诗句，这些古典气息浓厚的诗句的灵活运用让全诗变得优雅精致。而他的《离梦》一诗以"昨宵梦里，／枕上分明相视"和"昨宵朦胧，／枕上分明梦见"[12]233 结构全篇，抒写对离人的怀念，从诗句来看，模仿的是花间词人韦庄的《女冠子》："昨夜夜半，枕上分明梦见。语多时。依旧桃花面，频低柳叶眉。半羞还半喜，欲去又依依。觉来知是梦，不胜悲。"但细究全诗的意境与立意，又颇有几分苏轼《江城子·乙卯正月二十日夜记梦》一词的味道。另一首《漓江山水》："大自然留下的瑰宝，／在视影光圈中，／让飘逸意象飞翔来去，／流进澄净心境，／化作无限幽思。渔父依然江上催棹，／震破了一镜春水。／

阵雨悄悄洒过，/把沉睡的桃花拉出帐门。/千峰叠翠，/形态夸张，/隐约泽畔云烟里，/翻出了鸟声帆影。"[12]229 该诗写的是漓江美景，但其中又有柳宗元《江雪》和屈原《楚辞·渔父》诗的意境。

再比如泰国新移民诗人晓云的《爱情落难》以"陆游的'钗头凤'是我悲切忧伤的写照/长生殿日日夜夜萦绕着我的'长恨歌'"[13]88 拟写失去爱情的痛苦，既贴切又雅致。她并没有化用古典作品的诗句，而是直接在作品中嵌入古典诗词的题目，让读者自己联想起原作的意旨，再进而与作品的意境产生联系，这样诗句既凝练概括，又给读者以较大的想象空间，堪称巧妙。而司马攻的《青冢》："一只孤雁横空而过/汉家天子枕湿的凄梦/被叮叮的铁马/呀呀雁鸣/穿破/细长的指尖/如风/连连弹在/汉元帝的心弦上/昭君的情影/在毛延寿的彩笔下/涂成一堆/青冢//"[1]196 诗人从《汉书·元帝纪》和《匈奴传》所记昭君之事切入，写汉元帝与昭君的爱情悲剧，淡笔勾勒渲染的意境、心境颇有元人马致远《天净沙·秋思》和《汉宫秋》的神采。

泰华诗人对中国诗学传统的继承并不是僵化的。如在诗歌的音律等形式方面，虽然如朱光潜先生所言，"诗是具有音律的纯文学"[14]135，但谈到新体诗创作，泰华诗人认为音律不应当成为束缚诗歌创作的问题。如老羊即提出："新诗要不要押韵？我想这问题没有什么争论的必要。我一向以为，押韵与否，作者自便。问题在于，整首诗有没有诗意。诗的句子，不同于散文的句子。但有时与散文句子并没有什么分别。有些诗句，在整首诗中是诗句，拆开来也是诗句。有些则不然，在整首诗中是诗句，拆开来是散文句子。……整首诗有诗意，可以是构成这首诗的各个句子都充满诗意；也可以是并非每一个句子都是有诗意的句子。押韵的诗是这样，不押韵的诗也是这样。我个人是偏爱有押韵的诗的，但不因此而主张写新诗非押韵不可。"[10]239 他认为不拘泥于诗押韵与否，而要求诗有诗意。"不能说，没韵的诗不是诗。不能说，不押韵的诗比押韵的诗好。韵脚整齐的句子排列，不一定就是诗。"[10]280 这种看法相当圆融。"诗，要写得好，并非只写给自己读，而是要写给多人读的。越好的诗，应该是越好读。因其好读，也才有越多人读。因其读之好懂，领会其内涵，爱其意境与句子的美，深深与诗人共鸣。这就是好诗，多人爱读的好诗。这样的诗，如果读者读得更加有味，乐意去背诵，甚至比押韵还更易上口，更好记，更能引起读者背诵的兴趣，更能久记不忘，那么，又何必强求诗人押韵呢？"[10]240

由此可以看到，泰华诗人并不刻意强求全部的泰华诗歌都与中国旧体诗传统保持一致的形式规定，而是以是否为人理解、是否具有意境作为诗美的评价标准，在诗的形式与内容之间，泰华诗人无疑是将内容视为更重要的一面。正因为如此，我们在泰华诗歌尤其是新体诗中既能读到如夏锦的《重逢》、曾心的《赏月思》这类押韵的作品，又能读到如陈博文的《生之流转》、范模士的《抹不去的离愁》之类质朴流畅、不讲究韵押的诗。

"诗歌的语言，饱和思想，加上美的色彩，加上铿锵的音调，才能扣人心弦。苍白的思想，单调而枯燥的词语，只能使读者感到疲劳或昏昏然。"[10]282扣人心弦的好诗是充实的思想、优美的语言和铿锵的音调的完美结合，"好的诗，会给予读者广阔的想象的空间，但是，不管怎么宽怎么广，也不论读者各人的经历有如何的不同，那种种想象，到底不能脱离诗人所要表达的中心意念的"[10]308。诗歌需要想象，但想象的基石还是思想，是诗歌想要表达的主要内容。这完全是唐代白居易"根情、苗言、华声、实义"的注解。

三

以上从两个方面剖析了泰华诗歌创作中蕴藏着的中华诗性智慧，需要指出的是，尽管说泰华诗歌创作中明显地体现出中国传统诗性智慧，但并不等于说泰华诗歌、泰国华文文学是中国文学的一部分。中华文化在本民族族群内部的潜在传承方式决定了泰国华文文学创作中无论语言形式还是艺术表现都无法脱离中华文化的胚胎；但文化在异域传播与族群代际传承过程中必然伴随的变异性与泰国华文文学创作主体来源的多样和身份的多重转变又导致了泰国华文文学中的中国诗性智慧中融合了属于泰国的本土经验。

笔者非常赞同泰国著名华文文学家司马攻先生的观点："泰华文学不是中国文学的一部分，它是属于泰国文学的一部分。……为了泰华文学今后能够在泰国的土壤中生根、生长，泰华文学便必须归纳在泰国文学之内，而不是中国文学的一部分。这是当前的急要，也是长远的必要。而事实上泰华文学自身也已经有了一段颇长的历史，泰华文学经过了八十年的移植，已有了自己的特色，泰华作者的作品大部分有自己的内涵和个性，文学的特性就是个性，因此泰华文学是属于自己的，不是中国文学的支流。这正像湄公河一样，湄公河的上游是澜沧江，流经泰国就成为湄公河，水源来自中国，河流属于泰国。泰华文学是中国文学的继承和重建。它的继承是立足于泰国的继承，它的重建是在现实的情况下的重建。泰华文学要在泰国的土地上植根，就必须承认现实，适应环境。"[1]526~527

另外，泰国华文文坛很少有专门从事创作的人，绝大多数泰华作家是在工作之余从事文学创作，而且从泰华文坛萌芽期起直至20世纪五六十年代，泰国的华文作家们多在报纸、杂志上发表作品，少有人将作品结集出版，因此虽然当时的作家们创作了不少的精品，但可惜的是没有能完好地保留下来。研究资料的空白给我们今天的研究带来了一定的困难，期待着未来有更多的旧作被发现、出版，以弥补本文研究的不足。

参考文献

［1］司马攻：《司马攻文集》，鹭江出版社，1998。

［2］维柯：《新科学》，朱光潜译，商务印书馆，1989。

［3］刘士林：《中国诗性文化》，江苏人民出版社，1999。

［4］洪林：《泰国华文文学史探》，汕头大学出版社，2008。

［5］杜夫海纳：《美学与哲学》，中国社会科学出版社，1985。

［6］鲁迅：《致魏猛克》，载《鲁迅全集》（第12卷），人民文学出版社，1981。

［7］林文辉：《一手没公开资料》，泰华文学出版社，2000。

［8］林牧：《大山的足迹》，泰华文学出版社，2000。

［9］夏煌：《红木棉》，泰华文学出版社，2000。

［10］老羊：《老羊文集》，鹭江出版社，1998。

［11］李少儒：《画龙壁》，泰华文学出版社，2000。

［12］陈博文：《陈博文文集》，鹭江出版社，1998。

［13］晓云：《问情为何物》，泰华文学出版社，2000。

［14］朱光潜：《诗论》，北京出版社，2005。

泰国新生代华裔语言使用与认同研究[*]

泰国新生代华裔语言使用与认同研究[*]

沈　玲[**]

摘　要： 通过对泰国近 500 名新生代华裔及其家庭成员就语言使用、语言能力、宗教信仰、族群意识等问题的问卷调查发现，泰国华裔青少年在语言使用方面存在单一化的特征，绝大多数新生代华裔具有包括汉语在内的语言学习能力，但在语言使用时则习惯泰语表达。同时，泰国华裔青少年在认同方面也表现出多元化的特点。从政治国家认同来看，他们已完全倾向于居住国，从文化认同来看，新生代华裔与其祖父辈相比，对中华文化的认同更多的是审美型认同与理智型认同，而其祖父辈更多的是情感型认同。

关键词： 泰国新生代华裔　认同　语言　政治国家认同　文化认同

一

认同（Identity），原意为相同或同一，后来用于心理学中，指的是个人与他人、群体或模仿人物在情感上、心理上的趋同。20 世纪 80 年代以来，identity 主要指一种身份意识，包括性别身份认同、族裔散居者的文化身份认同或民族文化认同等在内的问题成为精神分析批评、后结构主义批评等争论的焦点。

---

* 基金项目：本文为教育部人文社科研究青年基金项目（编号：12YJCZH172）的阶段性成果。

** 沈玲，女，华侨大学华文学院副教授，文学博士。

认同包括自我认同与集体认同。从哲学、心理学角度来看，自我认同是因自我意识萌生而产生，并伴随着自我意识的成熟而形成的一种身份感，它具有一定的稳定性特征。集体认同则侧重于社会学、政治学的角度，是指因对所属地域、文化、集体的某种体验而来的归属感，像国家认同、民族认同、文化认同、乡土认同等都属于集体认同。历史、性别、阶级、种族、民族、宗教信仰、地域等是建构集体认同的主要依据。自我认同与集体认同并非毫无关联，相反，集体认同中的历史、性别等因素同样是形成自我认同的社会性因素。

海外华侨华人多集中在东南亚地区，其中又以印尼、泰国、马来西亚三国的华侨华人最多。但就认同问题来看，泰国华人的认同与印尼华人、马来西亚华人存在不同。

目前学界对泰国华人华侨的认同研究或者从宗教和民间信仰角度切入，或者从华人认同、政治参与角度切入，或者从民族学角度进行比较，对泰国华人的认同问题做了深入的理论探讨，对泰国华人的认同研究已取得了较多的成果，像美国的施坚雅（Skinner，也译作斯金纳）的《泰国华人社会：历史的分析》一书在关注泰国华人的同化政策研究的同时得出结论：泰国华人都会被同化，泰国华人社会在未来将不复存在。这就是学术界普遍认为的施坚雅"单一认同模式"。考福林（Coughlin，又译作高国麟、柯林）在其代表作《双重认同：现代泰国的华人》一书中认为泰国华人虽然在国家认同上倾向于泰国，但仍保持着一定的本民族的文化认同，因此泰国华人的认同是双重认同（Double Identity）。唐志强和陈国贲提出的"唐和陈模式"（Tong and Chan Paradigm）则主张泰国华人的认同是多元的、复杂的，并不是单一朝着施坚雅的同化模式发展。国内学者王庚武教授认为应该基于多种认同（Multiple Identities）的观念来看待华人的认同问题。在他的逻辑框架之下，他将东南亚华人的认同分成两类七种，其中政治规范之下的认同有中国民族国家认同、当地民族国家认同、华人社区认同和种族认同，而在文化规范之下的认同包括中华历史认同、中华文化认同和文化族群认同，还有经济规范之下的阶层认同和自然规范之下的种族认同等。笔者认为，从以上几种模式来看，虽然王庚武教授的认同分类较为繁复，像庄国土教授只将东南亚华人的认同分成政治国家认同和族群认同两类，而其他包括文化、历史、种族等在内的认同全部归入其中，但王庚武教授提出的多重认同模式在研究泰国华人的认同方面有较大的启发。

就海外华人华侨而言，人口的迁移流动以及在异域的生存发展必然伴随着认同的发生与变化。同时，认同问题并不是静态的，在不同时期同一类人表现出的认同有可能发生变化。海外华人的认同情况复杂，从认同类型来看，有国家认同、政治认同、经济认同、文化认同等，虽然这些认同概念各有交叉，但当我们谈及认同时，还是应区分不同的认同来分别讨论，而且各国的华人情况不同，除了要分类型讨论外，还应分国别来进行研究。现在世界格局已发生了巨大变化，中国经济地位崛起，像泰国等海外华人华侨生活较多的国家与中国的政治、外交关系都有良好的改善，国际形势与经济的发展使得海外的新生代华裔在社会政治、经济、文化等方面都有了不同于以前的特征，因此在对本民族的文化认同方面自然会出现新的情况。"全球化进程改变了华侨的生存状态，从而对他们的生存身份产生了新的影响，给他们的身份归属和文化认同带来了新的特点。"[1]

另外，正如心理学家埃里克森指出的，自我认同的发生时期包括童年时期与青年期，而且青年期是自我认同的关键时期，也直到青年期之末，有了明确的思想意识的控制与引导，自我认同的最后整合才有可能完成。青年在这一时期中意识到自己的本我需求后不断调整对现实世界的认识，从而选择适合的人生观、价值观，自我认同得以产生。换言之，青年期是塑造认同的最佳时期，通过对新生代华裔青少年民族文化认同的调查，可以发现其中的积极自我认同与消极自我认同，发现存在的问题，并找出解决的对策。

二

基于以上考虑，笔者于2013年4～8月在泰国曼谷公立中山学校、罗勇光华学校、吞武里易三仓学校、普吉泰华学校、挽武通大同学校和公立文益学校等6所学校就泰国新生代华裔的民族文化认同等问题进行了问卷调查和访谈。本调查共发放问卷 600 份，实际回收 501 份，回收率 83.5%，其中有效问卷 438 份。本调查对象中男性 198 人，女性 240 人，平均年龄 14.7 岁，均出生于泰国，有泰国国籍。

本调查虽然主要针对的是新生代华裔的民族文化认同，但问卷中也有部分题目涉及他们的政治国家认同。因为在认同的各类型中，文化认同是核心，政治国家认同起支配作用，影响其他认同，因此在调查泰国新生代华裔文化认同的同时也应考察他们的政治国家认同。关于政治国家认同，不同的学者有不同的看法，笔者认为，简单来说，政治国家认同就是在政治生活中产生的归属感与情感依附，包括对国家的态度与情感取向。政治国家认同带有一定的强制性，它的转变标志是国籍的改变。从问卷调查与访谈来看，所有被试均出生在泰国，入泰国籍，接受泰式教育，他们早已将泰国视为自己的国家，他们是泰国人，中国是祖籍国。

参政意识是政治国家认同的另一个标志。泰国华人的参政意识是东盟十国中最强的，但本调查显示，在未来的职业选择上，泰国新生代华裔更倾向于从事商业活动，即便是选择做公务员，也是因为这一种工作收入稳定，新生代华裔并未将升官晋职等视为毕业努力追求的目标。通过访谈还发现，95% 以上的被试没有那种以泰国人身份参政议政可以为泰国华人争取更多的权利的想法。表面看来，被试的新生代华裔没有浓重的参政意识，但从新生代华裔明确表示他们是泰国人这一点可以看出，在泰国新生代华裔心目中，华人和其他泰国人一样享有同等权益，有不少被试明确表示现在没有必要特别强调他们的华人身份。这种认识的形成可能与泰国的《国籍法》有关。因为若从政治法律角度来看，在泰国，不论你的血统、文化、宗教为何，只要入了籍，都是泰国国民。而且在实际的政治生活中，泰国的华人都是以泰籍泰人的法律身份而不是泰籍华人或华族的身份参与政治活动的，正因为泰国人与华人都可以自由参政，并有同等的参政权利，同样受国家法律保护，所以华人也没必要着重彰显其华人身份。受此影响，新生代华裔自然会觉得无须特别强调其血统或民族。这一结果实际上从侧面表明泰国新生代华裔在国家认同上已完全认同泰国，泰国政府多年来在同化华人方面采取的措施确实取得了一定的效果。

三

　　泰国是"华人被同化的程度最深"[2]的国家。"所谓华人被同化程度最深，最主要是三个方面：一是基本上归化，绝大多数加入泰籍；二是华人以泰国为家，效忠于新的祖国甚至改泰名、泰姓，表明华人落地生根的观念较强；三是接受泰国的文化，语言以至很多习俗，包括如合掌礼，进泰国的寺庙，同泰国人民一起过宋干节（泼水节），甚至成年剃度出家等。"[3]虽然在国家认同上倾向于泰国，但本次调查同样表明，新生代华裔对祖籍国也有一定的感情。问卷对新生代华裔的家族史、祖籍地、祭祖活动以及定居中国等问题进行了调查。调查结果显示，只有9.7%的新生代华裔不清楚自己的家族从何时从何地迁移到泰国，超过90%的新生代华裔对自己的家族迁移史较为了解。有10.9%的被试表示将来会到中国定居，70.3%的被试表示有可能到中国定居，只有18.8%的被试明确表示不会离开泰国到中国定居。当调查时间如果有一场比赛，参加的双方分别是中国和泰国，他们会支持哪一方时，新生代华裔中有30.4%的人选择中国，31.6%的人选择泰国，38.0%的人表示"不好说"。调查数据显示，支持中国的比例与代际关系呈负相关，即祖辈选择支持中国队的人数最多，其次是父辈，新生代华裔支持中国的比例最低，不过各比例间差别并不大。以上数据均说明了虽然泰国新生代华裔在国家认同上已明确指向泰国，但他们同样关注自己的祖籍渊源，这恰是其华人意识的体现，新生代华裔对祖籍国中国仍然有一定的亲近之情。

　　尽管泰国华人在日常生活方式（比如衣食住行、风俗习惯、语言使用）上已经与泰国人没有多少差别，不过在深层次内，泰国华人与泰国人还是有不小的差别。这种差别正是华人文化认同的体现。我们知道文化认同是对群体或文化的态度与情感取向，它包括个体与外部世界、其他个体或群体的关系。不同于政治国家认同的强制性特征，文化认同是个体的本能选择。有研究者认为，"文化认同是寻求某种文化的一致性或同一性，但由于它缘起于文化的差异、流变和断裂，因而其进程、形态和内容都是复杂而多重的。文化认同是一种建立在分化、差异（甚至对立）基础上的选择过程，因此这种认同并不是对单纯的或只有单一色调的形象的叙述，而是对复杂的或各种颜色相互浸染的图景的叙述"[4]。在能体现个体的文化认同的所有因素中，语言符号、行为规范、价值观念等是常见考察指标。下面我们将从语言、社团和宗教等方面分别对新生代华裔的文化认同进行分析。

本问卷分别就方言使用、汉语使用与学习问题进行了调查。调查结果显示，在被调查的泰国新生代华裔中，祖籍方言听说流利的占4.9%；听说一般的占47.6%；能听懂但只会说一点儿的占39.8%；能听懂但不会说的占0.97%；听不懂也不会说的占6.8%。问卷中同时对新生代华裔的祖辈、父辈的方言掌握与使用情况进行了调查，将三代人进行比较发现，与其祖辈、父辈相比，泰国新生代华裔对方言的掌握与使用情况都不是很好，祖籍方言的流利程度与代际关系呈正相关。另外，新生代华裔在日常生活中与亲戚、父母、祖父、华人朋友交谈几乎不用祖籍方言，而是用泰语。而其祖辈在与亲戚、华人朋友交谈时常用包括客家话、潮州话在内的汉语方言，父辈则惯于依交谈对象在汉语方言和泰语间转换，但汉语普通话的使用率不如汉语方言。造成这一情况的原因很简单，因为多数被试已经是来泰的第三代、第四代，甚至是第五代华人，有些新生代华裔的祖辈、父辈都已不会说汉语方言和普通话，新生代们丧失了方言的学习环境，泰语成为他们的母语或最常用交际语言。

有学者认为，地域观念、方言的使用是出于文化关系，而不是政治与权力关系，[5]不过就本次调查而言，政治关系与权力关系导致了新生代华裔的地域观念与方言使用与其祖辈、父辈相比发生了不小的变化。这种变化主要体现在祖籍地域观念的淡薄和方言使用频率的降低。实际上，政治关系、权力关系会影响语言的使用。在某些国家，在政治高压、强权政治统治之下一个族群的语言可能会从显性使用转向隐性使用，甚至会一度消失，而另一种语言也可能取代一种语言成为强势语言。但从本调查来看，作为调查对象的泰国新生代华裔普遍出生在语言控制基本不存在的90年代以后，他们与泰国人在共同的学校接受教育，平常与泰国人有较多的接触机会，所以他们的泰语水平要远远高于其汉语水平甚至汉语方言水平。不同于其祖辈、父辈，本调查对象生活在一个更宽松、开放的时代，而新生代华裔国际化与本土化加强的同时是其民族性的缺失，包括方言在内的语言使用的频率降低反映出泰国新生代华裔对本民族文化认同程度的降低。

现在，随着世界范围内汉语热的兴起，包括本次被调查的400多新生代华裔在内，有越来越多的泰国华人与泰国人学习汉语。2012年12月17日《中国社会科学报》引一则编译自泰国2012年4月24日《国家报》的报道宣称："泰国 汉语成最受泰国学生欢迎外语。"据统计，"泰国教育部基础教育委员会管辖的700所学校30多万名学生学习中文。日语、韩语也日渐受欢迎，175所学校约3.4万名学生学习日语，1.2万名学生学习韩语，而韩语仅于近些年才开始在基础委管辖的学校中教授。亚洲语言日渐风靡，而西方语言，尤其是法语，则日渐式微。基础委教育标准局副局长指出，中国经济强盛致使学生更多地关注亚洲语言。东盟经济共同体也影响学生选择学习周边国家的语言"。从中可以发现，经济因素已经成为影响语言学习者学习动机的最直接因素。这一点在泰国新生代华裔汉语学习动机中有着明显的表现。当问及他们学生汉语的动机时，只有3%左右的被试表示"是自己想学，因为我是华人"，14.5%的华裔因为对中国文化感兴趣才学习汉语，50.3%的华裔表示是父母或爷爷奶奶要求他们学习汉语的，其他则是因为学汉语对找工作有用，或者因为将来想和中国人做生意、到中国来旅行而学习汉语。访谈得知，多数泰国华裔学生的家庭从事与中国有关的贸易、餐饮、旅游等工作，受家庭影响，华裔学习汉语为的是将来从事相关的工作。可见，新生代华裔学习动机的工具性特征比较明显，新一代的年轻华人普遍以一种务实的心态学习汉语。

调查还发现，25.2%的被试表示如果有机会愿意到中国长期学习中文，42.3%的被试表示不愿意，另有32.5%的被试表示要看情况而定。问卷中另外还设置了一个假设题，结果表明有48.5%的新生代华裔表示将来会坚持让自己的小孩学习中文，10.8%的人表示不会，另有20.0%左右的被试表示由孩子自己决定或者只要求孩子会听说汉语方言即可。52.0%的被试表示如果条件允许将来会让自己的小孩到中国学习中文，24.4%的被试表示不会送孩子到中国去学中文，但一定会在泰国的华校学习中文，只有12.2%的人表示即便条件允许也不会送孩子到中国学中文。

一半以上的本次被试是因家中长辈的要求才学习汉语的，在对待下一代的汉语学习时，仍有近一半的被试坚持让下一代学习汉语。这样看来，泰国新生代华裔既承认汉语是传承民族文化的重要纽带，是华人独特性的重要标志，作为华人应当学习汉语，但另一方面，他们自己又不会主动学习汉语，也不再百分之百坚持汉语作为民族语言在本族群中的传承。实际上，当泰语或英语就能满足交际需要，现实生活中汉语已非必需时，华裔在语言使用时的随意性就会大大增加。这正是语言的情感价值与实用价值的矛盾带来的影响。另外，族际通婚也会造成语言使用的变化。在泰国，泰国政府鼓励华人与他族通婚，实际生活中华人与非华人通婚的情况并不少见。本调查也显示出只有16.7%的华裔表示不会和他族通婚，只和华人通婚；46.9%的华裔表示不确定；31.5%的华裔肯定地表示会和泰国人通婚。族外通婚让本族群内语言使用的单一性与纯粹性不复存在。

不过泰国新生代华裔虽在国家认同上倾向于泰国，也接受了不少泰国文化，但他们并没有完全泰国化，仍保留了不少中华传统文化。正如台湾学者戎抚天指出的，"在与中华文化有基本关系的文化特质上，华人受到的影响却不大，如祭祖、家庭成员间的权利与义务关系，尤其在价值取向上，更保留很多中国传统的色彩，如：服膺自然、崇古、内向发展"[6]。本调查也印证了这一结论。访谈发现，几乎所有被试所在的家族在过春节这类传统节日时依然遵守传统的节日习俗，他们会在重要的日子里敬奉、祭祀祖先。据统计，有24.1%的被试回祖籍地参加过家族的祭祖活动，58.6%的被试表示如果条件允许，将来有打算回祖籍地探亲或祭祖，70.6%的被试参加过在泰国进行的祭祖活动，只有不到2.4%的华裔表示从没有参加过祭祖活动。另外，86.7%的被试都愿意在将来带孩子回祖籍地探亲或祭祖，只有13.3%的被试表示将来不会带孩子回祖籍地探亲或祭祖。"一般来说，汉族同化别的民族，而在泰国不同，汉族被泰族同化。"[7]其实若从另一角度来看，泰国华人接受泰国的文化正是其民族性的一种体现。中华文化本身就以包容为特点，中华民族的性格中也有重实用的一面，所以当华人移居到泰国后，与泰国政府的各种政策体制培养相适应，除了在国家认同上转向泰国认同之外，在文化上也很自然地包容吸纳外族文化，从而入乡随俗。

"许多研究者从不同角度对人们的民族文化认同本质和内涵给予了界定，其中最有代表性的观点当属态度情感说和价值类型说。前者认为个体的民族文化认同取向反映的是一定社会文化资源满足其内在文化心理需求程度的主观体验，表现为人们对于某种相对稳定的文化模式的归属感，包括社会价值规范、宗教信仰、风俗习惯、语言艺术等的认同，其实质是一种'自我认同'，是个体协调自己的认知、态度和行为相同或相一致的程度。因此人们的某种民族文化认同一旦形成就有较强的稳定性，可以不受地域、环境、语言等限制而独立存在。价值类型说则主张民族文化认同具有生存适应价值，是人们借以评量外来新异文化的内在心智操作准则，指特定个体或群体认为某一文化系统内在于自身心理和人格结构中，并自觉循之以评价事物、规范行为。此外，当人们面临社会文化转型或者多元文化情境时，个体民族文化认同的价值取向便趋于多元性、多样性和多维性，而由此建构的民族文化认同心理结构和类型一直是学界的聚集点。"[8]就泰国华人的民族文化认同情况而言，老一代华人的民族文化认同更多属于态度情感类型，而新生代华裔则属于价值类型。

老一辈的泰国华人对中华文化有一种强烈的自豪感，他们有着较为浓厚的中国情结，在家庭观念、道德意识等方面较多保留着与祖籍国的联系，并希望这种联系能在后代当中延续下去。这种情感型认同在现实生活中的表现就是说汉语方言、恪守勤劳节俭等民族美德，对中国传统文化了解较多，也喜欢中国传统文化，平时多与本族人交往，习惯看中文报纸、中文影视节目、听中文广播。而新生代华裔则在中国传统文化与现代西方文化、泰国文化之间进行比照，选择性地接纳那些他们认为合适的传统，包括价值观念、生活规范、道德意识等，还有些新生代华裔因为已是第三代、第四代、第五代，对中华文化的了解较少。调查表明，新生代华裔无论是对传统中华文化还是当代中华文化的了解都不如其祖辈和父辈，即便在他们相对了解较多的传统中华文化中，他们也是偏重于饮食等物质文化，对传统的精神文化、制度文化的了解非常不充分。他们更多的是从想象的层面去认识、理解中华文化。可以认为，如果说海外华人都兼具本土性、民族性与国际性特征的话，那么老一辈泰国华人身上民族性是最为显性的表现，其次才是本土性、国际性。而泰国新生代华裔则是本土性、国际性的表现远较民族性明显，他们对中华文化的认同更多的是审美型认同与理智型认同。

参考文献

［1］韩震：《全球化时代的华侨华人文化认同的特点》，《扬州大学学报》（人文社会科学版）2009 年第 1 期。

［2］暨南大学东南亚研究所、广东华侨研究会编著《战后东南亚国家的华侨华人政策》，暨南大学出版社，1989。

［3］许国栋：《从华人宗教信仰剖析泰国的同化政策》，《华侨华人历史研究》1994 年第 2 期。

［4］韩震：《全球化时代的华侨华人文化认同问题研究》，《华侨大学学报》（哲学社会科学版）2007 年第 3 期。

［5］林其锬：《论文化认同与华人社会》，《华侨华人历史研究》1992 年第 1 期。

［6］李亦园、文崇一、施振民主编《东南亚华人社会研究》（上），台北正中书局，1985，转引自潘艳贤《民族意识调控的国际例证——20 世纪泰国民族政策及泰国华人认同意识的演变》，广西民族大学硕士学位论文，2007。

［7］范宏贵：《华南与东南亚相关民族》，民族出版社，2004。

［8］王沛、胡发稳：《民族文化认同：内涵与结构》，《上海师范大学学报》（哲学社会科学版）2011 年第 1 期。

泰国师范生的汉语学习动机调查分析

——以华侨大学为例*

李　欣**

摘　要：学习动机是影响学习的一个非常重要的非智力因素。泰国师范生是指在中国接受华文教育本科专业学习的留学生，该专业有别于普通的汉语言专业，而是旨在为海外培养华文师资和教育管理人员，目前中国仅有国务院侨办直属的华侨大学和暨南大学开设此专业。本研究以华侨大学华文教育专业大一到大四的泰国籍留学生为研究对象，通过问卷调查和课堂观察等形式，深入分析泰国师范生的年龄、性别、家庭背景、华裔身份、汉语学习年限、奖学金来源、对华文教师工作的基本认知等因变量对其汉语学习动机的影响，并从社会语言学的视角对其汉语学习动机进行分类解读，以期加强对泰国师范生有针对性的教育和指导。

关键词：泰国师范生　汉语　学习动机　华侨大学

一　引言

"动机"（Motivation）一词源于拉丁语 movere，"是引起、维持个体活动并使活动朝某一目标进行的内在动力"[1]，它是"发动并维持活动的倾向或意向，而非指活动本身"[1]。有机体的各种行为和活动都是由动机

　＊　基金项目：华侨大学高层次人才科研启动费项目（编号：13SKBS229）。
＊＊　李欣，华侨大学华文教育研究院，博士，主要从事国际与比较教育、华文教育研究。

所引起的，学习动机是推动学生学习的一种内部驱动力，它实质上是学生对学习的一种需要。在外语学习过程中，学习动机是决定第二语言学习成败的关键因素，"它能直接影响学习者使用学习策略的频率、接受二语输入量的大小、与本族语者互动的程度、目标设置的高低、学习毅力的大小，以及发展二语技能的持久性"[2]。

自20世纪50年代以来，对语言学习者学习动机的研究逐渐成为二语学习研究的热点问题，其中Gardner等人从社会心理学的角度开始了二语动机研究，并将其发展为二语学习动机研究的主导模式。Gardner将语言学习动机定义为"为达到某种目的而做出的学习某种语言的努力以及在此活动中所表现出的积极态度"[3]。在随后半个多世纪的历程中，不同学者从多个角度和层面对二语学习动机进行了分类和研究，例如语言层面、学习者层面、教学情景层面等，其中语言层面的研究因历史悠久而较为成熟。语言层面的研究以Gardner和Lamber等人的社会语言学动机模式分类最为经典，该模式将二语学习动机分为"融入型"和"工具型"两类。虽然随后有些学者对这两种动机类型进行了延伸，例如，Clement和Kruidenier在动机研究中发现，除了"工具型"动机之外，影响二语学习的还有知识、友谊和旅行三个方面的动机，但一般认为这三个方面和"融入型"动机有关。"融入型"与"工具型"的语言学习动机模式为分析学生的二语学习心理提供了有效工具。

二 关于华侨大学泰国师范生汉语学习动机的调查研究

（一）研究对象的基本情况

本研究的调查对象为华侨大学华文教育专业一年级到四年级的泰国籍学生。华文教育专业专门面向海外，培养华文教育师资和教育教学管理人员，有别于一般的汉语语言专业，四年内修满规定学分者将获得教育学学士学位，因此，该专业的学生也属于一般意义上的"师范生"。目前国内仅有国务院侨办直属的暨南大学与华侨大学开设此专业。华侨大学华文学院对此专业的招生条件为，"有一定的华文基础；有志于从事华文教育，品学兼优、身心健康的海外华裔青年；年龄一般不超过30周岁"[4]，该专业于 2006 年在华侨大学首次招生 50 人，随后的招生规模略有增加，至 2013 年的招生规模为 63 人，目前在校生为 2010 级至 2013 级的 9 个班。

为了将泰国师范生与该专业其他学生在汉语学习动机方面加以比较，本研究面向华文教育专业 9 个班发放问卷 218 份，回收有效问卷 218 份。由于问卷的发放采取面对面跟班填写的方式，研究人员能当即回答学生的疑问并检查遗漏，确保了问卷的填写质量和回收率。此外，本研究还采用了课堂观察方式，对笔者所任教的华文教育专业一年级 B 班（该班共有 33 名学生）的 10 名泰国学生进行了课堂观察。该专业泰国学生的年龄、性别分布见表 1。

表 1　华文教育专业泰国学生的年龄、性别分布

	年龄					性　别		国　籍	
	17 岁及以下	18～22 岁	23～24 岁	25～29 岁	30 岁及以上	男	女	泰国	其他国家
人数	1	38	3	2	1	10	35	45	173
比例（%）	2.22	84.44	6.67	4.44	2.22	22.22	77.78	20.64	79.36

由表 1 可以看出，华文教育专业泰国学生的年龄构成较为多元，但绝大多数泰国师范生处于高等教育适龄阶段，1 人为 17 岁及以下，这是由于个别学生已经取得相当于高中教育的同等学力，或即将获得高中文凭，在高中毕业之前就申请了赴中国留学项目。笔者任课的班里有两名泰国插班生就属于第二种情况，他们甚至在大学一年级第一学期末回到泰国参加高中毕业典礼；24 岁以上大龄学生已有高等教育经历或工作经历，因对华文教育有兴趣而申请就读该专业。在性别构成方面，泰国师范生的男女生比例达到 1:3.5，这与该专业女多男少的整体情况一致，造成这种局面的原因很多，尚需进一步研究确认。在被调查的所有学生中，泰国学生为 45 名，占总体被调查人数的 1/5 左右。这在一定程度上与泰国的华侨华人多，以及对华文教师的需求量大相关。该专业其他国家的学生主要来自印尼、菲律宾、越南、老挝、缅甸等东南亚国家，个别学生来自蒙古、乌克兰、印度、日本和巴西，生源国的多样性为学生彼此间的文化交流与分享提供了可能性。

（二）研究对象的背景情况

从表 2 可以看出，在"家庭成员背景"方面，泰国学生中 35 人（77.78%）明确表示自己来自华裔家庭，他们中大多是第三代或第四代移民，个别是第二代移民，且这些新生代的泰国华裔子弟全部出生于泰国，他们的家庭也主要使用泰语，因此他们对祖籍国中国的语言与文化较为陌生。就笔者从教班级的课堂观察而言，泰国华裔学生的汉语语言表达能力并未明显强于非华裔学生。其余 10 名泰国学生认为自己不是华裔，或不清楚其直系家庭成员是否来自中国。

表 2　华文教育专业泰国学生的家庭背景、来中国前汉语
学习时间、奖学金来源、从教意愿情况

	家庭成员背景		汉语学习时间				奖学金来源				从教意愿		
	华裔	非华裔	零基础	1年左右	2~3年	4~5年	中国政府	泰国学校	泰国商人	无	从教	不从教	不知道
人数	35	10	2	13	10	17	16	23	2	2	22	6	17
比例（%）	77.78	22.22	4.44	28.89	23.81	40.48	35.56	51.11	4.44	4.44	48.89	13.33	37.78

"汉语学习时间"是指这些泰国师范生来中国之前在泰国学习汉语的时间，绝大部分学生已经具备了一定的汉语基础，其中 40.48% 的学生学过 4~5 年的汉语，23.81% 的学生学过 2~3 年。还有少部分学生的汉语基础较为薄弱，28.89% 的学生仅学过 1 年左右，这些学生多是决定来中国留学后才突击补习汉语，还有 2 人是"零基础"，这意味着他们是在完全没有汉语基础的情况下开始难度较高的华文教育的专业学习，汉语基础直接影响学生在大学起始阶段的学习效果，以笔者执教的一年级 B 班为例，在第一学年《基础汉语》《初级汉语口语》《初级汉语听力》等多门专业基础课的考试成绩上，汉语基础好的泰国学生的成绩明显优于汉语基础薄弱的泰国学生。

在"奖学金来源"方面，在做出反馈的 43 名泰国学生中，41 人获得奖学金资助，分别来自泰国学校（51.11%）、中国政府（35.56%）和泰国商人（4.44%），其中以泰国学校的资助为主。为了解决华文师资短缺问题，泰国华文学校会在临近毕业的高中生中以双向选择的方式选派一些

学生来中国接受学习，并与这些学生签订服务协议，要求获资助的学生在中国学成后回到母校任教 5 年。为了帮助海外国家培养华文教师，国侨办设立了"海外华文教师奖学金"，由中国驻海外各大使馆代为受理，获批的学生不但免交学费、住宿费，而且每年可以享受 5000 元生活费补贴，但奖学金申请人必须提供毕业后回所在国从事华文教育的协议书。此外，热心华文教育事业的泰国华人商会或华裔商人也会赞助个别学生赴中国学习，受助学生也要提供类似的华文教育服务协议。

"从教意愿"是调查学生毕业之后是否愿意当汉语教师。调查结果显示：由于受到服务协议一定程度的约束，近半数泰国师范生（48.89%）具有清晰的职业规划，明确表示自己毕业后愿意当华文教师；仍有 6 名师范生（13.33%）明确表示自己不会从事华文教育工作，不愿意当老师；17 名泰国师范生（37.78%）尚不清楚自己毕业后是否愿意从教。这些数据说明：近半数泰国师范生的职业意愿与华文教育专业的培养方向一致，而少数学生的职业意愿与此专业存在明显错位，还有相当学生处在摇摆状态。这意味着，即便签订了服务协议，仍存在毕业生不履行协议的风险。

（三）研究对象的学习动机类型

本部分研究的工具是自编问卷，采用了从"非常认同"到"不认同"的四级量表形式。本研究的问卷编制是探索式的，笔者事先就"为什么来中国学汉语"征求了部分学生的意见，归纳出了若干选项。

如引言中所述，本研究在分析学生动机类型的过程中采用社会语言学的动机分类模式。语言层面的动机研究涉及与目的语相关的各种因素，如文化、目的语社会的政治、经济状况和该语言的实用价值等。Gardner 和 Lambert 等人从社会语言学的角度将外语学习动机分为"工具型动机"（Instrumental Motivation）和"融入型动机"（Integrative Motivation）。具有工具型动机的人学习外语是出于对现实原因的考虑，例如通过考试、升入大学、获得奖学金、找到好工作、获得晋升或加薪等，持有此动机的学习者更为看重语言的经济实惠。相比较而言，工具型动机对学习成绩能够产生一定的影响，但是短暂而不稳定。具有融入型动机的学习者对目的语的社会、文化和持目的语的人具有浓厚的兴趣，他们试图共同学习外语来更好地了解和认识目的语社会和人，进而融入其中。融入型动机的核心是学

习者对第二语言社团在心理和情感上的认同。一般研究认为，融入型动机
更有利于外语学习，它对学习者产生的影响更为长久和稳定。

表3　华文教育专业泰国学生社会语言学角度的学习动机分布

单位:%

动机分类	动机描述		泰国	非泰国
融入型动机	① 汉语是世界上一门重要的语言		84.44	88.44
	② 对中国的文化感兴趣		84.44	80.92
	③ 喜欢汉语学习带来的挑战和快乐		86.67	87.28
	④ 中国文化在世界上具有重要地位		82.22	71.68
	⑤	（华裔学生）更好地了解自己和家族	60.00	43.50
		（非华裔学生）更好地了解华人	46.70	50.80
工具型动机	⑥ 有助于找到好工作		86.67	91.33
	⑦ 将来工作中会用到汉语		93.33	79.77
	⑧ 中国经济日益强大		71.11	64.16
	⑨ 以后与中国人进行工作或生意的合作		100.00	91.91
	⑩ 为在中国学习或深造其他专业做准备		66.67	44.51

根据表3可以看出，在融入型动机方面，华文教育专业84.44%的泰
国学生"非常认同"、"认同"或"基本认同""汉语是世界上一门重要
的语言"，相同数量的学生"对中国的文化感兴趣"，86.67%的学生"喜
欢汉语学习带来的挑战和快乐"，82.22%的学生认为"中国文化在世界
上具有重要地位"，60.00%的华裔学生认为学习汉语可以"更好地了解
自己和家族"，46.70%的非华裔学生认为学习汉语可以"更好地了解华
人"；在工具型动机方面，86.67%的泰国学生认为学习汉语"有助于找
到好工作"，93.33%的人认为"将来工作中会用到汉语"，71.11%的学
生学习汉语是因为"中国经济日益强大"，所有泰国师范生均认为学习汉
语有助于"以后与中国人进行工作或生意的合作"，还有66.67%的人
"为在中国学习或深造其他专业做准备"。由此观之，泰国师范生在学习
汉语的动机方面体现出工具型动机与融入型动机兼而有之、相互影响的特
点，两种语言学习动机在他们身上的作用也较为均衡：他们来到中国学汉
语既有非常现实的考虑，如中国经济越来越强大，学好汉语有助于将来找

到好工作、以后与中国人进行交往合作，或是留在中国继续深造；也有对中国语言文化本身的了解愿望，他们想要了解中国文化、了解自己的华裔身份，并喜欢汉语学习带来的挑战和快乐。

为了更清晰地了解泰国学生在该专业学生群体中的学习动机情况，下面将泰国学生与非泰国学生的融入型动机与工具型动机进行比较。

图1是华文教育专业泰国学生与非泰国学生在融入型汉语学习动机方面的比较，可清楚地发现，在融入型动机方面，泰国学生与该专业其他学生的动机强度基本相当。差异较大的两个方面体现在：其一，泰国学生更为肯定中国文化在世界上的重要地位；其二，与其他国家华裔学生相比，泰国的华裔学生更倾向于通过学习汉语来认识自己的华裔身份。

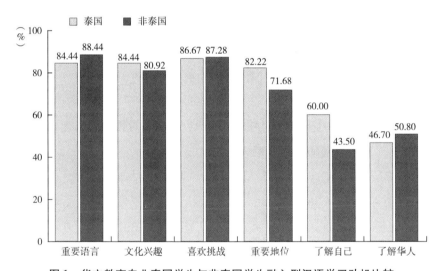

图1　华文教育专业泰国学生与非泰国学生融入型汉语学习动机比较

图2是华文教育专业泰国学生与非泰国学生在工具型汉语学习动机方面的比较，说明泰国师范生学习汉语的整体工具型动机强度高于其他学生，他们更能预见自己将来会在工作中使用汉语，对中国经济现状和未来发展持有更为肯定的态度，并且全都对日后与中国人合作抱有期望，愿意为之进行语言上的准备。此外，泰国师范生对于毕业后在中国继续深造或转而学习其他专业也比非泰国师范生有更多的考虑和规划。

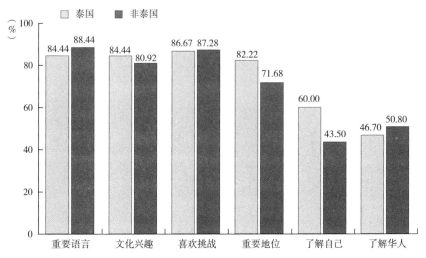

图 2　华文教育专业泰国学生与非泰国学生工具型汉语学习动机比较

三　针对泰国师范生的教育与教学建议

通过对泰国师范生汉语学习动机的研究分析，现提出以下建议。

（一）改善泰国师范生的甄选工作

正如研究中所发现的，13.33%的泰国师范生明确表示自己不愿意当老师，还有高达37.78%的学生处于摇摆状态，为了避免学生不履行协议的风险，应该加强此专业申请者的甄选工作。学生在申请该专业时除了要提交高中成绩外，还应该提供一份个人陈述以及参与过相关教育教学活动的履历。个人陈述要说明自己对华文教师职业的认识以及赴华学习的目标，教育履历要如实填写自己以教师或志愿者的身份参与过的各类教育教学活动。此外，如果条件允许，最好对申请者进行面试，考察其是否具备未来汉语教师的基本潜质和能力。在选择范围方面，要向泰国偏远贫困地区的优秀学生倾斜，这些学生往往更珍惜自己的学习机会和未来的就业机会。只有把真正愿意当华文教师的人选招进来，才能既不浪费教育资源，又能切实缓解华文教师短缺问题。

（二）设置语言过渡课程

调查中发现，泰国师范生中"零基础"和"学过1年左右"的学生占到三成，由于汉语基础薄弱，这些学生比汉语基础好的学生面临更多的学习困难。再以笔者任教班级的 10 名泰国学生为例，他们中学过 1 年左右汉语的泰国学生在一年级的课堂表现和学习成绩方面明显落后于学过 3 年到 5 年汉语的泰国学生。在以汉语为教学语言的学习环境中，汉语水平较低的学生难以听懂教师的讲课内容，课堂活动的参与程度也较低。同样的问题普遍存在于该专业其他国家的学生之中。因此，笔者建议校方在一年级学生入学后应该首先进行汉语水平测试，为语言能力不过关的学生安排过渡性的语言提高课程，待考核过关后再进入正规课程学习。此外，还可以建议泰国学生的学习社团，汉语水平高的学生与水平低的学生结成学习对子，必要时可以用母语进行解释，汉语教师提供辅助指导。

（三）有针对性地激发学习动机

针对泰国师范生在汉语学习方面的融入型动机和工具型动机较为均衡的特点，教师一方面要引导学生充分认识汉语的重要性，包括汉语的起源与发展历史、在当今世界上的地位、学好汉语的潜在价值等，努力激发并维持泰国学生对汉语学习的工具型动机，调动他们的学习积极性。另一方面还要满足泰国学生对于学习汉语的融入型愿望，在教学中渗透汉语文化与生活方面的内容，鼓励学生尽可能多地与中国学生交流，积极创造机会让他们在真实的汉语交际活动中体验汉语文化。语言任务的设计要有一定难度，让学生体验到挑战成功的快乐。针对泰国华裔学生想要了解自己和家族的强烈愿望，教师还要在教学中适时引入一些关于华人华侨的历史文化知识。

（四）改善泰国华文教师待遇

通过对调查问卷的进一步分析发现：对泰国学生而言，华文教师职业的中等收入和工作稳定性与其从教意愿具有显著相关关系，两者之间的相关系数分别为 0.389 和 0.464，双边检验可以发现显著度分别为 0.009 和 0.0013，具有统计意义上的显著相关关系；而对于非泰国学生而言，他们的从教意愿与华文教师职业比较受尊重的社会地位呈显著相关关系，两者之间的相关系数为 0.164。这在一定程度上说明，本研究中的泰国学生比非泰国学生更为看重华文教师职业的经济地位而非社会地位。这与泰国学生所持有的较强的工具型动机具有相似性。因此，为了吸纳更多优秀人才进入华文教师队伍，泰国相关政府部门、华文学校要想方设法进一步改善华文教师的待遇。

参考文献

［1］邵瑞珍：《教育心理学》，上海教育出版社，1997。

［2］秦晓晴：《动机理论研究及其对外语学习的意义》，《外语研究》2002 年第 4 期。

［3］Gardner R. C，*Social Psychology and Second Language Learning*：*The Role of Attitudes and Motivation*，London：Edward Amold，1985.

［4］《华侨大学华文学院招生简章》，http：//hwxy. hqu. edu. cn/index. php？ m = content&c = index&a = show&catid = 79&id = 399。

加强汉语国际教育，增进中泰合作交流

高鲜菊[*]

摘　要：汉语作为中华文化的重要载体，作为世界各国与中国交往的重要工具，其战略价值和实用价值正在不断提升，并且越来越受到各国政府、教育机构、企业和民众的重视，各国对汉语人才的需求越来越大，世界范围内出现了学习汉语的热潮。泰国的诗琳通公主殿下曾谕示，在泰国使用汉语，将使泰国能够与中国加强联系，与中国在经济贸易及社会关系上更为密切。本文应诗琳通公主殿下谕示，就汉语国际教育对中泰合作交流的意义，如何在现有基础上拓宽汉语国际教育新途径，以及如何在汉语国际教育方面加强双边的合作与交流进行了较为详细的探讨。

关键词：汉语国际教育　中泰　合作　交流

一　问题的提出

所谓汉语国际教育是在对外汉语教学的基础上发展演变过来的，是指面向海外母语非汉语者的汉语教学。定名为"汉语国际教育"，既能体现"汉语加快走向世界"的内涵，又有别于中国国内双语教学中的汉语教育。进入21世纪以来，经济全球化和区域经济一体化趋势日益明显，中国—东盟自由贸易区创建、泛北部湾区域经济合作、大湄公河次区域经济合作等重大机遇的降临，为促进中泰的友好合作，积极发展汉语国际教育

　*　高鲜菊，中国广西民族大学东盟学院助理研究员。

提供了广阔空间。

近年来，世界范围内出现了学习汉语的热潮，然而，在汉语国际教育过程中也存在诸多的问题。一是汉语国际教育的途径还不多。由于汉语的作用和影响在全世界范围内渐渐加大，美国、英国、德国、韩国、泰国等许多国家都不同程度地开设了汉语课程。同时，中国也采取了一些可行性的手段和措施，如通过各种国际文化交流扩大汉语影响，高校学生互派留学生并实行"3＋1"或"2＋2"等人才培养模式，积极向海外派汉语老师，开设汉语硕士班，建立孔子学院，等等。但是在汉语国际教育过程中手段还不够丰富，尚有许多可取的方法和途径没有被很好利用，例如可充分利用汉语拼音的优势和网络的优势来推动汉语国际化进程等。二是汉语国际教育的教学方法和手段相对单一。汉语国际教育大多为小班上课，采取教师讲课、学生听课的方式，以讲授为主要教学方法，视听法、认知法、探究法、研究法、对比法等相对使用较少。教学手段大部分是多媒体辅助法或传统的黑板加粉笔的形式。三是汉语国际教育的教材针对性不强。汉语国际教育面向的是不同文化背景、不同语言、不同国家的世界范围的学习群体，但现在教材基本是大同小异，针对性不够，区别都不是很大。

二　汉语国际教育对中泰合作交流的意义

（一）促进中泰经济的发展与强大

随着中泰两国经济的发展和强大，两国的交往越来越频繁。据有关方面统计，在中泰的旅游产业中，近几年中国游客去泰国的人数不断攀升，2011 年泰国总计接待游客 1910 万人次，其中，中国游客占 9%，达到 171.9 万人次。①在进出口贸易中，2011 年泰国对中国出口总值达 274 亿美元，增长 27.61%，占泰国出口的 11.98%；从中国进口总值达 306 亿美元，增长 26.17%。在

---

① 中国国家旅游局网站，http：//www.cnta.gov.cn/html/2012－2/2012－2－21－19－0－00245.html。

投资方面，泰国 2011 年的外国直接投资领域继续保持增长，投资金额名列第二位的国家是中国，共 34 个项目，投资金额为 284.47 亿铢。两国的经贸旅游产业交流频繁，市场对高水平汉语人才的需求量越来越大。加强汉语国际教育，不但有助于两国的文化交流与合作，而且对两国经济的发展与强大也具有重要战略意义。

（二）促进中泰文化交流

中泰两国地理相邻、文化相通、血脉相亲。汉语和泰语同属汉藏语系，泰语中有不少汉语借词，可见两国往来历史悠久。泰语属于壮侗语族的傣语支，中国西南地区的少数民族所使用的语言也属于壮侗语族，而且中国的一些少数民族与泰国的民族有着相同的习俗，比如中国的傣族也过泼水节。此外，泰国还有着众多华侨华人。庄国土教授在《东南亚华侨华人数量的新估算》一文中指出，2007 年泰国的华侨华人数量在 700 万左右，在泰国当地人口中所占比例达到 11%。[①]"中泰一家亲"的传统友谊已经深入人心。

中泰两国 1975 年建交，现在以汉语教学为中心的中泰文化交流，又把中泰两国人民的心拉得更近，把中泰两国文化交流推向一个新高潮。中泰两国政府之间就有协议，高校之间每年都向对方国派出留学生，有政府计划培养的，也有自费留学的。尤其是近 10 年来，随着两国经济实力的增强，双方在留学生数量上不断增加，目前，泰国在中国攻读学位、学习语言等的留学生已经超过 3 万人。留学生是中泰友好的生力军，中泰教育交流与合作有力地增进了两国及两国人民之间的相互了解和友谊。

三　中泰合作开展汉语国际教育的成效
——以广西民族大学为例

中泰两国自开展汉语国际教育以来，形式多样，成果有目共睹。而高校作为开展汉语国际教育的领军力量，更是起着举足轻重的作用。这里以

---

① 庄国土：《东南亚华侨华人数量的新估算》，《厦门大学学报》2009 年第 3 期。

地处中国西南边陲，与泰国交流频繁的广西境内的广西民族大学为例，概括在以下几方面的合作交流。

（一）留学生教育方面的成效

1. 与泰国高校联合培养各层次人才

自 2010 年 8 月 3 日举行中国—东盟教育部长圆桌会议，中泰两国签署了有关两国教育部之间互认高等教育学位的协议以来，中泰教育文化交流已经形成了良性循环。广西民族大学先后与泰国朱拉隆功大学、碧武里皇家大学、曼谷大学、玛哈沙拉坎大学等 18 所大学有合作关系，在本、专科人才培养方面实行课程对接和学分互认，毕业生获得广西民族大学和泰国相关高校分别授予的本、专科学历证书；与泰国玛哈沙拉坎大学联合培养硕士研究生；泰国教育部在广西民族大学建立了泰语水平测试点。1994 年至今，学校共接收泰国留学生 700 人次。学校在接收外国留学生的同时，从 1993 年起，通过"3＋1""2＋2""2.5＋0.5"等方式，派出本专科生、研究生（不含 2012 年出国学生）到泰国留学，人数共计 4471 人。

2. 积极争取各级政府奖学金，吸引留学生前来就读

2009 年 9 月，教育部批准广西民族大学成为接收中国政府奖学金留学生学校，至此，学校已成为国家、广西、南宁各级政府留学生奖学金项目执行学校。2010 年至今，学校招收中国政府奖学金留学生 58 名，其中泰国学生 21 人；招收南宁市政府奖学金留学生 21 名，其中泰国学生 6 人。

（二）合作建立孔子学院的成效

孔子学院是为世界各国了解和学习汉语及中国文化的教育机构和文化交流机构。中国从 2004 年开始实施"汉语桥"工程，为世界各国提供汉语言文化的教学资源和服务。广西民族大学主动参与国家"汉语桥"工程，努力探索与东盟国家高校合作办学的新模式。2006 年 12 月 25 日，学校与泰国玛哈沙拉坎大学合作建立了广西民族大学在海外的第一所孔子学院，至今已有 1800 多名泰国中小学生、540 多名泰国大学生参加了该孔子学院的汉语培训。

（三）国外汉语教师来华培训的成效

广西民族大学被中国国家汉办确定为"支持周边国家汉语教学重点学校"、"国外汉语教师来华培训资助项目"执行学校。2002 年以来，学校先后承担了国家汉办下达的 7 期国外汉语教师培训任务，培训了来自越南、老挝、柬埔寨和泰国的汉语教师共计 223 名。

四　扩大中泰汉语国际教育的新途径

虽然近年来在中泰汉语国际教育方面取得了一些成绩，但成绩取得的背后也存在不少的问题。比如汉语国际教育的途径不多，教学形式单一，教学内容不够丰富，教学手段以课堂教学形式为主等，亟须改进。笔者认为，扩大中泰汉语国际教育的途径可以从以下方面入手。

（一）移动学习的模式

虽然汉语国际教育事业发展迅速，汉语热持续升温，但汉语国际教育的教学方法与教学手段的发展略显滞后。目前，中国国内汉语国际教育几乎全部采用小班教学，每班 15 ~ 20 人。这种教师主导、学生参与互动的教学模式沿用了十几年，尽管多媒体设备已经普及，多媒体教学理念也已经深入其他课堂，并且促进了传统教学手段的发展，但在汉语国际教育领域却没有掀起浪潮。

移动学习是指依托目前比较成熟的无线移动网络、国际互联网，以及多媒体技术，学生和教师通过利用目前较为普遍使用的无线设备（如手机、掌上电脑、笔记本电脑等）更为方便灵活地实现交互式教学活动，以及教育、科技方面的信息交流。移动学习在数字化学习的基础上通过有效结合移动技术带给学习者随时随地学习的全新感受。

目前移动学习在汉语国际教育领域的研究还是空白，将移动学习理念应用于汉语国际教育，必将引起汉语国际教育领域里教学模式及手段的变革，学生不仅可以在课堂享受移动学习的快乐，而且将课堂延伸到课堂外面的任何角落，并创建出融合课堂内外于一体的汉语学习环境。利用移动学习技术，结合汉语国际教育中的实际需求和未来发展的需要，还可以为汉语国际教育领域移动学习的开展建立起有效的资源体系，为汉语国际教育提供海量的学习资源。

（二）特色教材的编写

目前，汉语国际教育教材总体看来缺乏科学性、综合性、艺术性和趣味性，有些学校所编教材随意性大，中高级教材十分缺乏；教材的质量和品种不能很好地满足教学的需要，缺乏对教材进行基础性研究，从而影响到教材的科学性。因此，要提高汉语国际教育的水平，首先，要加强对外汉语教学与教材发展史的研究，对现有的教材进行评估，使其优胜劣汰；其次，针对构成教材的各种要素进行严密的科学试验，教材编写要贯彻"科学性、实用性、趣味性"相结合的原则，突出重点，补缺配套；最后，要根据不同国家学生的文化差异为他们量身编写具有不同国别差异的特色教材，还要配有相应的教辅材料，如工具书、音像制品等。

在这方面，中泰两国教育部门都是相当重视的。比如，中国高等教育出版社根据泰国教育部汉语教学大纲，遵循本土化原则和"体验式"教学设计理念编写了《体验汉语中小学系列教材（泰国版）》这套教材。整套教材涵盖了小学、初中、高中三个基础教育教学阶段，共12个年级48种教材和练习册。此外，教材配有教学发声挂图、词语卡片、音像制品、多媒体互动学习系统和教学资源网站等。该教材是中国首套进入外国国民教育体系的汉语教材。

（三）形式多样的课堂教学方法和手段

传统的教学主要是以教科书为重要的教学信息资源，课堂教学以教为主。学生的任务是听讲、记笔记，创新能力受到严重制约。因此，在汉语国际教育中必须改变传统的教学形式，必须实现从"以传授知识为主"向"以促进能力发展为主"教学模式的转变，从"以教师为中心、以书本为中心、以课堂为中心"的单一的教学方法向"以学生为主体"的探究式、启发式、讨论式和案例式教学方法改进，从而充分调动学生的学习热情。

在课堂教学中让学生自己通过课堂活动发现问题、探索问题、讨论问题和解决问题。教师采用灵活多样的诸如启发式、讨论式、研究式等教学方法，在课堂教学中尽量制造易于开展交际活动的环境和气氛，设计具有交际性质的教学活动，引导学生参与其中。让他们在主动积极的思维活动中获取知识、掌握学习方法，进而提升教学效果。在教学手段方面，依据教学内容的不同，可以多媒体演示，比如教旅游汉语这门课的时候，可以用计算机三维虚拟表现中国的名胜古迹、五千年的历史文化等，采用现代教学手段进行教学。

（四）利用汉语拼音的方式

世界上大部分语言采用的都是表音文字，比如英语、法语、德语、日语、韩语、泰语等。而汉语采用的却是表意文字，所以在学习汉语时，惯于使用表音文字的泰国人通常感到汉字掌握起来较困难、很棘手，因而对学习汉语有些望而却步。采用汉语拼音辅助汉字进行教学将有效改善这一情况，并令泰国学生产生学习兴趣，因为汉语拼音采用的是拉丁字母，对于这种字母，泰国学生十分熟悉，学习起来比较容易，因此，大力借助汉语拼音来进行汉语国际教育将会是明智的选择。

五　结论

汉语国际教育的世界热潮已经掀起，随着中泰两国经济实力的不断增强，交流合作的不断扩大及深化，中泰加强汉语国际教育方面的合作与交流，不但有利于双边的睦邻友好关系，更有利于两国经济的发展与互补，同时也能提升两国的汉语国际教育水平。因此，我们要积极探讨中泰汉语国际教育的新途径，推进汉语国际教育发展的新模式，为造福两国人民做出新的贡献。

参考文献

［1］高萍、刘艳：《汉语国际教育背景下对外汉语专业实践教学体系的构建》，2010年全国高校对外汉语专业建设研讨会。

［2］张会、李玉顺：《移动学习与对外汉语教学》，《北京广播电视大学学报》2011年第2期。

［3］庄国土：《东南亚华侨华人数量的新估算》，《厦门大学学报》2009年第3期。

图书在版编目（CIP）数据

中国—东盟与中泰关系研究. 第 1 辑，政治、文化卷／
张禹东等主编. —北京：社会科学文献出版社，2015.7
（华侨华人·中外关系书系）
ISBN 978 - 7 - 5097 - 7843 - 2

Ⅰ. ①中… Ⅱ. ①张… Ⅲ. ①中外关系－国际政治关系－研
究－东南亚②中外关系－国际文化关系－研究－东南亚③中外
关系－国际政治关系－研究－泰国④中外关系－国际文化关系－
研究－泰国 Ⅳ. ①D822.333②G125

中国版本图书馆 CIP 数据核字（2015）第 157403 号

华侨华人·中外关系书系
中国—东盟与中泰关系研究 第一辑 （政治、文化卷）

主 编／张禹东 庄国土 钟大荣 刘文正

出 版 人／谢寿光
项目统筹／王 绯
责任编辑／单远举

出 版／社会科学文献出版社·社会政法分社（010）59367156
地址：北京市北三环中路甲 29 号院华龙大厦 邮编：100029
网址：www.ssap.com.cn
发 行／市场营销中心（010）59367081 59367090
读者服务中心（010）59367028
印 装／三河市东方印刷有限公司

规 格／开本：787mm×1092mm 1/16
印张：22.5 插页：0.5 字数：351 千字
版 次／2015 年 7 月第 1 版 2015 年 7 月第 1 次印刷
书 号／ISBN 978 - 7 - 5097 - 7843 - 2
定 价／89.00 元